全球傳播與國際關係

著　者／Howard Frederick

譯　者／陳建安

沈　序

　　在資訊發達的現今社會中，透過新傳播媒介達到「地球村」的遠景已經來臨。從過去媒介發展歷史事件背後媒介力量介入的點滴，在本書一覽無遺。此外，國際關係的日漸緊密與複雜，追求和平或者解決衝突的背後，媒介影響甚鉅。針對特定區域所建構之理論在詮釋力量或媒介功能，稍嫌不足；所幸鉅觀且整合理論的出現，應運而生。散布各地的媒介相關組織，亦如媒介力量的延申。

　　因此，唯有瞭解國際間媒介生態與傳播力量的分布，方能真正瞭解國際關係與媒介傳播間的真正關係所在。除此，歷史演變過程中，各種驅力的興衰，本書也試著從影響傳播生態的角度作詮釋，此點更能幫助讀者嘗試從傳播大歷史的角度與預測傳播現象。

　　陳建安先生，政治大學新聞系畢業，現就讀文化大學新聞研究所，並在本人指導下撰寫論文。建安在研究所期間，處處展現對新聞與傳播領域的熱忱與關懷。敏銳的觀察能力，更讓他洞悉傳播現象背後的原由。在研究方法的訓練，更讓他對其見解，提出足以服人的實證資料。

　　翻譯講求信、達、雅，建十在求學之餘，從事傳播書籍的譯著，實屬不易。對反應原文的精神、中文表達的流暢及使用文字之精確與優雅，均能兼顧，更是難能可貴。

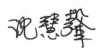

George Gerbner 序

　　當我在讀此書的草稿時，正接近一年的尾聲。這真是個值得紀念的一年，充滿了不可預測和令人困惑的急速變化。先是爆發了波斯灣戰爭——一場當作勝利來慶祝的災難。六個月之後，莫斯科一場出人意表的成功政治轉變，竟然演變成了另一場災難。這兩個事件牽連整個國際，數百萬目睹這些事件發生的人，都深深的關切著整個事件的演變。我開始思考：為何這些事件的發生過程是如此地不同於以往歷史的轉換變遷？為什麼這兩個獲得壓倒性人勝的解放，竟能橫掃過我們這塊熟悉的土地，並改變了整個歷史的景觀？

　　後來我想到，是經歷長時間資訊急速的累積和傳播的發展後，才產生了這種本質上的改變，我稱它作「速成歷史」（instant history）。它不僅只是記錄而已，還能夠創造出歷史。當一個危機事件的隻字片語，在某一時間中真實地傳達了出去，而這個訊息又適時的引發了一些反應，足以影響到整個事件的發展時，速成歷史便產生了。

　　在我看來，這對於我們在表達、說話或在處理事情的方式上，是種極大的轉變。除非我們用一種新的態度，去學習如何運用這種危機處理的技能；不然的話，我們的洞悉力或思考控制力，將會很快的被摧毀或消滅。

　　然而，需要什麼樣的背景、知識或分析能力，才足夠理解新全球傳播所帶來的潛力與危機呢？我懷疑我們是否能知道？然而，許多答案可在本書中找到！

在經過一番引導後，本書的主題被適切地引入了一個廣大而漸進的歷史背景當中。我們準備迎接一個世紀之旅從資訊與傳播的概念和理論，到傳播學習的經濟、科技、法令和組織等不同的層面與主張；重要卻鮮爲人知的「聯合國教科文組織」（UNESCO）議題討論有關國際資訊與傳播秩序；一直到本書的中心主題：戰爭與和平中的傳播。我們看到的是有事實、論證和提供了未來研究與行動指引方向的現今局勢。

這本精心傑作適時且必要。新的傳播體系集中在更少數的幾個全球中心當中。同時，它們也正逐漸滲透至每一個家庭、汽車、工作地點，並且影響著每人每天的生活。我們面臨著一個新的挑戰——我們不僅將如何參與迫切決策的制定，以創造我們的文化和遠景，更在於如何擴大我們的歷史與結局。現今，我們正面臨著二十一世紀前所未有的困難與挑戰，而這本書將幫助我們來迎接這項挑戰。

喬治・格伯納（George Gerbner）
密西根大學安尼伯傳播學院榮譽院長

序

綜觀歷史，傳播管道扮演了強化國際緊張關係的一個重要媒介。而在今日，傳播媒介更面臨了新的挑戰─即如何促進和平，建立國與國及人與人之間的互信；以及加強彼此的瞭解？大致而言，因為電了科技快速的進步，全球資訊關係已經衍然成為國際關係當中最重要的一環了。

現在全球傳播在大專院校中，已成為一門重要的學科，在下個世紀的學生們，則必須要瞭解傳播歷史、理論及政策背後所包含的意義。這些課程通常在政治系、國關科系或是傳播科系當中教授，提供給研究所程度或大專程度的學生來選修。選擇這類課程的學生，對於歷史、政治、國際事務或傳播理論方面，多少都有一些認知。但因為這類知識的領域在目前來說，是如此地富有爭議性和重要性，以至於一般的社會大眾，對於在和平與戰爭當中，傳播與資訊所扮演的角色，也有相當程度的質疑。

就是因為這個領域充滿了爆發力，使得教授這類課程的人，常常陷入困境。不是會以兩、三本不甚完整卻又很貴的書籍來混合著使用；就是拼了命的影印各類文章和刊物；再不然就完全不用課本。但這些方式都有一個通病：那就是缺少了對於一些要點和理論的完整性。我發現了一些不錯的書，可以用來當作這門領域的補充讀物。但是，本書可說是在目前急速發展的全球傳播領域當中，唯一完整的教課書。

在這本教課書中，我嘗試以理論、歷史和政策為取向，期望創作一個深入廣泛、具研究性、學術性同時又十分嚴謹的傳播議題，而且這個議題不會很快過時。我試著涵蓋了所有的基本議題，同時也提出了許多參考，以供學生日後研究。

訴求層面

這本書運用了三個訴求層面、兩個程序層面和一個基本的規範層面。首先，書中藉著深入而廣泛的方式，討論所有的重要議題，讓學習全球資訊關係的學生們學到應有的基本知識，以應付考試或作為日後就業規劃的準備。從歷史到科技、法令到政策，這本書嘗試抓住一些爭論、關鍵和議題的核心，以刺激這領域當中更多啟發性的討論和質疑。

第二，這本書採取了一種「辨證理論」的訴求。對於存有爭議的問題，例如，西方新聞界在第三世界的霸權、同步衛星的軌道或是傳播與人權等敏感問題，反面的觀點與事實也將被提出來。

最後，書中採取一個基本的規範層面訴求，即贊同全球傳播用作和平用途，以促進國際間的互相瞭解，而反對被用來作為顛覆或提供假情報的用途。希望提供學生們一個建立自己想法的機會，並且在他們引用註腳中的作品時，能有充分正當的依據。

總括而言，我嘗試讓這本書嚴謹而實用。期望因為此書的科際整合性的層面訴求，將帶引更多的學生進入這個領域研究，並為大專院校的老師們，在呈現繁複且多元化議題時，提供了一個較易發揮的方向。

內容

傳播本身的多元性是研究全球傳播當中的眾多問題之一。它橫跨許多領域，包括國際關係、政治學、傳播理論、社會學、心理學、人類學、哲學、倫理學以及電子科技等學科。學生必須精通的領域也涵蓋甚廣，對於文化、國家發展、外交政策與策略、衝突間的解決、科技、新聞流通、國家主權、意識形態、政治體系、立法與政策、人權與公民權、意識形態對立、戰爭與和平、宣傳造勢與影響等科目，不過是眾多領域中最重要的幾項而已。因此只有具有全方位觀點的課本，才能幫助完成這個目標。

這本書內容嚴謹，且以研究取向的方式來呈現這個題目。事實上，就我所知，這本書所引用的參考文獻比起任何一本傳播課本都要多得多。我們也知道，一大堆的參考文獻並不表示能絕對構成一本高品質的教科書，但它為這本書涵蓋議題之廣泛、研究基礎之透徹，提供了一些確實的證據。你會發現這本書真切的架構在我們這領域的歷史當中，它引用了幾十年來這領域中的一些研究與著作。記住這點，現在讓筆者將內容的一些大綱重點先提出來。

第一，全球傳播的研究並不牽涉不同文化間的傳播（異文化間的傳播在進入另類文化時必先經過該文化處理）[1]、或是文化個體間相互影響的傳播（當一個組織或個人可跨越文化藩籬對話，而不需要經由個人間的接觸互動）[2]。任何研究全球傳播的人，都必須具有這個領域的穩固基礎，許多作者在這方面的知識上，已經有了很完整的研究[3]。另外，這本書也不對大眾傳播系統、傳播與發展或是傳播工程等方面主題再作討論[4]。

本書共有十章，所以可在為數十週的學期當中教授，但若能平均分配到為期十六個星期的學期當中，則是較為理想。老師們應以第一、二章作為起頭，但之後的章節順序便不是那麼重要了，並可針對學生的需要或當時發生在世界各地的事件而作調整。對於現今發生在世界各地的新聞摘錄、報紙、讀書或計畫等方面問題，這本書也適用。

其實大部分學生皆可算是傳播領域中的「業餘專家」，因為他們早已看過千百個小時的全球電視報導。所以，在**第一章** 〈概論〉當中，提出了一些學生本身有的知識與經驗。學生帶著對國際社會事務的興趣，來到了課堂，他們對人口的成長、文化的衝擊和社區的觀念改變都抱持關心。因此，第一章便包含了真實生活當中的例子，並舉出一些統計數字，將學生們帶入這門課程的核心，也爲本書接下來的內容鋪路。

第二章 〈長途傳播的歷史軌跡〉則取材自我們這個領域中，所不曾被寫下或早已被遺忘的歷史記錄，以探索全球傳播發展的歷史。從聖經上記錄人類間的傳播開始，一直到古代、中世紀、到現代及以馬快遞的郵政制度、越洋電纜，到目前世界傳播秩序的起源等等。

第三章 〈傳播的世界〉，討論國際社會間的資訊與傳播的互動。在這一章裡，筆者特別探討今日世界所謂「資訊社會」的眞正意義，和探討「資訊豐富」和「資訊貧瘠」族群之間，日漸加大的差異。同時在本章中，將仔細描述世界各地的「資訊傳播」工業、討論「地球村」的問題，並舉出一些各地發生巨大變化的實例。並以關注世界各地的人對於他們傳播系統的抱怨問題作爲本章節的結束。

第四章 〈全球傳播管道〉，則對於全球傳播許多不同的管道，有一個概述。當然，它運用了適當的地圖、圖表或插圖來描述相關的科技。除了不同於許多的書籍，把它們的描述限制在「硬體」方面之外，這本書還涉及了全球傳播的「軟體」方面，特別是有關語言、移民、交通和人際間傳播管道方面的研究。最重要的是，提供學生全球傳播與資訊中，不同組織扮演角色的概觀。

第五章 〈全球傳播的範疇〉，告訴學生們爲何今日我們這個傳播領域是如此重要且富有爭議，有些什麼樣的課題必須瞭解。這些課題包括國家主權、跨越國界的問題、法令解除與私營化、資訊的自由流通、新聞價值、媒介帝國主義、傳播政策、服務的交易、記者的保護與執照以及道德規範……等等。這些課題以刺激性的方式呈現，目的是希望學生們更加自發地審視自己的立場與地位。

第六章 〈傳播、資訊和新世界秩序〉，則將學生引領到全球資訊議論情緒的層面。在這一章裡，有關聯合國和不結盟運動所扮演的角色；新國際經濟秩序的興起；以及檢視有關新世界國際資訊與傳播秩序的問題。章節的重點在於聯合國教科文組織的一些活動，還有美國在全球資訊關係當中所扮演的地位。

若是沒有第七章 〈全球傳播的辯證理論〉的紮實基礎知識，那麼全球傳播議題的討論就絕對不夠完整和深入。在這章當中，舉出了全球資訊關係的一些不同的理論：從社會心理學的理論，一直到大範圍中相關的理論都有。在某方面而言，這一章是本書當中最為困難的部分，因為它強迫學生們以理論的方式去思考，去辨別「好」與「壞」理論之間的差異，並以一個廣泛的角度去區分這些理論在現實裡，是否足夠去解釋所有現象，或是只能反應部分的事實？

第八章　〈戰爭與和平中的傳播〉，是本書的中心所在。學生可從中得到最多的收獲，也可以盡情地將一些介紹的概念與模式，運用在教學期間中所發生的任何衝突上面。並審視在歷史當中，全球傳播管道是如何被運用來惡化國際間緊張的關係。同時也涵蓋了「國際事務傳播」的範圍，並談到了國際社會間的和平關係、爭議性的國際關係、高度緊張衝突和傳播當中軍事扮演的角色。在這裡，學生可以真正掌握衝突的語言、外交的地位、輿論的影響以及大眾傳播媒體在國際關係中帶來的衝擊。

第九章　〈全球傳播與資訊法規〉，則將學生們帶到一些有關世界秩序的挑戰性問題，像是談到全球傳播時，關於人權、主權、防禦的問題。對大部分的學生而言，這是個全新的話題，所以整章開始先概述一些國際法的基本原則，並探討在處理傳播議題時這些主要國際立法工具的運用。

第十章　〈二十一世紀的全球傳播〉，讓學生們有機會去思考：在接下來的幾年，全球資訊關係當中，有一些什麼樣的社會、政治或經濟概念，會普及並且蔓延開來。特別重要的是，也談到了國際輿論和國際公民社會的成長。

感　謝

這本書的完成是項巨大的工程。經過了四年多的努力，再加上超過十年以上的思考醞釀與研究，才完成了這本書籍。因此，首先要感謝數百位曾教導過的學生，是他們刺激筆者成為一個好老師，並讓筆者所做的事情變得具有意義，學生們一直是筆者很大的啟發。

這本著作的絕人部分是在兩項學術研究交換中完成的，因此筆者要感謝國際研究與交換委員會（International Research and Exchanges Board, IREX），在 1986 年間資助筆者在德國所作的傳播國際法研究。而筆者的研究夥伴們在國際法方面的知識，也給了筆者極大的助益，筆者特別感謝渥夫甘‧克林瓦契（Wolfgang Kleinwächter），是他幫助我瞭解社會主義和理想主義之間的差別。

筆者也要感謝威廉‧弗布萊特外國獎助金委員會（J. William Fulbright Foreign Scholarship Board），給筆者機會在 1989～1990 年的秋季到冬季，在奧地利薩爾斯堡大學（University of Salzburg）教授這個科目並進行研究。筆者在薩爾斯堡的同事們，特別是寇特‧路格（Kurt Luger），喬瑟夫‧特瑞普（Josef Trappel），班諾‧席格尼瑟（Benno Signitzer），漢斯翰瑟‧費比斯（Hans-Heinz Fabris）和厄蘇拉‧梅爾雷伯勒（Ursula Maier-Rabler）等人，在筆者離家的這段長時間裡，給予筆者極大的支持。

這本書的大部分是在筆者眺望帕帕吉諾高地（Papageno-Platz）的辦公室當中寫下的，在這個薩爾斯堡的頂端，我參與了布拉格、柏林和來比錫發生的一些歷史的事件。

我也要對兩位伊朗的朋友表達感謝之意，他們在筆者學術生涯當中，給予強大的支持。一位是哈米德‧莫拉（Hamid Mowlana），他可算是筆者的導師；另一位是阿巴斯‧馬列克（Abbas Malek），筆者的博士研究便是跟隨著他揮汗完成的。他們幫助筆者從一個全新的角度來看待全球資訊關係。筆者永遠也不會忘記他們堅持要筆者拋棄「馬克思主義和其他的西方謬誤」，而去尋求存在人類真實經驗當中的真正發展模式。

有一個組織值得特別感謝，那就是大眾傳播研究國際協會（International Association for Mass Communication Research, IAMCR），筆者曾經以研究生的身分，第一次參加兩年舉辦一次的會議。從那一天起，這個組織使筆者成為一個傳播研究者，並提供了最佳的支持環境。這個組織是唯一真正的國際傳播研究協會。筆者遇到了來自阿爾巴尼亞到南非辛巴威的一些學者們，從他們那兒得到了極具價值的意見與支持。對於這些給予筆者支持的人：珮姬‧葛蕾（Peggy Gray），詹姆斯‧哈羅瑞（James Halloran），喬治‧格伯納（George Gerbner），席斯‧漢姆林克（Cees Hamelink），歐洛夫與查里‧赫爾頓（Olof and Charly Hultén），瓦克列夫‧斯拉維克（Vaclav Slavik），卡洛‧賈古波維斯（Karol Jakubowicz），喬斯‧馬可斯迪梅洛（Jose Marques de Melo），卡爾‧諾丹斯全（Kaarle Nordenstreng），拉菲爾‧朗卡哥黎羅（Rafael Roncagliolo），麥可‧崔伯（Michael Trabe）以及羅伯‧懷特（Robert White），感謝他們。

另外，筆者還要向以下幾位朋友致上謝意，他們在筆者一路顛簸的職業生涯當中所經歷的嘗試與考驗裡，不斷地給予支持。他們是：凱倫‧黛敏（Caren Deming），威廉‧文帝（William Wente），羅絲‧果森(Rose Goldsen)，佛瑞德‧振德(Fred Jandt)，約瑟‧羅塔（Josep Rota），維伯特‧坎布基（Vibert Cambridge），彼德‧布魯克（Peter Bruck），安‧庫伯陳（Anne Cooper-Chen），阿爾內度‧科羅（Arnaldo Coro），彼德‧法蘭克（Peter Franck），安瑞克‧鞏薩雷斯曼尼（Enrique Gonzalez Manet），雷夫‧伊薩（Ralph Izard），約翰‧藍特（John Lent），吉洛德‧薩斯門（Gerald Sussman），文森‧莫斯哥（Vincent Mosco），珍妮‧瓦絲可（Janet Wasko），歐瑪‧奧麗維拉（Omar Oliveira），科林‧羅契（Colleen Roach），車契爾‧羅伯茲（Churchill Roberts），庫珊‧辛（Kusum Singh），達拉斯‧席姆西（Dallas Smythe），傑克‧索德倫（Jake Soderlund），喬瑟夫‧史塔伯（Joseph Straubhaar），伊利莎白‧托曼（Elizabeth Thoman）以及彼德‧瓦特曼（Peter Waterman）。

一本教材的品質好壞，有賴於國內各地教授之前對於即將出版一些評論的品質好壞。這些人具啟發性和建設性的評論，對於增進本書的發展有很大的助益：肯德基大學（University of Kentucky）的道格拉斯‧伯伊（Douglas Boyd），摩西赫斯特大學（Mercyhurst College）的朗戴爾‧克萊門（Randall Clemons），特洛基‧梅多斯社區大學（Truckee Meadows Community College）的保羅‧戴維斯（Paul B. Davis），伊利諾大學（University of Illinois）的愛德華‧克洛惹斯傑（Edward Kolodziej）

，美國大學（The American University）的哈米德・莫拉那（Hamid Mowlana），德拉瓦大學（University of Delaware）的威廉・梅爾（William Meyer）；西佛羅里達大學（University of West Florida）的車契爾・羅伯茲（Churchill Roberts）和愛默生大學（Emerson College）的吉洛德・薩斯門（Gerald Sussman）。

最後致上我對以下這些傑出人士的謝意：辛西雅・司多莫（Cynthia C. Stormer），凱瑟琳・柯林斯（Cathleen S. Collins），凱利・舒梅克（E. Kelley Shoemaker），麗莎・托利（Lisa Torri），瑪麗・凱韓查里克（Mary Kay Hancharick），賴利・莫摩（Larry Molmud），卡琳・赫加（Carline Haga），寇克・波蒙（Kirk Bomont）還有凱・米克爾（Kay Mikel）。

霍爾德・弗雷得力克（Howard Frederick）

註　釋

[1]Richard E. Porter and Larry A. Samovar, "Basic Principles of Intercultural Communication," in *Intercultural Communication: A Reader*, 6th ed., ed. Richard E. Porter and Larry A. Samovar (Belmont, CA: Wadsworth, 1991), p. 6.

[2]Alex S. Edelstein, "Steps towards Theory in Intercultural and International Communication." Paper presented at Conference on Intercultural and International Communication, Fullerton, California, March 1990.

[3]See *International Encyclopedia of Communications*, s.v. "Intercultural Communication." Some of the excellent texts include: Molefi K. Asante, E. Newmark, and C. A. Blake, eds. *Handbook of Intercultural Communication* (Beverly Hills: Sage, 1979); R. W. Brislin, K. Cushner, C. Cherrie, and M. Yong, *Intercultural Interactions: A Practical Guide* (Beverly Hills: Sage, 1986); Fred L. Casmir, ed., *Intercultural and International Communication* (Washington, DC, 1978); Pierre Casse, *Training for the Cross-Cultural Mind* (Washington, DC: Social Intercultural Educational Training and Resources, 1981); Edward T. Hall, *Beyond Culture* (Garden City, NY: Doubleday, 1976); Dan Landis and R. W. Brislin, *Handbook of Intercultural Training* (Elmsford, NY: Pergamon, 1983); and Larry A. Samovar and Richard E. Porter, *Intercultural Communication: A Reader*, 6th ed. (Belmont, CA: Wadsworth, 1991)

[4]See *International Encyclopedia of Communications*, s.v. "Development Communication" and "Communication and Development"; and Special Issue of *Communication Research Trends* 9 (3. 1988/89). Some important texts include: Robert Hornik, *Development Communication: Information, Agriculture, and Nutrition in the Third World* (New York, 1987), Daniel Lerner, *The Passing of Traditional Society: Modernizing the Middle East* (Princeton: Free Press, 1958); David McClelland, *The Achieving Society* (Princeton: Free Press, 1961; Hamid Mowlana and Laurie J. Wilson, *The Passing of Modernity: Communication and the Transformation of Society* (New York: Longman, 1990); Lucian W. Pye, ed., *Communications and Political Development* (Princeton: Princeton University Press. 1963); Everett M. Rogers, *Modernization among Peasants* (New York, 1968); Everett M. Rogers, *Diffusion of Innovations* (Princeton: Free Press, 1962); and Walt W. Rostow, *The Stages of Economic Growth: A Non-Communist Manifesto* (Cambridge: Cambridge University Press, 1960).

目　錄

第五章 全球傳播的範疇　175

第六章 傳播、資訊與「新世界秩序」　225

第十章　二十一世紀的全球傳播　　　　　373

第一章 概 論

資訊是這個時代的氧氣。資訊的電流不斷地流動著,若想試圖控制這股資訊的流通,絕對是徒勞無功的。極權控制的力量將會很快地被微晶片的巨人打倒。

——雷根 1989 年於英語公會中致詞 1

他自觀賞 CNN 當中得到了許多的研究結論,CNN 作了許多中東問題專家的訪問,其中出現的一些意見,或許總統能用得上。

——黎巴嫩危機中布希總統後援會 2

國際聽聞

　　清早，在世界聞名的金融中心瑞士蘇黎世的辦公室中，一位外匯營業員的專線響起，對方是在香港的一個客戶，此刻的香港正值下班時間，而這位客戶想在瑞士外匯市場下單。營業員接下了這份訂單後，立刻用電腦打了通電話進行交易。短短的一分鐘內，他將現金從一家銀行轉匯到了另一家銀行戶頭裡，結束了這筆交易，同時並送出一封傳真郵件到香港，確認這筆交易的完成。

　　一個設計精密且具高解析度的人造衛星，正掃描距離地球八百公里的地表上，一個表面看來挺貧瘠的國家，衛星記錄下掃描的精細圖像，將它儲存起來，並傳送到南達科他州一個等待接收訊號的天線當中。一位跨國企業中的分析師將這些影像買了下來，他發現在這塊廣大土地的中心某處，似乎有價值不菲的礦藏。他將這個發現告訴了同事，他的同事們則立即交待給相關人員去辦理購買該塊土地的開採權。

　　在瑞典的墨爾本，有一間公寓失火了，一位著急的瑞典市民撥了消防隊的緊急求救號碼。在消防隊員火速趕往現場之前，消管中心人員早已在電腦裡下了一些指令，這些指令經由衛星連線，接到了位於俄亥俄州克利夫蘭市的一個電腦上。運用美國的資料庫，他在幾秒的時間當中，便印出了街道圖以及其他重要的資訊提供消防人員儘速救災[3]。

　　在莫斯科，一架電傳攝影機對準了一位自阿富汗戰爭中退伍的軍人；就在幾米以外的一個寬螢幕上，他看到另一位自越戰中退伍的美國退伍軍人的影像。透過同步翻譯，兩人交換他們經歷戰爭的故事，以及他們對於不再干涉、介入的新世界的共同期盼。

　　當瑞典和平網路(PeaceNet Sweden, PNS)的一位成員正坐在電腦終端機前，一個緊急訊息閃過螢幕：俄國坦克車正駛向列寧格勒方向。這項蘇俄軍事政變的驚人消息，經由西北新聞服務中心的記者報導出來，而該中心正位於聖彼德堡的所在地。由於國際電話線路受到阻礙,使得莫斯科無法與西方國家取得聯繫,這些俄國記者們便將得到的消息,經由市內線路連接到伊斯坦堡的一個電腦公佈欄系統上,而該系統正有一個電腦與瑞典和平網路連線。瑞典和平網路便將這個訊息火速地傳送給綠色和平網路(GreenNet)、倫敦的夥伴以及全世界各地的電腦網路上。

這些並非只是未來世界的一些景像,它們是今日全球傳播科技如何運用到全世界的一些實例。

無法控制的傳播人:生物圈與社會圈

地球的這個藍綠球體,是個直徑一萬二千七百公里、圓周四萬公里的圓形物體。地球有一個堅硬岩石的表殼,它的大氣層主要是由氮氣所組成,約有一百公里的厚度。它接近圓形的軌道讓它保持在太陽一億五千萬公里的距離內運轉。我們的地球極具活動力,地殼上的板塊不斷地移動、撞擊,於是產生了地震和火山爆發。

在大氣層與土地之間,地球的生物圈上下僅延伸八到十公里左右的距離。由大陸塊、海洋、水和大氣所組成,以供給與延續生命。生物圈一直維持著穩定的狀態,在「溫室效應」與「臭氧危機」產生以前,生物圈的平衡狀態已持續了好幾百萬年。在大氣層與地面一百五十公里之間,幾乎無任何其他東西的存在;也就是說,大部分的人距離太空要比離他們的國家首都還要近!就行星尺寸大小比例而言,這層薄薄的生物圈,就如同桃子表面那層薄薄的絨毛一般稀薄。

約在二百萬年以前,有了「人」的出現,在不到一萬年前的新石器時代,地球上已有一千萬的人口了。我們使用精巧的工具、過著分工合作的群居生活、喜愛科技的進化與社會機構的發展。幾千年來,沒有任何更改,直到四千年以前,突然之間,人口的數字開始增加。二千年前,到達了二億五千萬,一千年前,我們開始蠶食這個地球,圖1.1是一

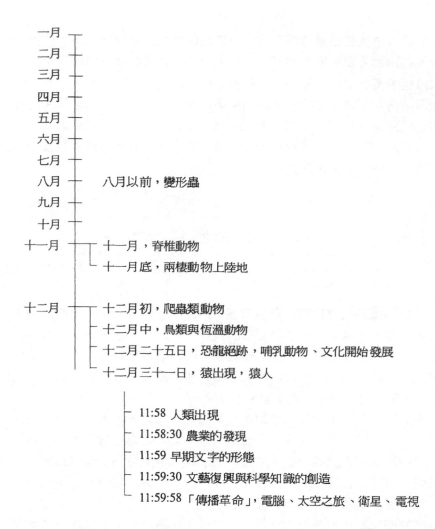

一月 ─┬─
二月 ─┼─
三月 ─┼─
四月 ─┼─
五月 ─┼─
六月 ─┼─
七月 ─┼─
八月 ─┼─   八月以前，變形蟲
九月 ─┼─
十月 ─┼─
十一月 ─┬─ 十一月，脊椎動物
       └─ 十一月底，兩棲動物上陸地

十二月 ─┬─ 十二月初，爬蟲類動物
        ├─ 十二月中，鳥類與恆溫動物
        ├─ 十二月二十五日，恐龍絕跡，哺乳動物、文化開始發展
        └─ 十二月三十一日，猿出現，猿人

          ├─ 11:58 人類出現
          ├─ 11:58:30 農業的發現
          ├─ 11:59 早期文字的形態
          ├─ 11:59:30 文藝復興與科學知識的創造
          └─ 11:59:58 「傳播革命」，電腦、太空之旅、衛星、電視

圖 1.1　宇宙曆。若說人類歷史只有一個月之久，那麼「傳播革命」便發生在月底最後一天的午夜之前。

資料來源：Adapted from David Attenborough, "Life on Earth," Episode 10, "The Compulsive Communicators" ;and Joseph Pelton, "The Technological Environment," *Toward a Law of Global Communication Networks*, by the American Bar Association, ed.Anne W. Branscomb, p.47 Copyright© 1986 by Longman Publishing Group. Reprinted with permission from Longman Publishing Group.

個「宇宙曆」，其中我們可以看到歷史的足跡，地球的生活被描繪在一年的時間之內。

　　為何有如此快速的成長？並非是歸因於任何人類生理特徵或是地球的變化。

　　　人類之所以由覆蓋毛皮的獵人，肩上架著矛離開洞穴出外打
　　獵，直到穿著時髦的主管，駕車在紐約、倫敦或東京的公路上急
　　駛、瀏覽電腦印出的資料，這其中的差異不在於這麼久的時間中，
　　任何身體器官或頭腦的發展，而是歸因於一個全新要素[4]。

　　這個要素就是「傳播」。藉由傳播，人類傳遞成功與失敗、觀察與錯誤、日常經驗或神奇的創造力等等，最重要的是，傳給未來的子孫們。我們生命中三分之一醒著的時間，是花費在大眾傳播媒介上，剩下的三分之二的時間，則是用在人與人之間的傳播上。地球上沒有任何生物像人這樣如此喜愛通訊聯絡，並且如此強烈地需要彼此聯絡。

　　這種無法控制的傳播行為讓我們可以談到了社會圈。正如同生物圈中移動的物體和碰撞的大陸板塊一般，社會圈也是極具活動力，意見想法的移動、彼此碰撞，並造成了社會地震與革命性的爆發。我們很難去低估傳播在人類進化過程中、或在我們未來進步腳步當中的重要性。

　　若從某個有利的位置，能看到世界上新聞與資訊流通的情形的話，我們會看到一個類似人類的循環系統：一個多層次的有機體，由系統中不停流動的層次所貫穿，血管中充滿了難以辨別的資料信息組。我們看到連接大陸的衛星和海底電纜，每天佔滿這些連線的是數百小時的電視節目、數百萬的個人電話和數百億的資料組。有著銀色翅膀、像雪茄形狀的飛機，載著數不清的人越過廣大的海洋和土地。小小的一張紙，右上角貼著有顏色的東西，也能橫越高山和大海艱辛的旅途，從寄件人送到收件人手上。最令人難以置信的是，就在幾世代以前，這些事沒有一件是存在的[5]！

　　但這個故事也有它的黑暗面，資訊科技同樣地也為這個生物圈和社會圈帶來了威脅。科技創造全球同步傳播，並將我們帶上月球，也在同時間將目前的競賽，更向前推進了一步。儘管傳播與電腦科技創造了地

球的基本神經系統，它們同樣也控制了大型破壞武器的發展。就像光學觀測儀器加強了槍砲的殺傷力一樣，新資訊科技也加強了一些破壞力的方式。科技是兩面的，若用生物學上的比喻來說的話，資訊和傳播可以是現代社會的血脈，也可以是毒素。

為何要學習全球傳播？

　　同時就消極面與積極面而言，許多因素都顯示出全球傳播在二十一世紀的社會將益形重要。

世界人口爆炸

　　地球上的人口達到了前所未有的數目（見圖 1.2 和表 1.1）。在這個世紀初，地球上有十五億的人口，現在則有了五十億（從十六年前的三十六億人口至今）。預計到了西元 2000 年時，地球上將會有六十億人口；西元 2050 年時，會有八十五億人口。人口統計學家估計，在進入二十一世紀中以前，全世界人口預計會成長一倍，從五十三億到一百一十六億人口，預計西元 2200 年後不久，人口將會穩定下來。根據報導，未來世界人口的成長，將會集中在今天一些較落後的地區，照它中度人口出生率增長的情形看來，非洲人口將在三十二億時穩定下來，約略爲 1990 年人口數字的五倍（見表 1.2）。這種人口爆炸的數量也相對增加了人與人、不同文化背景間的傳播行爲。

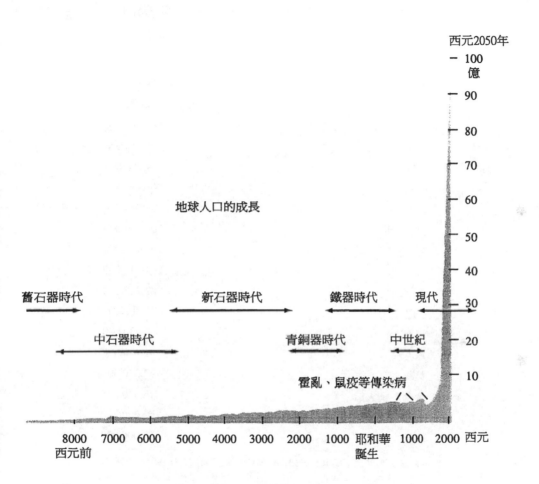

圖 1.2　世界人口爆炸。這個地球面臨了前所未有的眾多傳播人口。

表 1.1　人口最多的十五個國家（1988 年估計）

國　家	人　口
中國大陸	1,103,980,000
印度	796,600,000
蘇聯（以 1988 年國界）	344,580,000
美國	246,330,000
印尼	174,950,000
巴西	144,430,000
日本	122,610,000
巴基斯坦	105,410,000
奈及利亞	104,960,000
孟加拉	104,530,000
墨西哥	82,730,000
德國（聯邦）	77,800,000
越南	64,230,000
義大利	57,440,000
英國	57,080,000
全世界總人口	5,076,000,000
已開發國家	1,210,000,000
開發中國家	3,867,000,000

資料來源：*UNESCO Statistical Yearbook 1990*（Paris: UNESCO, 1990），
pp. 1-5 to 1-8.

表 1.2　世界最大人口集中地 1990 與 2000 年　　（單位：百萬）

	1990	2000
日本／橫濱	29.9	26.9
墨西哥市	20.2	27.9
聖保羅市	18.9	25.3
漢城	16.2	22.0
孟買	11.8	15.4
紐約	14.6	14.6
大阪／神戶	13.8	14.3
里約熱內盧	11.4	14.2
加爾各答	11.7	14.1
布宜諾斯艾利斯	11.5	12.9
莫斯科	10.4	11.1
洛杉磯	10.0	10.7

資料來源：*The World Almanac*（NewYork ：World Almanac, 1990），
　　　　p.774.

地區政治學變大地政治學

　　第二次世界大戰終於在 1990 年眞正的結束了。戰爭結束後的四十五年，四個戰勝國和德國的二個聯邦終於完成了長期交涉談判最後的協議。伴隨著全球環境的變換，這份令人注目的歷史發展，形成了我們所看到這個世界的「形態轉變」，而地區政治學則為大地政治學所取代：因為在地球的這個生物圈內，全球性的政治活動已經開始。

　　若說地區政治學可以阻止原子戰爭的話，那麼大地政治學的責任便是阻止迫在眉睫的生態戰爭發生。自 1850 年至今，全世界超過三分之一的森林消失了，到了本世紀初，有六分之一到三分之一地球上的物種消

失了，石化燃料的燃燒增加到了三倍，二氧化碳與氟氯碳化物的產生改變了我們的空氣，而溫室效應正改變著我們的氣候，氣溫與海平面正逐漸上升中。

今日我們所面臨的全球問題與以往完全不同，因為過去整個世紀以來的科技急劇變化，使得人類在生態與經濟上的互相依賴程度增加，而產生不同的問題。核子武器的擴散與資源運用的不均，導致了饑餓和貧窮以及臭氧層的破壞。這些和許多其他的問題影響層面之廣、涵蓋地理範圍之大，皆不是小小的地區或是單一國家便可有效去解決這些問題的。因此，全球的合作與溝通是發現問題並找出解決方法必要途徑，而傳播又是全球合作的要素，於是今日傳播科技的進步將能幫助縮短溝通的時間，並加強溝通的效果。

跨文化傳播的增加

隨著全世界人口的快速增加，今日人類比起以往來說，與世界各個不同文化之間的接觸機會，是大大的增加了。幾千年來，人類的生活空間侷限在小小的村落中，唯一與外國人接觸的機會僅限於旅行商隊，或是一生一次到聖地去朝聖。不過七十五年前，全球傳播僅限於一些國家精銳份子之間的個人或外交上的接觸[6]。但生在今日的人們，卻可以輕易地旅行至世界的另一個角落，和完全不同文化的人們接觸，就好比如一個來自傳統家庭的日本商業主管，可能來到位於田納西的一個汽車裝配廠工作。

社區概念的轉變

我們稱作「社區」的這個名詞，在以前只代表人與人之間，可以面對面相互關懷和具有共通的文化對話的實體空間。但在今天，社區或對話的範圍都不僅止於某一特定的地理區域裡，現代傳播媒介重新分配了時間與空間，擴大了我們對地區的感受。在過去，人類間的關係必須依賴在咖啡館碰面、一起簽訂合約、握手，或是在村落的廣場裡聯絡感情。但隨著傳真機、電話、國際刊物、電腦等新科技的發明，個人或職業上的關係，竟可跨越時空來維繫，因此我們都是今日國際「無時空」社區內的成員了。

　　　　傳播關係不再侷限於地區當中，而是在不同空間裡交換[7]。

　　在過去幾十年裡，我們可以發現「國際輿論」的產生，全世界有一群關心時事的人，每天注意新聞報導事件的發展，他們的行動雖然是地區性的，但思考方式卻超越了國界。這些人關懷著不同的全球性議題，像是裁軍或中東和平問題、溫室效應、奧運或是全世界的民主運動等等。因此，全球傳播媒介資源的增加，將可滿足他們追求正確且快速消息來源的需求。

　　今天，我們可以談到這種全球社會，它是完全由這群人們所組成，既不屬於商業市場，也不屬於政府組織。在超越國界的科技發展以前，全球不同的人民社會之間的聯合有相當困難，但在今日拜新科技發展之福，助長廣大非政府與非營利組織當中的傳播行為，這些組織可以是人權、消費者保護、和平、兩性平等、種族正義或是環境保護等方面，而一些教會或其他自願性組織的形成就更不用說了。這項人類傳播歷史的重大發展，深刻地影響到國際事務的層面。在最後一章裡我會提到更多這類問題。

更多的中央集權控制

　　伴隨著全世界人類間傳播行為的增加，也導致了一個更明顯的發展。那就是少數大企業集團主控著世界的大眾傳播媒體，若這個現象持續地發展下去，到了本世紀末……。

　　　　有五到十個大企業集團將控制大部分的全球性重要報紙、雜誌、書籍、電視台、電影、唱片和錄音帶[8]。

這群「地球村的主人」讓人類的想法、文化和商業行為，有了統一化的影響。巴迪肯（Bagdikian）曾寫到，資訊真正的自由需要三個條件：讀與看存在資訊的機會、廣泛選擇資訊來源的機會以及提供傳播系統給需要互相聯絡的人類[9]。大致而言，民主國家提供了第一項條件，但是媒體所有權和控制權的集中，正在威脅著第二項條件。

資訊爆炸

資訊成長的數量驚人，我們稱這個時代為資訊時代。美國所有工作人口中大約有一半左右，多少都從事著與資訊相關的工作。資訊是以爆炸的速度成長。

若將西元元年的所有資訊作為一個單位，在科學革命初期之前，我們需要一千五百年的時間，才能將所有的資訊數量增加一倍。而在二百五十年後，資料的數量便再增加一倍。在這個世紀初，資訊數量又再度加倍，到了下一次的倍數成長只花了五十年的時間（見圖 1.3），之後，成長的曲線便急劇上升。我們可以看到 1950 年代的十年之間，資訊的數量有驚人的兩倍成長，1967 年又加倍，而六年之後的 1973 年，又有了倍數的成長[10]。

這個快速成長的程度沒有任何減退。目前世界資訊成倍數成長的速度估計約略在十八個月到五年間不等[11]！（圖 1.3 中呈現的是保守估計）。換句話說，在一個主修科學或工程的學生進入大學與畢業的期間當中，這門科學的知識便成長了兩倍。以五年為基準的成長速度來說的話，在七年以內，我們應該可以知道比今天多一百萬倍的知識呢！

在資訊成長的當時，許多其他的問題也產生了。人類並沒有正確方法去接收到正確的資訊，他們可能不知道資訊的存在，也不知道從何處獲得資訊，重要的資訊可能埋沒在一大串的資訊當中，能夠得到資訊並不表示獲得了知識，更別提智慧了。

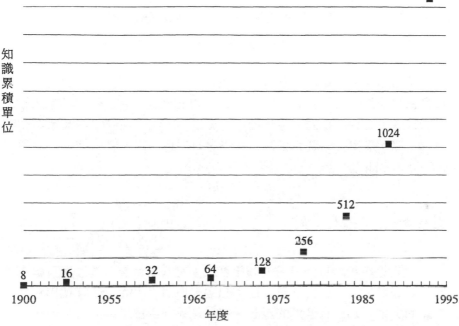

圖 1.3 知識累積（假設一年的單位為 1C.E)。人類歷史所產生的資訊量
　　　　正以二倍速成長。

科技的變遷

　　在數位時代裡，聲音、文字、資料和影像服務之間，並沒有技術上
處理的差異；衛星的到來表示服務費用並不和距離或地勢有關；像光纖
等新式科技，已將提供服務上傳統技術的限制去除了；隨著網路的全球
化，一些國家與國際網路間的界限，則已沒有明顯的區分。傳播科技的
速度與容量已遠遠地超過了我們的想像。從 1840 年代的電信電纜，到今
日的光纖電纜，我們穿越地區和空間，傳送與接收信息的能力有了驚人
的進步[12]。幸運的是，目前可提供傳送的容量尚且超過實際服務的需

要。我們不知道什麼形態的新傳播科技會被發展出來,但就資訊與傳播驚人的成長速度來看(每年成長百分之三十到百分之五十),可以確定的是:成長將持續以指數的曲線成長,縮短距離、超越時間並且不斷降低。

但是這個傳播革命,並沒有公平的為所有人類帶來相等的利益。擁有資訊與缺乏資訊團體間的差異,正在急速的擴大,這些差異存在於不同國家、不同性別之間;存在於不同城鄉之間;存在於富有國家與貧窮國家之間。事實上,資訊豐富只不過是針對那些國家之中某些特定團體或知識份子罷了。

更受倚賴的全球傳播

全世界每天約有六億份的報紙產生;有八萬個電台傳送節目給十億的觀眾觀賞、二十億的聽眾聆聽;超過一百個以上的通訊社送出超過四千萬的文字;超過七億通的電話,經由超過一百個以上的通訊衛星和距離千萬里的電纜,傳送出聲音、資料以及圖片;有數百萬台的電腦在儲存、處理和送出巨量的資訊。

我們倚賴著全球傳播的流動,以提供來自世界各地的資訊。而與另一團體之間的距離愈遠(指空間上與文化上),則對於需要倚賴其他人為我們蒐集並傳遞資料的程度也就愈大。每一個在資訊線上的人,經由報紙或電視得到來自世界各地的消息,都可以自由決定應該如何去傳送這個消息。當然距離一個事件或文化愈遠,累積的偏見也會愈多 [13] 。

全球傳播的成長,為人類與國家間以往組織、貿易與傳播形態所建立起來的組織和網路帶來了變化。在過去,交易是集中在附近地區的疆域內——像是中世紀的歐洲、阿拉伯、中國和日本、西非王國、加勒比海奴隸和糖的交易組織等等。但對於傳播速度和倚賴增加以後,今日已有了不同以往組織的產生。這個情形從非政府組織(Nongovernmental Organizations, NGOs)在全世界所扮演的地位當中,可以看的出來。非政府組織自從從聯合國中獨立出來,在其傳播的能力與力量穩固後,目前已足夠在聯合國與其他國家之前大展身手了。

美國是世界上最大的傳播王國

美國是世界上，最大的資訊製造者、處理者、儲存者和外銷者，她控制著全世界從電視節目到資料儲存庫等資訊的流通，因為科技的優越，使她成爲當今資訊最先進的國家。美國不僅主控了全世界的電影和電視螢幕，她的文化與意識形態也滲透了全世界，深深的影響著每一個人。她對於追求民主與自由的崇高理想，和對於追求消費主義與富足社會的價值觀，抓住了全球的人類。美國不僅和其他各地大量的溝通，其他各地到美國的人才的外流現象，也代表了來自世界各地的人們，正將具價值的資訊與技術帶到了美國。

更多的相互依賴與民主

這本書裡面，幾乎所有的議題都脫離不了國與國之間、人與人之間更多的互相依賴。國內與國際問題之間的差異，已經不再如此明顯。國家政府不再能將人民阻擋於全世界發生的事件之外；經濟行爲已無可避免的纏繞在一塊兒；軍事結盟已成了永久性的合作關係。在這個不斷縮小的世界裡，每個人都變成了「國民外交官」。今日世界的發展正朝向以往世界盛行的假設挑戰。國家已經不再是世界舞台上唯一的角色。非國家角色，例如跨國企業、國際民間組織、遊說團體、自由團體乃至於每一個人，都扮演了重要的角色。

我們正邁向一個「新世界秩序」。民主時代應以法國與美國革命作爲開端，但一直到今日，我們才到達了全人類眞正相互關懷的中心。這個民主變革「期待的」世界新秩序，極度倚賴傳播系統的效率好壞。傳播媒介不僅僅報導人權的違反與勝利而已，我們正逐漸瞭解到，傳播與資訊正是人權的中心所在。

戰爭與和平中傳播的影響

　　幾世紀來，傳播管道在增加國際間緊張關係過程當中，扮演了重要的角色。今日，大眾傳播媒體正面臨挑戰：如何帶來和平，建立國與國間的互信和加強國際間的相互瞭解。一般而言，在過去的二十年間，國際資訊關係因為電子科技的加速進步，已成為國際關係當中，最重要的因素。有超過五萬個核子彈頭正等待著消滅整個地球，它們幾乎全為美國和獨立國協（大部分為俄國、烏克蘭和哈薩克）所擁有。這其中許多的彈頭，比起 1945 年落在日本廣島的那顆，有十到二十倍的破壞力。但核武試驗每年也都持續進行。可怕的是，這些攜帶核武的飛彈可在十分鐘之內到達目的地。同時，在美國則有超過七千個和平組織團體，正致力於免除核子破壞恐懼的世界而努力 [14]。因此，戰爭的機器與和平運動都仰賴於傳播。

什麼是全球傳播？

　　全球傳播的領域是許多不同學術領域的交集，它研究了跨越國界傳播的價值、態度、觀念、資訊；以及個人、團體、族群、機構、政府和資訊科技等資料在跨越國界時，所牽涉到的議題；還有在不同國家與不同文化間傳遞訊息，及不同組成的機構在促成或禁止資訊傳遞時，所引發的爭議。

　　以上的定義包含了傳播活動很廣的範圍。Smith and Smith(1956)定義「國際傳播」一詞時，便掌握了這層意義：

　　　　外交官的談判行為；觀光客或其他旅行社在國外的活動；觀光
　　　　客或其他移民者在國外所創造的印象；傳到國外的書籍、藝術品或
　　　　電影等所帶來或許大量但非計畫中的影響；國際學生、學者、科學

家或科技專家等人的接觸；國際貿易行為的談判與回應；國際傳教
士或宗教活動；國際壓力團體，例如貿易協會、商會或政治團體等
的工作；國際慈善活動……；領袖或團體們的「宣傳造勢行為」（即
使是不公開的活動），只要有不同的觀眾群以及許多其他人接收到
該訊息，且該資訊有感覺或無感覺的散佈過了國家或文化的邊界
15 。

　　全球傳播研究並沒有很穩固的理論基礎。因此，我們常稱全球傳播
的研究與理論是一個「多方面學科」，因為它處在眾多領域之間。來自廣
大學術領域的許多學者，對全球傳播的研究皆有很大的貢獻 16 。

　　全球傳播的研究之所以形成一個領域，在於有個知識領域能獨立出
來，並且有一群人開始思考這個議題。就如同在維也納國會之後，有了
國家體系的出現，我們才開始說國際法是一個研究領域一樣；我們說在
十九世紀中全球傳播科技的出現，是全球傳播領域的起源。

　　許多年來，只有少數有遠見的作者們，看到了國際政治當中傳播所
帶來與日俱增的影響。其中最早具有影響力的作品之一，是 1927 年所出
版的《世界大戰中的宣傳造勢技巧》17 。全球傳播的研究在第二次世界
大戰後急速成長，主要是因為軍事的考量所牽連到相關經濟與政治面的
影響 18 。許多早期的知識是源自於政治學或國際關係當中，被冠上了
「國際政治傳播」、「國際勸說」或者「國際整合」等名詞 19 。

　　如同所有的社會科學一樣，全球傳播領域也同樣受到現代歷史的影
響。在 1945 到 1955 年當中比起之前的三十年時間，產生了更多研究全
球傳播的書籍 20 。至於 1950 年代中，大部分的研究與宣傳造勢和冷戰有
關。到 1970 年時，全球傳播研究增長了兩倍的數量，並且成為包含了廣
泛議題的學科，特別是在大眾傳播系統、傳播與國家發展以及宣傳造勢
與輿論等方面 21 。今天，國際傳播研究已成為了一般傳播研究當中，最
具有活動力的領域之一。

註　釋

1. President Ronald Reagan's Churchill Lecture to the English Speaking Union, Guildhall, London, June 13, 1989.

2. Maureen Dowd, "When a Crisis Hits, Bush Watches CNN," *San Francisco Chronicle*, August 11, 1989, p. A14.

3. John Eger, "The Global Phenomenon of Teleinformatics: An Introduction," *Cornell International Law Journal* 203 (1982): 210-217.

4. David Attenborough, *Life on Earth: A Natural History* (Boston: Little, Brown, 1979), p. 302.

5. For inspiring this biological analogy, thanks to Robert L. Stevenson and Steven Marjanovic, "A Look at Alternative News Sources" (Paper presented at the Biennial Conference of the International Association for Mass Communication Research, Prague, 1984).

6. Harold Nicolson, *Diplomacy,* 3rd ed. (London: Oxford University Press, 1963), cited in Davis B. Bobrow, "Transfer of Meaning across National Boundaries," *Communication in International Politics,* ed. Richard L. Merritt (Urbana: University of Illinois Press, 1972), p. 36.

7. Robert Cathcart and Gary Gumpert, "Media Communities/Media Cultures" (Paper presented at Conference on International and Intercultural Communication, Fullerton, California, March 1990).

8. Ben Bagdikian, "The Lords of the Global Village," *The Nation,* June 12, 1989, p. 805.

9. Ibid., p. 812.

10. See George Anderla, *Information in 1985* (Paris: Organization for Economic Cooperation and Development, 1973) and Alvin Silverstein, *Conquest of Death* (New York: Macmillan, 1979), p. 136. Another estimate by James Martin estimated that by 1800 information was doubling every fifty years; by 1950, every ten years; by 1970, every five years; by 2000, every three years. See James Martin, *Telecommunications and the Computer* (New York: Prentice-Hall, 1989), p. 12.

11. See also Robert Anton Wilson, "The Year of Fractal Chaos," *Magical Blend*, April 1990, p. 45–46. Wilson says futurist Jacques Vallee estimated that the amount of information today doubles every eighteen months.

12. The rate that data can be sent over the telephone lines has increased from 600 bits per second in the 1930s to today's fiber-optic standard of millions of bits per second. Soon telecommunications cables will probably transmit several trillion bits per second. See Martin, *Telecommunications and the Computer,* pp. 8–9.

13. Susan Welch, "The American Press and Indochina, 1950–56," in *Communication in International Politics,* p. 228.

14. A. J. S. Rayl, "The Peacemakers," *Omni Magazine,* January 1988, p. 66.

15. Bruce Lannes Smith and Chitra M. Smith, *International Communication and Political Opinion* (Princeton, NJ: Princeton University Press, 1956), p. 6.

16. In a survey of international communication scholars, twenty-five different specialties were indicated by the respondents. Ramona R. Rush and K. E. M. Kent, "Information Resource Use of International Communication Scholars," *Journalism Educator* 35 (April 1977): 50–52.

17. Harold D. Lasswell, *Propaganda Technique In the World War* (London: Kegan Paul, Trench, Trubner & Co., 1927), reprinted as *Propaganda Technique in World War I* (Cambridge, MA: MIT

Press, 1971).

18. Bruce Lannes Smith, "Trends in Research on International Communication and Opinion, 1945–55," *Public Opinion Quarterly* 20 (1, Spring 1956): 182–195.

19. Kenneth Boulding, *The Image* (Ann Arbor, MI: University of Michigan Press, 1965); Bernard C. Cohen, *The Press and Foreign Policy* (Princeton, NJ: Princeton University Press, 1963); Karl W. Deutsch, *Nationalism and Social Communication: An Inquiry into the Foundations of Nationality* (Cambridge, MA: MIT Press, 1968); Karl W. Deutsch et al., *Political Community and the North Atlantic Area* (Princeton, NJ: Princeton University Press, 1957) and *International Political Communities: An Anthology* (New York: Anchor Books, 1966); Arthur Hoffman, ed., *International Communication and the New Diplomacy* (Bloomington, IN: Indiana University Press, 1968); Herbert Kelman, ed., *International Behavior* (New York: Holt, Rinehart and Winston, 1965); Richard L. Merritt, ed., *Communication in International Politics* (Urbana, IL: University of Illinois Press, 1972); Ithiel de Sola Pool. *Symbols of Internationalism* (Stanford, CA: Stanford University Press, 1951); James Rosenau. *Public Opinion and Foreign Policy* (New York: Random House, 1961); Ralph K. White, *Nobody Wanted War* (Garden City, NY: Doubleday, 1968).

20. Bruce Lannes Smith. "Trends in Research," pp. 182–195.

21. Hamid Mowlana. *International Communication: A Selected Bibliography* (Dubuque, IA: Kendall/Hunt, 1971); and Hamid Mowlana, "Trends in Research on International Communication: 1950–1970" (Paper presented at International Association for Mass Communication Research, Buenos Aires. September 1972). Some of the early important works included: W. Phillips Davison, *International Political Communication* (New York: Praeger, 1965); Wilbur Schramm. *Mass Media and National Development* (Stanford, CA: Stanford University Press, 1964); Heinz Dietrich Fischer and John C. Merrill, eds., *International Communication: Media, Channels, Functions* (New York: Hastings House, 1970); James W. Markham, *Voice of the Red Giants. Communications in Russia and China* (Ames, IA: Iowa State University Press, 1967); Frederick T. C. Yu. *Mass Persuasion in Communist China* (New York: Praeger, 1964); Walter B. Emery, *National and International Systems of Broadcasting* (East Lansing, MI: Michigan State University Press, 1969); and Leonard W. Doob, *Communication in Africa* (New Haven, CT: Yale University Press, 1961).

第二章　長途傳播的歷史軌跡

在「巴別高塔」這幅畫中，比利時畫家皮耶特‧布魯蓋爾（Pieter Brueghel, BROY-gel）描繪著名的聖經故事，說明了世界上為什麼存在著許多不同語言。故事敘述寧羅王（King Nimrod）（舊約創世紀）想建一個高塔通往天空，他的建築師設計了一個極佳的建築，可穿越雲層。工人們拼命地工作以滿足寧羅王。但是當神看到了這個高傲自大的舉動之後，決定讓他們說出不同的語言，於是突然之間，水泥匠無法命令工人，國王的工頭也沒辦法讓人聽從命令，所有的工人變成一群敵對的「外國人」，而高塔的建造工程也變得一團糟，整個計畫只好叫停。

「時間中心主義論」

人類常有一個特別的困擾，認為在我們的時代、歷史，正在迅速的變遷，我們就是常為這種「時間中心主義論」所困擾[1]。而這個困擾的解毒劑便是聖經中所記載的「千禧年觀」：將全球傳播與資訊的發展，以世紀的觀點出發。布魯蓋爾的畫讓我們想起了今日的傳播系統——這個地球上最大的機器，是幾世代進化的成果。但令人訝異的是，有關全球傳播的史料卻是非常的少[2]。

在千禧年觀當中，古代人類在一個小社區中毗鄰而居，以今日的標準來看，當時的大城市其實規模很小，親族和朋友圈便是整個世界的大小。中世紀時代農夫的全部生活範圍，距離他們出生地點不超過半徑三、四十公里[3]，只有戰爭、移民或朝聖時，才會將陌生的面孔帶入這些封閉孤立的社區。即使在二十世紀的早期，一般人仍居住在鄉間，他們只能經由旅行者描述的故事當中，對世界有所瞭解，和外國人幾乎沒有任何接觸。在大不列顛帝國的全盛時期，也只有少數的英國人曾踏出這個「日不落」帝國[4]，長途傳播以很慢的速度進展。在 1830 年代，一封從歐洲到印度的信，單是一趟就要五到八個月才能送達！信件往返一回，可以花上兩年的時間[5]。

到了幾十年前，僅有的一些國際傳播管道，也是爲軍隊、統治階層和有錢人所控制著。從索羅門王、席巴女王到伊莉莎白女王一世的期間，郵政服務只限於提供給皇家貴族們。一直到了十六世紀，新興的商人階級需求可靠的傳播媒介，才開始對皇家郵政獨佔權產生質疑。

從十九世紀中葉開始，世界的媒體景象開始完全地轉變了。如圖 2.1 中顯示，自電報發明以來，新傳播科技的需求呈現巨幅的成長，該圖也顯示了這些最新的發展。1870 年電報電纜出現；第一次世界大戰，我們看到了國際無線電的首次實驗；聯絡美國和歐洲的海底電纜線於 1956 年鋪設；而第一顆通訊衛星在 1962 年發射。

然而，如同我們在上一章中所見，這些事件發生在千禧年觀當中只不過幾秒以前。科技進步是如此的神速，今日的傳播管道將我們推爲世界的公民。我們對於伊朗的宗教有了意見、瞭解中國學生們追求民主運動背後的理想、對美國入侵加勒比海小島的行爲作出批評、對外籍軍隊的秘密協助、核子武器談判、東歐的民主運動等，都有了意見。這種科技革命所帶來最重要的影響之一是：以往少數人關心的話題，現在可爲更多人所關心。

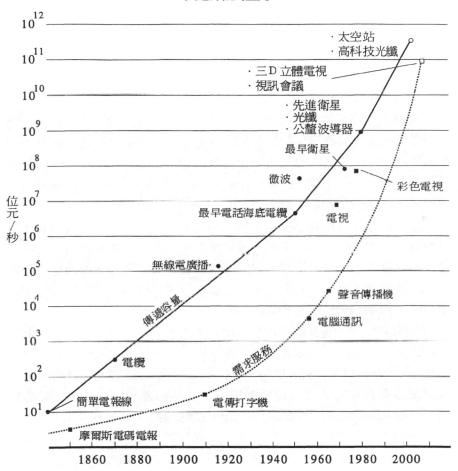

長途傳播的歷史

圖 2.1　通訊科技的發展（服務需求與傳遞容量）。通訊科技的容量自一
　　　　百五十年前發明開始成指數成長，並且一直超出需求。

資料來源：From *Toward a Law of Global Communications Networks*, by the American Bar
　　　　　Association, ed. Anne W. Branscomb, p.39. Copyright© 1986 by Longman
　　　　　Publishing Group. Reprinted with permission from Longman Publishing Group

全球傳播管道的地圖

　　縱然我們擁有高科技技術，但有時對於世界上所發生的大事，卻仍以祖先們的眼光來應對。對古代的陳舊定型與偏見，比起我們擁有全球傳播管道的時間來說，要消失的慢得多。這種扭曲的現象——一個我們所想像的世界，最可以從地圖當中看出（心理與生理兩方面）。事實上，地圖可以說是國際傳播最早的管道之一[6]。

　　幾世紀來，我們對於歷史人物與地方的知識，均來自船員的敘述或是地圖。二千八百年前，希臘人成為最優秀的水手，並且在地中海的東邊，建立許多殖民地。第一本有關地理的書籍繪出了一個圓形的平面地球，旁邊環繞了水。而羅馬人則向希臘人學到了地理，並且運用這個知識到達了紅海、波斯灣甚至印度北部[7]。

　　早期的地圖不僅反映了拓荒者所發現的東西，也包含有他們所期望（或害怕）的東西[8]。三世紀羅馬文法家賈斯・朱利斯・索利尼斯（Gaius Julius Solinus）講述，很久以前，馬腳人身的人全身都有翅膀覆蓋，於是衣服就沒有存在的必要；獨眼野蠻人用父母頭蓋骨做成的杯子喝蜂蜜酒。這些有關於外國人的描繪，到了十八世紀的地圖中都可以看見[9]。

　　在歐洲中古世紀的一千年當中，製圖師對於他們眼中的世界，並未加入太多新的訊息[10]。他們大多以神話與聖經為依據，將地球畫為一個扁平的圓盤，而耶路撒冷就在正中央。就在六百年前，葡萄牙航海家仍然相信非洲波加多岬（Cape Bojador）的南邊或西邊有狂烈的風暴、巨大的爬蟲類以及奇怪的似人生物，地圖中有兇猛的半獅半鷲怪獸、沒有頭的人、有著狗頭和六跟腳趾的人、有角的侏儒、只有一隻眼與一隻腳的「獨眼怪物」以及眼淚是銀做成的希臘女神[11]。

　　而今日的地圖又如何比較呢？當然了，我們繪出這個地球的能力在過去的幾十年當中，有了巨大的進步。地球表面的衛星影像給了我們一

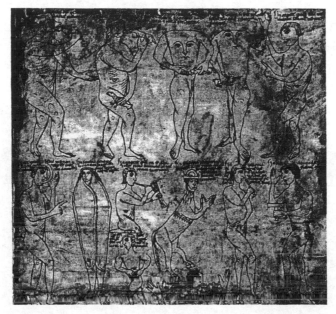

亞恩斯坦聖經(The Arnstein Bible)(1175)當中，描繪出一個十二
世紀的苦行僧對於居住在其他土地上人民的誤解。儘管在傳播
科技上的進步，我們對於「外國人」仍舊有歪曲的認知。

資料來源：From the "Arnstein Bilble" ca.1175.By permission of the British
Library.

個值得驕傲的地方。但是，我們今天世界中許多的「心理地圖」，仍對於
「外國人」有所謂刻板印象的影像存在。

如何克服空間障礙

從歷史上看來，一般人絕少旅行超過離家幾天車程的距離。一個村
落的方言，在五十里以外的村落便無法被瞭解[12]。但是，即使是在古

代，知識和觀念便能穿越廣大空間；帝國主義的官員可以管理幾千公里以外的帝國領土。這些偉大的功蹟是如何達成的呢？

希臘人相信，居住在奧林巴斯山上的一群粗暴天神當中，有一個神是掌管傳播的，名字叫作赫密士（Hermes）（羅馬人稱他作「水星」，Mercury，印加人稱他爲「Chasqui」）。赫密士是宙斯神（Zeus）與阿特拉斯神（Atlas）女兒生下的孩子，他不僅是創作與高雅神靈的象徵，也是敏捷、聰慧、靈巧的化身，他總是在匆忙之中。畫家們在描繪赫密士時，總有個長著翅膀的帽子；寶石匠們則將他鑄成一個旅行者的守護神。

傳播之旅

縱觀歷史，人類一直是以旅行者和商人的身分跨越國界溝通。圖2.2顯示了古代各陸地之間的商業路線。希臘歷史家希羅多德（Herodotus）爲了寫下著名的希臘—波斯戰爭，曾親身來到了波斯，就如同今日許多的文化盲目者一樣，他對於埃及一些奇妙的習俗感到極度的驚嚇。

當時人們不常旅行的諸多原因之一，是因爲旅行本身非常地艱辛和危險，一些車行的道路經常是充滿了灰塵泥濘，路過的多爲小販、搶匪、商人或是往來的表演藝人。在歐洲，一天騎馬的旅行路程大約是五十公里；換成馱運的牲畜的話，則一天旅行的路程只有十五公里 [13]。

一直到了十五世紀中旬，少數歐洲人才成功的旅行到了今日所謂的中東地區。有一位威尼斯商人尼可樂·迪·康提（Nicolo de Conti），不但來到了印尼，甚至還回去告訴了大家他的經歷，以下便是他如何形容爪哇：

> 居住在這些島上的居民，要比其他任何國家的人來得沒有人性
> 和殘忍，他們吃老鼠、狗、貓和其他所有不乾淨的動物。他們以殘

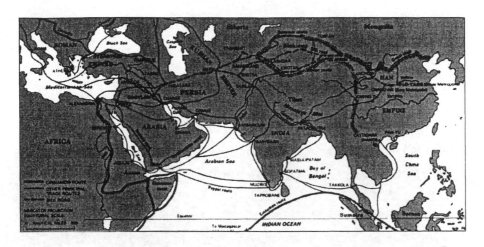

圖 2.2　古代各陸地間的商業路線。古時候的商人和旅人不顧危險與艱
辛，穿越過長遠的距離。絲路與肉桂路是當時最重要的兩條高速
公路。

資料來源：*Atlas of Maritime History.* (Greenwich CT: Bison Books, 1986)，p.19.

酷的方式來超越其他人，並認為殺人只不過是一個笑話罷了 [14] …… 。

亞美里哥・維斯普奇（Amerigo Vespucci）（美國，America，便是
以他命名）曾以下面一段文字敘述了新大陸的居民：

> 我們發現整個土地都居住著一些近乎全裸的人，男女都一樣，
> 沒有任何東西蔽體也不感到羞愧……沒有法令、沒有信仰，他們是
> 根據自然法則生活……當戰鬥時，他們殘酷的屠殺，而生存下來的
> 人，只埋葬屬於自己這一邊的人，而且將敵人屍首砍斷，吃敵人的
> 身體 [15] 。

1271 年，偉大的威尼斯探險家馬可・波羅（Marco Polo），由他父
親和叔叔陪伴著，離開了義大利，要將「上帝的使命」帶到中國。值得
注意的是，這趟旅行後的六百年裡，成為了歐洲人對遠東地區印象的主
要資料來源。經過了四年艱苦的旅行，馬可・波羅一行人來到了接近今
日北京市，是當時蒙古帝國夏季首都的承德市。在那裡，他們首次遇到

了偉大君王之王忽必烈，其祖父就是令人膽怯的成吉思汗，成吉思汗橫掃了整個中國，從中國海到波羅的海。

馬可‧波羅一行人並不確定他們的命運會如何。其實波羅一家人並沒什麼好害怕的，因爲忽必烈早期開拓疆土時，腳步遍及了西亞和東歐等地，對於歐洲人與他們的習俗毫不陌生。忽必烈在基督教精神當中看到了文明教化，影響及他的子民。波羅一干人的到來在料想之中，也受到了歡迎 16 ！而波羅對於遠東地區的敘述持續成爲唯一的記錄，一直到了西元 1615 年，有了一位基督傳教士馬提歐‧里奇（Matteo Ricci）的到來，他的記錄才補充了馬可‧波羅的不足。

只有少數的旅行家曾歷經像伊比恩‧巴突它（Ibn Battuta）如此豐富的探險經歷，西元 1326 年起，他從麥加開始了旅程，對於中世紀晚期的回教世界，作了極爲詳盡的描述。在他長達三十年的旅行生涯當中，曾到達過中東、東非、中亞、印度、東南亞，還有可能到過了中國，伊比恩遵循傳統手法，以描述到阿拉伯聖地朝拜的長途旅行來寫下紀錄，但他旅行的時間實在太久，以至於這個目的後來也就模糊了，然而，他對於歐洲以外世界的描繪，對當時來說是極稀有的資訊。

有時候，我們實在很難去辨認早期故事的眞實性。例如中世紀時代，最廣爲流傳並且發生影響的故事，是一位傳奇的基督教國王普萊斯特‧約翰（Prester John），據說他的領土是在亞洲西南方或非洲的東北方的某地，就在回教帝國的上方，歐洲各地的領袖們均嘗試與他組成一個反回教的同盟，歐洲人對於普萊斯特一些對抗「異教徒」英雄行徑的一些傳聞，深感迷醉。

約在西元 1165 時，東羅馬帝國發生了一個嚴重的假情報事件，一位聰明的書記，在歐洲各法庭散佈一封聲稱是普萊斯特親筆的信，據普萊斯特「說」，他的領土是個和平、正義的國度，是一個由「頭上長角、獨眼、眼睛一前一後、半人半馬、司農牧的神、半人半獸、侏儒、四十棟房高的巨人……等等」所組成的國度。普萊斯特的國度被包含在中世紀的地圖當中長達好幾年的時間，而十二世紀的亞歷山大教宗二世甚至還派了一位信差送信給他，只是信差再也沒有回來 17 。

在這一段期間，天主教教堂曾派出一些軍隊遠征，去「保護」聖地

十字軍東征可說是全球傳播歷史中重要的一章。這是教宗爾本二世
（Pope Urban II）於西元 1095 來到法國傳教，在克拉爾蒙議會（Council of
Clermont）鼓吹大眾加入十字軍的情形。

資料來源：*Roman de Godefroi de Bouillon*, 1337. Giraudon Art Resource, New York.

耶路撒冷，免於回教徒的破壞，這便是十字軍東征的故事。這個運動可
說是「回顧國際傳播進化史上，重要的一章」[18]。教堂藉由口頭上與書
信上的傳播，在歐洲組織並宣導參與十字軍的活動，十字軍在地中海的
東方擴增了軍隊的人數，並且延伸了商業的路線；而與亞洲之間的溝通
也改進了，這是因為許多傳教士被送到蒙古帝國，去說服他們加入對抗
回教的行列。

　　有趣的是，回教也因為旅行商隊和海上交通的增加，逐漸地擴張，
學者與知識份子走遍了回教世界，尋找並且帶來有關宗教方面的知識。
回教的長途傳播經由「哈吉」或者麥加朝聖的刺激，也漸漸頻繁了起
來。

　　一直到了十八世紀，歐洲貴族們才有了閒暇的時間，一些有錢階級

便養成喜好旅行的風氣。在歐洲，學生們常被鼓勵到國外學校待個一年；在英國，就有個「大旅行」（grand tour）的說法產生，它是一種學習性的旅行，學生用一到兩年的時間在西歐的主要城市旅行和學習。但是要一直到工業革命之後，長途旅行才真正不只是特殊貴族或階層的專利[19]。

信　差

就信息安全送達而言，人類兩條腿的力量是什麼也比不過的。古代的信差通常會帶著一些幫助記憶的工具，像是一根鋸齒狀的棍子，可以記錄天數或是戰士的數量。古代的印加帝國從未發明出有輪子的東西，他們依賴受過訓練的信差，稱為「chasquis」。在印加信差身上會帶著一種叫作「quipu」的東西，它是一種結繩文字，結繩上包含許多複雜的訊息。西班牙的征服者便表示，結繩文字不但能表達財務的資訊、私人信件，甚至也可以像寫作一般容易地作出一首詩來[20]。

信差們傳送勝利的訊息，也傳送一些市俗小事的訊息。傳說中，西元前490年時，有一位叫費迪彼德斯（Phidippides）的希臘士兵，他曾跑過了三十六‧二公里的距離，從馬拉松戰役的地點跑到雅典，他在宣佈了希臘戰勝波斯的勝利消息之後去世，現在所稱的「馬拉松」便是為紀念他的功蹟。在西元前3000年的美索不達米亞，「信差」曾被列入一般的職業當中，而證據也顯示索馬利亞（Sumeria）的統治者有基本的管道，可與其領土溝通，並且能夠傳送快遞給特定的官員或是個人[21]。

羅馬奧古斯都大帝曾發展出一套繁複的信差系統，運用馬匹、馬車和轉送站，信差大約每日旅行三十五公里。羅馬人甚至還有一種「快遞服務」，例如，萊茵河軍隊反叛的消息，可以在冬天的九日以內，穿越過阿爾卑斯山傳遞到羅馬，是以每天二百五十公里的驚人速度在前進[22]。

一位奧地利信差在送達一封密封的信件給收信人後，將帽子
脫下。（一張古老維也納紙牌）

資料來源：*Old Post Bags*（D. Appleton & Co. 1928），p.36.

古代的郵政服務

　　只需花費少許的錢，並將信件丟進郵筒後，我們便能合理的相信，
訊息會快速且安全地傳達到幾乎世界上任何角落。在世界郵政組織之
下，全世界已經整合成為一個大郵政區域了。

　　約在西元前 3800 年，巴比倫帝國的沙根大帝（King Sargon）建立了
世界上的第一個郵政系統，由訓練信差的郵局局長爾達克（Urduk）統一
指揮，爾達克把地圖交給信差們，地圖上有從底格里斯河到幼發拉底河

之間的所有路線和步道，以指引信差投遞的路。若信差遇強匪襲擊，他們就會放出鴿子，發出求救信號請求解救 23。

西元前六世紀時，在塞羅斯（Cyrus）的領導下，波斯人創立了一種郵政系統，到目前仍被認爲是一項很大的成就。希臘歷史學家西羅多德曾算過，光是一條約二千五百公里的路線，就差不多有一百一十一個轉送站。

西元前 490 年發生在雅典東北方的馬拉松戰役，對希臘人來說是項勝利，因爲他們擊退了波斯人的入侵；然而對波斯人來說，則是郵政科技上的一個勝利，在西羅多德記錄下的波斯國王的忠實信差們，成功地傳送了波斯與希臘軍隊之間的戰役訊息，在記錄中的最後一行，到現在還被美國郵政服務歌頌著：

> 世上沒有人比得上波斯信差傳送消息的速度。……「沒有任何事情可以抵擋這些信差們送信的使命──即使是大雪、大雨、酷熱或黑暗也無法阻擋 24。〔特別強調〕

羅馬人仿效波斯人的郵政作法，設計了一個廣大的公路結構，以便利軍隊移動、旅行、貿易與傳播等。草紙、羊皮紙和蠟板等會被用來當作信紙；郵政轉送站規模大且多，每站約有四十匹馬與馬夫，每天運送信件的速度大約是七十五公里，而且收信和送信的時間都很固定且正確 25。雖然政府的驛站只遞送公文信件，但也有商業營利的郵政公司開始服務商人或是其他的市民。一般每天平均的郵件差不多可以送達五十至八十公里不等，偶爾有一些快遞的騎士，每天可以騎到一百五十公里的距離。從保羅寫信給基督教徒，並送到帝國的各地看來，郵政的服務很快地就被用作爲私人用途了。

但是，自從羅馬的中央集權逐漸崩潰之後，西歐可靠的郵政系統也近乎消失了。朝聖者、傳道者、士兵、商人和四處旅遊行騙的人，就成爲了長途傳播唯一的媒介了：

> 消息就如人腿或馬蹄一般地慢，當它真的到來時，口對口的傳播最後也很容易地成為了神話或是傳說 26。

儘管如此，一些像威尼斯的商業大城，仍保留了很好的郵政服務，它可以在七天以內，傳送七百公里的路程[27]。修道院本身也有一套郵政服務，在各個修道院之間傳送消息或物品[28]。查理曼大帝設立了一些郵政路線，將義大利、德國、西班牙等國銜接起來。而巴黎大學也在法國國王的保護下，運作了第一套的廣大郵政網路，從十三世紀到十八世紀末，爲學生與他們分佈在法國各地父母之間傳遞信件。當阿拉伯人在文藝復興時代前，將紙帶到了歐洲時[29]，爲政府、商業界、教會和私人間的通信，掀起了一陣高潮。

　　就當郵政服務在歐洲逐漸勢微時，馬可·波羅曾記錄蒙古的忽必烈有一套很繁複的郵政系統。事實上，中國才應該是眞正第一個擁有全世界郵政系統的國家。三千年前，中國的郵差們便開始在各鄉鎮之間傳送消息與信件。大約在西元前 500 年，孔子便記錄了有關帝國郵政的事務[30]，在馬可·波羅到達以前，至少就擁有二十萬匹馬和間隔距離約四十公里左右的一萬個郵局，延著十乘幹線發展成一套甚好的系統[31]。

　　現代郵政服務起始於西元 1464 年，當時法王路易士六世建立了一個轉送站的網路，運用馬匹與騎馬的信差送信[32]。英國則於 1481 年開啓了一個類似的服務。至於義大利與德國許多城市、國家也跟著尾隨其後。到了 1516 年時，位於柏林和維也納之間的國際郵政服務已經是一些有錢人享有的服務了。英國的皇家郵政服務於 1525 年展開，但僅限於政府間[33]。最古老的私人服務之一起源於西元 1450 年，它是由威尼斯的兩個大家族爲羅馬帝國所設立的，事實上，這個系統藉著每年由帝國資助的一筆金額在營運。然而，在十九世紀時，這筆由皇室支出的錢被切斷了，因爲皇室爲了能夠專權，所有的收入都必須要直接歸屬於君主[34]。

　　美國殖民地早期的郵政服務非常沒有秩序、很隨意，而且大部分都是爲私人目的。花上一分錢，殖民地居民可將一封信交給商船的船長，把信帶到國外，從歐洲來的信件通常會放在港口的大廳裡等人來取。1672 年，波士頓和紐約市之間，每月一次的郵政服務開始了。1683 年，第一間郵局在費城設立，開始了連接緬因州與喬治亞州之間的郵政業務服務[35]。

　　而這些早期的郵政服務又有多快呢？西元 1471 年發生的巴內特戰役

（Battle of Barnet）的消息一天之內可以傳遞二百公里；瑪格麗特女王於1462 年登陸龐布羅（Bamborough）的消息，可以在五日之內傳達五百二十公里外的倫敦；1482 年，愛德華四世可以在兩天以內，收到一群騎士們穿越三百二十公里的距離所送來的消息[36]。一直到了 1833 年，一封從英國來的信，一天內也只能送到二百公里外的距離。但是到西元 1900 年時，每日郵政服務的距離，則是六百公里[37]。

「航空信」在古時候也是有的。在紀元前，信鴿就被用來傳遞消息了。西元前 1000 年時，索羅門王就運用信鴿與席巴女王往返書信，以加強陸上信件的傳送。阿拉伯人在十二世紀時，也用鴿子建立航空服務[38]。至於 1848 年發生在法國的叛亂也成功地用到鴿子來傳遞訊息[39]。鴿子每小時平均飛七十公里，一天就可以飛到一千公里，但這些不怕累又可靠的輸送者，卻要看天氣狀況而定。一直到電報機發明了，信鴿的重要性才減低。然而，在二十世紀的兩次世界大戰中，每一個軍隊的信號部隊都經常運用到鴿子。1992 年發生在前南斯拉夫的內戰中，信鴿竟成了唯一可靠的傳播方法[40]。

長途信號

信號是一種沒有用到聲音的幫助，而能傳遞訊息的方式。可以是視覺的、聽覺的或是用電的，這些可以用到一些工具作為幫助，像是火把、煙霧、燈光、鼓、槍、電報、電話或無線電通訊等等。電子訊息可以在很快的時間裡，穿越過很遠的距離，這就是我們所知的「電信」。

最早的「長途」傳播，一定是穿越過山谷的叫喊聲。瑞士和奧地利山上的居民現在仍用岳得爾調唱送過峻陡的山谷，這種方式很棒，不但距離變短了，而且傳信的方式又簡單。波斯帝國的塞羅斯大帝，也是一位長途傳播的偉大改革家，他建立了一些高塔，塔裡的員工們都是一些大嗓門的人；利用動物皮做成的巨大擴音器，這些人在整個系統的延線上，傳遞訊息。有一個傳令官的聲音，可抵過五十個人一起叫的聲音！他的名字是史坦托（Stentor），到現在我們在英文裡形容聲音極宏量的人，也是叫做「stentorian」[41]。這種「聲音電報」曾被羅馬執政官西皮歐（Scipio）運用，來傳送西元前133年時那曼提亞圍城的消息。根據凱撒的說法，高爾一家人可以在二十四小時之內，用「聲音電報」把消息傳到二百七十公里之外。一千五百年後，西班牙入侵者在南美也發現了相同的系統——駐紮在木製高塔頂端的大嗓門傳話人[42]。一直到了1910年，聲音電報在阿爾巴尼亞還仍然被延用著[43]。

另一種信號工具是烽火台。希臘詩人及悲劇作家艾斯克勒斯（Aeschylus）曾記錄，大約在西元前1000年左右，有一位塔的看守員，在一夜間看到了五百公里以外火的訊號，知道了特洛依城的攻陷。[44] 這場火是在一個俯瞰勝利戰場的山上所引發的。要傳送一個預定的訊息，延著整條路線的高塔，在看到他們之前的高塔點燃火燄後，便點燃自己的火。一位西元前二世紀的希臘歷史家曾描述，希臘的系統裡，火把的位置和數目可以代表字母[45]。中國人延著長城的一萬公里，也運用到火的訊號[46]，但訊號的複雜程度，僅限於單一、預定的訊息。

西元1588年夏天，一支由一百三十艘西班牙船隻所組成的艦隊駛進了英吉利海峽，而在英國的岸邊，火的標示與一串串的煙傳出了西班牙即將攻打英國的字語。從普利茅斯到倫敦，這個消息在二十分鐘以內傳越過了三百二十公里的距離，由於這個事先的警告，英國海軍得以儘快地衝向船隻，迎戰西班牙的艦隊，也結束了西班牙的海上霸權[47]。

如果有「火信號」這種東西的話，那麼也就應該有「水信號」這種東西。有一種「水電報」，它運用一個圓筒型的容器，裡面浮著一個垂直的柱體，柱體上漆著代表各種訊息的記號，訊息的傳送與接收雙方在山坡上有同樣的裝置，當一方的山坡上燃起了火炬的信號時，雙方放水的旋塞便同時地打開，當火炬熄滅時，旋塞便關閉，容器裡水的線停留在那兒，就顯示了想要傳達的訊息[48]。

北美的原住民以煙霧訊號而聞名。他們選擇覆蓋著濕蔭綠草的高處，在這種地方所升起的火可產生一連串濃密的煙霧，七十五公里以外的地方都可以看得到，傳送訊息的人運用毯子，控制送出煙霧的大小，

「火信號」可以從一個塔傳遞一個預定的訊息到另一個塔，傳越過幾百公里的距離。

資料來源：*Mensch und Aedien* （Stuttgart: AT Verlag Aarav, 1985），p.11-116.

而送出一些簡單的訊息。今天，一連串的煙霧通常表示求救的信號[49]。

　　非洲人發展了一套長途信號的「說話鼓」系統。非洲的某些語言是倚賴音調和複雜的節奏來傳達意思，高、低音也代表不同的意義。所以，不同直徑和厚度的中空圓木，可以模仿出不同的音調，並做出類似某種方言的聲音。對於熟悉該種方言的人來說，這些聲音可以成功地傳遞大約八公里的距離。若要傳送更遠一點的距離，就需要一連串轉送站之間的合作了[50]。

　　在北美也有一種類似說話鼓的「說話砲」。延著伊利湖和哈德遜河邊，每隔十二到十六公里就設有一站。在 1825 年的美國，一個簡單的訊息——第一隻船進入了伊利湖，便能在八分鐘內從水牛城將這訊息傳到了紐約市，總共五百八十四公里的距離[51]！

　　然而，這些傳遞信號的管道並不可靠或安全。因為無法選擇誰要收到這個訊息，也無法對傳送消息人的地點保密。天候或晚上的關係都會讓整個系統無法運作。這種「視野上定點連線」的管道，並不能克服障礙或是傳送資訊到隱僻之處。

　　傳說中，法國大革命期間，一位法國工程師克勞帝‧夏普（Claude

當火炬被舉起時，鄰近山坡便同時間打開「水電報」容器的
旋塞放水出來。火炬熄滅時將水關閉，浮在水中柱體上的記
號就可以讀到了。

資料來源：*Mensch und Medien*（Stuttgart: AT Verlag Aarav, 1985），p.11-114.

Chappe），想尋求資本來投資他所發明的「視覺電報」，他試著說服當時
法國最重要的革命團體—國家制憲大會，看看他的發明如何成功地傳遞
往來訊息，他在大會的面前示範這個神奇的機器如何運作，但在當夏普
離開後，又有另一位申請人為了尋求資金，到大會中作了夏普剛剛作的
研究示範[52]！

夏普在每隔約八到十五公里的距離築了一些塔台，塔上裝有一個旋

夏普的視覺電報存在北非一帶的時間最長，一直到 1859 年才被電報取代，這是在阿爾及利亞的一個裝置。

資料來源：*Telecommunication Journal* 32 （1, 1965），p.33.

轉的軸，軸的兩端各繫上一隻巨手。每個塔台的守塔人員只要拿著一個望遠鏡，就可以看到巨手傳來的信號，然後將這個信號再傳送出去。運用繩子滑輪拉動這個巨手軸，總共可以傳送一百九十六種不同的記號。夏普的第一次實驗首次在 1794 年開始，設立了從巴黎到利里（Lille）的一條線路，第一個訊息是有關法國在比利時打敗了奧地利軍隊的消息，消息在一個小時內傳到了巴黎。法國人在巴黎城外的各個方向設立了這些站驛，之後歐洲的其他國家也隨之仿效，到了十八世紀末時，這種視覺電報從英吉利海峽到瑞士邊界都在使用[53]。

　　但視覺電報的能力畢竟有限：好比 1832 年的一天，從柏林到科伯林斯（Koblenz）只能傳遞一百個字。然而，儘管有它的限制，軍中仍然認為這項發明很有用處，可以用在軍隊裡。一直到西元 1852 年電報終於取代這項發明時，法國總共有了五百五十六個這種信號站的網路，延伸有四千五百公里的距離 [54]。

運輸媒介

　　事實上，包括書籍和報紙等物體傳送的郵政傳播，都必須極度仰賴於運輸媒介的發展。在古騰堡（Johannes Gutenberg，德國活版印刷發明人）的時代，書籍甚至報紙的立即印刷都可以辦到，但如果要在幾個禮拜才能送達的話，時效性也就打了折扣。所以，若說印刷出版的長途傳播第一要素必須要靠運輸媒介的發展可不為過。這就是為什麼到現在仍有許多報紙的名稱當中會有個「郵報」（post）或「信差」（courier）的緣故了——像是「英國郵報」等等。

　　在古代，商人們開拓了一條條的路，通往遠又廣的地方。[55] 早在歐洲青銅器時代（約西元前 2000 年），從義大利經奧地利到丹麥，就有一條所謂的伯恩斯坦（琥珀）公路。從西元前二世紀開始，就有商人運用長而險的絲路，往來今日的敘利亞和中國的長安之間運送物資。而從未發展出輪轉交通工具的印加人，也有廣大的道路網路連接自厄瓜多爾首都基多以南三千六百八十公里，到智利的首都聖地牙哥市。

　　甚至早在印加之前，可能在西元前 3000 年左右，埃及、美索不達米亞平原以及印度河流域，就開闢了道路，先是馱獸運輸的道路，後給輪轉的交通工具行走用。自西元前六世紀起，波斯人將現存的公路連接起來，成為一條自以弗所（小亞細亞古都）到蘇薩（古代波斯王朝的夏宮）的「皇路」。西元前三世紀，中國的秦朝也建立了連接全國的公路網路。為輸出黃金和象牙所建立了商旅道路（後用來運送奴隸），更是從非洲、亞洲、延伸到了歐洲。羅馬是古代時最偉大的築路家，他們開拓了總共有九萬公里的道路網路，堅固耐用，連接從撒哈拉沙漠到蘇格蘭、從大西洋到波斯灣。

　　直到有人嘗試重建羅馬人所建立的道路系統時，已經是好幾世紀之後的事了。事實上，這些道路在中世紀時已差不多壞朽盡了，旅行變得困難而危險。到工業時代，歐洲人旅行所花費的時間，並未比羅馬人快了多少。十六世紀，從巴黎到土魯士，坐馬車或騎馬要花上一個月的時間才能抵達[56]。一直要到墨索里尼和希特勒在 1930 年代開始一連串的道路重建計畫後，我們才能說歐洲再度有了一個真正的歐陸道路系統。

　　蒸汽火車發明後，人類可以在時速四十公里的驚人速度下移動。這個工業革命發展下的產物，在十九世紀初，首度在英國、法國和美國出現。到了世紀中以前，它證明要比運河、公路、汽船等好用得多，於是傳遍了整個歐洲。它對於電報的歷史發展也有極大的影響。一直到二十世紀初時，全世界已有一千四百萬公里的鐵路完成，而且幾乎每個國家都有[57]。

　　古代殖民地的開拓到帝國主義時代，對各大都市和殖民地之間長途傳播聯繫的倚賴很大，其品質的好壞更是決定了殖民地或帝國的多少與大小。殖民地的開拓經常是延著運輸媒介走的路線，也就是公路、海路和鐵路（圖 2.3 就是我們今日所用的全世界海路地圖）。隨著科技的進步，「時間距離」成為了殖民地行為的適當衡量方式（不是公里的長度，而是傳遞一個訊息所花時間的長度）[58]。今日，先進的電信網路已將「時間距離」縮短成以毫秒計算。

　　在美國西部，有一種為期很短，但卻盛極一時的可縮短「時間距離」方式（1860-1861），這就是以馬快遞的郵政制度，它是一種連接從美國的密蘇里到加州的一個快遞制度。在這種快遞出現之前，陸上郵政公司（Overland Mail Company）運用驛馬車以及一隊隊的馬和司機，要用大約二十天的時間，送達這樣的距離。但陸上郵政公司在快遞出現之後，生意就一蹶不振[59]。為讓加州在美國內戰時可以加入聯邦，同時又有陸上郵政公司這個失敗的記錄，使得 1860 年的美國郵政部門，面臨了必須想出一套取代現有方式的龐大壓力。

　　有一個貨運公司誇口要運送三千公里的信件，往返密蘇里的聖約瑟和加州首府山克拉門都之間，他們花了陸上郵政公司一半的時間─十

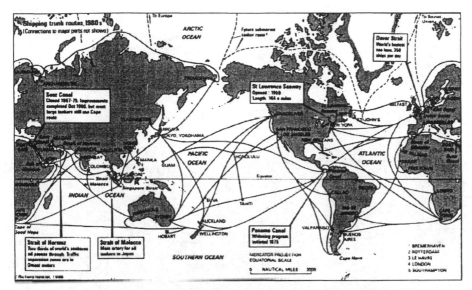

圖 2.3　世界各旅行海洋路線的管道顯示在這個圖中。

資料來源：*Atlas of Maritime History* （Greenwich, CT: Bison Books, 1986），p.249.

天，這個速度令美國人驚訝。該公司延著內布拉斯加、懷俄明、內華達各州的路線，每隔十五到二十公里設立一個轉驛站，總計有一百九十個站，信差們以每盎司五塊錢的計酬，每個人差不多騎一百公里的距離送信[60]。這麼快的速度對當時而言，是以馬快遞的制度仰賴體重輕的騎士，他們還要耐得住夏日的炎熱、冬天的大雪，而且必須是熟悉路線的當地人。最快的送信記錄是 1861 年，快遞將林肯總統的就職演說送到舊金山，共花了七天又十七個小時的時間[61]。儘管這種制度盛極一時，也只持續了不到兩年，因為連接東、西岸的電報線建好了。

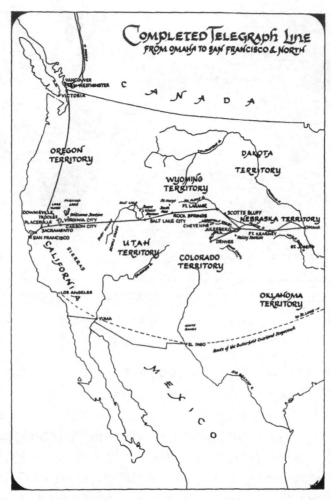

傳說中的快馬快遞系統在第二年就壽終正寢了,是因為連接
內布達拉斯加的奧馬哈、西到舊金山、北到英屬哥倫比亞溫
哥華的第一條電報通了。

資料來源:*P. Ault, Wires West* (New York: Dodd, Mead, 1974), p.56.

印刷媒體

　　書本中所傳達意見和想法，一直在以一種緩慢但可靠的管道跨越國界傳播傳送。當然，也須依靠知識份子的讀寫能力。但印刷傳播究竟是以多慢的速度穿越世界的許多角落，這可以從幾世代前的非洲，只能看到很少數的人在紙上寫字的事實看出來。馬克路恩（McLuhan）曾引用馬度坡王子（Prince Modupe）在西非傳道研究時，首次看到書寫文字時所記下的記錄：

> 派瑞神父房子裡擁擠的地方就是他的書架，我慢慢知道原來書頁上的記號是一些「捕捉文字」，任何人都可以學著解讀這些記號，把這些捕捉的文字解開成語言。……我戰慄著，有一股強烈的慾望要自己學著來解開這個不可思議的事情[62]。

　　世界上的第一本書可能是「冊子」（volumen），它是由一捲捲的草紙所黏成的。羅馬有賣書商，也有長途借書的圖書館，但僅限於有錢的愛好者、收藏家、學者、後來的學生和書記官等人之間的傳佈。因為這個限制再加上廣大的文盲的結果，在大眾前大聲朗誦便成為了傳送散佈意見想法最普遍的方式。

　　書籍發展歷史的下一頁，是將一頁頁紙張縫訂成冊的「抄本」。因為抄本不需要捲起來，所以在整理和記錄上來說是好得多了。早期的基督教徒運用草紙做成的抄本散發聖經。但從西元四世紀起，有一千多年的時間，裝訂成牛皮紙的抄本在書記官的手中（特別在回教和猶太教的圖書館內），保存了幾個世代以來的歷史與經驗。由於書籍對古人來說是神聖的，因此成為一個抄寫員是成為神父的下一步，是整個家族的榮耀，彩飾書稿的人（插畫家）便成為皇宮貴族中珍貴的資產。十三世紀時，開始有了大學圖書館。

一位十七世紀的販書商人,帶著他的商品沿著義大利的鄉村
一路兜售。

資料來源:*The Bookseller.* Form Annibale Carracci, Le arti di Bologna, 1646,
plate 44. Facsimile, Rome: Edizioni dell∏ Elefante, 1966. Reprinted
with permission.

　　雖然書籍的需求很大,但手寫則限制了書的製作。隨著時代的進
步,社會上更多階層的人也開始讀書,特別是商人們和鄉鎮的執事者,
他們需要用到一些拉丁文和宗教的書籍,也需要一些專門的書籍或是本
國語言創作的書籍。

　　三個主要因素導致歐洲印刷的發展:新科技的發現、紙張的取得以
及大眾的需求。印刷發明後,在歐洲發展的速度要比在紙張發明地的中
國來得還快,因為歐洲較中國使用簡單太多的字母,而且當時的歐洲正
值經濟和社會的迅速發展當中,正符合社會的需求 63。印刷文學的大量

用手抄寫文字是在機械印刷發明以前最令人尊敬的職業之一。

資料來源：*Mensch und Medien*（Stuttgart: At Verlag Aarav, 1985），p.1-148.

散佈和出版商人的企業化經營有很大的關係，印刷事業的發展獲得了驚人的成功。有人估計在西元 1500 年時，歐洲不過一億的人口，就有兩千萬的書籍，而這一億的人口大多數還是文盲！自那時候起，歐洲的許多歷史發展便和印刷書籍的普及有關。

到了 1600 年時，個人書籍印製可達二千到三千本，但比起手抄的時代，簡直不可同日而語。可是執政者仍舊限制印刷書籍的數量，因此，書籍的價格仍舊停留在有錢人才買得起的程度，結果到了十九世紀時，書籍依舊只為少部分人所擁有。而書籍在歐洲普及的速度到底有多快呢？舉例來說，但丁的《神曲》（1320 年）花了超過三個世紀的時間才傳

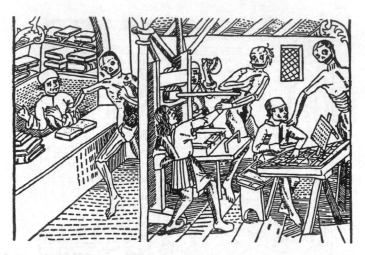

最早一家印刷廠的繪圖（Lyon, 1499）。圖中坐著的是老闆和他的工人們。書店為出版商所擁有。當時畫中很典型的一件東西便是背景裡會有一些死亡舞者。

資料來源：*Mensch und Medien*（Stuttgart: At Verlag Aarav, 1985），P.1-156.

遍整個歐陸；塞萬提斯的「唐吉訶德」（1605年）則只花了二十年。

　　是什麼因素使得印刷媒體大量的普及？差別就在於機械化──蒸汽驅動的造紙器和印刷機。雖然早在西元六世紀時，中國人便開始使用活版印刷技術，但直到改進後的古騰堡金屬版印刷術發明，才讓今日我們所知的報紙印刷有了新的開始。德國的啟盟運動、英國的方法主義和法國革命，皆使得社會大眾對書籍的需求增加了。[64] 西元 1800～1820 年之間，金屬印刷器、腳動汽缸印刷器和蒸汽印刷器等一連串的發明使得印刷起了變革。例如，當拿破崙 1814 年在外流亡時，一小時以內可印出十五年前是絕對不可能的頁數。到了 1830 年時，出版業又起了革命性的變化，印刷物品變得便宜，而識字的人也延伸到了各階層。書籍、雜誌、報紙和商業刊物等生產，也逐漸滿足了人的需求。以至到了 1827 年，歌德終於可以說：「文學的新紀元已經到來了。」[65]

　　德國是歐洲報紙的先驅。第一份報紙在十五世紀時，在德國的紐倫堡、科隆、奧斯堡等地發行。到了十六、十七世紀，最早的一些報紙已遍及德國各地，並在歐洲各地出現——1562 年在威尼斯；1616 年在低地國（荷蘭、比利時、盧森堡）；1620 年在英國；以及 1631 年在法國。

到了十八世紀末期，報紙開始散佈到了遠及英國勢力範圍的其他世界各地，但爲害怕外國意識形態的侵入，1819 年的卡爾斯巴德條約（Treaty of Karlsbad）中，對超越國界的印刷品，開始有了限制。[66] 但是古騰堡的發明，已爲全歐洲帶來了革命性的改變，資訊散播到世界最遠腳落的趨勢已經是無法抵擋的了。[67]

電　報

首次嘗試將訊息經由電線傳送的實驗，在一些國家中進行。在西元 1753 年，查爾斯・馬夏（Charles Marshall）建立了一套字母信號系統，可用一條電線傳送每個字母。西班牙人弗朗西斯科・沙維・坎培洛（Francisco Salváy Campillo）發展了一套類似的系統。[68] 到了 1774 年，瑞士科學家喬治路易斯・拉沙吉（Georges-Louis Lesage）示範了第一個傳遞電子訊息的機器，它是一個像鋼琴一樣的裝置，有二十四個字母，每個字母都牽著一條單獨的電線到第二台鋼琴上，當按下一台機器的一個鍵後，會讓另一台機器的同一個鍵震動。因爲電流並不是十分穩定而且又危險，所以夏皮的光學電報仍舊較被人所喜愛。但到了 1833 年時，德國科學家卡爾・弗萊德瑞克・高斯（Carl Friedrich Gauss）和威爾漢・韋（Wilhelm Weber）兩人，運用麥可・法拉迪（Michael Faraday）的知識，示範了一種只用兩條電線的電報。[69]

雖然其他地方也有類似發明，但一般而言，最爲成功的是美國人摩斯（Samuel Morse）所發明的兩條電線的裝置。[70] 在摩斯所設計的系統，通訊員可用一個開關或是「按鍵」，經由電池發電的一條長途電線，輸送出一個個短短的拍子，這些拍子可以列印成一種點與線所組成的記號，也就是所謂的摩斯電碼。這個方法於 1838 年首次在紐約被示範，

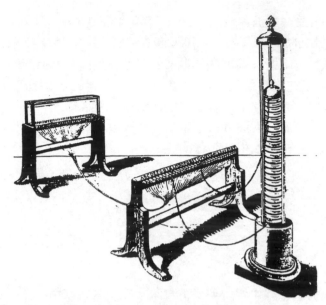

西元 1809 年，松門林（S. T. von Soemmering）在慕尼黑科學學會的成員面前示範一種像鋼琴琴鍵一般的電氣化學電報。

資料來源：*Telecommunication Journal 32* （January 1965），p.31.

1845 年的 1 月 1 日，機器成功地將「上帝做了什麼」這個訊息，從巴爾的摩傳送到華盛頓。摩斯的機器被廣爲採用，並且發行了股票，一家家小電報公司在美國的東部、南部和中西部開設了起來。僅一年當中，全美國就鋪設有一千四百四十五公里的電報線。[71] 西元 1851 年，倫敦和巴黎之間的證券交易所也連接了電報線。[72]

海底電纜

西元 1842 年，摩斯曾實驗經由海底電纜送出電子訊號的可能性。到

電報在美國內戰時出現。這是士兵們從一個電報訊號列車，拉出電纜線的情形。

資料來源：*Telecommunication Journal 32* （January 1965），p.281

1850 年時，一束銅製電線外層包裹著類似橡膠的東西，稱爲「漆包線圈」（gutta-percha），被鋪設在英國東南部的多佛港（Dover）到法國港口加來（Calais）之間。[73] 但只有一些訊息通過了這條海底電線，後來有一位漁夫竟將這條線用拖網拖了起來，還聲稱他發現了一種新的海帶，海帶中央還有「黃金」呢！[74]

另一位美國人塞羅斯·費爾德（Cyrus W. Field）對於用迅速且可靠的海底電纜，連接歐洲與美國的想法極爲熱衷。1857 年，英國與美國的艦隊，開始在愛爾蘭與加拿大東岸紐芬蘭島的四千公里間，鋪設下一條銅製核心的電纜。但是不幸的事卻發生了，因爲一位技工的怠忽，電纜啪地一聲斷了。費爾德拒絕被這個打擊打倒，他再度籌錢設立一條新的

1858 年費爾德成功地在大西洋海底舖設下第一條電纜,在運轉三個月後斷掉。

資料來源:*P. Ault, Wires West* (New York: Dodd, Mead, 1974),p.97.

電纜;然而,狂風暴雨又將新電纜折斷好幾處,第二次嘗試再度失敗。終於,在 1858 年的 7 月 17 日,第三次嘗試終於成功了。到 1858 年的 10 月 20 日之間,有超過七百個以上的訊息穿越了大西洋,其中包括有維多利亞多女王給布坎南總統(President Buchanan)的訊息。雖然這是個令全世界振奮的事情,但這條電纜的容量很有限:傳送女王九十個字的訊息,竟要花上整整六十七分鐘。[75] 最後,突然間這條電纜就壞了。

　　費爾德又花了長達七年的時間,籌款設立新的電纜。在 1865 年,有了改良後的電纜和更大的汽船後,費爾德又往愛爾蘭出發,但在二千公里遠的時候,電纜斷了。一年以後 1866 年的 7 月 27 日,他再度成功地舖設了電纜,甚至還成功地修復了 1865 年所舖下的電纜,所以當時在大西洋海底就有了兩條電纜。到世紀末以前,其他的公司在大西洋海底舖設了幾十條的電纜,到美洲的北邊、中央和南邊,甚至更寬闊的大西洋海底也舖設了幾條。到了 1903 年時,羅斯福總統已經可以在九分鐘以內,將一個訊息傳遍全世界。[76]

電　話

　　今日全球傳播運用最為頻繁的媒介就是電話。電話的發明通常歸功
於貝爾（Alexander Graham Bell），但實際上聲音透過電流傳遞的第一個
發明是在 1861 年，由德國人瑞斯（Johann Philip Reis）所設計的。第一
句傳送的話是：「Das Pferd Fribt Keinen Gurkensalat」（馬兒不吃黃瓜沙
拉）。[77] 但是瑞斯的設計並沒有引起德國人太大的興趣，所以貝爾可以
說是第一個發明電話的人。貝爾的實驗室是由他的助手瓦特森（Thomas
A. Watson）所建立的，他們兩人共同合作實驗一種「和聲電報」，將規
則的電流加以變化。1876 年，當他們兩人正嘗試經由設計的傳送器，將
聲音送到瓦特森所在的另一個房間當中時，貝爾不小心打翻一個裝有電
池酸的容器，他大叫道：「瓦特森先生，快到這兒來，我需要你！」瓦
特森從他們的新發明當中聽到了叫聲，急忙趕去幫忙。電話的歷史於是
開始。

　　電話在 1876 年，首次在費城一百週年紀念展覽會上展示。到了
1878 年，有了第一部長途電話。接下來，在十九世紀末的最後二十年
間，電話網路以驚人的速度從北美漫延到了歐洲。1885 年時，國際電報
聯盟（International Telegraph Union）的歐洲成員國擁有一千一百六十八
個電話轉接站；每年有六萬八千八百四十五個客戶；並打了九千二百萬
通國內電話和五百萬通的國際電話；都市內的電話線就有三十萬六千六
百三十二公里長；但連接都市間的電話線卻只有三百零四公里長。[78] 到
了世紀末，約有兩百萬台電話在運作。[79]

　　1927 年時，為了將電話和無線電通訊科技結合，美國電話電報公司
（AT&T）和英國郵政總局（British Post Office）已經可以在紐約市與倫敦
之間，建立第一個傳送聲音的服務系統。強有力的無線電傳送器將訊號
透過空氣，從長島傳送到蘇格蘭。[80] 當時，一通三分鐘的電話要花上美

金七十五元。今天，全世界大約有四億台電話，光是美國就有一億五千五百萬台。

無線電話

電話、電報或海底電纜的使用，都要透過一條條長距離的電線才行。從費爾德的經歷，我們知道這麼長距離電纜鋪設的工作是極爲困難的，因此，尋求不需倚賴電線的長距離傳播媒介，便成了首要之務。[81]

馬可尼（Guglielmo Marconi）被認爲是無線電之父。西元 1894 年時，馬可尼在他父親義大利波隆那的花園中，將無線電訊號傳送至三公里之外的距離，他將這套無線電通訊系統拿給義大利政府看，但他們沒有興趣，馬可尼的母親便鼓勵他到英國試試看，於是在 1896 年，他的系統在英國獲得了專利，並得到英國政府的支持。馬可尼首次示範他的系統，是在兩艘距離二十公里遠的義大利船隻之間傳遞訊息。後來世界各國的政府都找上他，馬可尼變成了家喻戶曉的人物。訊號究竟能夠傳多遠呢？1901 年的 12 月 12 日，馬可尼已經可以將一個訊息從英國傳到三千五百四十公里的美國，這個著名的實驗從英國康瓦耳郡的高塔上送出無線電波的訊號，並可在紐芬蘭島上從風筝上的天線接收得到。[82]

馬可尼的系統是運用摩斯密碼點和線的記號，但一位加拿大工程師雷吉諾・費森頓（Reginald Fessenden）卻認爲聲音或音樂應該可以傳到很遠的距離。1906 年聖誕夜的晚上，大西洋岸的無線電通話員正聽著摩斯密碼時，突然聽到了費森頓從麻薩諸塞州傳來的祝福聲。至於最早透過無線電廣播的心戰喊話則是發生在西元 1923 年。[83]

通訊社

　　國際新聞的散佈，到十九世紀初期仍無法充分掌握，因為在電報紀元到來以前，新聞必須藉由口口相傳、信件或是往來的報紙，但這些傳播速度都很慢。

　　早期的企業家可藉由控制長途資訊獲利。據說在 1815 年，有位大財主羅斯柴德（Nathan Mayer Rothschild），運用一種特殊的長途傳播管道，剝削一些國際傳播能力薄弱的國家，而成為歐洲消息來源最豐富的大銀行家之一。例如，滑鐵盧戰役時，一位騎士從殺戮戰場直奔倫敦股市交易場，帶來戰場上的消息。羅斯柴德是第一個知道這個消息的人，於是立即拋售他的股票，讓人以為拿破崙已經打敗威靈頓，這個結果導致殺低求售的恐慌性賣壓，於是羅斯柴德此時便以很少的錢買下所有股票，當威靈頓正式發出的勝利消息傳到倫敦時，對那些認賠賣出的商人來說已經太遲，因為他們破產了；但羅斯柴德卻增加了好幾千倍的財富。他所付出唯一的代價：製造第一手消息的出現。[84]

　　查爾斯‧哈瓦士（Charles Havas）、伯恩哈德‧渥夫（Bernhard Wolff）以及朱利亞斯‧路透斯（Julius Reuters）三個人一般被認為是國際通訊社的創立者。[85] 西元 1825 年，哈瓦士設立了一個服務個人訂戶的新聞中心，透過信鴿、夏普的視覺電報、手旗信號和郵件的方式，[86] 傳送比利時和英格蘭之間往來的訊息報導。[87] 哈瓦士甚至可以破解法國政府的視覺電報密碼，得到一些「獨家新聞」。西元 1835 年，哈瓦士創立了全世界第一家通訊社，以他為名的公司維持超過一整個世紀之久。為了與時間對抗，哈瓦士在 1848 年也裝設了一套電報設備。[88]

　　哈瓦士的員工被他的成功所打動，決定自己出發開拓新的市場。1849 年，柏林的一位報紙發行人伯恩哈德‧渥夫，在巴黎、倫敦、阿姆斯特丹和法蘭克福等地，開始發行股市消息和每日新聞報導。他創立了渥夫電報通訊社，這個通訊社一直到第二次世界大戰，納粹將它結束之前，一直提供德國報社新聞近乎一個世紀之久。[89]

　　另一位德國企業家，也是哈瓦士以前的員工朱利亞斯·路透斯認為信鴿應該可以打敗羅斯柴德的信差。當時，法國電報線只有連到布魯塞爾；而德國的電報線也只連到比利時 —— 普魯士邊界一公里處的亞城（Aachen），為了往來傳送巴黎股市的重要市價消息到柏林，路透斯在1849年開始了他自己的商業服務，他送出去的信鴿，比起布魯塞爾到亞城的郵件火車，要快上七個小時，而他也早在任何競爭者出現以前，便在亞城——柏林之間，將最新的股市資訊送入所裝設的電報線。[90] 當電報線在1851年鋪設過了國界後，路透斯知道他的那一套已經派不上用場，於是他來到了倫敦，運用最新鋪設的多佛——加來間的電纜。[91] 到了該年年底，他已經開始在巴黎、柏林與倫敦之間傳送財經消息了。到1858年，他在報導裡加入了一般性的新聞，而在1870年，他成立了全世界的新聞交換網。[92]

　　從1856年開始，這三個通訊社開始互相交換股市消息，但到了1859年，路透斯、哈瓦士和德國渥夫三個通訊社達成了協議，要交換世界各地的新聞資訊，這就是我們所知的「聯合通訊社聯盟」（League of Allied Agencies）或是「全球團結同盟」（Ring Combination）。路透斯得到了大英帝國、北美洲、延著蘇彝士河到亞洲的許多國家和亞洲與太平洋國家，包括中國與日本等國家的同意；哈瓦士得到了法國、南歐、南非和非洲部分國家的同意；渥夫則得到歐洲其他國家，包括普魯士、德國北部聯邦、日爾曼南方各國、奧地利、匈牙利、斯堪地那維亞以及斯拉夫國家的同意。[93] 這個結盟也導致了一些奇特的現象，好比說，一直到1914年，有關美國與拉丁美洲的新聞，是透過一個法國的通訊社來傳遞彼此的消息。[94]

　　事實上，在這期間，我們可以說美國正面臨今天許多第三世界的國家所抱怨的「新聞帝國主義」。世界「三大」通訊社明顯偏重於歐洲新聞，而且沒有反面的論點。至於美洲的相關新聞，套一句肯特·庫伯（Kent Cooper）著名的話：

這些通訊社告訴全世界有關印地安人在西部的征途；南方的私
刑；以及北方奇異的犯罪行為。幾十年來，送出有關美洲的消息，
沒有任何是可靠的。[95]

本來，美國是被拒於全球團結同盟以外的，但聰明的美國人很早就
懂得開始蒐集遠方的消息了。一位勤勉的美國人運用一種奇特的方式蒐
集國際消息，為爭取比其他報紙更多的時間，丹尼爾‧克雷格（Daniel
Craig）會先駛向要來的船，訪問旅客和船員以準備他的報導，然後將報
導交給信鴿傳回《紐約先鋒報》（*New York Herald*）。[96]

美國通訊社「美聯社」（Associated Press）將其創立歸功於電報的出
現。摩斯的電報線一直到 1840 年末，都一直在使用，但對紐約的報紙來
說，一直有個很大的問題。來自全國的特派員會將他們的電報向東傳送
到紐澤西一個專門收訊的設備，這個設備提供消息給紐約市的各報社，
每一家報社會派出一位記者去聽，並記錄下該報社特派員所送來的新
聞，但是電報通訊員會把所有的報導大聲地唸出來，所有在場的報業代
表都可以聽得到。另外，紐約的報業也很擔心如果派出採訪墨西哥戰爭
的記者，將要花費龐大的費用，於是，他們共同成立了一家自己的通訊
社，可以蒐集自己所要的資訊。[97] 所以，1848 年，有了通訊社中的巨人
——美聯社的成立。[98]

路透斯明白他若繼續為難美國，將會是自找麻煩，因為美聯社亦很
有效的將同業排擠在外，於是說服同伴們讓美聯社加入他們的聯盟，但
美聯社一直要到 1887 年才被正式承認，而且被局限在北美地區。

宣傳的歷史

要談到全球傳播的歷史，一定無可避免地談到最負面的一面，那就
是宣傳（propaganda）。試圖說服他人的慾望是人類的本性，它的方法論

衍繹自西元前 500 年希臘的「修辭科學」(rhetorike)。公開演說在古代來說特別重要，因為古代政客必須仰賴一般社會大眾的決定來鞏固其地位，因此，政客們都運用「言語的力量」來製造群眾的輿論。「demagogue」一字（「群眾領導者」）便是源自於那些以舌燦蓮花的言詞來領導群眾的希臘政客們。

宣傳的影響，也造就了古羅馬人建立羅馬帝國強大的勢力。羅馬帝國的特點，就是他們樹立了一種宏偉的「文化形象」，而這種形象讓所有帝國的人民們都能充分地意識到。被征服的羅馬帝國人民不但能得到軍隊的保護，而且會受到羅馬帝國世界觀、藝術與建築的薰陶。羅馬帝國的統治權威反應於其雄偉的建築、文學與雕刻以及戲劇當中的世界觀。凱撒大帝運用一種最原始的方法來樹立其崇高的帝王形象，就是利用硬幣。凱撒最有名的一句歡呼口號「Veni,vidi,vici」到現在仍舊聽得到。

宗教信仰的傳佈，也可以從教會長期以來的宣傳努力上看得出來。早期的基督教徒將奴役、窮困的人民和被征服的族群當作他們傳教的主要目標。宣傳的方式相當簡單，卻可以擴展到廣大的群眾，像是「駱駝的眼睛」或「牧羊人和他的牲口」等一些容易理解的寓言或是隱喻，可以傳達出有力且充滿情感的訊息。西元四世紀時，十字架上的基督成為了基督教的主要象徵。而魚的秘密信號，則在整個羅馬帝國當中使用，它算是一種畫鴉，用來警告人民有信徒的聚眾出現以及他們的數量。

大量印刷的發明是宣傳歷史的一個重要開端。十五世紀中旬，這個新的傳播管道，在羅馬天主教與馬丁路德教派間的長期戰鬥中，扮演了重要的角色。宗教改革當中最重要的成就之一，便是發行了德國本國語言版的聖經。路德的小冊子和傳單被大量的印刷，而且分散到了整個北歐的人民手中。基於人民對天主教廷逐漸升高的不滿情緒，路德以他自己的語言，伸向了他的信徒們，他著名的「九十五條論題」，被貼在威頓伯的教堂門口，並被一再翻印到整個歐洲無法想像到的數量。

為與擴展神速的路德教派對抗，羅馬教宗葛雷格利（Gregory）十五世於西元 1622 年作了系統的計畫，來宣導羅馬天主教信條，其目的在使人民能自動地接受基督。為此，教宗定下了同為現代宣傳者的兩個主要目標——控制並誘導輿論以及對大眾行為有間接的影響。

雖然宣傳有著宗教與帝國的歷史淵源，但宣傳日後的快速發展卻是受到非宗教的新聞界影響所致。歐洲三十年戰爭的每一方，都運用了印刷品宣傳。而始於西元 1776 年偉大的革命世紀，也因為改進的印刷科技，使得宣傳想法可以更有效地散佈，尤其人們的讀寫能力又逐漸增加，甚至一些不識字的人，也可以接受到一些卡通或是其他視覺資料的刺激。宣傳在美國革命中扮演了特殊的角色，革命的理念經由報紙、書籍和小冊子散佈到整個殖民地的人民，宣傳人員運用像波士頓茶葉團體的事件，來刺激美國人民對英國鎮壓的憤怒，印刷媒介也將人民引向傾向革命者的一方。愛國音樂「馬賽曲」(The Marseillaise)，成為了法國巴士底監獄動亂的熱情象徵，法國的宣傳家運用紅、白、藍三個顏色，為革命代表們設計了極有特色的服裝。後來，拿破崙運用的宣傳策略也是以炫耀來與羅馬皇帝匹敵。

　　以科技進步聞名的十九世紀，也讓我們看到了民主宣傳的高漲。在「停止所有戰爭的戰爭」當中，宣傳技巧地掌控了人類的情緒，在認知以外常扭曲了人類精神與概念上的價值。科學家與公民同樣為這個發展而感到訝異。拉斯威爾（Lasswell）曾寫道：

> 對於一般的人和研究者，都說世界大戰導致了宣傳之發現的這個說法，是一點也不誇張。[99]

　　戰爭的本質在大量製造與大量傳播的時代，已經改變了。戰爭已不是在遠方的戰場上發生，而是發生在不同國家社會人民的心裡和精神當中。第一次世界大戰的歐洲，已經可以發現高度發展的資訊與傳播架構了。書籍、報紙、海報、傳單、公開演講和廣播被用作控制輿論的工具。最早的飛機甚至還在敵軍的路線上，灑下大量印刷的傳單。像這樣大規模的戰爭需要同時動員到軍隊和資訊的力量。拉斯威爾又曾寫道：

> 國際戰爭的宣傳已達到如此驚人的層面……因為戰爭中的傳播必須動員到人民的心裡層面，若是背後沒有一個統一的國家，沒有任何政府敢預期有勝利的希望；但若非控制得住人民的心理，沒有任何政府會有統一的國家。[100]

第一次世界大戰當中，宣傳媒體常過份誇大了敵國或同盟國的形象，並且刻意地挑起對敵人的恨意。在這種「服務」裡，媒體工作者常報導一些編造、想像，但卻極有效的殘暴故事。刻板印象和敵人的形象充滿在所有媒體中，從娛樂性節目、科學著作到純文學作品都有。敵人的形象強調他們殘暴、蠻橫等行徑；而相反地強調本國的犧牲與人民堅定的愛國情操。同時，「大戰」宣傳將同盟國奉為神明；試圖尋求鄰近中立國的支持並嘗試摧毀敵軍的士氣。

符拉迪瑪·列寧（Vladimir Lenin）和伍德羅·威爾遜（Woodrow Wilson）兩位是戰爭當中的「偉大傳播者」。威爾遜在他出現的地方或在新聞聲明當中，將德國的領導權與德國民族之間的差異作了清楚的區野，為此在戰爭中為德國製造了公眾輿論的力量。由於他對世界理想、正義、和平的期望，使他最後終於獲得了德國大部分人民的共鳴。

國際傳播的延續與改變

儘管傳播科技日新月異，但人與人、國與國間所存在的傳播問題仍然沒變，傳播的基本架構和功能還是一樣：如同以前一樣，現代的人也需要通報訊息、需要被告知訊息和互相溝通，科技的革命並沒有改變這項事實。幾世紀以來，傳教士被送到世界各地傳送資訊；間諜被送到各地去蒐集情報；而大使被送往國外與他國人民溝通。而今日又如何呢？直播衛星將電視節目經由太空傳送到地面，它們是新的傳教士們；遙感衛星是新的間諜；而莫斯科——華盛頓之間的「熱線」和傳真機，則是新的外交人員。它們都扮演了與以往相同的功能。[101]

著名人類學家瑪格麗特·梅德（Margaret Mead）同意這點。回顧人類的傳播系統，從洞穴繪畫到衛星轉播，她有了以下的結論：

> 我想我們可以說，所有現代的傳播方法，是將早期的傳播方法

加以擴大、加強或是縮減，但從未完全地取代。而且，每個早期的
傳播方法不但今日仍舊存在，並為新的傳播方法奠下了發展的基
礎。102

註 釋

1. Thanks to Dr. Elise Boulding for this enlightening concept.

2. One treatment can be found in Llewellyn White and Robert D. Leigh, "The Growth of International Communications," in *Mass Communications*, 2nd ed., ed. Wilbur Schramm (Urbana, IL: University of Illinois Press, 1960), pp. 70–75.

3. R. H. Hilton, *A Medieval Society: The West Midlands at the End of the Thirteenth Century* (New York: Wiley, 1966), p. 6, quoted in Robert Brentano, "Western Civilization: The Middle Ages," in *Propaganda and Communication in World History: The Symbolic Instrument of Early Times*, vol. 1, ed. Harold D. Lasswell, Daniel Lerner, and Hans Speier (Honolulu: University Press of Hawaii, 1979), p. 554.

4. Colin Cherry, *World Communication: Threat or Promise? A Socio-technical Approach*, rev. ed. (Chichester, England: Wiley, 1978), p. 26; see also Colin Cherry, "On Communication before the Days of Radio," *Proceedings of the IRE* (Institute of Radio Engineers) 50 (1, 1962): 1143–1145.

5. Philip D. Curtin, *Cross-Cultural Trade in World History* (Cambridge, England: Cambridge University Press, 1984), p. 252.

6. A. G. Hodgkiss, "Maps as a Medium of Communication," in *Understanding Maps: A Systematic History of Their Use and Development* (Folkestone, UK: Dawson, 1981), pp. 11–24. Hodgkiss applies information theory to mapmaking. For example, he refers to "cartographic noise" to explain such distortions as sea monsters on early maps.

7. *International Encyclopedia of Communications*, s.v. "Exploration."

8. Michael Parfit, "Mapmaker Who Charts Our Hidden Mental Demons," *Smithsonian*, May 1984, pp. 123–131.

9. John Noble Wilford, *The Mapmakers* (New York: Vintage Books, 1981), p. 35.

10. Ptolemy's *Geography* became available to Western readers through translation only in 1406. See *International Encyclopedia of Communications*, s.v. "Exploration."

11. Barbara W. Tuchman, *A Distant Mirror: The Calamitous 14th Century* (New York: Ballantine, 1978), p. 58.

12. As Chaucer relates, a group of fourteenth-century London merchants shipwrecked on the north coast of England were jailed as foreign spies! James Burke, "Communication in the Middle Ages," in *Communication in History: Technology, Culture, Society*, ed. David Crowley and Paul Heyer (New York: Longman, 1991), p. 68.

13. Tuchman, *A Distant Mirror*, p. 56.

14. Cited in J. H. Parry, *European Reconnaissance: Selected Documents* (New York: Walker and Co., 1968), p. 47.

15. Cited in Parry, *European Reconnaissance*, pp. 187, 189.

16. Cherry, *World Communication: Threat or Promise?* p. ix.

17. Igor de Rachewiltz, *Papal Envoys to the Great Khans* (Stanford, CA: Stanford University Press, 1971); *Prester John and Europe's Discovery of East Asia* (Canberra, Australia: Australian National University Press, 1972); Robert Silverberg, *The Realm of Prester John* (Garden City,

NY: Doubleday, 1972); Vsevolod Slessarev, *Prester John: The Letter and the Legend* (Minneapolis: University of Minnesota Press, 1959; and Alvin F. Harlow, *Old Post Bags: The Story of the Sending of a Letter in Ancient and Modern Times* (New York: Appleton, 1928), p. 28.

18. *International Encyclopedia of Communications*, s.v. "The Crusades."

19. Horst W. Opaschowski, *Tourismus Forschung* (Opladen, FRG: Leske & Budrich. 1989); Valene L. Smith, ed., *Hosts and Guests: The Anthropology of Tourism* (Philadelphia, PA: University of Pennsylvania Press, 1977); and Louise Turner and John Ash, *The Golden Hordes: International Tourism and the Pleasure Periphery* (London: Constable, 1975)

20. Marcia Ascher and Robert Ascher, "Civilization without Writing: The Incas and the Quipu." in *Communication in History*, pp. 36–42; Harlow, *Old Post Bags*, p. 11; *International Encyclopedia of Communications*, s.v. "Americas, Pre-Columbian"; and Harold Osborne, *Indians of the Andes: Aymaras and Quechuas* (New York: Cooper Square, 1973), p. 103.

21. Jacob J. Finkelstein, "Early Mesopotamia. 2500–1000 B.C.," in *Propaganda and Communication*, vol. 1, p. 52.

22. *International Encyclopedia of Communications*, s.v. "Roman Empire."

23. G. Allen Foster, *Communication: From Primitive Tom-Toms to Telstar* (New York: Criterion Books, 1965), p. 58; and Harry Edward Neal, *Communication from Stone Age to Space Age* (New York: Messner, 1974), p. 121.

24. Herodotus, *The Histories*, trans. Aubrey de Sélincourt (Harmondsworth. Middlesex. UK: Penguin Books, 1972), p. 556.

25. Cherry, *World Communication: Threat or Promise?* p. 32.

26. Manuel Vásquez Montalbán, *Historia y Comunicación Social* (Madrid: Alianza Editorial. 1985). p. 33.

27. Tuchman, *A Distant Mirror*, p. 56.

28. Vásquez Montalbán, *Historia y Comunicación Social*, pp. 47–48.

29. When the Arabs defeated Chinese forces in Samarkand in 751 C.E.. they captured Chinese papermakers and brought the technology to North Africa. It eventually arrived in Spain around 1150, in Italy in 1270, and in Germany in 1390. In the twelfth century, France acquired the new material made in Spain but did not produce it until the fourteenth century. Vásquez Montalbán. *Historia y Comunicación Social*, pp. 47–48.

30. Gordon C. Baldwin, *Talking Drums to Written Word: How Early Man Learned to Communicate* (New York: Norton, 1970), p. 143.

31. *The Travels of Marco Polo* (New York: Liveright, 1953), p. 165.

32. Neal, *Communication*, p. 122.

33. Foster, *Communication*, pp. 61–62.

34. *American Academic Encyclopedia*, s.v. "Postal Services."

35. Neal, *Communication*, p. 124. See also Alex L. Braake et al., ed., *The Posted Letter in Colonial and Revolutionary America, 1628–1790* (State College, PA: American Philatelic Research, 1975); LeRoy R. Hafen, *The Overland Mail, 1849–1869: Promoter of Settlement, Precursor of Railroads* (New York: AMS Press, 1969); George E. Hargest, *History of Letter Post Communication between the United States and Europe, 1845–1875*, Smithsonian Studies in History and Technology no. 6 (Washington. DC: Smithsonian Institution Press, 1971); Harlow, *Old Post Bags*; F. George Kay. *Royal Mail: The Story of the Posts in England from the Time of Edward IV to the Present Day* (London: Rockliff, 1951); and Frank Staff, *The Transatlantic Mail* (Lawrence.

MA: Quarterman. 1980).

36. C. A. J. Armstrong. "Some Examples of the Distribution and Speed of News in England at the Time of the War of the Roses," in *Studies in Medieval History Presented to Frederick Maurice Powicke*, ed. R. W. Hunt, W. A. Pantin, and R. W. Southern (Oxford, England: Clarendon Press, 1948). pp. 439. 447. 448, quoted in Robert Brentano. "Western Civilization: The Middle Ages." in *Propaganda and Communication*, vol. 1, p. 554.

37. Werner Hadorn and Mario Cortesi, *Mensch und Medien: Die Geschichte der Massenkommunikation*, vol. 2 (Stuttgart, FRG: AT Verlag Aarau, 1986), p. 26.

38. Dagmar Metzger, "Von den Bildern in der Höhle zu den Daten auf der Bank," *Geo Wissen* (2, 1989): 124.

39. Foster. *Communication*. p. 60; and Neal, *Communication*, p. 117.

40. Carol J. Williams, "Carrier Pigeons Make Comeback in War," *Los Angeles Times*, January 11. 1992, p. A3. See also Arthur C. Bent, *Life Histories of North American Gallinaceous Birds* (Washington, DC: U.S. Government Printing Office, 1932; reprint, New York: Dover Publications. 1963); Derek Goodwin. *Pigeons and Doves of the World*, 2nd ed. (Ithaca, NY: Comstock Publishers Association. 1977); and Wendell Levi. *Encyclopedia of Pigeon Breeds* (Jersey City, NJ: T. F H. Publications, 1965) and *The Pigeon* (Sumter, SC: Levi. 1974).

41. Neal, *Communication*. p. 136.

42. Harlow. *Old Post Bags*, p. 10.

43. Hadorn and Cortesi, *Mensch und Medien*, vol. 2, p. 114; and Vásquez Montalbán. *Historia y Comunicación Social*. p. 14.

44. Harlow. *Old Post Bags*, p. 11.

45. Polybius. *The Histories*. Book X (Bloomington: Indiana University Press. 1962); and Jack Coggins. *Flashes and Flags: The Story of Signaling* (New York: Dodd, Mead. 1963), pp. 13–14.

46. Metzger. "Von den Bildern." p. 123.

47. James Jespersen and Jane Fitz-Randolph. *Mercury's Web: The Story of Telecommunications* (New York: Atheneum, 1981), p. 15.

48. Hadorn and Cortesi. *Mensch und Medien*, vol. 2, p. 115.

49. Jack Coggins. *Flashes and Flags*, pp. 13–14.

50. Neal, *Communication*, p. 134; and *International Encyclopedia of Communications*, s.v. "Africa. Precolonial."

51. Harlow. *Old Post Bags*. p. 12.

52. Pierre Etaix. producer. *I Write in Space* (Paris: La Geode/Flach Films, 1988). Film.

53. Anthony R. Michaelis. "From Semaphore to Satellite," *Telecommunication Journal* 32 (1. 1965): 32; and 32 (2, 1965): 86; and Hadorn and Cortesi. *Mensch und Medien*, vol. 2, p. 118.

54. Michaelis. "From Semaphore to Satellite." 32 (1. 1965): 31. The last operating optical telegraph was replaced in 1859 in Algeria.

55. William Albert. *The Turnpike Road System, 1663–1840* (Cambridge. England: University Press. 1972); *American Academic Encyclopedia*, s.v. "Roads and Highways"; *International Encyclopedia of Communications*, s.v. "Silk Road"; Ryoichi Hayashi, *The Silk Road and the Shoso-in*. trans. Robert Ricketts (New York: Weatherhill, 1975); and Jan Myrdal and Gun Kessle, *The Silk Road*. trans. Ann Henning (New York: Pantheon. 1979).

56. Hadorn and Cortesi. *Mensch und Medien*. vol. 2, p. 19.

57. *American Academic Encyclopedia*, s.v. "Railroads."

58. *International Encyclopedia of Communications*, s.v. "Colonization."

59. Gerald J. Cullinan, *The United States Postal Service* (New York: Praeger, 1973), pp. 74–75.

60. Wayne E. Fuller, *The American Mail: Enlarger of the Common Life* (Chicago: University of Chicago Press, 1972), p. 100; and Cullinan, *The United States Postal Service*, p. 78. See also G. D. Bradley, *Story of the Pony Express: An Account of the Most Remarkable Mail Service in Existence, and Its Place in History*, 4th ed. (Chicago: McClurg. 1923); Arthur Chapman, *The Pony Express: The Record of a Romantic Adventure in Business* (New York: Putnam, 1932; reprint, 1972); and Raymond W. Settle and Mary L. Settle, *Saddles and Spurs: The Pony Express Saga* (Harrisburg, PA: Stackpole, 1955; reprint, 1972).

61. Neal, *Communication*. p. 126.

62. Marshall McLuhan, *Understanding Media: The Extensions of Man* (New York: New American Library, 1964), p. 84.

63. T. F. Carter, "Paper and Block Printing: From China to Europe," in *Communication in History*, pp. 83–93.

64. See Elizabeth Eisenstein, "The Rise of the Reading Public." in *Communication in History*. pp. 94–102.

65. Johann Wolfgang von Goethe, *Goethes Werke*, vol. 12 (Hamburg, FRG: Christian Wegner, 1953), p. 362. See also *Schriften zur Literatur*, vol. 14 (Zurich. Switzerland: Artemis. 1950), pp. 908–916. Translation by the present author.

66. Wolfgang Kleinwächter, "The Interrelationship of the Introduction of New Communication Technology and the Need for International Regulation," in International Journalism Institute. *New Communication Technology and International Law: Procedings [sic] of an International Seminar of Experts within the UNESCO Participation Program, 20–21 September 1987* (Prague: International Journalism Institute, 1988), p. 10.

67. Smith, Anthony, *The Newspaper: An International History* (London: Thames and Hudson, 1979).

68. Hadorn and Cortesi, *Mensch und Medien*, vol. 2, p. 119; and Metzger, "Von den Bildern." p. 124.

69. Metzger, "Von den Bildern," p. 124; and Hadorn and Cortesi, *Mensch und Medien*, vol. 2. p. 120.

70. Daniel Czitrom, "Lightning Lines," in *Communication in History*. pp. 127–131.

71. Metzger, "Von den Bildern," p. 124.

72. Cherry, *World Communication*, p. 34.

73. Jespersen and Fitz-Randolph, *Mercury's Web*, p. 44.

74. Anthony R. Michaelis, "From Semaphore to Satellite," 32 (1, 1965): 36. A second cable laid the following year operated for many years.

75. Pierre Frédérix, *Un Siècle de Chasse aux Nouvelles* (Paris: Flammarion, 1959), p. 65. quoted in Esteban López-Escobar, *Análisis del "Nuevo Orden Internacional de la Información"* (Pamplona, Spain: Ediciones Universidad de Navarra, S.A., 1978), p. 45. Another report believes the transmission took sixteen hours! See Jespersen and Fitz-Randolph, *Mercury's Web*, p. 47. Frédérix also cites a Havas dispatch that a twenty-three–word telegraphic transmission took thirty-five minutes.

76. Neal, *Communication*, pp. 145–149; and Jespersen and Fitz-Randolph, *Mercury's Web*, p. 49

77. Metzger, "Von den Bildern," p. 125.

78. Michaelis, "From Semaphore to Satellite," 32 (4, 1965): 164.

79. This development accelerated as the century progressed: in 1900, 1.9 million; 1920, 19.6 million; 1938, 39.2 million; 1946, 60.8 million; 1963, 161.1 million; 1973, 312.9 million; 1983, 600 million; 1987, 700 million. See H. Haschler and W. Paubel, *Die Internationale Fernmeldeverein* [*The International Telecommunication Union*], (Berlin, GDR: Staatsverlag der DDR, 1977), p. 19. quoted in Wolfgang Kleinwächter, *Weltproblem Information* (Berlin, GDR: Dietz, 1989), p. 17. See also Henry M. Boettinger, *The Telephone Book: Bell, Watson, Vail, and American Life, 1876-1976* (Croton-on-Hudson, NY: Riverwood, 1977; rev. ed., New York: Stearn, 1983); John Brooks, *Telephone: The First Hundred Years* (New York: Harper & Row, 1976); Ithiel de Sola Pool, *The Social Impact of the Telephone* (Cambridge, MA: MIT Press, 1977); and J. Edward Hyde, *The Phone Book: What the Telephone Company Would Rather You Not Know* (Chicago: Regnery, 1976).

80. Michaelis, "From Semaphore to Satellite," 32 (4, 1965): 163.

81. See Stephen Kern, "Wireless World," in *Communication in History*, pp. 186–189.

82. Hugh G. J. Aitkin, *Syntony and Spark: The Origins of Radio* (New York: Wiley, 1976); Orrin E. Dunlap, *Marconi: The Man and His Wireless*, rev. ed. (New York: Macmillian, 1937; reprint, New York: Arno, 1971); and W. P. Jolly, *Marconi* (New York: Stein & Day, 1972).

83. *International Encyclopedia of Communications*, s.v. "Radio."

84. Kleinwächter, *Weltproblem Information*, p. 11.

85. J. Rosewater, *History of Cooperative Newsgathering in the United States* (New York: Appleton, 1930); Oliver Gramling, *AP: The Story of News* (New York: Kennikat Press, 1940); Kent Cooper, *Barriers Down: The Story of the News Agency Epoch* (New York: Kennikat Press, 1942); J. A. Morris, *Deadline Every Minute: The Story of United Press* (Garden City, NY: Doubleday, 1957); Kent Cooper, *Kent Cooper and the Associated Press: An Autobiography* (New York: Random House, 1959); and Frédérix, *Siècle de Chasse aux Nouvelles*.

86. A. Dubuc, "Charles-Louis Havas (1983–1858), Organisateur de la Première Agence International d'Information," *EdeP*, (18–19, 1958): 23–27, quoted in López-Escobar, *Análisis del "Nuevo Orden Internacional," p. 36.*

87. Clifford R. Weigle, "The Rise and Fall of the Havas Agency," *Journalism Quarterly* 19 (1942): 277–286.

88. Hadorn and Cortesi, *Mensch und Medien*, vol. 2, p. 123.

89. Ibid., p. 123.

90. Frédérix, *Siècle de Chasse aux Nouvelles*, p. 38, quoted in López-Escobar, *Análisis del "Nuevo Orden Internacional," p. 41.*

91. López-Escobar, *Análisis del "Nuevo Orden Internacional," p. 41.*

92. Graham Storey, *Reuters: The Story of a Century of News Gathering* (New York: Crown, 1951).

93. The entire agreement signed by the "big three" may be found in Esteban López-Escobar, *Análisis del "Nuevo Orden Internacional,"* pp. 46–48; and Frédérix, *Siècle de Chasse aux Nouvelles*, pp. 76–78. See also White and Leigh, "The International News-Gatherers," in *Mass Communications*, p. 77; and Robert W. Desmond, *The Information Process: World News Reporting to the Twentieth Century* (Iowa City, IA: University of Iowa Press, 1978).

94. J. Laurence Day, "U.S. News Coverage of Latin America: A Short Historical Perspective" (Paper presented at Conference on Latin America, Philadelphia, 1984), p. 2.

95. Cooper, *Barriers Down*, p. 9.

96. Gramling, *AP*, pp. 11–12.

97. López-Escobar, *Análisis del "Nuevo Orden Internacional,"* pp. 50–51.

98. Neal, *Communication*, pp. 141–142.

99. Harold D. Lasswell, *Propaganda Technique in World War I,* 1971, p. 10, cited in Garth Jowett and Victoria O'Donnell, *Propaganda and Persuasion* (Newbury Park, CA: Sage, 1986).

100. Lasswell, *Propaganda Technique*, p. 10.

101. Wolfgang Kleinwächter, "Continuity and Change in the International Law of Mass Communication" (Paper presented at the Symposium on Media Accountability under International Law, sponsored by the National Lawyers Guild and the Union for Democratic Communications, Los Angeles, June 14, 1989).

102. Margaret Mead, "Continuities in Communication from Early Man to Modern Times," in *Propaganda and Communication*, vol. 1, p. 29.

第三章 傳播的世界

　　在定義過一些名詞之後，將從兩個層面來探討全球傳播與資訊——國家社會當中和不同國家社會之間。所有社會中的傳播資訊活動均反映了該社會的一般需要與計畫；也顯示了該社會的主要目標。本章便涵蓋了今日「資訊社會」的一個概觀以及它所代表的具體意義。世界「資訊豐富」與「資訊貧瘠」人口之間逐漸加大的不平等，也將在這章裡研究。同時也將討論是否會有「媒體地球村」的存在。至於本章的結論，則是探討世界各地人民對於他們自己傳播系統的看法。

定　義

　　全球傳播領域是許多不同學科的交集，它研究跨越國界所傳播的價值、態度、觀念和資訊；及個人、團體、族群、機構、政府和資訊科技等資訊在跨越國界時，所牽涉到以上議題；還有在不同國家與文化間傳遞訊息時，有關機構在促成或禁止這樣的資訊傳遞上所引發的爭議。[1]

傳播學是研究不同學科領域的交集，特別是在傳播理論、社會學、心理學、人類學、哲學、倫理學、國際關係、政治學和電子科技等方面。而全球傳播是包含許多議題的一個研究領域，有文化、國家發展、外交策略、衝突與衝突的解決、科技、新聞的流通、國家主權、意識形態、大眾傳播系統比較、立法與政策、人權與公民權、意識形態衝突、戰爭與和平以及宣傳與影響。

跨國傳播通常表示該傳播越過國家的界線。這可以包括不同文化間的傳播（intercultural communication），也就是不同文化間的成員相互交換資訊，也可以指存在於一個國家國境之內。

區別國際傳播（international communication）與全球傳播（global communication）是必要的。前者表示國家、政府之間的傳播，它意謂著與國家主權、國家資訊來源控制和國家政府霸權等議題有關。在邁向下一世紀時，國家、政府與一些重要非國家組織角色，像是國際民間組織（NGOs）或跨國團體（transnational corporations，TNCs）間的競爭，是愈加地明顯了。作者之所以喜歡運用「全球傳播」一詞，是因為它超越了個別國家的界線，而著重在不同族群間的傳播。

而資訊（information）與傳播（communication）又該如何定義呢？在「馬克布萊德報告」（MacBride Report）當中，作了以下的區別：

> 資訊通常被認為是從一個來源（source）到一個接收者（receiver）之間，單向傳送的記號或信號訊息；而傳播則較偏向表示個人與社團間，經由訊號或記號的交換，所產生的複雜性。[2]

這本書當中的「傳播」，是指在個人或族群之間，交換消息、事實、意見或信息的一個過程；而資訊是一種產品，也就是經由媒體、文化活動或企業界所製造出的產物。[3]

資料（data）與資訊有些類似，但卻有個極大的差別。資料代表事實、概念、物體或事件等，以未經過處理的形式呈現；然而資訊則是已處理過的一些資料。

> 資料與資訊並不傳送事實、事件、議題或人物等本身，他們傳

送訊息（message）。戰爭、犯罪或錢財等並不傳送過國界；而是將
有關戰爭、犯罪或錢財的訊息傳送過國界。[4]

國際資訊科技可依照其功能分類，包括：

捕捉（capture）　例如，人造衛星、雷達系統、電子照相機、錄放
影機系統、影碟或是光學辨讀裝置等。

輸送（transport）　例如，同軸電纜、光纖電纜、微波連接、傳播
衛星、行動電話、雷射光線、無線電傳眞機、電視電話、電傳印表機以
及數據機（modem）等。

儲存（store）　例如，記憶體晶片、磁帶、錄音帶、雷射光攝影
（holography）、雷射感光乳劑或是縮影膠片（microfilm）等。

處理（process）　例如，積體電路、電腦軟體及周邊設備等。

檢索（retrieve）　例如，高畫質電視（high-definition TV）、廣播視
訊（teletext）、電視視訊（videotex）、付費電視、資訊網路資料庫（on-
line data bases）。[5]

一些書中的經濟或地理名詞，被用來作爲不同國家的比較與對照，
在此闡明。UNESCO將世界經濟分爲兩大類：已開發國家（約佔世界人
口四分之一）包括所有歐洲國家（除去南斯拉夫與阿爾巴尼亞）、美國、
加拿大、獨立國協聯邦、日本、以色列、紐西蘭、澳洲和南非；以及開
發中國家（約佔世界人口四分之三），包括其他所有剩下的地方。[6]

儘管這些名詞在現在已失去意義，而且反映了以歐洲爲世界中心的
偏見，但這些名詞現在仍在使用：「第一世界」（First World），是工業
化「自由市場」的民主地區，像歐洲、北美、日本、澳洲、紐西蘭還有
南非。「第二世界」（Second World），這個名詞現在已經不用了，它代
表一些中度經濟發展的地區像東歐、蘇聯、中國和越南。「第三世界」
（Third World），代表那些組成四分之三世界人口的地區，是前面兩個世
界以外的其他地區。「第三世界」基本上已經成了一個經濟名詞，用來
形容一些貧瘠或尚未工業化的國家，至少比起過去一些不可思議的名詞
像是「未開發」或「落後」國家來說，是好得多了。[7]

國家社會中的傳播

傳播與國家認同

　　國家與民族事實上可用傳播的角度定義。一張北美的地圖顯示了一條從太平洋一直向右拉過整個大陸的線，約略在四十九條緯線上下，劃過了二千五百公里長後，這條線接著順著地形輪廓往下走，經過湖泊、河川和水路，一直到了大西洋。一般人不會在地球上發現北達科塔州的曼尼托巴湖（Manitoba）和薩斯卡契望（Saskatchewan）之間會有一道裂縫，將這兩個湖分開在該州以外！

　　有張在美國與加拿大之間的傳播地圖——不同厚度的箭頭記號象徵了傳播流動數量的多少——這張圖顯示有個極明顯的「分界線」，將兩個國家區分開來。由北達科塔州發源的訊息，傾向往東向明尼蘇達州的方向傳送，延著橫貫大陸鋪設的鐵路、微波和公路網路，傳到美國一邊的五大湖區。同樣地，若是我們看得到每通打出去的電話、每封寄出去的信件和每個進行過的旅行的話，我們會看到薩斯卡契望湖和曼尼托巴湖的傳播流動，是往東指向加拿大的多倫多和渥太華。8

　　我們在這塊北邊土地上看到的情形，也可以在延著緬因州——魁北克邊界或加州——墨西哥邊界的地方看得到。將兩個村落區分開來的，不只是地圖上的線條而已，也是兩個村落傳播流動的輪廓。加州南方小鎮的訊息大部分是往南流向墨西哥市；而北加州聖地牙哥的訊息，則多半是往北或是往東走。如果我們製作這種訊息流動的地圖，圖中畫出方向和數量，我們會看到「國家是由一群群的人口所組成，由傳播流動的網路和運輸的系統結合起來；而以細薄或幾乎空白的領土所分隔。」9

（見圖 3.1）即使是在像聖地牙哥這樣的地區，它密集的人口僅由極為細薄的牆壁所分隔，運輸的路線通常通往許多不同的方向。[10]

　　因此，「邊界」（boundary）應可定義為「居民與交通密度急速下降的地區。」[11] 如果我們將邊界任意地橫越劃過一個群居的傳播群體，或

圖 3.1 北美的傳播流動地圖。不同國家間可依其傳播的流動來定義。比較起一個國家之內與流向國家首都的傳播流動密度來說，傳送過國家邊境的傳播流動密度要少得多。注意到古巴與美國之間的傳播流動，有超過長達三十年之久的停滯。

是一群相互倚賴的群體中央的話，這個邊界很可能會引起憎恨或抗拒的情緒。好比說，在巴基斯坦與印度之間，一些人口密集的地區，邊界劃分會刻意避免切斷傳播的群體。

邊界定義了國家。「國家」（country）是由極度相互倚賴的傳播社區所共同組成的一個地區，而該地區沒有明顯的內部界線分隔。一個國家應該在其經濟與傳播社區上，是合成一體的。由首都傳出的訊息，應該會平均地散佈到整片土地上；商業與經濟的政策會公佈到國家的所有領土上。而處於這些相互倚賴實體當中的人們，擁有相互認同的感受，屬於「同舟共濟」的一群。[12]

一個國家可能是由一個民族所組成，「民族」（people）是一群群的個人，「因有很強互相溝通的能力」他們所能溝通的不限於幾個話題而已，而有許多不同的話題。一個民族有他們的歷史、有共同的經歷和風俗民情，他們能預料到彼此的行為。相反的，「一個『外國人』的反應則是很難去預料的。」[13]當我們發現很難瞭解他人的傳播習性或是無法預知他人的行為時，彼此間便劃下了界線。

「政府」（state）是指一個可以施行特定法令的區域。「當一個主權、民族與國土的總合一起，就符合政府的條件。」我們就有了現代的「單一民族國家」（nation-state）的形成。[14]

舉例來說，今日的波蘭是由一群幾乎全部說波蘭語並且為天主教徒的波蘭民族所組成的。[15]在波蘭之內有高度的傳播行為；互相行為的高度預知性；組織的容易性以及經濟、政治、社會的互動性。波蘭便是這樣的一個例子，其民族、文化、政府與單一民族國家等名詞都可以大部分地符合在一起。然而，如果我們要審視一些多語言和多文化的國家，像是加拿大、塞普勒斯、印度或斯里蘭卡的話，這些名詞在這些國家裡也是很適用的。

傳播與國家民族主義當中，有一些很有趣的例子，就是所謂的「強迫性國家」（forbidden nations）。在這些國家內的人民有互相鄰近的領土、共通的語言和文化，但他們並不是主動選擇居住在這個民族國家的，有些是喪失主權，而有些則是從來沒有主權。

光是在歐洲，就至少有十五個「強迫性國家」，包括有法國的不列塔尼、蘭多克；西班牙的尤斯卡地、加太隆尼亞；英國的蘇格蘭、威爾斯、康瓦耳和曼島；義大利的薩丁尼亞、夫里萊、多羅邁特；瑞士的格里森；荷蘭的夫里斯蘭；丹麥的法羅群島；芬蘭、挪威和瑞典的拉布蘭（見圖3.2）；南斯拉夫的馬其頓；法國的科西嘉；西班牙的加里西亞；以及其他許多的地方都可以包含在內。在所有這些國家中，文化和語言並不完全與其主控的政府當局一致。[16] 有些情況，像是尤斯卡地的巴斯克族，便曾爲獨立之事，經歷過苦痛的掙扎。另外的情況是，像威爾斯與蘇格蘭的人民，則將他們主張獨立的一些活動限於公開討論而已。還有的就是像德國蘇巴斯人民的情況，他們居住在一個較大的國家架構裡面，但卻過著有些自治的生活（雖然常有不愉快）。第四種情況是像居住在曼島上的曼島人民，實際上已經差不多失去他們自我的認定了。放眼全世界，有許多的「強迫性國家」正爲了他們本身的定位與認同而掙扎著，這些國家在「另類聯合國」（alternative United Nations）的標誌之下集合起來，稱爲非代表性國家（Unrepresented Nations）或民族組織（Peoples Organization）[17]（表3.1是1991年時，這個組織當中國家的名冊）。

傳播與社會動力

加拿大政治經濟學家哈洛德‧伊尼斯（Harold Innis）是傳播學者中，最早將文化衝擊歸功於科技發展的人之一。在他的著作《帝國與傳播》（*Empire and Communications*）和《傳播的偏見》（*The Bias of Communication*）兩書中，他指出在歷史當中，傳播、文化與政治間相互的影響。[18] 事實上，國家社會當中的資訊與傳播，反映了該社會動力中的重要需求、興趣與目標。一個國家媒體的頻道與內容，不能撇開其發展的環境而獨立來看。在每個社會當中，媒體是由某些特定的團體所控制，它被用來鞏固該團體在該社會當中，以及和其他世界各社團關係的地位。好比美國的媒體被注入了自由市場的觀念，充滿了商業廣告一般，世界各地的媒體都是在反映他們社會當中，最具支配性的思想觀

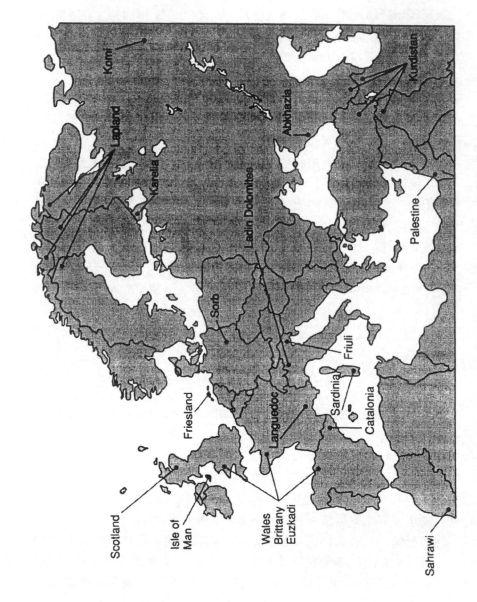

圖 3.2　全世界有許多的「強迫性國家」正為他們的主權與禦防奮力在掙扎著。

表 3.1 非代表性國家與民族組織：受邀參加 1991 年舉行的聯合國第二次大會之國民與民族。

亞布哈茲亞	阿爾巴尼亞的希臘少數民族 ★
亞臣 ★	夏威夷
全印地安普埃布羅會議	內蒙古
亞馬遜	印地安國際條約會議
亞美尼亞共和國 ★	伊拉克庫德族人 ★
亞述 ★	科密
第一民族議會（加拿大）	庫德斯坦 ★
澳洲原住民 ★	拉脫維亞 ★
秘魯 ★	Maasai
布干維島 ★	馬里亞
緬甸～國家聯盟	摩霍克族
Chechenskave ★	Onondaga Nation
俄克拉荷馬州的卻羅基族	摩鹿加人民共和國 ★
孟加拉吉大港 ★	沙密拉
巴拉圭的科地邨拉 ★	沙勞越
克里米亞	台灣 ★
東帝汶	韃韃爾斯坦 ★
東土耳其斯坦	西藏 ★
衣索比亞的厄立特里亞	西巴布亞 ★
愛沙尼亞	世界原住民會議
喬治亞共和國 ★	尚西巴 ★
★ 非代表性國家與民族組織成員	

資料來源：Unrepresented Nations and Peoples Organization, 1991

念。[19] 承如藍尼德‧漢得（Learned Hand）法官所說過：「有本事控制報界、廣播、電視和暢銷雜誌者，統治了整個國家。」[20]

　　全世界權力的分配與實施，都與資訊來源的控制有關。資訊就是力量，包含有兩層意義：同時具有本身固有的價值以及交換的價值，而這種力量唯有經過傳播與資訊的管道，才得以發揮。而且，力量必須取決於資訊的取得、資訊過程的控制以及決策時資訊的運用。如果說知識就是力量的話，那麼控制資訊的國家必定是強大的。

科技並非是政治中立的，相反的，科技在國際權力的分配以及在政治、社會、經濟掌控的運作上，扮演舉足輕重的地位。如同人力產生的所有產品一般，科技也有它社會的起源，它的發展與特定的社會需求、目的以及權力中心的策略，有密切的關聯。

漢姆林克曾打過一個妙喻：「如果一個人堅持的話，他可以用槍筒來攪拌茶；然而，槍筒用來殺人是較爲恰當的，而且當然應該被用來作爲這項用途。」[21] 科技「可以助長自由與解放，也可以加深倚賴與支配權，但要視它們所被運用到社會環境的目標而定。」[22]

國家社會中傳播的分類

國家的媒體系統不能超越社會國家所能容許的限度；反過來說，它們也不能遠遠地落後。因媒體系統的發展根源於社會，且很明確地並非中立的，因此有許多學者都試圖將世界各傳播系統加以分類。

自由的新聞界與受控的新聞界

媒體可能是一個有明確標準的受控系統（極權主義）；也可能是一個沒有什麼標準、自由開放、自主與無限制的系統（自由主義）。事實上，整個系統是一個類似光譜的漸層系統，而非絕對兩極化的二分法，記者或媒體工作者會體驗不同等級的自主性或者限制。[23] 傳播自由在不同社會當中，代表不同的意義，但我們大致上應可以說某社會較另一社會自由一些。

大部分的民主國家，都有法令規範誹謗、猥褻、侵害隱私權或違反信任等行爲。但其實也只有美國可享受到憲法第一修正案的保護，其他擁有「新聞自由」的國家，對於新聞界通常都設有檢查制度或是有事先約束、司法的言論箝制、法令的限制等。好比說，在奧地利，特別的「新聞法官」可對新聞界的報導，事先下令約束；在比利時，「專業記者」的頭銜，只能爲某些特定資格的人所合法使用；而在義大利，政府會針對報社、電話服務公司或報紙寄送服務等的併購，給與金額上的補助。

即使在美國有憲法第一修正案的情況下，美國仍有法令限制有關國家安全、外交政策、邊界控制、貿易保護或其他顧慮的一些內容的散佈。

以下是一些在美國受到控制或禁止的傳播內容：

誹謗（defamation）　不得置他人於公眾憎恨、羞辱、輕蔑或丟臉之狀況；或對他人作出邪惡之批評。

隱私權（privacy）：禁止侵用他人之名；無理由入侵他人之隱私；在公眾面前揭露他人隱私，導致他人遭受不合理對待；或將他人私生活不合理的公開。

猥褻（obscenity）　大眾媒體有一套不明確的猥褻內容分類限制。「猥褻行為」在美國電視或廣播頻道中，是被禁止的。

國家安全與政府機密（national security and state secrets）　政府對於可能威脅到國家安全的資訊曝光，一律禁止。

欺騙性廣告（deceptive advertising）　聯邦貿易委員會（The Federal Trade Commission）對於誤導性廣告有立法規定，聯邦傳播委員會（FCC）則負責監督商業廣告的音量、數量與區隔。

世界共產主義（world communism）　麥克卡倫──華特移民法案（McCarran-Walter Immigration Act）中，禁止「主張共產主義中，經濟、國際或是政府教條……」的外人進入國內。

政治宣傳（political propaganda）　外國情報員登記法案（The Foreign Agents Registration Act）禁止一些散佈「政治宣傳」內容情報員的登記。所謂政治宣傳，定義爲任何關於政治、公眾利益、政策或有關於外國政府……或美國的外交政策……等相關企圖影響閱聽人的傳播內容的散佈。[24]

同樣的，在 1987 年時馬利爾（Merrill）爲全世界五十八個國家，計算出了一個控制程度指標（Control Inclination Index，CII）（見**表 3.2**）。該指標並非反映了實際控制的程度；而是根據對六項不同因素的態

表 3.2　　1987 年馬利爾的控制程度指標

嚴格控制	中度控制	少量控治
德意志民主共和國	象牙海岸	南非
中國大陸	匈牙利	菲律賓
伊拉克	巴基斯坦	紐西蘭
敘利亞	阿根廷	挪威
突尼西亞	厄瓜多爾	印度
古巴	蓋亞那	瑞典
秘魯	奈及利亞	澳洲
保加利亞	波蘭	日本
約旦	葡萄牙	荷蘭
巴拉圭	孟加拉	英國
衣索比亞	印尼	德意志聯邦共和國
蘇聯	南韓	墨西哥
黎巴嫩	奧地利	希臘
安哥拉	丹麥	加拿大
捷克斯拉夫	土耳其	美國
南斯拉夫	智利	
埃及	哥斯大黎加	
巴拿馬	瓜地馬拉	
中非共和國	蘇丹	
辛巴威	芬蘭	
馬來西亞	西班牙	
科威特		
玻利維亞		

度，反映出政府控制媒體的傾向。這六項因素分別為：國內記者的執照
頒發、國外記者的執照頒發、識別證或身分鑑定卡、大學教育、國內道
德規範與國際道德規範。[25]

新聞的四項「理論」

　　若要將極權—自由之二分法加以引申或擴展的話，在傳播領域當中

有一本書可算是最具重要性的，那就是發行於 1956 年的《新聞的四項理論》（*Four Theories of the Press*）。這四項理論並非傳統所謂的理論，而是對新聞的四個觀點 —— 極權主義、自由主義、共產主義與社會責任。這些觀點為傳播學者樹立一套長達三十年以上的社會分類。[26]

極權主義　極權在政治的觀點上，是指政府當局堅持對於其本身的命令，有完全的服從。當局可能是指某一領袖、菁英份子或是一個政黨。在極權的系統當中，大眾傳播媒體為國家政府所控，有責任宣揚有關受規範的經濟、政治與社會的發展。媒體是被統治者用來當作教育與宣傳的工具；而記者則為統治者的傀儡，只有在領導人允許範圍內的自由權。

自由主義　起源於宗教改革和法國革命期間的歐洲，特別在英國與美國革命的政治思想當中引申出來，自由主義將理性的人類，置於整個世界的中心。自由主義社會當中的新聞界，不論他們是處於如何多樣化的社會當中，新聞界呈現的是一個社會當中「事實」的不同層面。自由主義者相信一個自由自在的新聞，將為民主社會呈現所有需要的觀點。

共產主義　從馬克思與恩格斯的著作中衍生而來，由列寧加以詳細闡明。共產主義將整個世界看為兩個階級間永久的鬥爭 —— 資本家（擁有生產資源的人）與工人（必須為了生存而工作取得報酬）。共產主義並認同一個權力集中的政治體系；生產財產的共同所有權；經濟集中規劃；並由一個政黨來統治。在共產主義體系當中，媒體扮演以上目標統一的政治機器、宣傳者和組織者。重要的並非「事實」，而是社會政策的傳達。

社會責任　社會責任的觀點又超越了自由主義。這項觀點大部分是源自於 1947 年的赫金斯新聞自由委員會（Hutchins Commission on Freedom of the Press），其來源可追溯到傑佛遜總統，他對人權草案作了以下的評論：

> 人類不應被剝奪說話、言論或發表的權力；但不得作出有別於事實的事，導致他人的生命、自由、財產或名譽的損害，甚至影響到與他國之間的和平與同盟。[27]

換句話說，傑佛遜總統相信「有責任的自由」。基於本世紀前半段新聞界過度且有時不負責任的自由方式，赫金斯委員會主張媒體必須要負起社會責任。

非意識形態分類

上面的這種分類系統有本質上的問題。莫拉那認清這種分類系統問題，並設計出了一種非意識形態的分類，可說明世界中各傳播系統的變化[28]（見圖 3.3）。他批評先前的模式過於小心考量不同性，使得整個模式過於概略化。莫拉那認為有許多國家的媒體，事實上有包含所有的四個訴求。實際上，所有的媒體體制都可聲稱他們有「社會責任」。他提出了八大類別，將訊息的形成與散佈加以分類：所有權的形態、控制的形態、營運資源、收入與資金的配置、媒體機構的複雜性、認知的目的、訊息的數量與流通以及內容的形態。

資訊社會

我們生存的世界正面臨著令人囑目的變化。這些變化有許多都是和資訊與傳播有關的原因或結果。以下是一些例子：

- 超過美國國民生產毛額 5.5 兆美金的三分之一以上，是由思想產生，而非從生產產品而來的。[29]
- 到西元 2000 年時，日本所生產的科技產品與服務，將佔其國民生產毛額的百分之二十以上。[30]
- 經由電子轉送的資金已經達到每年九兆美金的金額——相當於全世界國民生產毛額的三分之二。而每七個轉送的金額當中，便有六個是經由電子所轉送的。[31]
- 美國航空公司從電腦化訂位系統，賺進了比傳統航空服務更多的收入。這種電腦訂位系統大部分是由多明尼加共和國中的一些英語操作員在操作。[32]

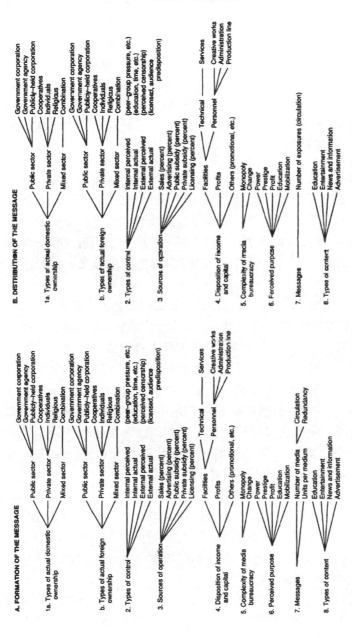

圖 3.3　Mowlana 對大眾媒體系統進行比較、分析，依訊息的組成與分佈，將媒體做機能上之分類。

資料來源：*International and intercultural Communication*, by H. D Fischer and J. C. Merrill, pp.478-479. Copyright© 1976 by Hastings House Publishers. Reprinted with permission.

· 世界上大部分精密的工業產品，都是由世界上一些最廉價的勞工們所裝配的。一百萬個除了日本以外的亞洲人口當中（大部分為年輕的女性），有超過四分之一以上的人，都在裝配資訊時代的產品，而他們所賺進的薪水卻根本不夠維持一個家庭生計。[33]

· 經由海底的光纖電纜，可以傳送出廣大的資料數量，而這個資料的傳送是往勞資最低的方向。大阪與東京之間的電話，可以經由舊金山轉接；但更有可能的是，洛杉磯與舊金山之間的電話，將會透過日本轉接。[34]

當某些國家正隨著「前電子」時代逐漸消失時；有些國家正迅速的將工業時代拋置於後，進入了資訊時代。全世界的電信傳播服務，在1980年代時成長了百分之八百。根據聯合國教科文組織的資料顯示，西元1986年時，世界資訊與傳播經濟總共是一兆一千八百五十億元美金，其中美國就有五千一百五十億元，約佔全世界總輸出產量的百分之八到九。

如表3.3中顯示，現代傳播可分為三個構成要素。「媒體」（media）是資訊內容的製造者，它包括有報業、出版業、唱片業、電視、廣播和電影。「服務業」（service industry）是實際上處理並散佈資訊的部門，包括計算服務、資料處理、軟體、網路資料庫、電腦傳播服務、郵政服務和一般電信的運送服務（電話、電報、傳真等等）。最後，「裝置工業」（equipment industry）則是製造前兩項所需的重要產品。這些製造商可分為資料處理、辦公室自動化設備、電信設備、電子和非電子（例如照像）產品、測試儀器、航海設備、電腦輔助設計與製造設備、還有「組件」（components）（實際上為其他產品的輸入元素）。

電信設備與服務市場是全世界成長最迅速的市場之一。例如，表3.3當中的設備組件，便佔了製造產品輸出量的百分之十三，並且以每年百分之十五的速度在成長。[35] 電腦服務以每年百分之二十四的速率成長。[36] 許多有遠見的觀察家都相信，傳播與資訊總有一天會成為全世界最大的工業——目前是以農業為首。[37]

依據美國政府估計，超過美國人力市場三分之二以上的人，正從事於資訊相關行業；而電信設備與服務業佔美國輸出的第三位。[38] 全世界

十四個工業最發達的國家當中，近國民生產毛額的一半；以及所有國際
貿易額的四分之一，是來自服務業。[39] 而這個成長並不僅限於已開發國
家，在亞洲和拉丁美洲的一些國家，也已發展了某種程度的電子工業。
電子產品佔了新加坡、馬來西亞、菲律賓、台灣和南韓等國家的製造輸
出額的百分之二十到五十。[40]

　　這所代表的意義重大。誠如歐洲經濟委員會（Economic Commission
for Europe）曾寫道：

　　　　新整合數位電信系統與網路的建立，代表了對於基礎建設的投
　　資。這項投資可能與早期工業與經濟發展時，鐵路、公路和電線鋪
　　設等投資一樣的重要。[41]

　　最廣為發展的可能是全資訊（informatics ）（電信裝置的自動化以及
資料傳送與電腦連接以作分析）。文字處理加上電腦化管理，全資訊系
統可將財務、銀行業務、商業管理和公共管理等資訊加以轉送。
　　在經濟發展當中傳播科技所扮演的角色，已經為許多人所研究幾十
年之久。[42] 總體經濟的影響很難決定，但「直覺認為電信傳播應該比一
般人猜想的還要來的重要得多，而且它對於發展有多樣性的影響。」[43]
綜合一些研究發現，有一位作者說道：「若說貿易是經濟發展的命脈；

表 3.3　西元 1986 年資訊與傳播經濟，以構成要素分類。

（單位：十億）

	世界	美國	日本	歐洲經濟共同體	其他
媒體	315	140	65	70	40
服務	380	180	50	90	60
設備	400	165	108	92	35
組件	90	30	30	15	15
總數	1185	515	253	267	150

資料來源：Institut pour le Développment de l'Audiovisuel et des
Telecommunications en Europe, contribution to *World
Communication Report* (Paris: UNESCO, 1989), p. 83.

那麼電信傳播就絕對可以被看作是經濟和社會發展的神經系統。」[44] 好比說，國民生產毛額和電話分佈密度之間，就有很強的關聯性。[45] 在社會服務裡，新電信科技幾乎可以輔助所有的事務，從醫療服務轉送到教育行政管理等等。從經濟層面來看，這些科技可以有效的簡化生產和行銷體系，減低商業交易成本，使鄉鎮到城市的遷移降低，取代了旅行，對社會改變有所貢獻並幫助國家發展和改進生活品質。

資訊社會的起源

「資訊社會」（information society）一詞，是用來形容某國家社會，經歷過了「資訊革命」的這種轉型。貝爾認為有三種不同的社會：

在「前工業社會」（preindustrial society）當中……勞動力大量集中於一些可開採萃取的工業，像是開礦、捕魚、伐木或農業，基本上，生活是一場與大自然抗爭的遊戲。「工業社會」（industrial society）是一個生產商品的社會，生活是一場與人造大自然抗爭的遊戲。「後工業社會」（post-industrial society）則是以服務為主，因此，它是一場人與人之間的遊戲。漢斯（Hence）認為，資訊是一場人類間的遊戲，但獲勝這場遊戲的機制，絕非取決於原始人類肌肉的力量或大自然的資源，而是獲得多少資訊而定。[46]

有四個因素是資訊經濟不同於其他社會的地方：

1. 經濟結構基本上是偏向服務業而非製造業；知識工業稱霸。
2. 勞工已非由運作機器的人（機器操作）所主導；而是由掌控資訊的人（資訊操作）所主導。
3. 經濟形態已不再是現金流動，而是信用交易。
4. 經濟行為基本上是跨越國界而非在國家之內的，貿易行為已超越過了國界。

要到達這個階段，必須具備三個要素：

1. 必須具有廣泛的電腦傳播基礎建設。
2. 必須具有廣大範圍的服務行業，以銷售資訊為商品，或者資訊是基本的構成要素。
3. 必須具有社會、經濟、政治等國家體系，以刺激服務業。

到底實際上是什麼事業構成了這個「資訊經濟」呢？

在服務方面，包括有電子和印刷媒體、廣告、教育、電信服務、財務和保險的一部分、圖書館、諮詢、海上運輸、觀光旅行服務、工程和建築的構成以及研究與發展公司。在產品方面有電腦、通訊設備、電子裝置製造業、辦公與商業機器、測量與控制儀器、還有印刷產品。

我們不可忘記的是：每家公司都有本身「資訊服務」的部分，公司僱用「資訊工人」需要資訊輸入，並有資訊成本。因此，除了資訊服務和資訊產品工業外，也有「內部資訊」（internal information），由「非資訊」公司（noninformation firms）生產並且消耗[47]（見表3.4）。

馬克‧波瑞（Marc Porat）是第一個將這點明確指出的權威人士。他在 1977 年對美國商務局（U.S. Department of Commerce）所作的報告中，有以下的一段表示：

> 美國現在是一個資訊為主的經濟體系。1967 年時，百分之二十五的國民生產毛額是源自於資訊產品與服務的生產、處理和傳佈。此外，僅使用於國際上，由私人或公家機構所提供的資訊服務產品，便佔了國民生產毛額的百分之二十一以上。到了 1970 年，美國人力市場中，幾乎有一半的人可被列為「資訊工作者」，他們主要的工作內容就是製造、處理和散佈信號。[48]

經濟合作與發展組織（Organization for Economic Cooperation and Development, OECD）計算出在大部分已開發國家當中，有超過百分之三十以上的數據[49]（見表3.5）。

波瑞認為傳統上經濟被分為三個類型：農業、工業與服務業。綜觀第二次世界大戰後，在經濟方面革命性的改變，波瑞又加上了第四種類型——資訊——其中包含了老師、經理人員、辦事員、自由業（會計

表 3.4 資訊職業一覽表

資訊製作人

◎科學與技術：化學家、物理學家、物理科學家、土木工程師、電學與電子學工程師、機械工程師、冶金學家、礦業工程師、工業工程師、生物學家、動物學家、細菌學家、藥理學家、農學家、統計學家、數學家、經濟學家、社會學家、人類學家

◎市場尋求與統合專家：商品經紀人、採買代理人與買主、技術銷售人員與顧問、保險與股票經紀人、商業服務廣告銷售人員、拍賣人

◎資料蒐集：工作研究員、研究員、稽查員、測試員

◎諮詢服務：建築師與市鎮規劃員、起草者、醫療人員、營養學者與學家、驗光師、系統分析師、電腦程式設計師、會計師、律師、倡導者、服務於政府機關的律師、教育方法顧問、商業畫家、設計師

◎資料製作人：作家、作曲家

資料處理人

◎行政與管理：法官、公立中小學校長、立法官員、政府行政人員、總經理、生產經理、政府官員

◎過程掌控與監督：店員、飛航與行船導航人員、運輸與通信監督人員、管理人與領班

◎辦事員與相關工作：查帳員、打字員、電子打字員、記帳員、成本計算人員、薪資報酬辦事員、財務人員、股票記錄員、原料與生產計畫人員、通信與報告人員、招待員與旅行社、圖書館與檔案整理工作人員、統計人員、編碼人員、校對

◎教育者：大學或高等教育老師、中等學校老師、小學老師、學前教育老師、特殊教育老師

◎傳播工作者：記者、舞台導演、電影、廣播、電視導演、製作人、表演者

資訊基礎建設職業

◎資訊機器工作者：攝影師或相機操作人員、電傳印表機操作人員、卡片或膠帶打動機操作人員、簿記或計算機器操作員、自動資料處理機操作員、辦公室機器操作員、辦公室機器修理人員、聲音與影像設備操作員、排字工人與排版工人、印刷機器操作員、鉛版印刷與電版操作員、印刷圖版製版操作員、照片圖版製版操作員、裝訂商、照相處理人

◎郵政與電信：郵遞員、郵局撿信員、信差、電話接線生、收音機與電視修理員、電話與電報裝機和修理人員、電話與電報線路工人、廣播電台操作人員

表 3.5　1980 ～ 1982 年間，選擇性國家當中，從事於資訊行業
的人口百分比

國家	百分比
美國	46
澳洲	42
英國	41
紐西蘭	40
日本	38
瑞典	36
法國	35
匈牙利	32
芬蘭	30

資料來源：*Trends in the Information Economy* (Paris:OECD,1986); and sources cited
in *World Communication Report* (Paris:UNESCO,1989), PP.110-111.

師、律師），還有在資訊機器上工作的人（電腦與電話接線生）。要包括
在第四類型之內的標準便是，工作上資訊處理的一面必須蓋過非資訊處
理的一面。圖 3.4 是從西元 1860 ～ 1980 年間，美國在第四類型勞動力總
體的一個圖形描繪。

　　根據波瑞的說法，在第一個階段當中（1860 ～ 1906），農業佔了美
國人力市場的主要地位。在第二個階段當中（1906 ～ 1954），工業人口
佔主位，在 1946 年時到達了百分之四十的高峰，這段時期可被稱作為
「工業」社會。在第三個階段當中（1954 ～目前），資訊工作者佔了經濟
體系當中最大的部分。到了 1978 年時，從事於工業的人口已經下降到了
全美工作人口總數的百分之二十五；而資訊工作者則佔了總工作人口的
百分之四十七之多。[50]

　　這種世界性經濟革命性的發展，造成了許多眾所皆知的名詞。基於
兩種科技的結合──電腦與通信──在美國我們稱它為「資訊社會」。
哈佛資訊資源政策計畫（Harvard Program on Information Resources
Policy），創造了一個名詞「compunications」，用來形容科技的結合。

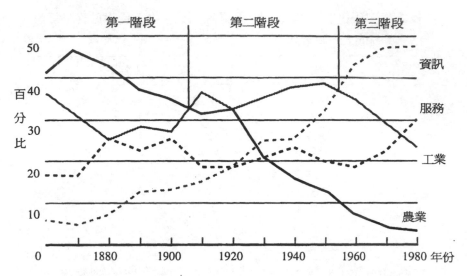

圖3.4 美國於 1860-1980 年間，第四類型勞動力的總體（使用資訊工作
人員的中位數估計）。到 1954 年時，勞動力明顯地集中在資訊
類別。

資料來源：Marc Uri Porat, *The Information Economy: Definition and Measurement*, No. 77-12
(1)（Washington, DC: Office of Telecommunications, Department of Commerce,
1977.）

法國人所用的字是「telematique」或「infor-matique」。由法國政府委託
的著名諾拉—敏克報告（Nora-Minc report），則稱它作「l'informatisation
de la societe」。[51]

　　資訊革命對於勞工運動與「煙囪」工業，帶來了極大的影響。核心
工業像是鋼鐵、汽車和紡織，逐漸地被電子、太空或銀行等以資訊處理
為主的行業所取代了。勞動力有了廣大的變化：傳統的製造需要人力與
機械廣大的投入，資訊方面很少介入其中；然而新工業則需要完全相反
的東西。即使是今日的製造業，也逐漸需要更多資訊的投入，在西德、
日本和瑞典等地，約有百分之十左右的製造業工作人口，是從事於資訊
工作的。[52]

國家社會間的傳播

　　誠如世界上貧富間的差距愈來愈大一般；世界上知識豐富與知識貧瘠人口之間的不平等也愈來愈大。即使在美國也一樣，可接觸到傳播服務並使用資訊的人，和無法取得這些事物的人之間的間隙，有逐漸加大的傾向。[53]

　　研究人員蒐集了許多證據，以證實這個趨勢，他們指出影響深遠的一些結果，漢姆林克在概述這些研究時，作了以下的說明：

> 目前國際資訊的架構助長了國與國之間的相互倚賴、容許現存
> 經濟的不平等、並促成了全世界文化的同時性。[54]

　　被稱為「全世界最大機器」的全球電信網路，是二十一世紀當中一項了不起的傑作。但如果說這些網路的百分之九十，卻只服務到全世界百分之十五國家的話，是一點也不誇張的，[55] 許多的國家與民族都未進入電子科技的時代。美國、西歐與東南亞國家聯盟（Association of Southeast Asian Nations, ASEAN）的一些國家，體驗了新科技當中，影響最為深遠的一些發明；但大部分的第三世界國家，是遠遠地落後在這場高科技的競賽後面，這種長期落後的危機可能讓他們永遠也無法克服這個科技的鴻溝。即使在社會當中，不同性別之間社會的不平等，也因為對於新傳播科技接觸的不均，使得情況變得更加的惡化。

國際的資訊豐富與資訊貧瘠

　　這世界可被分作「有的人」和「沒有的人」這兩大類。僅在一個國家內，貧與富、城鄉和男女之間，便有極大的差距存在。「第一世界」

的人口僅佔了全世界人口的四分之一，但卻掌控了一半左右的所得收入。而全世界人口當中最貧窮的五分之一的人口，卻只賺進全世界國民生產毛額的百分之二！這個差距是三十年前的兩倍以上。[56]

傳播的世界也可以被分為有與沒有的人兩類，或是可以分為「資訊豐富」（info-rich）與「資訊貧瘠」（info-poor）兩項。[57] 大量資訊貧瘠人口的國家，就發展而言，便站在一個極為不利的出發點。漢斯·辛格（Hans Singer）曾說道：

> 如果你沒有任何資訊可以開始，或者你也不知有些什麼新的資訊可以蒐集，這種最初的劣勢必然變得更糟，而且使你再也無法翻身。這種不平等的交易位置，不論是否貼上求救的標籤，都將影響所有相關的層面，像是貿易、投資、科技轉移援助或是任何其他方面。[58]

聯合國教科文組織在 1962 年時，出版了它第一份全球媒體比較的調查報告，而其他許多類似的分析也顯示這種不平等的現象並無改善，[59] 而且基本在每一種媒體上，這個鴻溝都極深。對於傳播的發展，有一些基本的衡量指標。聯合國教科文組織對報紙、廣播與電影，定下了一些基本的標準：一個國家裡，每一千個居民當中，至少應該有一百份報紙、五十個無線電收音機和二十個電影院座位。[60] 令人驚訝的是，最新的統計報告卻顯示，僅有一個開發中國家——古巴，符合了所有這三個最低標準。

報　紙

全世界每一天，有超過八千五百份的報紙，印刷發行超過有五億七千五百萬份，其中已開發國家便佔了全部報紙生產量的百分之七十。儘管開發中國家佔了全世界人口的四分之三，卻只擁有世界每天報紙數量的一半，而他們也只能處理全世界報紙總產量的百分之三十。[61] 有三十四個國家和領土，甚至沒有發行屬於一般讀者的報紙；[62] 另外有三十個國家只有一份報紙；有十八個國家當中，每一千人只有十份或少於十份的報紙（美國則有二百五十九份）。[63]

在已開發當中，每日報紙的發行量超過了四億六百萬份，是開發中國家一億六千九百萬份的兩倍之多。但若按每個人頭計算的話，就有多到七倍的比例。[64] 聯合國教科文組織所提議每一千人有一百份的最低數量，即使在歐洲、阿爾巴尼亞、西班牙或是葡萄牙，都尚未到達這項標準。開發中國家到達這個標準的，只有墨西哥、蘇利南和十五個島國。[65] 大體上，已開發國家中，每一千個居民平均每天有三百三十七份報紙；而開發中國家則平均有四十三份，未達聯合國教科文組織所提數量的一半。[66] 這些數據並沒有說明鄉鎮與城市之間廣大的差異；也沒有反映出有一些特別貴的訂報費。在印度、泰國和菲律賓，一年的訂報費是一個老師十一到二十個工作天的收入。[67]

書　籍

全世界書籍產量有著驚人的成長。在已開發國家當中，書籍產量從1955 年一年有二十二萬五千本，到 1970 年的四十五萬一千本，一直到1988 年時有了六十一萬三千本。在開發中國家，書籍產量從 1955 年的四萬四千本，急速地成長到了 1970 年的七萬本，到 1988 年時已經有了二十二萬一千五百本（在過去十八當中成長了三倍）。[68]

但在第三世界中，書籍產量的總數仍舊是不成比例的低。已開發國家（世界人口的百分之二十五）就佔了總書籍產量的百分之七十三；而開發中國家（世界人口的百分之七十五）則只佔了百分之二十七[69]（見表 3.6）。

文盲和費用是書籍普及的兩個主要障礙。非洲文盲佔了人口的百分之六十；亞洲的百分之四十；拉丁美洲的百分之二十五。即使是大部分平裝書的價格，比起全世界大部分人的收入而言，仍是非常的貴。第三世界中大部分租借書的圖書館都是在大都會的中心，於是又把居住在鄉鎮的人口排除在外。

表 3.6 1988 年新書的書籍產量

	書籍總數	每一千人所有的書籍數量	分佈百分比
全世界	834,500	164	100.0
已開發國家	613,000	507	73.5
開發中國家	221,500	57	26.5
非洲	12,000	20	1.5
亞洲	154,000	68	24.0
歐洲	456,000	584	54.6
大洋洲	12,000	462	1.4
北美	106,000	390	12.7
拉丁美洲和加勒比海	48,000	122	5.8

資料來源：*UNESCO Statistical Yearbook 1990* (Paris: UNESCO, 1990), pp.6-11.

　　另外一個巨大的差異在於每一百萬居民所有書籍數量的差別。在已開發國家裡，1988 年時，每一百萬人口當中會有五百零七本不同書名的書（每一百人有0.5 本）；但在開發中國家，這個數字只有五十七本（每一百人有 0.06 本），幾乎是九比一的比例。但是這些數字也掩蓋了很大的差別，每一百個美國人當中，每年能有兩本新書（「已開發國家」平均的四倍）；然而每一百個丹麥人每年卻能夠有二十二本新書！在一些人口集中的地區，每個居民所有的新書數量也就會下降。一般而言，自從1970 年的高峰以後，全世界每一個人口所有新書的數字就開始下降了，從 1970 年每一百萬人有一百八十七本，到了 1988 年便降到每一百萬人有一百六十四本了。

　　全世界人口大約有百分之六十五都經歷過書籍短缺的困境。[70] 對於科學、技術與教育書籍逐日增加的需求和印刷紙張的短缺，使得大部分的開發中國家必須要從西方已開發國家進口更多數量的書。相反的，從開發中國家流向已開發國家的書籍數量仍舊有限。基本上，這兩個團體之間書籍的流向是單向的，尤其在一些多國企業的出版商當中，更是有集中的現象。美國、英國、德國是幾個最大的書籍輸出國家，光是歐洲就佔了全世界書籍產量的百分之五十三（見**表 3.7**）。

　　受益於英文為主要的第二外國語的原因，最主要的兩個書籍輸出國是英國與美國。翻譯在國際間印刷品的流動，也扮演了重要的角色，在1961～1984 年之間，書籍被翻譯最多的一百六十七個作者裡，只有三個人不是來自於歐洲或北美國家。[71]

文化紙

　　在已開發世界中，新聞用紙和印刷紙或書寫紙張（總稱「文化紙」）的消耗，在 1988 年時，分別為兩千八百萬噸和四千九百九十萬噸；在開發中國家，則分別：三百八十萬噸與六百萬噸。歐洲與北美國家就佔了全世界文化紙數量的百分之七十五。[72] 然而這些統計數字隱藏了更大的差異，儘管非洲在 1988 年消耗了四十萬噸的新聞用紙，其中卻有百分之六十是集中於三個國家當中（南非、埃及與奈及利亞）。

　　已開發國家裡，每個人平均每年會消耗大約六十五公斤的文化紙；而在第三世界中，平均每人每年只消耗二·五公斤的文化紙。值得注意的是：北美國家每人每年會消耗約一百四十公斤的文化紙，這數字是其他已開發國家人口的兩倍之多。平均一個北美人民在四天內所消耗掉的新聞用紙，是平均一個非洲人民一年所消耗的數量。[73]《洛杉磯時報》（*Los Angeles Times*）每年所購買的新聞用紙，比所有瑞典報紙全部加起來的數量還要多，洛杉磯時報的讀者總數，比起非洲整年每星期日報的讀者的總合要來得多。[74] 相反的，在古巴的新聞用紙是如此地稀少並昂貴，以至於每日只能印刷一種報紙。[75]

　　全世界有百分之八十以上的紙來自於加拿大、美國、日本、斯堪地那維亞、俄國與德國。全世界百分之八十的消耗集中在十二個國家，其中美國居於第一位，消耗有一千一百噸（世界總消耗量的百分之四十），接下來的國家是日本，共消耗有三百噸（百分之十）。[76]

　　紙的製造是最耗費能量的工業之一，要製造一噸的紙，需要一到二

表 3.7　西元 1985 年時書籍與小冊子的輸出總額

（單位：千元美金）

國家	輸出數量
英國	612,323
美國	519,358
西德	340,127
法國	241,545
西班牙	235,230
義大利	158,500
荷蘭	149,182
日本	145,430

資料來源：Compiled by UNESCO from COMTRADE （UN Statistical Office），*World Communication Report* （Paris: UNESCO, 1989），p.500.

頓的黑炭或是一頓的天然瓦斯，每種紙產品的製造，所花的能量費用便佔了百分之十五到五十之多。[77] 雖然第三世界製造的紙漿，不超過所有數量的百分之六，但其中某些國家在過去幾年間的產量，卻有急劇的成長，特別是菲律賓、中國、南韓、印度和巴西等國家。

電　影

　　電影影片的製作與發行是全球資訊流通主要的一個部分。這個部分當中的不平衡並非在於影片的製作，事實上，在 1987 年時，已開發國家製作了一千九百部電影，而開發中國家則製作了二千一百四十部。[78] 印度居於世界首位，有八百零六部的片子輸出到八十個國家。[79]（見表 3.8）

　　需要注意的是，美國雖然不是最大的製作國，卻一直是最大的輸出國家。總合美國、法國、義大利、英國和德國的電影輸出量，便佔了所

表 3.8　西元 1987 年十個主要電影製作國家

國家	電影數量
印度	806
美國	578
日本	286
蘇聯	156
法國	133
泰國	134
香港	130*
義大利	116
土耳其	96
墨西哥	82

* 香港的數字是 1986 年的數據

資料來源：*UNESCO Statistical Yearbook 1990*（Paris: UNESCO, 1990），pp.9-3 to 9--6.

有輸出電影的百分之八十到九十。[80] 而美國的音樂、電視與電影輸出，是在飛機之後，第二大的貿易盈餘額。到了西元 2000 年時，美國娛樂媒體收入的一半，將會來自於國外。[81]

全世界只有二十個國家符合了聯合國教科文組織所提出，一千個人口當中應該有二十個電影座位的標準。[82] 開發中國家的平均電影院座位容量，是每一千人當中只有七個座位；而已開發國家則為五十個座位。[83] 然而，開發中國家每年的電影觀眾平均是七十六億七千萬人；已開發國家則為六十五億三千萬人。在已開發國家當中，自從 1970 年代以後，電影院座位的容量和每年到戲院的觀眾數量，都有逐漸減少的趨勢，這大部分因為大規模的有線電視、衛星電視和錄影機出現的緣故。然而在開發中國家，雖然每年走進電影院的觀眾，從 1970 ～ 1987 年之間，成長了百分之六十之多，電影院的設備卻沒有隨著改進，而且電視也並非大眾隨手可得的。[84]

廣　播

　　開發中國家為減低資訊不平等的現象，所呈現最大進步就是在無線電收音機增加上。1960年代發生的電晶體革命，使得價格隨之下降，再加上第三世界中文盲人數增加，使得無線電收音機的數量大增。在1970年到1987年間，全世界收音機的數量增加了百分之二百五十以上：其中開發中國家的數量便增加了百分之六百。開發中國家每人所有的收音機數量也增加了，1988年時已開發國家每一千個居民中有一千零六台收音機，而開發中國家的數字則是一百七十三台，比例是六比一。而在西元1970年時，比例則是十四比一[85]（見表3.9）。

表3.9　西元1988年時的無線電廣播收音機

	數量（百萬）	每千人所擁有台數
全世界總數	1,891	370
非洲	101	165
美洲	691	985
亞洲	543	181
歐洲（不含前蘇聯）	531	683
大洋洲	25	984
已開發國家	1,215	1,006
開發中國家	676	173
非洲（不含阿拉伯國家）	66	142
亞洲（不含阿拉伯國家）	527	180
阿拉伯國家	51	245
北美	545	2,008
拉丁美洲／加勒比海	146	339

資料來源：*UNESCO Statistical Yearbook 1990*　(Paris: UNESCO, 1990)，
　　　　　pp.6-20.

然而已開發國家與開發中國家間的差距仍舊有一段距離。1988 年的已開發國家的收音機擁有數量，便佔了全世界的三分之二，其中光是北美和歐洲，便佔了全世界數量的百分之五十七。事實上，北美國家平均每人便有兩台收音機。儘管某些國家和地區的收音機數量有顯著的增加，但收音機的普及率仍呈現了不平均的現象。即使在非洲如此倚賴收音機的地區，每一千人中擁有收音機的數量也只有一百六十五台，這是從 1980 年時的一百零二台成長而來。[86] 在第三世界的非洲每一千人擁有的台數從二十五台（布基納法索，Burkina Faso）到三百二十三台（南非）不等；在拉丁美洲和加勒比海國家則是從四十台（海地）到一千零八十台（荷屬安地列斯群島）不等。開發中國家裡有十二個國家，仍舊沒有達到聯合國教科文組織所定的每千人要有五十台收音機的最低標準。[87]

　　已開發國家操作全世界三萬七千八百五十台發射器中的三分之二，[88] 其中包括有五分之三的中波發射器和百分之九十的 FM 發射器。全世界大約一萬三千台的 FM 發射器，幾乎一半是裝設在歐洲，二分之一設在加拿大和美國。光是美國一個國家的 FM 發射器，便是所有開發中國家全部加起來的三倍之多。[89] 這些統計數字並不包括事實上第三世界中的數百個傳送器，只被用來重複由已開發國家所發出來的訊號，縱然開發中國家的收音機數量有長足的進步，但在發射器上面，卻是進步極少。

　　至於收音機的輸出，大部分的製造是在一些亞洲國家，歐洲與美國則緊跟在後（見**表 3.10**）。

電　視

　　在 1975 到 1988 年間，開發中國家的電視機數量成長了四倍，而已開發國家則成長了約一倍半。但開發中國家驚人的成長數量，也伴隨了人口數量的激增，因此，電視在世界大部分地區的成長普及率是差不多的。

　　已開發國家的電視機佔全世界總數的百分之七十七、發射器佔了百

表 3.10　西元 1985 年時收音機輸出的價值

（單位：千元美金）

國家	輸出價值
日本	$2,630,932
新加坡	497,484
韓國	497,107
香港	424,787
西德	228,931
美國	101,166
比利時	97,023
奧地利	96,373
法國	94,118
英國	41,095

資料來源：COMTRADE （U.N. Statistical Office），*World Communication Report* （Paris: UNESCO, 1989），p.506.

分之八十四；而開發中國家則分別只佔百分之二十三和百分之十六。已開發國家當中每一千人所有的電視機數量是四百八十五台；開發中國家則只有四十四台，比十二比一的比例還多。在 1988 年時，北美國家的電視機數量就是平均開發中國家的十八倍，是歐洲國家的兩倍。[90]（見**表3.11**）全世界的電視觀眾，幾乎有一半是在美國和獨立國協聯邦。[91]

電視的普及率仍舊不平衡。大部分的已開發國家中，平均每二到三個人就有一台電視機；拉丁美洲則是七個人有一台；亞洲是超過十八個人有一台；非洲則是三十六個人才有一台。在一些最落後的國家當中的這個不平等更加地嚴重，全世界有三十六個國家，其每一千人所有的電視機數量還不到十台，其中有十三個國家每一千人中只有三台或者更少。有十六個國家只有一個電視發射器；許多國家還沒有彩色電視機。在非洲有三分之二的國家，每一千人擁有不到十台的電視。[92]

全世界有許多國家極度仰賴於引進的電視節目，這些節目大半是來自美國，還有一部分是來於西歐或日本，引進節目的內容多半以娛樂或運動節目為主（見**表 3.12**）。

表 3.11　西元 1988 年時的電視機數量

	總數（百萬）	每千人
全世界總數	756	148
非洲	17	28
美洲	279	398
亞洲	160	53
歐洲（含前蘇聯）	289	372
大洋洲	11	411
已開發國家	585	485
開發中國家	171	44
非洲（不含阿拉伯國家）	7	14
亞洲（不含阿拉伯國家）	152	52
阿拉伯國家	19	90
北美	214	790
拉丁美洲／加勒比海	64	149

資料來源：*UNESCO Statistical Yearbook 1990*　(Paris: UNESCO, 1990)，pp.6-22.

表 3.12　西元 1986 年時選擇國家當中引進的電視節目（佔所有節目的百
　　　　分比）

國家	佔所有節目的百分比	國家	佔所有節目的百分比
少於 10%			
美國	2	印度	8
日本	6	蘇聯	8
中國	8		
11% ～ 30%			
印尼	12	捷克斯拉夫	24
菲律賓	12	荷蘭	25
南韓	12	匈牙利	26

（續）表 3.12　西元 1986 年時選擇國家當中引進的電視節目（佔所有節目的百分比）

巴基斯坦	16	保加利亞	27
法國	17	越南	28
英國	17	比利時	29
義大利	17	南斯拉夫	29
西德	20	衣索比亞	30
澳洲	21	東德	30
古巴	24	挪威	30
31% ～ 50%			
加拿大	32	葡萄牙	39
敘利亞	33	土耳其	39
委內瑞拉	33	阿根廷	40
墨西哥	34	奈及利亞	40
埃及	35	斯里蘭卡	40
瑞典	35	丹麥	43
芬蘭	37	奧地利	43
肯亞	37	智利	44
烏干達	38	葉門	47
巴西	39	馬來西亞	48
希臘	39	象牙海岸	49
超過 50%			
塞內加爾	51	阿拉伯聯合公國	65
阿爾及利亞	55	厄瓜多爾	66
新加坡	55	冰島	66
突尼西亞	55	文萊	70
愛爾蘭	57	秘魯	70
模里西斯	60	薩伊	70
塞普勒斯	60	紐西蘭	73
辛巴威	61		

資料來源：Dietrich Berwanger, *Television in the Third World: New Technology and Social Change* (Bonn, FRG: Friedrich Ebert Stiftung, 1987), cited in *World Communication Report* (Paris: UNESCO, 1989), p.148.

錄影帶

　　非廣播的影像（錄影帶）於 1970 年代的末期出現。這種非廣播影像對於當時全世界的官方或是商業團體掌控的媒體系統以外，提供了另一個意義重大的選擇。有四個「錄影帶豐富」（video-rich）的地區：日本與東南亞、阿拉伯世界、西歐和北美。大部分開發中國家的非廣播影像發展是遠遠的落後（見**表 3.13**）。

唱片與錄音帶

　　錄音已經成為了全世界散佈文化最具有影響力的方法之一。[93] 1990 年美國人花在唱片、錄音帶和 CDs 上面的錢總共是三百五十億美金。[94]

表 3.13　　西元 1988 年時擁有錄影機最多與最少的十個國家

前十名		後十名	
國家	家庭擁有百分比	國家	家庭擁有百分比
日本	70%	薩爾瓦多	9%
黎巴嫩	65	匈牙利	8
香港	64	波蘭	7
巴林	64	阿根廷	7
澳洲	63	烏拉圭	6
英國	60	智利	5
美國	59	保加利亞	4
加拿大	58	巴貝多	4
百慕達群島	55	中國	2
沙烏地阿拉伯	52	蘇聯	1

資料來源：*Screen Digest*, November 1988, cited in *World Communication Report* (Paris:UNESCO, 1989), pp.159-160.

表3.14　西元1985年唱片與錄音帶的世界銷售量

（單位：百萬元美金）

國家	銷售金額
全世界總數	14,000.0
美國	4,651.1
日本	1,972.9
西德	1,199.6
英國	1,089.1
法國	678.6
加拿大	487.2
蘇聯	384.9
巴西	239.1
荷蘭	232.7
澳洲	228.8

資料來源：International Federation of Phonogram and Videogram Producers
and affiliated organization, cited in *World Communication Report*
(Paris: UNESCO,1989)，p.162.

根據聯合國教科文組織的統計數字，每年所申報一百四十億美金的銷售額（保守估計）中，竟有百分之六十九是來自五個國家：美國、日本、德國、英國與法國。唱片與錄音帶的前十大消費國家（除了巴西之外都為已開發國家），便佔了全世界總銷售金額的百分之八十（見**表3.14**）。當然，盜版的情形非常猖獗，並沒有計算在這些數字當中。

廣　告

傳播當中，廣告絕對是差距最大的一個項目。聯合國教科文組織1986年的統計資料，光是美國一個國家比起其他的六十四個國家，在廣告上所花的錢就是它們的一倍半。美國花在廣告上的費用，全世界只有十七個國家的國民生產毛額多過這個金額。[95] 西元1986年時所花的金額

表 3.15　西元 1986 年時的世界廣告費用支出

（單位：百萬元美金）

國家	廣告費用
美國	102,140
日本	18,309
英國	8,222
西德	8,094
加拿大	4,797
法國	4,475
義大利	3,075
西班牙	3,002
澳洲	2,380
巴西	1,958
其他地區	15,463

資料來源：*World Advertising Expenditures*, 21st ed　(New York: Starch INRA Hooper Inc., and International Advertising Association)，cited in *World Communication Report*　(Paris: UNESCO, 1989)，p.500.

是一千零二十億美元，這個數字相當於墨西哥的外債總數。（見表 3.15）

　　十一個跨國的廣告公司控制了全世界廣告預算的一半以上，而只有十九個公司便運作全世界廣告總額的三分之二（見表 3.16）。

　　第三世界中大部分的廣告公司都是外商，且以美商為主。即使是西歐的一些廣告公司也為大多數外來的外商們所困擾：德國最大廣告公司有百分之九十；而比利時、義大利與英國有超過百分之七十以上的廣告公司都是美商公司。[96]

衛　星

　　目前在赤道同步衛星軌道上（geosynchronous orbit），總共有一百八十四個通訊衛星，其中只有十七個是由開發中國家所發射的（印度四

表3.16 西元1988年統計最主要的廣告公司

(單位：百萬元美金)

公司名稱	廣告金額
Dentsu Inc.	9.45
Young & Rubicam	5.39
Saatchi & Saatchi	5.04
Backer Spielvogel Bates	4.68
McCann-Erikson	4.38
FCB-Publicis	4.36
Ogilvy & Mather	4.11
BBDO	4.05
J. Walter Thompson	3.86
Lintas	3.59
Grey Advertising	2.89
DArcy Masius Benton & Bowles	3.36
Leo Burnett	2.87
DDB Needham	3.02
WCRS	2.03
HDM	1.94
Roux, Seguela, Cayzac & Goudard	1.53
Lowe, Howar-Spink & Bell	1.32
NW Ayer	1.35

資料來源：*Advertising Age*, cited in Peter Muzik, *Die Medien Multis* (Vienna: Verlag Orac, 1989), p.268.

個；哥倫比亞和印尼各三個；巴西、墨西哥和阿拉伯聯合公國各兩個；中國一個）。美國與獨立國協有全世界最大的衛星網路，從國內人民通訊與國際軍事通訊都包括，這兩個國家分別有五十四和四十五個同步衛星。國際電信衛星組織（INTELSAT）有二十六個衛星；而國際史普特尼（INTERSPUTNIK）有三個。美國與獨立國協僅佔全球人口的百分之十五，卻使用了超過百分之五十以上的同步衛星軌道；而第三世界僅使用百分之十不到。[97]

全世界只有四十個國家有衛星傳送的廣播與電視服務，其中開發中與已開發國家各有二十個，但除了印度、印尼、墨西哥、巴西和中國等國家有他們自己的衛星廣播服務之外，其他所有開發中國家都必須要運用租用的衛星來接收這些服務。（這個並不包括一些處於衛星涵蓋區域之下的國家，像加勒比海和中美國家便處於美國衛星涵蓋的區域底下）除了墨西哥之外，沒有其他開發中國家可直接將電視節目，廣播到已開發國家當中。

電　話

　　儘管有線電纜、直播衛星、分封交換（packet switching，高速傳輸數位化資訊，能使不同的訊息在同一時間利用同一系統傳輸，這些資料是以高度集中的分封位元形式傳送），以及其他許多新發明，已大大改進已開發中國家的資訊服務並降低了成本。但開發中國家的電話科技卻仍舊停留在很原始、昂貴，甚至不存在的程度。在開發中國家，不但同樣距離和時間的電話價格昂貴了許多；而且開發中國家之間的電話價格，也要比開發中國家與已開發國家之間通訊的價格要高。從開發中國家打電話到已開發國家（大部分已開發國家打電話到美國也是）要比反方向來得較貴。這種費率上的差別，再加上較低的個人收入，使得電話往來的流量也呈現了不平衡的現象。

　　1987 年時，已開發中國家中使用的電話路線總共是三億四千七百萬條；開發中國家的數字則為五千九百萬條。[98] 有五個國家只佔全世界人口的百分之十五；卻擁有全世界電話線的一半以上。而僅佔世界人口百分之二十的十個已開發國家，其電話線便大約佔了全部總數的四分之三（見**表 3.17**）。美國擁有的電話線等於整個亞洲電話線的總和；荷蘭的電話線數目是整個非洲的總和；義大利的電話線數目是整個拉丁美洲的總和；而東京的電話線數目則是整個非洲的總和。

表 3.17　電話線路最多的十個國家

國家	電話線數量
全世界總數	405,848,805
美國	94,905,850
日本	48,014,000
西德	27,221,756
法國	24,803,609
獨立國協聯邦	24,540,000
英國	22,137,000
義大利	19,104,828
加拿大	13,206,233
西班牙	10,236,408
南韓	8,625,000

資料來源：International Telecommunication Union, *Yearbook of Common Carrier Telecommunication Statistics*, 16th ed　(Geneva: International Telecommunication Union, 1989).

　　至於個人擁有電話線的密度，西歐國家中，每一百人便有四十二條電話線，其中摩納哥擁有最多的七十五條線。在美國，每一百人中有四十一條。全世界中有五十個國家，每一百人擁有的電話線要少於一條；超過一百一十個國家，每一百人所有的電話線少於十條。除了日本、南韓、香港、新加坡和阿拉伯國家之外，非洲與亞洲的開發中國家每人擁有電話線的普及率是最低的，大部分國家每一百人所有的線路只有一條或甚至少於一條。電話普及率在南美與中美國家也很低，除了七個加勒比海島國之外，其他國家中每一百人所有的電話要少於十台。這些統計數據沒有將城市—鄉鎮、性別、種族間的不同區隔出來，在開發中國家，大部分的人口集中在鄉鎮，約佔總人口的百分之六十到百分之七十左右，但每一百人所有的電話台數要少於一台，印度鄉村裡只有百分之五的人口有電話[99]（見**表 3.18**）。

　　有關電話線路密度的資訊可顯示電話服務的可得性，但無法顯示出

表3.18　西元1987年時擁有最多與最少電話線的十個國家

國家	總數	每一百人密度
摩納哥	20,800	74.29
瑞典	5,480,500	65.13
丹麥	2,711,000	52.86
根息島（英國）	29,219	52.66
澤西島（英國）	42,123	51.68
瑞士	3,381,492	51.45
加拿大	13,206,233	51.20
芬蘭	2,365,000	47.86
挪威	1,948,680	46.41
冰島	113,134	45.80
西德	27,221,756	43.95
中非共和國	3,902	0.14
蒲隆地	6,631	0.13
布基納法索	11,556	0.13
尼日	8,141	0.13
緬甸	42,274	0.1
孟加拉	89,000	0.10
盧安達	6,561	0.10
薩伊	29,010	0.10
馬利	7,300	0.09
查德	2,359	0.05

資料來源：International Telecommunication Union, *Yearbook of Common Carrier Telecommunication Statistics*, 16th ed. (Geneva: International Telecommunication Union, 1989）.

這種服務究竟有多少的使用率，特別是在國際電話上面。國際線路佔了總收入的絕大部分，並且比國內線的成長率要大得多。有兩條主要國際線便佔了全世界電話交通量的百分之八十：北美與歐洲之間（百分之六十），以及北美與東南亞之間（百分之二十）的兩條線。[100] 在國際電話中，電話比例最多與最少的國家之間，可以作出一些有趣的比較，塞普勒斯是全世界當中，每人平均打出國際電話數量最多的國家，這可能是因為它扮演著中東國家事務「監督據點」（monitoring post）角色的關係，再加上是個島國也有很大的關係；美國在每人平均打出國際電話的數量上來說是非常少的，但它每年也有百分之二十的成長率 [101]（見**表3.19** 與**表 3.20**）。

表 3.19　西元 1986 年時選擇性國家當中的國際電話

國家	幾千通	每人打出國際電話
法國	8,097,000	146.17
瑞典	7,533,344	902.08
塞普勒斯	1,094,309	1626.01
摩納哥	963,503	42.42
阿爾及利亞	962,386	42.99
匈牙利	853,000	80.25
瑞士	802,000	123.57
突尼西亞	479,580	64.43
美國	478,770	1.98
西德	468,198	7.68
日本	320,000	2.63
墨西哥	39,961	0.49
埃及	27,300	0.55
中國	17,660	0.01
巴西	13,100	0.09
印度	5,736	0.00
伊朗	5,716	0.11
泰國	4,698	0.08
衣索比亞	2,393	0.05
巴基斯坦	2,130	0.01
古巴	1,500	0.14

資料來源：*Yearbook of Common Carrier Telecommunication Statistics*, 15th ed (Geneva: Ineternational Telecommunication Union,1988）, ciced in *World Communication Report* （Paris: UNESCO, 1989）, pp.459-461

表 3.20　西元 1986 年時選擇性國家當中的國際電報

國家	電報分鐘	每人打出電報
西德	188,698,140	3.09
美國	179,234,682	0.74
法國	148,820,000	2.68
荷蘭	88,064,000	6.05
比利時	73,421,445	7.40
日本	51,181,000	0.42
印度	50,663,000	0.06
香港	46,985,078	8.70
西班牙	45,779,000	1.18
丹麥	41,743,000	8.15
新加坡	30,182,658	11.66
巴西	20,100,000	0.14
中國	12,360,000	0.01
衣索比亞	11,979,933	0.27
阿拉伯聯合公國	10,746,745	7.65
埃及	9,685,270	0.19
委內瑞拉	9,463,220	0.53
馬來西亞	9,368,840	0.59
阿爾及利亞	8,415,000	0.37
泰國	7,465,200	0.14
伊朗	6,423,863	0.12
塞普勒斯	4,310,478	6.40

資料來源：*Yearbook of Common Carrier Telecommunication Statistics*, 15th ed
　　　(Geneva: Ineternational Telecommunication Union,1988）, ciced in
　　　World Communication Report （Paris: UNESCO, 1989）, pp.462-
　　　464.

郵政服務

　　雖然在大部分的國家中，都設有廣泛的郵政服務，但在某些國家當中有大部分人卻是沒能享有這項服務的（見**表** 3.21）。利比亞是全世界郵政服務最不普及的國家，總人口當中有百分之八十沒有郵政服務網路。郵局所提供服務的平均人口數字仍然有很大的差異（見**表** 3.22）。郵資幾乎在所有地方都在上升，但對於開發中國家而言，這個負擔是格外的沉重，從河內到洛杉磯航空郵件的費用，相當於一個普通越南政府單位勞工三日的薪水。[102]

　　另一項值得比較的便是國際間的郵政流量。美國在這項目當中居世界的首位，共寄出了七億八千七百萬件國際信件；但是荷蘭就每人平均收到國際郵件的數量而言，則是最高的國家。有一項異常的例子是日本在這個項目當中排名很低，可能是因為它在語言上孤立的關係（見**表** 3.23）。

表 3.21　西元 1986 年時選擇性國家中，沒有郵政服務人口的百分比

國家	百分比
利比亞	80
查德	76
波茨瓦納	73
聖路西亞島	35
厄瓜多爾	19
巴拉圭	12
阿根廷	11

資料來源：*Statistique des Services Postaux*　（Berne, Switzerland: Universal Postal Union, 1988），cited in *World Communication Report* (Paris: UNESCO, 1989），pp.443-445.

表 3.22 西元 1986 年時選擇性國家中，郵局提供服務平均
人數

國家	服務人數
美國	5,768
蘇聯	2,973
西德	3,423
法國	3,195
澳門	50,000
安哥拉	64,661
葉門	65,774
馬利	66,307
衣索比亞	86,956
查德	161,875
浦隆地	266,088

資料來源：*Statistique des Services Postaux* （Berne, Switzerland: Universal
Postal Union, 1988）, cited in *World Communication Report*
(Paris: UNESCO, 1989）, pp.443-445.

國際電腦傳播

全世界國際電腦的傳播有超過一百個以上的國家中有這個服務，但
它需要三個基本要件：可靠的全球電子供應、無雜音與無干擾的電話線
路及可靠的維修服務，這些在世界大部分的地區都缺乏。

即使在一些國家當中的電信服務已經有了擴充與改進，但新裝置的
輸送網路，比起一些在第一世界中運作的網路容量要小的多。最適合用
在長途資料傳送的光纖電纜，僅管花費很低，但在開發中國家還未被裝
設用作陸地通訊。而在一些有提供公用資料網路的國家，其國際電腦傳
播的發展也受限於陳舊不堪的轉換中心、號碼不正確或忙線，以及緩慢
的速度傳送而難以進步，更不用提其價格之昂貴了。

表 3.23　西元 1986 年時選擇性國家中的國際郵件

（單位：千件）

國家	寄出郵件數量	每人平均郵件
美國	787,621	3.26
荷蘭	540,600	37.17
英國	516,200	9.11
西德	457,864	7.51
法國	370,800	6.69
義大利	365,852	6.40
加拿大	279,290	10.54
東德	254,180	15.28
西班牙	249,559	6.43
奧地利	238,352	31.80
印度	242,906	0.30
墨西哥	134,550	1.65
日本	105,353	0.86
巴基斯坦	101,509	0.94
菲律賓	101,288	1.79
埃及	91,022	1.86
孟加拉	72,701	0.69
泰國	40,261	0.76
印尼	27,336	0.16
巴西	24,142	0.17

資料來源：*Statistique des Services Postaux* （Berne, Switzerland: Universal Postal Union, 1988），cited in *World Communication Report* (Paris: UNESCO, 1989)，pp.446-448.

全世界百分之九十的電腦，都集中在十五個經濟最為發達的國家。[103] 全世界電腦的百分之九十五集中在已開發國家；其他百分之三點五在拉丁美洲；百分之一點六在亞洲；還有百分之零點五在非洲。[104] 委內瑞拉平均每二千二百個人有一台電腦；巴西平均每六千個人有一台電腦；墨西哥平均每七千人有一台電腦；波利維亞平均每六萬五千人有一台電腦。[105]

即使在美國國內也有資訊不平衡的存在，美國有幾百萬的人不會讀也不能寫，沒有電腦可以使用，不讀報也買不起書。白人孩子所有的家庭電腦，是黑人與西班牙裔小孩子所有電腦數量的兩倍半。[106]

全資訊科技與電信科技快速的發展，可以使資料庫內的資訊散佈到世界各地。（表 3.24 是有關不同國家於 1985 年時所出口的電腦設備數量的資料）對可以得到資料的地方而言，距離已經沒有了意義。但目前有許多的國家，仍無能力建立或是提供自己的資料庫給世界市場上。

表 3.24　西元 1985 年時電腦設備的輸出量

（單位：千元美金）

國家	出口數量
美國	7,343,117
日本	6,184,820
西德	2,904,975
英國	1,821,321
愛爾蘭	1,391,145
義大利	1,368,389
法國	1,109,227
新加坡	922,148
荷蘭	877,195
瑞典	613,014

資料來源：Compiled by UNESCO from COMTRADE （U. N. Statistical Office）*World Communication Report* （Paris: UNESCO, 1989），p.524.

傳播爭論的世界

　　這一章裡提出的統計數字與社會議題的討論，描繪出一個大概的圖形。這個廣大存在的不平衡現象，爲一些國際組織如聯合國教科文組織，帶來了危機。事實上，世界上大部分的國家，都極需將「現存資訊」（present information）和「傳播秩序」（communication order），重新加以分配，這些國家所抱怨的問題，被聯合國教科文組織著名的「馬克布萊德報告」（許多聲音，一個世界，Many Voices, One World）記錄下來，將這許多不同的脈絡加以串連，以下便是一些馬克布萊德委員會的建議：107

- 開發中國家必須採取行動，建立並發展傳播系統的基本條件。
- 增加新聞流通的網路必須建立起來。
- 應鼓勵本國書籍的製作，同時應建立起書籍分佈的網路。
- 本國廣播內容材料的製作，可以克服對外來資訊的倚賴。
- 所有發展計畫當中的傳播構成要素，都應得到適當的財源。
- 國家必須擴大基本的郵政服務和電信網路。
- 全球需要一個專門的國際研究與發展機構，致力於增加紙張的供應。
- 新聞傳送的費率、電信的費率以及新聞的散佈和報紙、刊物、書籍、視聽資料等運送所需的航空運費，是自由與平衡資訊流通的主要障礙之一。
- 電磁電波頻譜與同步衛星軌道，應被看作爲人類共有的財產而被更公平地使用。
- 因媒體所有權的集中所導致的障礙與限制，應特別被加強注意。
- 應設計有效的法律行動，以限制集權或獨裁的發展。
- 女性的傳播需求，應特別被加強注意。
- 促成一個保留每個社會中文化特質的環境是有必要的；另外對於許多文化受到支配的國家，也有必要將整個情況加以修正。

註　釋

1. A similar definition was formulated by graduate students (including the present author) in Hamid Mowlana's Seminar in International Communications at American University in 1980 1981. Mowlana cites that definition in *Global Information and World Communication* (New York: Longman, 1986), p. 216.

2. International Commission for the Study of Communication Problems [MacBride Commission], *Many Voices, One World* [*The MacBride Report*] (Paris: UNESCO, 1980), p. 283. The book is out of print at UNESCO but can be obtained from the World Association for Christian Communication, 357 Kennington Lane, London SE11 5QY, United Kingdom, Tel: (071) 582 913 Fax: (071) 735 034, Email address: wacc@gn.apc.org.

3. Ibid., p. 283.

4. Cees J. Hamelink, "International Communication," in *Discourse and Communication: New Approaches to the Analysis of Mass Media Discourse and Communication*, ed. Teun A. van Dijk (New York: Walter de Gruyter, 1985), pp. 143–144.

5. Cees J. Hamelink, "Information Technology and the Third World" (Paper presented at the biennial conference of the International Association for Mass Communication Research, New Delhi, August 1986).

6. *UNESCO Statistical Yearbook* (Paris: UNESCO, 1990).

7. The term "Third World" was coined by the French sociologist Alfred Sauvy in 1952 at the height of the Cold War. See his *Théorie Générale de la Population*, 1966, translated as *General Theory of Population* (New York: Basic Books, 1970); and *Zero Growth?* (New York: Praeger, 1975).

8. This section draws heavily on Karl W. Deutsch, "The Impact of Communications upon the Theory of International Relations," in *Theory of International Relations*, ed. Abdul A. Said (Englewood Cliffs, NJ: Prentice-Hall, 1968), pp. 74–92. See also Marshall R. Singer, *Weak States in a World of Powers* (New York: Free Press, 1972), pp. 10–13.

9. Deutsch, "Impact of Communications," p. 75.

10. One interesting note is that the border between the United States and Mexico is the only international frontier where the First World and the Third World confront one another.

11. Deutsch, "Impact of Communications," p. 76.

12. Ibid., p. 76.

13. Ibid., p. 78.

14. Ibid., p. 81.

15. Ethnic Germans, Ukrainians, and Byelorussians make up less than 2 percent of the population.

16. See Donald Dewey, "Forbidden Nations," *TWA Ambassador*, January 1988, pp. 46+.

17. Offices of the General Secretariat are located at Post Box 85878, 2508 CN The Hague, Netherlands.

18. Harold Innis, *Empire and Communications* (Oxford: Oxford University Press, 1950; Toronto:

University of Toronto Press, 1972); and Harold Innis, *The Bias of Communication* (Toronto: University of Toronto Press, 1951).

19. Karl Marx and Friedrich Engels, *The German Ideology*, ed. C. J. Arthur (New York: Internationa Publishers, 1981); Armand Mattelart and Seth Siegelaub, eds., *Communication and Class Struggle*, 2 vols. (New York: International General, 1979 and 1983); Herbert I. Schiller, *Mass Communications and the American Empire* (Boston: Beacon Press, 1971); Herbert I. Schiller, *The Mind Managers* (Boston: Beacon Press, 1973); and Herbert I. Schiller, *Communication and Cultural Domination* (White Plains, NY: International Arts and Sciences Press, 1976).

20. Quoted in Ralph K. Allen, "Mass Media in Intercultural Communication," *Journal of Communication* 5 (1955): 72.

21. Cees J. Hamelink, "Is Information Technology Neutral?" in *Communication and Domination: Essays to Honor Herbert I. Schiller*, ed. Jörg Becker, Göran Hedebro, and Leena Paldan (Norwood, NJ: Ablex, 1986), p. 20. See also Herbert I. Schiller, *Communication and Cultural Domination*. pp. 46–67.

22. Enrique Gonzalez-Manet, *The Hidden War of Information*, Laurien Alexandre, trans. (Norwood, NJ: Ablex, 1988), p. 53.

23. John C. Merrill, "A Conceptual Overview of World Journalism," in *International and Intercultura Communication*, ed. Heinz-Dietrich, Fischer, and Merrill (New York: Hastings House, 1976), p. 20.

24. See Stephen R. Barnett, "United States Regulation of Transborder Speech," *Comm/Ent Law Journal* 9 (1987): 635–745; Morton Halperin in Susan Blank, "Opening America's Borders to a Free Flow of Information," *Civil Liberties*, Spring (1986): 1; David H. Weaver, Judith M. Buddenbaum, and Jo Ellen Fair. "Press, Freedom, Media, and Development, 1950–1979: A Study of 134 Nations." *Journal of Communication* 35 (2, 1985): 104–117; Achal Mehra, "Freedom Champions as Freedom Muzzlers: U.S. Violations of Free Flow of Information," *Gazette* 36 (1985): 3–20; and "Human Rights in the United States," special issue of *International Review of Contemporary Law* (1, 1990).

25. John C. Merrill, "Governments and Press Control: Global Attitudes on Journalistic Matters," *Political Communication and Persuasion* 4 (1987): 223–262; John C. Merrill, "Governments and Press Control: Global Views," *International Communication Bulletin* 23 (1–2, Spring 1988): 12; and *Current Issues in International Communication*, ed. L. John Martin and Ray Eldon Heibert (New York: Longman, 1990), pp. 110–112.

26. Fred S. Siebert, Theodore Peterson, and Wilbur Schramm, *Four Theories of the Press* (Urbana, IL: University of Illinois Press, 1956). These "theories" have attracted considerable controversy and attention. See particularly William A. Hachten, *The World Press Prism: Changing Media, Clashing Ideology* (Ames, IA: Iowa State University Press, 1981); Denis McQuail, *Mass Communication Theory*, 2nd ed. (Newbury Park, CA: Sage, 1987); John C. Merrill, *Media, Messages, and Men: New Perspectives in Communication* (New York: Longman, 1979); Whitney R. Mundt, "Global Media Philosophies," in *Global Journalism: Survey of International Communication*. 2nd ed., ed. John C. Merrill. (New York: Longman, 1991), pp. 11–27; Robert G. Picard, "Revisions of the 'Four Theories of the Press' Model," *Mass Communication Review* 10 (Winter–Spring 1982–1983): 1–2; William L. Rivers and Wilbur Schramm, *Responsibility in Mass Communication*, 3rd ed. (New York: Harper & Row, 1980); and Jan Servaes, "Beyond Four Theories of the Press" (Paper presented at the annual conference of the International Communication Association, New Orleans, 1988).

27. S. K. Padover, ed., *Thomas Jefferson on Democracy* (New York: Appleton-Century, 1953), p. 48.

28. Hamid Mowlana, "A Paradigm for Comparative Mass Media Analysis," in *International and Intercultural Communication* (New York: Hastings House, 1976), pp. 474-484.

29. Thomas McCarroll, "What New Age?" *Time*, August 12, 1991, p. 44.

30. *Michanizace a automatizace administrativy*, November 1987, back cover, citing Japanese Ministry of Foreign Trade and Industry figures, quoted in *Mass Communication Media in the World* 5 (1, 1988): 17.

31. Richard C. Beiard, "Telecommunications as an Engine of Economic Growth," (Washington, DC: U.S. Department of State, 1989).

32. Ibid.

33. Lenny Siegel and John Markoff, *The High Cost of High Tech: The Dark Side of the Chip* (New York: Harper & Row, 1985), pp. 179-201.

34. William H. Davidson, "Telecommunications Takes Off: While the U.S. Dithers, Other Nations Are Aggressively Modernizing to Compete," *Los Angeles Times*, February 26, 1989, p. IV3.

35. General Agreement on Trade and Tariffs, *International Trade, 1987-1988* (Geneva: GATT, 1989), p. 36.

36. United Nations General Assembly, *Development and International Economic Co-operation: Long-Term Trends in Social and Economic Development*, Doc. A/43/554 (New York: United Nations, 1988), p. 151.

37. Beiard, "Telecommunications as an Engine of Economic Growth."

38. "U.S. International Communication and Information Policy," *Gist* (Department of State), December 1988, p. 1.

39. Meheroo Jussawalla, "Can We Apply New Trade Rules to Information Trade?" in *International Information Economy Handbook*, ed. G. Russell Pipe and Chris Brown (Springfield, VA: Transnational Data Reporting Service, 1985), p. 11.

40. General Agreement on Trade and Tariffs, *International Trade, 1987-1988*, p. 37.

41. Economic Commission for Europe, *The Telecommunication Industry: Growth and Structural Change* (New York: United Nations, 1987), quoted in *World Communication Report* (Paris: UNESCO, 1989), p. 80.

42. Heather Hudson, *When Telephones Reach the Village: The Role of Telecommunications in Rural Development* (Geneva: International Telecommunication Union, 1984); Heather Hudson, *A Bibliography of Telecommunications in Socio-Economic Development* (Geneva: International Telecommunication Union, 1988); Heather Hudson, *Three Case Studies on the Benefits of Telecommunications in Socio-Economic Development: A Report to the International Telecommunication Union* (Geneva: International Telecommunication Union, 1983); Heather Hudson, Douglas Goldschmidt, Edwin B. Parker, and Andrew Hardy, *The Role of Telecommunications in Socio-Economic Development: A Review of the Literature with Guidelines for Further Investigations* (n.p.: Keewatin Communications, 1979); International Telecommunication Union, *Contributions of Telecommunications to the Earnings/Savings of Foreign Exchange in Developing Countries* (Geneva: International Telecommunication Union, 1988); and William Pierce and Nicolas Jequier, project coordinators, *Telecommunications for Development* (Geneva: International Telecommunication Union, 1983); Hamid Mowlana and Laurie J. Wilson, *The Passing of Modernity: Communication and the Transformation of Society* (New York: Longman, 1990), pp. 151-169.

43. *Telecommunications for Development*, cited in Economic Commission for Europe, *The Telecommunication Industry*, p. 155.

44. C. R. Dickenson, "Telecommunications in the Developing Countries: The Relation to the Economy and Society," cited in Hudson et al., *Telecommunications in Socio-Economic Development*, p. 7.

45. Economic Commission for Europe, *The Telecommunication Industry*, p. 156. Of course, correlation does not imply a causal relationship.

46. Daniel Bell, *The Coming Post-Industrial Society: A Venture in Social Forecasting* (New York: Basic Books, 1973), pp. 126–127.

47. See Marc Uri Porat, "Global Implications of the Information Society," *Journal of Communication* 28 (1, 1978): 70–81; Marc Uri Porat, *The Information Economy: Definition and Measurement*, vols. 1–9, OT Special Publication 77–12 (1) (Washington, DC: United States Department of Commerce, May 1977); G. Russell Pipe, "Introduction," in *International Information Economy Handbook*, p. ix; and Mark E. Hepworth, *Geography of the Information Economy* (London: Belhaven, 1989).

48. Porat, "Global Implications," p. 70.

49. UNESCO, *World Communication Report* (Paris: UNESCO, 1989), p. 79.

50. Porat, "Global Implications," pp. 70–81.

51. Simon Nora and Alain Minc, *Computerization of Society* (Cambridge, MA: MIT Press, 1980).

52. Organization for Economic Cooperation and Development, *Trends in the Information Economy*, Series on Information, Computer, and Communication Policy No. 11 (Paris: OECD, 1986), p. 15.

53. *Critical Connections: Communication for the Future*, OTA Report Brief (Washington: Office of Technology Assessment, U.S. Congress, 1990), p. 1.

54. Cees J. Hamelink, *Finance and Information: A Study in Converging Interests* (Norwood, NJ: Ablex, 1980), p. 7.

55. Anne W. Branscomb, "Global Governance of Global Networks," in *Toward a Law of Global Communications Networks,* ed. Anne W. Branscomb (New York: Longman, 1986), p. 6.

56. Ruth Leger Sivard, *World Military and Social Expenditures 1989*, 13th ed. (Washington, DC: World Priorities, 1989), p. 8.

57. Similar terms are used in Jill Hills, "The Telecommunication Rich and Poor," *Third World Quarterly* 12 (2, April 1990): 71–90. Most figures in this section are from the 1990 *UNESCO Statistical Yearbook* or from UNESCO's 1989 *World Communication Report*.

58. Hans Singer, "The Distribution of Gains from Trade Revisited," *Journal of Development Studies* 11 (1975): 377–382.

59. See "Disparities" (Part II, Chapter 6) and "Flaws in Communication Flows" (Part III, Chapter 1) in *Many Voices, One World* [*The MacBride Report*].

60. "More News Media Urged by UNESCO," *New York Times*, April 10, 1962, p. 4.

61. *UNESCO Statistical Yearbook*, 1990, pp. 6-13.

62. UNESCO, *World Communication Report*, p. 305.

63. *UNESCO Statistical Yearbook*, 1990, pp. 7-114 to 7-118.

64. *UNESCO Statistical Yearbook*, 1990, pp. 6-13.

65. The island nations were Bahamas, Barbados, Bermuda, Cayman Islands, Cook Islands, Cuba, Cyprus, French Polynesia, Guam, New Caledonia, Puerto Rico, Qatar, Singapore, Trinidad and Tobago, and the U. S. Virgin Islands.

66. *UNESCO Statistical Yearbook*, 1990, pp. 6-13.

67. Center for Research on Information, University of Rome, 1977, cited in Enrique Gonzalez-Manet, *The Hidden War of Information*, p. 11.

68. *UNESCO Statistical Yearbook* (Paris: UNESCO, 1989), pp. 6-11 to 6-12; and *UNESCO Statistical Yearbook*, 1990, pp. 6-11 to 6-12.

69. *UNESCO Statistical Yearbook*, 1990, pp. 6-12.

70. Hamid Mowlana, *Global Information and World Communication*, p. 77.

71. *UNESCO Statistical Yearbook*, 1990, pp. 7-110 to 7-113. They were Gabriel García Márquez (Colombia), R. Tagore (India), and Pablo Neruda (Chile).

72. *UNESCO Statistical Yearbook*, 1990, pp. 6-14 to 6-15.

73. *UNESCO Statistical Yearbook*, 1990, pp. 6-14 to 6-15.

74. *Mass Communication Media in the World* (4, 1990): 6.

75. *Mass Communication Media in the World* (5, 1990): 9.

76. *Mass Communication Media in the World* (6–7, 1989): 3. Despite its massive output, the United States still imports half its newsprint. *Mass Communication Media in the World* (4, 1990): 6.

77. Jörg Becker, "Paper Technology and the Third World: Global Restrictions and Technical Alternatives" (Paper presented at the biennial conference of the International Association for Mass Communication Research, Prague, 1984), appeared in *Papiertechnologie und Dritte Welt: Ökonomische Rahmenbedingungen und Technische Alternativen für die Produktion von Kulturpapier* (Braunschweig, FRG: Vieweg & Sohn, 1986).

78. *UNESCO Statistical Yearbook*, 1990, pp. 6–16.

79. *UNESCO Statistical Yearbook*, 1990, pp. 9–6.

80. *UNESCO Statistical Yearbook*, 1990, pp. 9–9 to 9–12.

81. Thomas B. Rosenstiel, "The Selling of the U.S. Media: Have Foreign Buys Gone Too Far?" *Los Angeles Times*, November 4, 1990, p. D10; and Carl Bernstein, "The Leisure Empire," *Time*, December 24, 1990, p. 56.

82. *UNESCO Statistical Yearbook*, 1990, pp. 9–12 to 9–16. These countries are Argentina, Bulgaria, Canada, Cuba, Czechoslovakia, France, the former German Democratic Republic, Hungary, Malta, Mauritius, Montserrat, North Korea, Norway, San Marino, Singapore, St. Pierre and Miquelon, and Sweden. While not included in the UNESCO statistics, presumably Japan, South Korea, the United States, and the Commonwealth of Independent States should also be included.

83. *UNESCO Statistical Yearbook*, 1990, pp. 6–17.

84. *UNESCO Statistical Yearbook*, 1990, pp. 6–18.

85. *UNESCO Statistical Yearbook*, 1990, pp. 6–20.

86. *UNESCO Statistical Yearbook*, 1990, pp. 6–20.

87. *UNESCO Statistical Yearbook*, 1990, pp. 10–3 to 10–8. These countries are Bangladesh, Bhutan, Burkina Faso, Guinea, Guinea-Bissau, Haiti, Mali, Mozambique, Nepal, Somalia, Tanzania, and Yemen.

88. *UNESCO Statistical Yearbook*, 1990, pp. 6–19.

89. UNESCO, *Latest Statistics on Radio and Television Broadcasting* (Paris: UNESCO, Division of Statistics on Culture and Communication, Office of Statistics, 1987), p. 26.

90. *UNESCO Statistical Yearbook*, 1990, pp. 6–21 to 6–22.

91. Tapio Varis, *International Flow of Television Programmes* (Paris: UNESCO, 1985), p. 17.

92. *UNESCO Statistical Yearbook*, 1990, pp. 10–9 to 10–14.

93. Deanna Robinson, *Music at the Margins: Popular Music Production and Cultural Diversity* (Newbury Park, CA: Sage, 1990); James Lull, ed., *Popular Music and Communication* (Newbury Park, CA: Sage, 1987).

94. Bernstein, "The Leisure Empire," p. 58.

95. These seventeen countries were Canada, Brazil, Mexico, France, the Federal Republic of Germany, Netherlands, Spain, United Kingdom, Czechoslovakia, the former German Democratic Republic, the former Soviet Union, Sweden, Switzerland, India, China, Japan, and Australia.

96. Graham Murdock and Noreene Janus, *Mass Communications and the Advertising Industry* (Paris: UNESCO, 1984).

97. International Telecommunication Union, *Twenty-ninth Report by the International Telecommunication Union on Telecommunication and the Peaceful Uses of Outer Space*, Booklet no. 38 (Geneva: International Telecommunication Union, 1990); and *World Communication Report* (Paris: UNESCO, 1989), p. 61.

98. All figures in this section are derived from International Telecommunication Union, *Yearbook of Common Carrier Telecommunication Statistics*, 16th ed. (Geneva: International Telecommunication Union, 1989). "Telephone lines" is a more valid statistic than "telephone sets" because the number of sets connected to a line can vary greatly from country to country.

99. Even in the United States, disparities exist. A Government Accounting Office (GAO) study reports that only 81.5 percent of Hispanics have telephone service, compared with 93.6 percent of whites. The average for all races was 92.2 percent in 1986. See "Telephone Communications: The FCC's Monitoring of Residential Telephone Service," GAO-RCED-86-146 (Washington: Government Accounting Office, June 1986), cited in *Global Electronics*, December 1986, p. 3.

100. Economic Commission for Europe, *The Telecommunication Industry*, p. 141.

101. Ibid., p. 141.

102. Lady Borton, Quaker service worker in Vietnam, private correspondence.

103. Joseph N. Pelton, "Toward an Equitable Global Information Society," in *International Information Economy Handbook*, p. 95.

104. UNESCO, Provisional Intergovernmental Committee of the Intergovernmental Program of Informatics, Principle [sic] Working Document, SC-84/CONF. 209/4 (Paris: UNESCO, 1984), cited in Gonzalez-Manet, *The Hidden War of Information*, Laurien Alexandre, trans., p. 3.

105. *Mass Communication Media in the World*, 4 (8, 1987): 1.

106. "Information Rich vs. Poor," *Global Electronics*, Issue 107, March–April 1991, p. 4, referring to U. S. Bureau of the Census data cited in the *San Jose Mercury News*, March 27, 1991.

107. In some cases the sentence structure has been altered for logical flow and fluidity. International Commission for the Study of Communication Problems, *Many Voices, One World* [*The MacBride Report*], (Paris: UNESCO, 1980).

第四章 全球傳播管道

在大衛森（Davison）劃時代著作《全球政治傳播》（*International Political Communication*）一書當中，對於世界傳播管道的廣泛調查，列出了新聞相關的媒體，像是廣播、電視、衛星、書籍與出版刊物、電影、博覽會、文化活動、國際旅遊與組織性管道（例如，大使館和國際組織）。[1] 但是，未將一些「老舊」的科技包括在內：像是電話與電報，或者一些全球性科技如傳眞機與電腦傳播等。此外，「非科技」的管道像是語言、觀光、移民或國際性組織等也必須包含在內。這章就是針對全球連接的傳播管道調查研究。

人際間傳播管道

世界傳播語言

　　語言是不斷變化的東西。在過去的幾世紀甚至在過去十年當中，世界語言起了很大的變化，某些作家在一些語文當中看到為了生存奮鬥，類似達爾文物競天擇式的掙扎，其中較強勢的語文淘汰弱勢的語文。[2]還有一些人主張，世界傳播管道快速的激增，最終會導致一個領導性的語文產生。

　　今日世界上究竟有幾種語言？要算出來恐怕不是件簡單的事。有誰能說出任何一種中國方言？魁北克的語言和法語有何不同？北印度語（Hindi）和印度回教徒的晤魯都語（Urdu）應該算為一種語言還是分開來算？印度英語和美國英語有時聽不出來有什麼不同，是不是應該算成一種語言？就是因為有這些問題，所以今天全世界估計語言的數量，從二千五百種到七千種不等。[3]

　　如果我們研究超過五百萬人所說的語言，會發現一個令人驚訝的事實：全世界總人口數的百分之九十八，只有說九十五種語言；這樣也就是說，全世界剩下不到百分之三的人，便差不多要說二千四百零五到六千九百零五種其他不同的語言，就看你怎麼算。事實上，全世界超過一半以上的人，只說七種語言（見**表4.1**）。

　　一種語言的壽命有多長呢？從史前時代到現今，語言平均的壽命是二千年到三千年，每種語言的消失，便有兩種以上的新語言出現，好比說由拉丁文衍生而來的便有好幾種語言。[4]不同於瀕臨絕種的生物，語言很明顯地有增殖的傾向，甚至有好多不同的「英文」正逐漸發展開來

表 4.1　西元 1989 年時至少五百萬人所說的不同語言

語言	百萬人	佔世界百分比	語言	百萬人	佔世界百分比
中文 #	1069	20.1	錫蘭語	13	0.2
英文	443	8.3	烏茲別克語	13	0.2
北印度語	352	6.6	席布阿諾語 *	12	0.2
西班牙語	341	6.4	捷克語	12	0.2
俄語	293	5.5	希臘語	12	0.2
阿拉伯語	197	3.7	馬拉加西語	11	0.2
孟加拉語	184	3.5	南非荷蘭語	10	0.2
葡萄牙語	173	3.3	白俄羅斯語	10	0.2
馬來印度語	142	2.7	馬杜拉語	10	0.2
日語	125	2.3	歐洛莫語 *	10	0.2
法語	121	2.3	保加利亞語	9	0.2
德語	118	2.2	加泰隆尼亞語	9	0.2
唔魯都語	92	1.7	庫德斯坦語	9	0.2
旁遮普語	84	1.6	杜拉語 *	9	0.2
韓語	71	1.3	瑞典語	9	0.2
特拉古語	68	1.3	哈薩克語	8	0.2
坦米爾語	65	1.2	克佳族語	8	0.2
義大利語	64	1.2	陸丹語	8	0.2
馬拉塔語	63	1.2	阿肯語 *	7	0.1
爪哇語	58	1.1	優卡諾語 *	7	0.1
越南語	57	1.0	高棉語	7	0.1
土耳其語	55	1.0	修納語 *	7	0.1
泰語	48	0.9	索馬利亞語	7	0.1
烏克蘭語	45	0.8	韃靼語	7	0.1
波蘭語	43	0.8	烏赫語 *	7	0.1
斯華西理語	43	0.8	休薩語 *	7	0.1
卡那克語	41	0.8	祖魯語	7	0.1
古加拉特語	38	0.7	艾飛克語 *	6	0.1
塔加拉族語	36	0.7	芬蘭語	6	0.1
豪撒語	34	0.6	林加拉語 *	6	0.1

馬來語	34	0.6	魯巴陸拉語 *	6	0.1
波斯語	32	0.6	敏那卡巴語 *	6	0.1
緬甸語	30	0.6	西利佳能語 *	6	0.1
歐瑞亞語 *	30	0.6	塞內加爾語	6	0.1
羅馬尼亞語	25	0.5	夷語 *	6	0.1
桑但斯語 *	24	0.5	阿爾巴尼亞語	5	0.1
阿薩密語	22	0.4	亞美尼亞語	5	0.1
荷蘭語	21	0.4	丹麥語	5	0.1
帕施圖語	21	0.4	奇庫優語 *	5	0.1
克羅埃西亞語	20	0.4	苗語 *	5	0.1
約魯巴語	18	0.3	蒙古語	5	0.1
南閃族語	17	0.3	挪威語	5	0.1
伊坡語 *	16	0.3	朗帝語 *	5	0.1
辛迪亥語 *	16	0.3	桑塔利語 *	5	0.1
亞塞拜然語	14	0.3	斯洛伐克語	5	0.1
匈牙利語	14	0.3	夕爾郝特語 *	5	0.1
皇語 *	14	0.3	西藏語	5	0.1
富拉語 *	13	0.2	總數	5190	97.6
尼泊爾語	13	0.2			

包括國語、廣東話、閩南語和客家語

* 音譯

註解：說本國語言的人加上說非本國語言人。使用西元 1990 年時人口統計的數據，五十三億兩千萬人。

資料來源：Sidney S. Culbert, " The Principal Languages of the World," *The World Almanac and Book of Facts* （New York: World Almanac, 1990）, pp.808-809. Reprinted by permission.

了！[5]

　　為什麼有些語言會繼續存在，有些語言會消失呢？語言的生存力和使用語言的團體大小有關，少數人說的語言面臨消失的危險。另外，語言也隨著時間而改變，就一百年的時間計算，語言的發展頗為穩定；但就一千年的時間來看，即使是像德文或英文如此持久的語言也會有巨幅的變化發生。

另一項要素是語言範圍的「穿透性」（porosity）。「自然的斷絕」（physical discontinuities）像是海洋或山脈，可以將如冰島或瑞士的語言隔斷，讓它們不受到干擾的發展。語言當中也有「家族性的邊界」（familial boundaries），像法文和義大利文共有許多同語根的語源，所以兩種語言便在邊界之間互相的交換影響；但在義大利的東邊，斯拉夫語系並沒有什麼語言上的關聯，所以影響也就很小。最後一個重要的「社會邊界」（social boundaries），像是階級和種族區隔，它可以促進也可以阻礙不同語言之間的互動過程。

而少數人所說的語言（像冰島語）或處於文化壓力下的語言（像烏克蘭語或愛沙尼亞語），又如何在現代社會當中求生存呢？拉旁斯（La Ponce）對這個問題有個很有趣的答案。他將語言的持久性定義為一種語言維持一所大學或管理一個國家政府的能力。

要維持一所教授化學與歷史的現代大學，至少需要有一百萬的人口，有一百六十五種語言符合這種「維持大學」的條件；然而，這些語言中有一些仍舊無法維持今日的大學課程（例如，說克佳族語的八百萬人口的安地斯山人，卻沒有屬於自己語言的大學教育）。但是，這一百六十五種語言才不過佔全部所說語言的百分之二到百分之七。

表4.1 當中的前十種語言，至少是一個國家政府的官方語言，但是在表格後部分的語言，多半不是政府的官方語言。有小部分的人口，顯然地與一些非主權國家的民族有互相關聯。[6]

當說不同語言的人碰在一起的時候，就有支配性語言的問題發生。旅行者常說：「你說的是什麼『法國話』？」（What is the lingua franca？）「法國話」（lingua franca）曾經是指說不同語言的人所用來溝通的任何一種語言，字面上的意思「法蘭克方言」的這種說法，最早是用來形容在中古時代，義大利文是如何與其他商業的語言混合在一起的。

地球上「自然」語言的多變性和互相的不通性，使得有人嘗試去發明一種全世界共通的「人造」語言。第一個被發明並受到國際間廣大認同的人造語言，是由一位波蘭的眼科醫師路德維克・拉塞・查門霍夫

（Ludwik Lazar Zamenhof），於 1887 年所發明的「世界語」（Esperanto）
。[7] 今天全世界約有超過八十個國家的二百萬人在說世界語。

　　如何來定義語言的支配性呢？拉旁斯提出了兩個標準：有科學進步
的語言和有政治力量的語言。好比說，全世界所有科學知識的百分之九
十五，只集中在六個語言當中：英文、俄文、日文、德文、法文和波蘭
文，而其中英文和俄文兩個便佔了總數的百分之八十二。（因為蘇聯的
瓦解和政府津貼出版的破壞，俄文無疑地會在這個排名中跌落。）至於
有關政治力量的衡量，拉旁斯將軍隊的力量（也就是軍事花費）與語言
之間的關係共同計算在一起，全世界軍事花費的百分之六十，是以英
文、俄文和中文等三種語言在交易的。[8]

　　縱觀歷史，有時甚至只有一個語言具有支配性。如拉丁文在羅馬帝
國強大的軍力之下，成為了歐洲共通的語言，即使在羅馬帝國滅亡後的
幾百年，拉丁文仍舊是在政治、學術、宗教和文化等方面，用來傳播的
語言。

　　大概到了 1970 年左右，法國約略成為主導性的國際語言，至少在政
府、商業和藝術等方面是如此；但儘管法文仍被廣泛的運用，卻也逐漸
地被英文所取代，失去了影響力，即使法國的科學家要發表研究時，如
果希望別人可以看或是可以被引用的話，也得使用英文才行。在後第二
次世界大戰時代，英文逐漸被認作為世界主要支配性的語言，尤其是美
式的商業英文方面。在過去英文遭受許多的抗拒，特別是在法國和拉丁
美洲，但是今天，對於在其他國家裡說英文是對其文化尊嚴侮辱的這種
抱怨，也逐漸地減少了。

國際運輸媒介

　　幾世紀以來，旅行是件危險又很不舒服的事情，直到一百五十年以
前，隨著鐵路和汽船的發明與發展，旅行才變得容易些。並且絲毫不為
1912 年發生的鐵達尼號慘劇所影響，到 1920 年代中期的時候，來往大西
洋間的豪華輪船已經超過一百四十艘；而從葡萄牙到土耳其到蘇聯的火

車，也是交叉往來於歐洲境內。到了前第二次世界大戰的　　　，汽車的發明再加上鐵路系統的發展，使得中產階級也能夠長途旅行了。

長途空中旅行始於載客的飛行船，飛行船在第一次世界大戰前的德國，已乘載了數千人。第一個螺旋槳推進器的載客飛機，於西元 1919 年開啓服務，乘載從倫敦到巴黎的客人。今天全世界已有大約五百家航空公司在運作了。現在人類將搭乘噴射機視爲理所當然，但是也不過是在 1958 年的時候，才有載客噴射機可在數小時內穿越過大西洋，這樣的速度與舒適，頓時讓一些偏遠的地區也變得近在咫尺。[9]

儘管目前船隻乘載旅客的人數已經顯著的下降，但航海事業仍舊在各海洋之間運載乘客與商品。目前國際海運輸送最爲繁忙的路線有北大西洋航線，也就是穿梭於北美和北歐之間的航線；還有穿梭於美、加海岸與南美海岸之間的航線；和從地中海到亞、澳之間的地中海—亞洲—澳洲航線[10]（見第二章圖 2.3）。

傳播的遷移與離散

幾世紀以來，難民們努力嘗試尋找避難所，而二十世紀的遷移人口一直在爆漲。自 1940 年以來，有四千萬之多的人口，被迫離開他們的家鄉。難民問題在非洲、中東、亞洲和中美洲等地區最爲嚴重。「離散」（dispora）一詞最早是指猶太人的遷移，但現在有許多的人口（像是巴勒斯坦人、庫德人和亞美尼亞人），因爲他們廣佈的群居社會，被迫成爲了「離散傳播」的人口。[11]

科技的管道

印刷媒介

　　全球傳播當中最爲持久的傳播管道便是印刷媒介，包含書籍、報紙和刊物等，可將思想傳達給外國觀衆的媒體。但將笨拙的印刷品運送過國界是需要有力的運輸媒介，所以在西元 1820 年以前，印刷媒體是不太可能有強大的全球影響力；但是，今日由於紙張重量的減輕，使得印刷媒體的限制不如以往那樣的大了。而且，現在衛星也傳送《華爾街日報》（*Wall Street Journal*）、《國際先峰論壇》（*International Herald Tribune*）和許多其他報紙刊物等的影像，到世界各角落的發行地點。現在只要有一個中央生產設備，便可將整本書、雜誌或紙張裡的內容，在數小時以內，傳送給全世界各地的印刷廠。

　　現在的出版也不一定是表示「複製品」（hard copy），只要被「印刷過」的紙張，可經由電話線、電視電纜、影碟以至於廣播頻道，傳送到電腦或電視當中，傳統的印刷出版商，現在也開始爲新的電子出版模式，變更或製造新的設備。目前一致的共識大約是對於一些敘述性的作品，像小說或專題論文等，會繼續以紙張印刷發行；然而對於一些文獻參考的書籍，像字典、百科全書等，電子形式的版本將逐漸增加。

國際郵政傳播

　　郵政傳播幾乎成為一種世界性的傳播媒介。從信丟進郵筒的那一刻起，一直到送達目的地，幾乎都沒有被人用手摸過。在大部分工業化的國家裡，過濾信件的過程幾乎已經完全自動化了，機器甚至可以自動辨讀信封上的地址。而郵政法令限制的解除，也使許多國家中的私人公司與公營公司間，開始相互競爭快遞郵件的服務，郵件甚至在兩天內可送達世界各地。而電子郵件也可以從一個郵局傳送到另一個郵局，郵局便將這個郵件重新複製成原來的樣子，然後裝入一個「真正的郵件」裡。在美國，傳真機幾乎已是無所不在了，在本世紀末，傳真機很有可能會取代了個人信件的郵政服務。

國際無線電廣播

　　自從 1920 年代國際無線電廣播於早期發明以來，便已成為全球傳播當中，最為重要的管道之一。就每星期廣播的時數而言，全球各主要的無線電廣播，從 1960 年的七千八百三十四小時，成長為 1988 年的一萬六千零九十二個小時。[12] 廣播新聞、論談或娛樂節目給國外聽眾的國家約有一百個左右，是提供來自於國外訊息的一個主要來源。[13] 美國、蘇聯和中國一直是國際主要的無線電播放者（見**表 4.2**）。什麼人在聽這些國際無線電廣播呢？答案是一些極具有影響力的人，有一群廣大的國際聽眾會注意來自「英國廣播公司」（BBC）、「美國之音」（Voice of America）或其他廣播所發出來的每一個字，這些人多半為居住在都市的男性、年輕人，並且受過良好的教育。[14]

　　國際無線電廣播極度仰賴於高頻率（high frequency, HF）的特性，一般也稱作「短波」（shortwave），是一種短波廣播。這種波率實際上會碰撞到由太陽能充電的電離層，然後折射到幾千里以外的地點，有時信號會再度被彈回電離層，再作出第二次更遠距離的傳送。而這種「天空

表 4.2 西元 1991 年六月份統計，全世界十五大對外廣播播放者

每星期播送時數	播放者
2,401	美國（美國之音，Voice of America 、自由歐洲電台，Radio Free Europe 、自由電台，RadioLiberty 、阿富汗自由電台，RadioFreeAfghanistan 、馬帝電台，RadioMarti）
1,951	蘇聯（莫斯科電台，RadioMoscow 、和平進步電台，RadioPeaceandProgress）
1,537	中國（北京電台，RadioBeijing）
841	德國聯邦共和國（德國電台，DeutscheWelleand Deutschlandfunk）
778	英國（英國廣播公司，BBC）
593	埃及（阿拉伯之音，VoiceofArabs）
535	北韓（平壤電台，RadioPyongyang）
472	印度（全印度電台，AllIndiaRadio）
400	伊朗（德黑蘭電台，RadioTehran）
398	法國（法國國際電台，RadioFranceInternational）
396	西班牙（西班牙國外電台，SpanishForeignRadio）
392	土耳其
360	古巴（古巴哈瓦那電台，RadioHavanaCuba）
338	澳洲
336	日本

資料來源：British Broadcasting Corporation, International Broadcasting and Audience Research, June 1991, personal coorespondence.

電波的傳送」（skywave propagation），為全世界以地上為基地的廣播站，提供了傳送無線電信號的唯一方式（見圖 4.1）。儘管國際電訊聯盟（International Telecommunication Union, ITU）將中波頻率（medium-wave frequency ，一般也稱作AM）保留限於國內廣播使用，但仍有些國家違反國際電訊聯盟的約定，將中波頻率用來作國際廣播。[15]

　　與官方對外廣播共用高頻率波段的其他一百五十萬人口，都是業餘

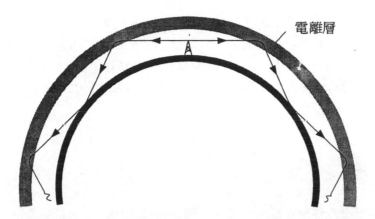

電離層

圖 4.1　天空電波從地平線對外發射至太空，但當它們碰到電離層時，特定頻率的電波便會被折射回地球，折返的這個電波也可以從地球再反射到電離層，然後再折回地球這樣連續的來來回回。這就是「短波廣播」的原理。

資料來源：Reprinted with the permission of Charles Scribner's Sons, an imprint of Macmillan Publishing Company. Adapted from *From Spark to Satellite*, by Stanley Leinwoll. Copyright ©1979 Stanley Leinwoll.

無線電狂熱者，稱為「火腿族」無線電玩家。火腿族基本上是用聲音或摩斯密碼溝通。甚至另外還有一種通訊衛星——稱為奧斯卡系列（the Oscar series），是專為業餘者使用的。雖然火腿廣播族的玩家多半以此為嗜好，但這些業餘的廣播族，在災害、革命或戰爭發生時的緊急聯絡當中，卻扮演了重要的角色。例如，在美國入侵格瑞納達時，美國國防部的五角大廈將記者們阻擋於外，但島上的火腿族卻可將新的消息、有時候也將戰鬥的聲音傳送出島外。[16]

　　另一種長途（有時是國際）傳播的科技是微波廣播（microwave）。特別是對於島國或處於高山的地帶而言使用最多，因為要這些地方鋪設電纜幾乎不可能而且造價昂貴，而微波「無線電收發機」（傳送／接收天線）可以作出點到點之間的傳播，通常兩地的距離不超過五十公里，如果要傳遍美國的話，需要一百個這種無線電收發機才行。

　　許多通訊社、大使館或情報機構等，會運用另外一種廣播媒介來散佈消息：國際無線電電傳打字電報機（radioteletype, RTTY）。個人電腦或者其他接收器可將大量文字的資訊加以儲存並且列印出來。這項科技廣為運用，特別是通訊社、氣象服務或外交電報。但是 RTTY 非常的慢，每分鐘只能傳上六十到七十個字，而且也常受到大氣或太陽活動的干擾。[17]

衛星電訊

　　科學小說作家亞瑟・克拉克（Arthur C. Clarke）可以算是第一位提出衛星電訊傳播概念的人。1945 年，克拉克發表了一篇文章，其中描繪出創造一個地球——衛星——地球傳播世界，所需基本科技考量的一個輪廓。[18]

　　衛星可讓處於天線觸角（也就是衛星涵蓋區域，footprint）的範圍當中，不計其數的接收站之間互相聯絡，因為衛星可以一次掃描到地球表面三分之一的範圍。當我們說衛星通訊對於距離不敏感（insensitive）時，是指地球表面的所有點與衛星之間的距離，都是一樣的：計算利馬（秘魯首都）到基多（厄瓜多爾首都）之間的距離，基本上是和計算從利馬到蒙特利的距離一樣的。但如果要送一個信號到世界各地的話，衛星訊號就必須要來來往往，從地球接收站到衛星、回到地球接收站、再到衛星、然後再到地球這樣「多次的彈跳」（multihopped）（見圖 4.2）。

　　同步衛星（geostationary satellite）對處於赤道或接近赤道的國家來說，特別的理想。衛星處於一個極為優秀的位置，它透過一層薄薄的大氣層來看這些靠近赤道的國家；然而對於那些在很北或很南邊半球的國家，衛星就要透過一層又厚又濃的大氣層才能「看到」那些國家，因此很容易使信號變得微弱而且會有干擾。比方說，因為獨立國協有廣大的土地是處在極北邊的半球，所以它們便想了一個解決的辦法：運用非同步衛星。它們運用一個細長的橢圓形軌道，可讓衛星待在國土上方較久的時間，然後追蹤天線便能夠掌握衛星在國土上方的行進路線。這種衛星主要的缺點，就是它需要很複雜的地上設備來追蹤衛星，但也就是因

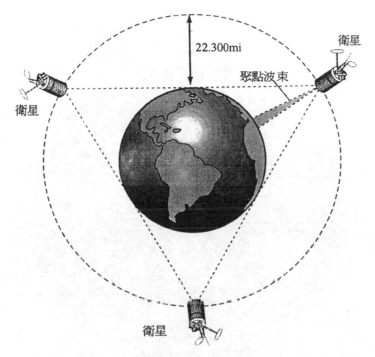

圖 4.2　衛星所涵蓋的全球範圍。假設上來說，如果有三個衛星是在地球
　　　　赤道上方的圓形軌道上距離相等的三個點上，離地球三萬五千公
　　　　里遠的太空裡，那麼這些衛星便可以傳送訊號到整個地球了。

資料來源：From *Broadcasting in America*, 4th ed., by Sydney W. Head and Christopher H.
　　　　　Sterling, p.89. Copyright©1982 by Houghton Mifflin Company. Used with
　　　　　permission.

為距離減短了，所以畫面也就清晰了許多。[19]

　　第一枚真正的通訊衛星是「同步三號」(Syncom III)，它於 1964 年
轉播了東京奧運。[20]1965 年 4 月由國際電信衛星組織（INTELSAT）所
發射進入軌道的，是全世界的第一枚商用通訊衛星，這枚又叫作「晨鳥」
（Early Bird）的衛星，座落於大西洋的上空，只能傳送二百四十種聲音頻
道或者一個電視頻道，目前全球「國際電信衛星組織」的系統，大約承

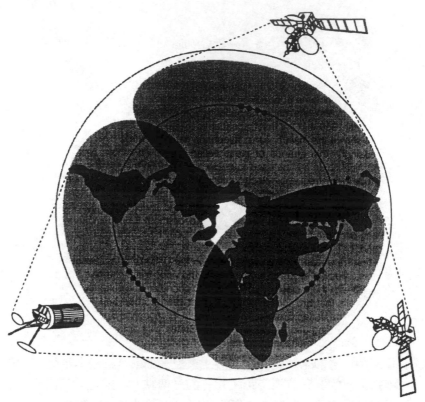

圖 4.3　INTELSAT 全球衛星網路。實際上，INTELSAT 需要許多衛星。
強力的電視、電話和資料管道，才能涵蓋到整個地球的表面。

載了全世界長途電訊交通量的百分之八十以上。[21] 圖 4.3 是「國際電信
衛星組織」網路的一個圖。

　　有一種新科技就是儲存與傳送衛星，已多年被用於軍中和學術團
體。[22] 尼加拉瓜和莫三鼻克，都曾經從美國的偵測衛星當中，接觸了這
項「資料爆發」的科技。這些衛星在距離地球五百哩以外，有一個磁性
的軌道，每天通過地球的所有點二到四次，成套的資料就從衛星傳送到
追蹤天線上，或是送到一個有接收天線的可攜帶式公事包的接收站。

國際有線傳播

　　早期，電報和電話是由曝露在外的銅製電線，也就是「電線組」（wire pairs），延著電線桿所連接起來。早在增幅器發明以前，銅製電線就已經可以傳送一通從紐約到丹佛的電話了。但是電線組很脆弱，他們會變細（使聲音減弱），也容易漏損（會聽到旁邊電線傳來微弱的對話聲）；因此，為減少信號漏損，增幅器便被安裝上以加強信號的強度。

　　後來又有人發現纏繞式的電線電纜（twisted wire cable），可將聲音的頻率提高，就可以傳送一種以上的聲音。不同的頻道以不同數量的大小升高其頻率，這個過程叫作「多重發訊」（multiplexing），訊號經由同軸電纜加以多重發訊，同軸電纜（coaxial cable）外層是一條薄薄的銅製電線，裡面又有一層銅製導體所組成。

　　雖然電報通訊從 1850 年代開始，便可透過海底電纜傳送，但鋪設可靠海底增幅器的困難度和拖撈船經常會破壞電纜等問題，使得透過電纜越洋傳送聲音幾乎是不可能。一直到西元 1956 年，第一條越洋的電話電纜——TAT-1 被鋪設之後，情況才有了改觀。[23] 圖 4.4 顯示主要海洋電話電纜的網路。

　　逐漸地，一小束玻璃稱作「光纖」（optical fibers）的東西，取代了同軸電纜。[24] 光纖可像同軸電纜導引低頻率電磁波似的導引光線，但光纖在許多方面都要比同軸電纜優越：例如，具有較寬的頻道容量、較低衰減率、兩個中繼器之間的距離可以較遠、對外在干擾免疫和低漏損率。[25] 光纖目前每秒已經可以傳送五億位元；或相當於負荷同時間八千通的電話，預計光纖將可達到每秒負載一兆位元。[26]

　　第一條越洋的光纖電纜，是鋪設在美國、英國和法國之間的 TAT-8，被用來傳送電話和影像訊號，這條電纜於 1988 年啓用，同一時間可以負載三萬七千通電話，是今日歐、美間通話數量的兩倍。[27] 目前連接美、加、英、法與西班牙之間的光纖電纜則是 TAT-9 號。[28] 至於第一條銜接日、美間的光纖電纜於 1989 年啓用，可同時負載四萬通電話，而不

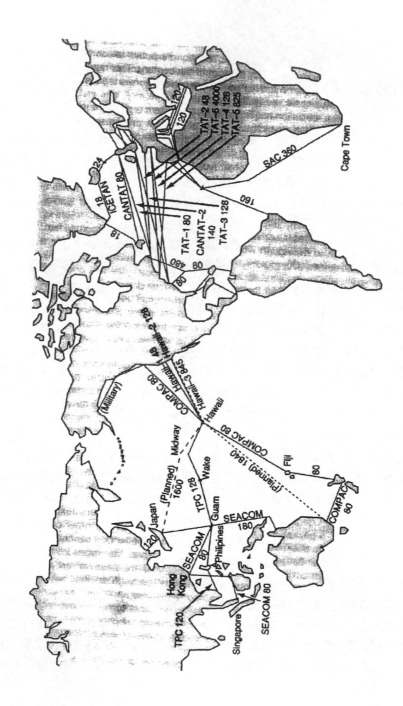

圖 4.4　主要海洋電話電纜。圖中數字代表一條電纜中聲音頻道的數量（沒有包含 TAS1）

失眞或受到任何干擾，它並取代了同時間內只能負載六千通電話的銅製電纜組。[29] 其他幾條目前使用中的海底光纖電纜，是連接英國與比利時、法國與科西嘉和英國與斯堪的那維亞半島之間的電纜。

數位化革命

基本上，資訊可透過電訊媒介以兩種訊號方式傳送出去：一種是類比（analog），另一種則是數位（digital）。類比是運用脈波來傳送聲音、圖畫或資料等訊號。當聲音很大時，信號就很強；反之，信號就很弱。這就是中波或 AM 無線電所傳送的方法。

至於數位傳送，資訊會被轉換成二個數字（0 與 1），也就是「位元」（bits）。位元可絲毫無誤地傳送出去，並以相同的方式儲存起來，即使傳送時發生錯誤的話，也可以完全更正。經由電話線傳送數位電腦資料，需要有一台「數據機」（modem）（是調制 modulate 與解調 demodulate 二字的簡略形），數據機可將類比訊號轉換爲數位訊號。任何形式的傳播——立體音樂、電視、影印機輸出等——都可以轉換爲數位的形式，以現代化的電話系統爲例，對話就是由類比訊號轉換爲數位的形式，然後經由電纜或光纖傳送出去。事實上，數位科技也是電腦的基礎，於是導致電腦與傳播的結合，也就成爲了我們所知的「全電訊（telematics）或者「全資訊」（informatics）。[30]

實際上，世界上所有的電訊網路，都是以類比形式開始設計的；但是由於數位傳播本身的優勢，使得數位科技取代類比設計，預估到了本世紀末，全世界公共的電訊網路將會完全數位化，這代表了一筆極龐大的投資，而人口密度較高的地區將會首先轉換，某些國家數位化的速度會比較快些。

這項世界性的數位化革命，將會導向發展一個全球性的「整合服務數位網路」（integrated services digital network, ISDN），這種網路最後會將以往分開的各項傳播網路，合併成爲一種新的、高容量的系統，其中包含電話、電報、廣播視訊、電傳、資料與影像等等。整合服務數位網路將提供一個共同的「數位管線」（digital pipe），涵蓋整個地球，提供各式各樣的資訊。有了整合服務數位網路，只要有一個共用的界面，便可以將使用者與所有的網路和服務連接起來。[31]

電腦傳播

電腦是數位化革命的主要推動力之一。事實上，要區分電腦還是工作站將會愈來愈難。因為電腦在容量、速度和可靠性方面，有了巨大的進步；價格在過去十年間更是下降了許多。[32]

電腦被使用在所有電訊的處理過程，從製造到接收都有；但最重要的科技發展是在分封交換網路的發明。因為要使全世界六億個電話，每點間同時使用在傳統電信網路上是不可能的，因此新發明的分封轉換網路將可成功的解決這個問題，同時整合了全球的電話、衛星、微波和電纜等線路。

電腦也影響了其他方面。全世界有許多人，正以驚人的速度和可靠性，運用他們自己的電腦傳播。[33]全球性電腦間的傳播引起了另一項科技革命：分封交換網路（packet switching network）。一般而言，電話交換並非電腦傳播最為有效的方式。電腦並不像電話般以一連串穩定的資料在傳送，而是在好一陣子沒有任何動靜之後，突然送出一大串的資料。目前有個與全世界許多國家連線的網路，叫做「公眾資料網路」（public date networks，PDNs），符合國際電訊聯盟建議的分封交換「X.25」的規格。

「封包」（packets）是將資料放入的一個「電子信封」。如一般信封一樣，封包本身有個郵寄地址和其他必要的資料。事實上有一些安全方法，可以確保經由網路送出的封包資料不會被打開來。方法是：由電腦所送出的信息會被切成許多的封包，然後到了目的地之後再被組合起來。有趣的是，所有的封包並不一定經由網路中同一條線路傳送，也不見得會同時抵達，而是分頭進行、「殊途同歸」。因此，電腦「主機」（host）會有分封組合與拆開的設備（packet assembly and disassembly，

PAD），各地方的電腦使用者，可透過專線或是公共撥號電話網路，獲得使用這個分封組合與拆開的服務設備。若要上網路，則只需一通市內電話的費用，就可以和全世界各角落聯絡了！[34]

目前全世界有許多個人電腦加入國際電腦網路。在電腦網路中，被稱為「結點」（nodes）的個人使用站，是由同軸電纜、光纖或電話線路所連接。運用一般電話線，電腦便可透過一個數據機來聯絡；但分封交換網路則運用「加值型網路」（value-added networks， VANs），像是美國的 Sprint Net 和 Tymnet、加拿大的 Datapac、奧地利的 Radio Austria 和英國的 British Telecomm 等網路。加值型網路的經營者將線路與公眾網路連結後，將客戶與自己的電腦設備連結起來，提供收費資料的交換與蒐集。

高度分散的全球電腦網路，使得民主資訊流動增加、階級權力瓦解，並讓上下垂直傳播與平行傳播一樣的容易。例如，進步傳播聯盟（Association for Progressive Communication， APC）的 APC 網路，是世界上第一個致力於和平、人權與環保的電腦傳播系統，由九十五個國家超過二萬個成員所組成。APC 網路的成員並同時包括一些其他國際組織，如國際特赦組織（Amnesty International）、地球之友（Friends of the Earth）、Oxfam 綠色和平組織（Greenpeace）、勞工聯盟和一些和平組織。APC 在一些國家中也有會員網路，像是美國、尼加拉瓜、巴西、俄國、澳洲、英國、加拿大、瑞典、德國；而在另一些國家中也有相關系統，像是烏拉圭、哥斯大黎加、捷克斯拉夫、玻利維亞、肯亞與其他國家。APC 甚至在古巴也有關係網路，是在美國與古巴之間三十年以來，第一個提供自由資訊流通的網路。另外還有許多 FidoNet 系統，經由不同地方主要的「通道」（gateway）與 APC 網路連接（見圖 4.5）。

許多人因為不同的目的使用這些網路。傳播人成立了數千個「電子佈告欄」（BBS）或「電子會議」（conference），其中所討論的議題從戰爭、和平、環境甚至到魔術都有。電子佈告欄系統可以讓用戶讀取信息並與其他使用人交換信件、瀏覽系統內圖書館的資料或參加連線（「當時」或「非當時」）談話。[35] 網友也運用這些網路來處理書信、銀行轉帳、購買機票、觀看最新新聞或查閱百科全書資料等等。[36]

所有顯示於此的系統都是「結點」。如果你有一台電腦和一台數據機，就可在任何一個結點連線後，與網路上來的世界各地使用者交換信息。在大部分的網路系統當中，都需要有一個帳號，這樣你才能在該系統內，有一個屬於自己的識別證明；某些FIDO系統，只接受來自其他FIDO系統的電話；但仍然可以在自己的電腦上跑FIDO軟體。

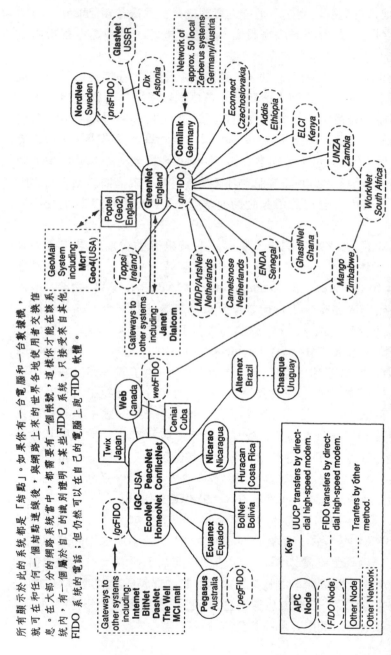

圖 4.5　西元1992年1月時進步傳播聯盟（APC）的結點與連接系統。（APC）是一個致力於促進人權與環境保護全球最大的電腦傳播網路。它服務國際民間組織運動逐漸成長擴大的參與積極人口，這些人「運用當地電話，來參與全球活動。」

資料來源：Association for Progressive Communication.

其他全球傳播科技

　　最早的電子傳播科技是電報。目前各國國內與國際間，都有巨大的電報網路，加上網路連接的電報轉接中心，形成了現代的電傳系統，在全世界超過一百二十個國家，大約共有一百五十萬個用戶。[37]

　　在電腦尚未來臨前，政府與商業機構都需要可靠的國際傳播。儘管電傳系統是從電報網路成長而來，但仍有許多的限制，像是有限制固定的字體、沒有圖片而且傳送速度慢，每秒只能傳出五十到一百五十個位元（約每分鐘六十字）；相對於經由電話線所連接的電腦數據機，每秒可以傳送 1.44 百萬位元組（megabytes, MB）。雖然有這些限制，電報仍舊成為了一個全球性電子傳送文字的系統，並且對於許多國家而言，也是僅有可供大眾使用的電子信件的服務。[38]

　　其次，再談談電話。被形容為「全世界最複雜的機器」的國際電話網路，有四個主要的構成要素：

1. 「使用設備」（instruments）或電話聽筒，安裝於設備上的，是無數的答錄機、電腦與其他等裝置。
2. 「地方線路」（local loops），電線組纜線，將用戶與中央電話控制處連接（光是在美國的地方線路就有好幾億哩）。
3. 「交換設備」（switching facilities），可將一具電話與世界上任何其他電話實際連接起來。
4. 「幹線網路」（trunk networks），遍佈世界的傳送路線，由同軸電纜、微波無線電、衛星、海底電纜與光纖等組成。

　　電話費用從 1927 年，英國到美國三分鐘的費用是一百七十三元英鎊，下降到 1967 年的九元英鎊，到 1983 年的的一點六三元英鎊。[39] 到了西元 1992 年時，從美國到英國的三分鐘直撥電話，只要一英鎊或一點八美元。

　　傳真機（稱為「電傳機」，telefax；或者稱為「傳真」，fax）正橫掃全世界，提醒了人類這是另外一種國際關係。因為在價格上的滑落、加上它只需經由電話線，便能將文字與圖片傳到世界各地，於是大約一台打字機大小、價值僅三百五十元美金的傳真機，正快速地蔓延在辦公場所與住家。一台傳真機可在大約三十秒之內，將一面文件傳送到世界各地。全世界大約有超過二百五十萬台的傳真機，已超過目前所使用的電報機數量。[40]

　　傳真輸送正在快速的取代信件，成為傳遞印刷文件最快的方法，傳真機掃瞄過一篇文件之後，將黑色的部分轉換為聽覺的音調，之後經由標準電話線傳送到一台接收的傳真機，收訊傳真機再將這些音調轉換成文字，將文件印出。現在的電腦也具有類似傳真機的功能，可將文件或圖案掃瞄後，傳至其他的電腦，經過文字與圖案重新編輯後，再列印出來。

國際組織與全球傳播

　　國際組織可能是在不同民族、國家或利益團體，想要和平地維持現代國際關係時，最重要的一個部分（見圖 4.6）。毫無疑問地，目前所存在最古老的國際性組織，應該是成立於西元 1865 年的國際電訊聯盟（International Telecommunication Union，ITU）。雖然所有的國際組織都可以稱為全球傳播的管道，但這一段落當中所重點討論的，是特指有關傳播方面的國際組織。

　　國際性組織有兩種：政府間或民間組織。政府間組織（Intergovernmental Organizations，IGOs），是由國家政府正式代表或解放組織所組成；而民間組織（Nongovernmental Organization，NGOs），則是由平民或不同利益團體所組成。國際組織近年來有驚人的成長，而這種巨幅的成長，絕大部分必須歸因於現代傳播科技的發展。[41] 全部算起來，今日全球一般性的國際組織加上其他國際團體，總共約有八千九百六十個。

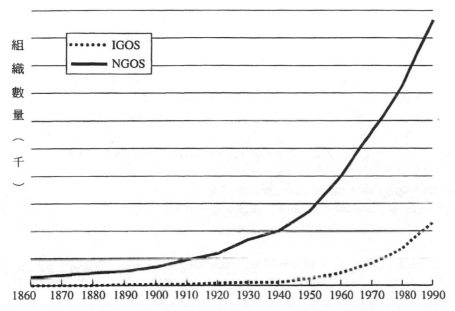

組織數量（千）

IGOS
NGOS

1860 1870 1880 1890 1900 1910 1920 1930 1940 1950 1960 1970 1980 1990

圖 4.6　國際組織的成長（90 年代末期是逐漸增加的狀態）。目前存在
　　　　最早的國際組織，是成立於 1865 年的國際電訊聯盟，自那時候
　　　　開始，這種組織已有急劇的增加。

[42] 這些國際組織都從事國際性的傳播活動；但其中有五百八十二個國際組織是以傳播作為它們主要的重點，而另外有一千一百九十個國際組織則是專長於一般性的傳播。[43] 在這個段落中，這些複雜的組織網路，將依其範圍與功能加以分類，首先是政府間組織。

聯合國機構

　　雖然 1945 年於舊金山所簽署的聯合國憲章當中，並沒有提到傳播本身，但所有聯合國的機構，不論它們的職責為何，在成立的定義當中，都包含了其個別領域裡，全球的資訊交換。

與全球傳播相關的聯合國機構

電訊發展中心（Centre for Telecommunications Development, CTD）

資訊委員會（Committee on Information, CoI）

外太空和平使用委員會（Committee on the Peaceful Uses of Outer Space, COPUOS）

國際關貿總協（General Agreement on Tariffs and Trade, GATT）

世界開發銀行（世銀）（International Bank for Reconstruction and Development, IBRD）（World Bank）

國際民（用）航（空）組織（International Civil Aviation Organization, ICAO）

國際頻率登記委員會（International Frequency Registration Board, IFRB）

國際勞工組織（International Labour Organization, ILO）

國際航運組織（International Maritime Organization, IMO）

國際傳播發展計畫（International Programme for the Development of Communication, IPDC）

國際無線電諮詢委員會（International Radio Consultative Committee, CCIR）

國際電訊聯盟（International Telecommunication Union, ITU）

國際電報與電話諮詢委員會（International Telegraph and Telephone Consultative Committee, CCITT）

聯合國跨國企業中心（United Nations Centre on Transnational Corporations, UNCTC）

聯合國國際貿易法委員會（United Nations Commission on International Trade Law, UNCITRAL）

聯合國國際貿易發展會議（United Nations Conference on Trade and Development, UNCTAD）

聯合國發展計畫（United Nations Development Programme, UNDP）

聯合國經濟社會理事會（United Nations Economic and Social Council, ECOSOC）

聯合國國際教科文組織（United Nations Educational, Scientific, and Cultural Organization, UNESCO）

聯合國糧食及農業組織（United Nations Food and Agriculture Organization, FAO）

聯合國人口活動基金會（United Nations Fund for Population Activities, UNFPA）

聯合國大會（United Nations General Assembly, UNGA）

萬國郵政同盟（Universal Postal Union, UPU）

國際衛生組織（World Health Organization, WHO）

世界智慧財產組織（World Intellectual Property Organization, WIPO）

西元 1945 年成立於倫敦的聯合國教科文組織（United Nations Edu-
cational, Scientific, and Cultural Organization, UNESCO），總部設立於巴
黎，它在法律上是獨立於聯合國以外的，同時是透過聯合國經濟社會理
事會（Economic and Social Council, ECOSOC）向聯合國大會報告。[44] 聯
合國教科文組織成立的目的在透過教育和研究，增加國與國之間的相互
瞭解，以促進和平。相信無知會導致不信任與戰爭，聯合國教科文組織
的創立人在其成立憲章的序文當中，寫下了這段著名的文字：「因為戰
爭起始於人心；因此，維護和平的建立，也必須從人心開始。」[45]

聯合國教科文組織的政策與財政上的決策，是在兩年一次的聯合國
會議（General Conference）中決定，而由一個行政委員會監督會議中所
同意的計畫，秘書長則負責這些計畫的執行，並為兩個立法團體服務。
聯合國教科文組織是由一個總監（Director-General）領導，這位總監是由
行政委員會提名，並經過聯合國會議的同意指派。

聯合國教科文組織在社會與經濟發展、科學與科技合作、國家文化
與文化遺產和社會科學等方面，有很廣泛的委任使命。其中有些與傳播
無關的方面，卻有明顯的傳播成分存在。[46] 而 UNESCO 當中的「C」一
字母可以很容易的作為「communication」（傳播）的代表：教科文組織有
一個很明確的任務，便是發展各國的傳播能力，並促進資訊流通的自由
與平衡。教科文組織藉由一些新科技、教科書、大眾傳播、研究和文化
或科學交換等項的計畫，直接執行國際傳播的任務。[47]

在教科文組織下的一個計畫範圍，叫做「人性服務的傳播」
（Communication in the Service of Humanity），就是傳播、資訊與全資訊的
一個部門，而在這個部門之中的傳播科技又分為兩個部分：資訊自由流
通和傳播研究以及傳播發展。前一個部分試圖除去妨礙資訊自由流通的
障礙，以促進資訊的自由，例如，執行簽署除去科學、文化或學術資料
等產品的關稅協議（見第九章「全球傳播與資訊法」），或者嘗試去降低
電信費率。教科文組織設立了「國際傳播研究與政策資料中心網路」
（International Network of Documentation Centres on Communication
Research and Policies, COMNET）（現已獨立），這個網路加速了各傳播研
究中心之間資訊的交換。[48] 教科文組織另一項最為突出的建樹便是「國

際傳播研究計畫」（International Program for the Development of Communication, IPDC），成立於 1980 年，是一場傳播爭議後的結果，目前是一個資金分配的機構，它資助一些加強開發中國家傳播能力的設計計畫。

今日的國際電訊聯盟（International Telecommunication Union, ITU）成立於 1865 年，成立的目的在於針對國際電訊科技，行使國際的法令協議；促進電訊服務的可靠性；提供開發中國家技術上協助；執行聯合國發展計畫（United Nations Development Programme, UNDP）所資助的計畫內容；登記無線電頻率分配，以避免干擾；協調太空傳播的發展；鼓勵傳播低關稅與低費率；藉由電訊服務以協助人力的節約；同時針對電訊的議題，推動研究、訂立法令、採取解決方法、提供有系統的建議或是蒐集並發行相關資料。一直到 1970 年代以前，國際電訊聯盟基本上仍舊是一些工程師或技術人員的討論與裁判場所，律師和政治家們極少出現。但隨著資訊爭議的逐漸政治化，國際電訊聯盟已轉向一些偏向政治與法令的議題方向了。

國際電訊聯盟有三個機構是臨時性的。「全權委員大會」（Plenipotentiary Conference）每五年開一次會，是最高權威機構並有權修改國際電訊聯盟公約。另有兩個管理大會（Administrative Conferences）：「無線電管理大會」（Administrative Radio Conference）和「電報與電話管理大會」（Administrative Telegraph and Telephone Conferences），這兩個大會負責修改管理國際電報、電話和無線電傳播的相關法令。[49] 最後，還有國際電訊聯盟的「執行大會」（Administrative Council）來加速管理法令的執行，並監督主權委員大會或其他聯盟會議的決議。

國際電訊聯盟有四個常設機構。自 1868 年起便有的「秘書長」（General Secretariat），負責統籌其他常設機構的活動與管理一個大型組織的行政職責。「國際頻率登記委員會」（International Frequency Registration Board, IFRB），負責登記電磁頻率的分配和衛星位置，同時為電訊服務該如何避免干擾提供意見。「國際電報與電話諮詢委員會」（International Telegraph and Telephone Consultative Committee, CCITT），針對除了無線電傳播之外的電訊服務相關技術或關稅上的一些問題，提出建議。「國際無線電諮詢委員會」(International Radio Consultative Committee, CCIR)，研究特別相關於無線電傳播的技術與營運等問題，並針對這些問題提出建議。後面的三個機構在近年也逐漸地政治化了。

世界智慧財產組織(World Intellectual Property Organization, WIPO)，總部設於日內瓦，於1967年成立為目前的組織形式；但其最早的根源可以追溯至1883年的巴黎公約與1886的伯恩公約，這兩個公約在西元1893年合併。世界智慧財產組織的責任在於執行許多不同著作權公約中的條款。設立於1965年，擔任補助資金的主要來源，並統籌所有聯合國系統中發展計畫的聯合國發展計畫(United Nations Development Programme, UNDP)，自1960年中期以來，已參與了許多有關傳播發展的計畫。[50] 總部設於蒙特利爾的「國際民(用)航(空)組織」(International Civil Aviation Organization, ICAO)，為國際航空領域制定政策。而其姐妹機構「國際航運組織」(International Maritime Organization, IMO)，總部設立於倫敦，則為不同國家政府提供國際機械，以統籌國際商船與航運傳播。1874年成立於伯恩的「萬國郵政同盟」(Universal Postal Union, UPU)，是根據一個「單一郵政領土」的成立宗旨而運轉，期望在同盟所有成員的領土之內，能信的相互往來交換，並且保證有往來運送的自由。而「國際關貿協會」(General Agreement on Tariffs and Trade, GATT)，則試圖經由降低關稅或解除非關稅的障礙，使貿易自由化。國際關貿協會正迅速地捲入有關資訊與傳播的議題，因為它涉及到「國際貿易服務」的問題。

最後提到兩個隸屬於聯合國大會(United Nations General Assembly, UNGA)的機構。「外太空和平使用委員會」(Committee on the Peaceful Uses of Outer Space, COPUOS)成立於1959年，負責檢閱國際間和平使用外太空的合作計畫，並研究聯合國應實施怎麼樣的計畫以達到該目標。「資訊委員會」(Committee on Information, CoI)負責監督聯合國的公共資訊政策。資訊委員會每年夏天會開為期幾個星期的會議，會中做出工作報告，並在秋季聯合國大會的特別政治委員會當中提報，至於這項報告則成為日後「有關資訊問題」解決方案的一個根據。

其他地區與政府間機構

　　總部設於巴黎的經濟合作與發展組織（Organization for Economic Cooperation and Development, OECD），是由日本、北美與西歐等二十五個工業國家所組成。經濟合作與發展組織自 1969 年第一個專業團體資料庫審查團（Data Bank Panel）成立後，致力於關心國際間的資訊與傳播等議題，像是超越國界的資料流通和個人隱私權等。[51] 該組織的多項決議都是源自於資訊電腦與傳播政策委員會（Committee for Information Computer and Communications Policy），這個委員會針對科技的發展與運用所產生政策性的議題提出審查。經濟合作與發展組織所特別關心的議題，是有關跨國資料流通與個人隱私問題。

　　在北大西洋社團間，有一個組織所扮演的地位逐漸地明顯並重要，就是歐洲安全合作會議（Conference on Security and Cooperation in Europe, CSCE），在美國就是眾所皆知的「赫爾辛基會議」（Helsinki Process），它是從 1975 年簽訂赫爾辛基最後法案（Helsinki Final Act）之後正式生效。基於國際間緊張關係的逐漸緩和，最後法案強調「信心的建立」，必須倚賴更多的「認知」和「更寬廣的體諒」；而大眾傳播媒體則扮演促成這個目標的重要地位。[52] 最後法案當中有關資訊與傳播的條款，是從資訊公開討論會（Information Forum）定期的審核而來。

　　在傳播和資訊爭論當中，最具影響力的討論會之一便是非結盟運動（Non-Aligned Movement, NAM）。非結盟運動本身並不是一個國際政府間的正式組織，而是輪流由領導人所召開的定期會議，組織會員國超過一百個以上，大部分是來自於亞洲、非洲、拉丁美洲和巴勒斯坦解放組織。其名稱來源是想要與類似北大西洋公約組織（NATO）或華沙公約組織等超強聯盟「不結盟」。儘管沒有另外兩極世界的參與，也是這個運動成立的原始目的，不結盟運動的基本爭議像是全球經濟的不平等，仍舊被列在組織的討論議程內。

與全球傳播相關的其他政府間組織

東南亞國協（Association of South East Asian Nations, ASEAN）

歐洲共同組織委員會（Commission of the European Communities, CEC）

歐洲安全合作會議（Conference on Security and Cooperation in Europe, CSCE）

非結盟國家合作局（Coordinating Bureau of the Non-Aligned Countries）

通訊衛星合作委員會（Coordinating Committee for Satellite Communications, CCTS）

歐洲議會（Council of Europe, CE）

歐洲經濟委員會（Economic Commission for Europe, ECE）

歐洲共同組織（European Communities, EC）

歐洲郵政及電訊行政會議（European Conference of Postal and Telecommunications Administrations, CEPT）

歐洲電訊傳播標準協會（European Telecommunications Standards Institute, ETSI）

非結盟國家政府間資訊與傳播合作協調會議（Intergovernmental Council for Coordination of Cooperation of Non Aligned Countries in the Field of Information and Communication）

國際綠色夥伴（International Green Number）

阿拉伯國家聯盟（League of Arab States, LAS）

經濟合作發展組織（Organization for Economic Cooperation and Development, OECD）

郵政聯盟

非洲郵政聯盟（African Postal Union, APU）

非洲郵政電訊傳播聯盟（African Posts and Telecommunications Union, APTU）

阿拉伯郵政聯盟（Arab Postal Union, APU）

亞洲太平洋郵政聯盟（Asian-Pacific Postal Union, APPU）

中非郵政電訊傳播會議（Central African Posts and Telecommunications Conference, CAPTAC）

歐洲郵政及電訊行政會議（European Conference of Postal and Telecommunications Administrations, CEPT）

北歐郵政聯盟（Nordic Postal Union, UPPN）

社會主義國家電訊與郵政傳播合作組織（Organization for Cooperation of Socialist Countries in the Domain of Tele and Postal Communication, OCTPC）

泛非郵政聯盟（Pan African Postal Union, PAPU）

美洲與西班牙郵政聯盟（Postal Union of the America a: d Spain, PUAS）

電訊傳播聯盟

非洲郵政與電信聯盟（African Postal and Telecommunication Union, APU/ATU）
非洲郵政電訊傳播聯盟（African Posts and Telecommunications Union, APTU）
阿拉伯郵政、電報、電話聯盟（Arab Federation of Post, Telegraph, and Telephones）
阿拉伯電訊傳播聯盟（Arab Telecommunications Union, ATU）
安迪恩地區電訊傳播企業協議協會（Association of State Telecommunication Enterprises of the Andean Subregional Agreement, ASETA）
加勒比海電訊傳播聯盟（Caribbean Telecommunications Union, CTU）
聯邦電訊傳播組織（Commonwealth Telecommunications Organization, CTO）
美洲電訊傳播會議（Inter-American Telecommunications Conference, CITEL）
中東地中海電訊傳播網路（Middle East and Mediterranean Telecommunication Network）
社會主義國家電訊與郵政傳播合作組織（Organization for Cooperation of Socialist Countries in the Domain of Tele and Postal Communication, OCTPC）
泛非電訊傳播聯盟（Pan-African Telecommunications Union, PATU）
中美電訊傳播技術委員會（Technical Commission for Telecommunications in Central America, COMTELCA）

總資訊協會

非洲總資訊協會（African Institute of Informatics, IAI）
亞洲太平洋電訊聯合組織（Asia-Pacific Telecommunity）
拉丁美洲電子總資訊合作委員會（Comité de Acción para la Cooperacióny Concertación Latinoamericana en Informáticay Electrónica, CACIEL）
歐洲總資訊網路（European Informatics Network）
社會主義國家政府間電腦科技合作委員會（Intergovernmental Commission for Cooperation of Socialist Countries in the Field of Computer Technology, IGCCT）
國際計算中心（International Computing Centre, ICC）
國際電腦傳播會議（International Council for Computer Communication）
拉丁美洲總資訊研究中心（Latin American Center for Studies in Informatics）
資訊科學教育地區中心（Regional Center for Education in Information Science, CREI）
中南亞地區總資訊網路（Regional Informatics Network of South Central Asia）
東南亞地區電腦聯盟（Southeast Asia Regional Computer Confederation）
世界總資訊資訊系統（World Information System on Informatics, WISI）

衛星組織

非洲衛星通訊傳播系統（African Satellite Telecommunications System, AFSAT）

阿拉伯衛星傳播組織（Arab Satellite Communications Organization, ARABSAT）

太平洋國際衛星教育與傳播實驗組織（Consortium for International Pacific Education and Communications Experiments by Satellite, PEACESAT）

COSPAS-SARSAT

泛歐衛星廣播組織（Pan European Satellite Broadcasting Consortium）

業餘無線電衛星社團（Radio Amateur Satellite Corporation, AMSAT）

地區節目交換

歐洲電視交換（EUROVISION）

波斯灣電視交換（Gulfvision）

國際電視交換（INTERVISION）

北歐電視交換（Nordic Television Cooperation, Nordvision）

國際衛星組織與節目交換

　　總部設立於華盛頓的國際電訊衛星組織（International Telecommunications Satellite Organization, INTELSAT），可能是全世界當中營運法令最爲複雜的一個衛星傳播系統。國際電訊衛星組織統籌「衛星空間的分隔」(satellite space segment)；而「地面站」(earth station) 則由會員國家或非會員使用國家的電訊當局來經營。國際電訊衛星組織大約承擔了所有跨越國界信息流量的三分之二，以及所有跨越國界電視傳播的全部。[53] 而國際電訊衛星組織所提供的國內通訊服務，基本上都集中在一些第三世界國家當中。

　　然而，國際電訊衛星組織衛星空間的獨霸時代已結束了。1984 年，雷根總統在國務卿和商務部長的建議之下，頒佈了一項決定，允許私人衛星系統與國際電訊衛星組織競爭，這項決議的決定是來自於美國私人團體要求「開放天空」競爭的壓力。

國際電訊衛星組織在前社會主義世界當中的競爭對手，是座落在莫斯科的「國際史普特尼」（International Organization of Space Communications, INTERSPUTNIK）。由社會主義政府成立於 1971 年的國際史普特尼，主要的目標是為成員國家經營衛星傳播系統，以交換電視、廣播、電報和電話。它所使用的衛星是在大西洋與印度洋的天空上，並且在東歐主要首都、河內、胡志明市、寮國永珍、外蒙烏蘭庫倫、喀布爾、阿爾及爾、哈瓦那、馬拿瓜、平壤、南葉門、大馬士革、盧安達等地，都有地面站。

國際電訊衛星組織和國際史普特尼負責陸地通訊；那麼國際海事衛星組織（International Maritime Satellite Organization, INMARSAT）便是負責海上衛星通訊。 1979 年成立，總部設立於倫敦的國際海事衛星組織，大大地改善了海上與航空的通訊，並且藉由通訊有效地船隻管理；同時提供海上、航空可動性的公共通信服務；以及無線電航海潛力，提高了海上生命的安全。國際海事衛星組織的海岸地面站，是由組織成員國所擁有和經營；至於船上天線站，則由船主所擁有與經營。而國際海事衛星組織，是透過海岸的地面站，與公共轉換網路連接。

這些衛星通訊網路使得地區性電視新聞與節目交換的增加變為可能。總部設在吉隆坡的亞洲—太平洋電視新聞交換機構（Asia-Pacific Television News Exchange），從 1984 年 4 月開始服務，一群亞洲國家包括印度、巴基斯坦、孟加拉、斯里蘭卡、汶萊、馬來西亞、印尼，透過印度洋和太平洋之上，國際電訊衛星組織的衛星，每週交換電視新聞。亞洲—太平洋電視新聞交換機構在「自由提供、自由接收或拒絕」的原則之下，目前每天都有新聞的交換。而第二個亞洲—太平洋電視新聞交換網路，也正開始與中國、南韓、日本、香港、澳洲與紐西蘭等國家連結。 54

廣播組織

全世界有許多重要的廣播組織網路，鬆散的聚集在「世界廣播聯盟會議」（World Conference of Broadcasting Unions, WCBU）之下，其中最為古老的組織是 1946 年成立於歐洲的「國際廣播組織」（International Broadcasting Organization, OIR），其後由於意識形態上的差異而一分為二。

總部設於日內瓦的「歐洲廣播聯盟」（European Broadcasting Union, EBU），成立於 1950 年，它的責任在促進廣播與電視節目交換；好比歐洲電視交換（EUROVISION），便致力於廣播與資訊的共同研究，並協助會在國際傳播法內工作。歐洲廣播聯盟人部分的積極成員，都是一些公共廣播公司。

歐洲廣播聯盟在前社會主義國家團體的一個類似組織，是「國際廣播電視組織」（International Radio and Television Organization, OIRT）。當西歐國家於 1950 年脫離國際廣播組織，並另外成立了歐洲廣播聯盟時，國際廣播組織遷到了布拉格，並於 1959 年時更名為國際廣播電視組織。如同歐洲廣播聯盟一樣，國際廣播電視致力促進成員間之廣播、電視傳播實務與理論方面的研究。

位於西半球的「國際廣播協會」（International Broadcasting Association, AIR/IAB），總部設立在烏拉圭的蒙特維多，成員包含有來自拉丁美洲和一些歐洲國家的私營廣播組織。國際廣播協會成立的主要宗旨在於維護私營廣播的存在，並讓它們能夠在國際法庭中代表本身的利益。另外一個採取較為不同訴求的組織是「拉丁美洲與加勒比海廣播聯盟」（Latin American and Caribbean Broadcasting Union, ULCRA），其成員是一些公眾利益的廣播電台。拉丁美洲與加勒比海廣播聯盟因為有來自於國際教科文組織和國際傳播發展計畫的協助，得以促進區域性的電視與廣播節目交換。

地區廣播協會

阿拉伯國家廣播聯盟（Arab States Broadcasting Union, ASBU）

亞洲太平洋廣播聯盟（Asian-Pacific Broadcasting Union, ABU）

亞洲太平洋廣播發展協會（Asian-Pacific Institute for Broadcasting Development, AIBD）

亞洲太平洋電訊聯合組織（Asian-Pacific Telecommunity, APT）

歐洲商業電視協會（Association of European Commercial Television, ACT）

非結盟國家廣播組織（Broadcasting Organizations of the Nonaligned Countries, BONAC）

加勒比海廣播團體（Caribbean Broadcasting Corporation, CaBC）

聯邦廣播協會（Commonwealth Broadcasting Association, CBA）

法國公共廣播協會（Communauté des Radio Publiques de la Langue Francaise, CRPLF）

歐洲廣播聯盟（European Broadcasting Union, EBU）

伊比利半島—美國電視組織（Ibero-American Television Organization, IATO）

國際業餘無線電協會（International Amateur Radio Association, IARU）

國際廣播協會（International Broadcasting Association, AIR/IAB）

國際天主教廣播電視協會（International Catholic Radio and Television Association, UNDA）

國際電影、電視與聽視覺傳播會議（International Council for Film, Television, and Audiovisual Communication, IFTC）

國際航運無線電協會（International Maritime Radio Association, IMRA）

國際廣播電視組織（International Radio and Television Organization ,OIRT）

回教國家廣播組織（Islamic States Broadcasting Organization, ISBO）

拉丁美洲與加勒比海廣播聯盟（Latin American and Caribbean Broadcasting Union, ULCRA）

北歐電視團體（Nordic Television Cooperation）

北美國家廣播協會（North American National Broadcasting Association, NANBA）

泛非基督教廣播協會（Pan African Christian Broadcasting Association ,PACBA）

非洲國家廣播電視協會（Union of National Radio and Television Organizations of Africa ,URTNA）

世界社區無線電廣播業者協會（World Association of Community Radio Broadcasters, AMARC）

世界廣播聯盟會議（World Conference of Broadcasting Union, WCBU）

在亞洲，「亞洲太平洋廣播聯盟」（Asian-Pacific Broadcasting Union, ABU），除了處理一些亞洲電視交換（ASIAVISION）的節目交換事宜外，也為廣播專業人員提供合作協調。在中東，「阿拉伯國家廣播聯盟」（Arab States Broadcasting Union, ASBU），於 1969 年成立於大馬士革，由阿拉伯國家聯盟共同贊助。阿拉伯國家廣播聯盟的計畫包括有阿拉伯電視新聞服務、地區訓練中心、節目交換、著作權處理以及廣播術語的阿拉伯化。在非洲，「非洲國家廣播電視聯盟」（Union of National Radio and Television Organizations of Africa, URTNA）的總部設立在塞內加爾的達卡，它成立於 1962 年，成立的目的在協助非洲廣播電視的發展，其中最重要的一個角色是「非洲國家廣播電視聯盟節目交換中心」（URTNA Program Exchange Center, URTNA-PEC），座落於肯亞的乃洛比，主要的功能在減低非洲國家極度仰賴外國節目的進口，並且製作一些建立文化與國家意識的節目。

另外還有兩個組織必須要提及。一個是「非結盟國家廣播組織」（Broadcasting Organizations of the Nonaligned Countries, BONAC），總部設立於南斯拉夫的貝爾格勒，它成立於 1977 年，由非結盟國家的一些廣播組織所組成。最後是 1988 年成立，總部設立於蒙特利爾的「世界社區無線電廣播業者協會」（World Association of Community Radio Broadcasters, AMARC），主要的工作是促進國際中社區廣播的希望與機會，它的目標包括：根據適當、平衡的節目交換原則建立一個新世界資訊秩序；促成不同社會、政治與文化運動的表達，並且支持和平、人類友誼和民主的主動性。世界社區無線電廣播業者協會同時努力尋求女性建立新傳播秩序時，所擔任的基本和特殊的角色；運用節目製作以促進所有民族的主權和獨立，並且為不同民族特殊文化建立尊重。

通訊社

全世界有超過一百個以上的通訊社，它們不僅是發生在全世界事件的訊息提供者；許多新聞社在國際資訊議題的炒作上，更是扮演了重要的角色。

其中有兩個位於紐約的通訊社就是這樣型態的。於 1848 年,由六家日報所組成的「美聯社」(Associated Press, AP),是一個非營利性的合作機構,每天透過約一百三十萬公里租賃的電線、電纜、地面線、無線電波,經由一萬五千個輸出管道傳送出兩百萬字的訊息。另一個總部設在紐約的是「合眾國際社」(United Press International, UPI),它曾經是世界最大的商業通訊社,直到 1984 年時被路透社所取代。合眾國際社從 1986年瀕臨破產的邊緣,到現在正逐漸地恢復當中,目前服務超過一百個以上的國家,儘管財務狀況不佳,它在拉丁美洲地區仍舊是不可或缺的。

另外,在歐洲也有名列前五大的通訊社。位於倫敦的「路透社」(Reuters)成立於 1851 年,是財務狀況最佳的通訊社,財源的百分之九十是來自於商業服務。至於「法新社」(Agence France Presse, AFP)服務超過一百四十個以上的國家,每日以四種語言傳送出三百萬字的新聞(居阿拉伯國家首位)。

最後一個前五大的通訊社是總部設於莫斯科的「塔斯社」(TASS)。塔斯社是在 1917 年蘇俄革命期間所成立的,目前已成爲世界最大的通訊社之一,爲超過一千家以上的報紙、廣播電視公司、雜誌、機構、資訊部門和一百一十五個國家的其他政府機關提供服務。塔斯社所傳送的語文有俄文、英文、法文、德文、西班牙文、葡萄牙文和阿拉伯文。它在全世界有超過一百個以上的駐外辦事處。

還有一個常被忽略、居世界第六大的(就每日送出字數而言)西班牙新聞社── EFE ,總部設在馬德里。若此通訊社可成功地併購合眾國際社拉丁美洲地區的服務,它會很快地成爲全世界第二大的通訊社。[55]

其他地區性和替代性的一些通訊社,也在資訊的數量與品質上,有了顯著的進步。其中拉丁美洲地區就呈現了這些管道迅速成長的活力。「拉丁美洲特別資訊服務社」(Latin American Agency for Special Information Services, ALASEI)的總部在巴拿馬,也被稱爲「拉丁美洲特別報導社」(Latin American Features Agency),從 1983 年起開始運作。它的組成份子包括有十個拉丁美洲國家的記者聯盟和一些地區性的組織,像是 FELAP 、 ALAIC 和 FELAFACS 。拉丁美洲特別資訊服務社成

國際與地區通訊社

Accion de Sistemas Informativos Nacionales, ASIN

法新社（Agence France Presse, AFP）

拉丁美洲通訊社（Agencia Latinoamericana de Informacion, ALAI）

義大利新聞社（Agenzia Nazionale Stampa Associata, ANSA）

阿拉伯革命通訊社（Arab Revolutionary News Agency, ARNA）

亞洲太平洋新聞網（Asian-Pacific News Network, APNN）

美聯社（Associated Press, AP）

加勒比海通訊社（Caribbean News Agency, CANA）

德國通訊社（Deutsche Presse Agentur, DPA）

西班牙新聞社（EFE）

歐洲同盟通訊社（European Alliance of Press Agencies, EAPA）

阿拉伯聯盟通訊社（Federation of Arab News Agencies, FANA）

人權媒體服務（Human Rights Media Services, HURMES）

Inforpaz

新聞交換服務（Inter Press Service, IPS）

國際婦女資訊與傳播服務（Isis International Women's Information and Communication
Service）

非結盟國家聯合通訊社（Nonaligned News Agencies Pool, NANAP）

亞洲太平洋通訊社組織（Organization of Asia-Pacific News Agencies, OANA）

太平洋群島新聞協會（Pacific Islands News Association ,PINA）

泛太平洋新聞通訊社（PACNEWS）

泛非通訊社（Pan African News Agency, PANA）

路透社（Reuters）

塔斯社（TASS）

南斯拉夫通訊社（Telegrafska Agencija Nova Jugoslavija, TANJUG）

合眾國際社（United Press International）

中西非通訊社發展（West and Central African News Agencies Development, WANAD）

立的目標，是蒐集並傳播與中南美洲有關的經濟與文化發展資訊。另一個服務拉丁美洲的新聞機構是「Accion de Sistemas Informativos Nacionales, ASIN」，它是在十九個國家通訊社之間的區域性新聞交換網路。還有就是位於厄瓜多爾首都基多的「拉丁美洲通訊社」（Agencia Latinoamericana de Informacion, ALAI）。至於加勒比海地區以英文服務的，則是位於巴貝多的「加勒比海通訊社」（Caribbean News Agency, CANA），它是由媒體機構所擁有，於1976年傳送出第一份報導。目前服務加勒比海區所有的報紙和十二個加勒比海英語系國家的主要英語廣播與電視台。

還有一些新聞服務組織值得特別提及，它們創新且具爆炸性的新聞蒐集和傳播方式，常被置於前五大的地位以外。

因資訊的爭議而成立的一個組織是「非結盟國家聯合通訊社」（Non-Aligned News Agencies Pool，NANAP），它成立於1975年，是由南斯拉夫通訊社發展而成，並由聯合國教科文組織支援。而擁有超過五十個以上的通訊社所組成的「南斯拉夫通訊社」（Telegrafska Agencija Nova Jugoslavija, TANJUG），蒐集來自超過九十個（大部分為國營）通訊社的新聞，每天在亞洲、非洲、歐洲和拉丁美洲的十個區域中心，交換大約十萬個字。

而全世界最知名的替代性通訊社應該是位於羅馬的「新聞交換服務」（Inter Press Service, IPS），事實上，就其遍及的程度來看（九十個國家的九百個客戶），新聞交換服務應該是世界第六大的通訊社。成立於1964年的新聞交換服務，每日以十一種語文傳送約略十萬個文字到七十個國家的五百個報社。它的編輯總部位於阿姆斯特丹；電訊傳播總部位於羅馬；而地區中心則分別設在哥斯大黎加的聖約瑟、牙買加的京斯敦、辛巴威的海洛威、斯里蘭卡的可倫坡、突尼斯、紐約、波昂和維也納。新聞交換服務參與許多以鄉村地區、社會組織和學校為主的計畫。除了提供每日和特別報導的電纜服務之外，它也支持所有第三世界女性記者的網路，它還加強發展中社會的文化事務、經營特別為孩子設計的新聞服務，甚至還為教堂活動建立全球性的報導網路。很顯然地，新聞交換服務在全世界最大的新聞市場美國是完全看不見的。

發行人與編輯組織

　　另一個主要角色是國際性的發行人與編輯組織。「美國報業協會」（Inter-American Press Association, IAPA-SIP）結合了一千家以上的出版物，該協會於 1942 年在邁阿密成立，旨在捍衛美國報業自由，促進與維護新聞專業人員的尊嚴、權利與責任，還有助長美國不同民族間廣大知識的交換。

　　在這個項目當中，最古老的一個組織應該是日內瓦的「國際發行人協會」（International Publishers Association, IPA），於 1896 年以國際發行人會議（International Publishers Congress）之名成立。這個組織成立的目的在於維護發行人發行、散佈作品，並克服讀寫能力和書籍的短缺等問題。它同時也幫助維護遵守「伯恩公約」（Berne Convention）和國際著作權公約（Universal Copyright Convention）中的條文，以及協助修正和起草新著作權公約。該協會還有一個特殊的目標，便是保持國際書籍的流動免受關稅或其他項障礙。

　　於 1948 年，成立於巴黎的「國際報紙發行人聯盟」（International Federation of Newspaper Publishers, IFNP-FIEJ），代表西歐與北美地區的報紙發行工業。它主要的目標是「促進文字或影像表達思想的自由流通；維護報紙的倫理與經濟利益」，還有「維護與其他國際新聞組織間資訊合作的自由」。位於巴貝多的「加勒比海發行與廣播協會」（Caribbean Publishing and Broadcasting Association, CPBA），集合發行人與廣播人來討論共同的問題，並促進該區域內媒體的獨立與自由。該協會集合大家的力量以對抗對新聞自由的威脅，努力改善新聞教育的水平，並與其他專業的組織合作。

　　另外還有兩個組織在發行人與編輯組織當中非常的活躍於有關資訊爭議的問題。一個是主要由編輯、發行人、廣播人所組成，座落於華盛頓的「世界新聞自由委員會」（World Press Freedom Committee, WPFC），於 1976 年出現，聯合一些對抗聯合國教科文組織攻擊的新聞自由維護者。世界新聞自由委員會派出代表至政府間媒體會議，在美國代表團間有特別的影響力。1941 年成立於紐約的「自由發行社」（Freedom House），是為了對抗納粹與法西斯主義而設，全世界有超過四千以上的會員，致力於強化自由的團體，這些團體就包含新聞團體。自由發行社每年都會發行一份全世界出版自由的分析報告。

發行人與編輯組織

東南亞發行協會（Association of South East Asian Publishers, ASEAP）
加勒比海從業人員委員會（Caribbean Press Council, CPC）
加勒比海發行及廣播協會（Caribbean Publishing and Broadcasting and Broadcasting Association, CPBA）
從業人員聯合共和國（Commonwealth Press Union, CPU）
報紙發行者的共同協會（EEC Community of Associations of Newspaper Publishers, CAEJ）
國際書籍委員會（International Book Committee, IBC）
國際報紙發行人結盟（International Federation of Newspaper Publishers , IFNP-FIEJ）
國際傳播學會（International Institute of Communication, IIC）
國際從業人員學會（International Press Institute, IPI）
國際電信從業人員委員會（International Press Telecommunications Council, IPTC）
國際發行人協會（International Publishers Association, IPA）
美國境內從業人員組織（Inter-American Press Association, IAPA-SIP）
美國境內發行人團體（Inter-American Publishers Group）
北歐聯合報業理事會（Nordic Newspaper Publishers' Joint Board, NTS）
太平洋地區報業發行人組織（Pacific Area Newspaper Publishers Association , PANPA）
亞洲從業人員基金會（Press Foundation of Asia, PFA）

記者與新聞從業人員組織

西方最著名的協會，是位於布魯塞爾的「國際記者聯盟」（International Federation of Journalists, IFJ）。1952 年從「國際記者組織」

當中獨立出來，是由西方和偏向西方的第三世界國家記者聯盟所組織而成。它的成立目標是保護新聞與記者的自由，同時在當新聞或記者的權利與自由受到威脅時，採取必要的行動。當其中任何成員聯盟提出要根據聯盟憲法中國際仲裁的要求時，該組織負責統籌一致的行動以示支持。

相當於國際記者聯盟的另一個組織是位於布拉格的「國際記者組織」（International Organization of Journalists, IOJ），它是 1946 年成立於哥本哈根的國際記者組織，也是 1926 年成立於巴黎的國際記者聯盟，以及於 1941 年成立於倫敦的「國際自由同盟國記者聯盟」（International Federation of Journalists of the Allied and Free Countries）兩個組織的繼承者。國際記者組織的成員多半是來自於社會主義，或是第三世界國家與領地的貿易聯盟或組織、委員會和個人成員；它可算這類組織中最龐大的一個。這個組織特別關心記者們的肢體保護，也致力於參與一些重要的議題，像是裁軍、人權、種族偏見、種族隔離政策或是殖民地自治化等等。因為該組織在捷克斯拉夫與共產政權有關係，使得該組織被捷克政府命令隔除於外，而它是否在捷克繼續存在亦不可知。

國際上某些在資訊爭議中扮演重要角色的組織是總部設立在墨西哥的「拉丁美洲記者聯盟」（Latin American Federation of Journalists, FELAP），成立於 1976 年，由一些國家組織與聯盟所組成，主要是維護新聞的自由、資料取得的自由；還有改善記者工作環境並幫助受到迫害的記者們。與拉丁美洲記者聯盟結盟的組織是「拉丁美洲新聞從業人員聯盟」（Latin American Federation of Press Workers, FELETRAP），位於布宜諾斯艾利斯。這個組織是在 1976 年第一屆拉丁美洲新聞工作人員會議期間，於哥斯大黎加成立；統籌新聞從業人員；促進、維護並代表新聞從業人員的利益，與雇主或政府談判；維護並提昇所有新聞從業人員自由的權利和民主的組織；還有監督對於資訊與表達的自由和尊重。

記者與新聞從業人員組織

亞非作家協會（Afro-Asian Writers Association, AAWA）

加勒比海媒體工作人員協會（Caribbean Association of Mediaworkers, CAMWORK）

記者保護委員會（Committee to Protect Journalists, CPJ）

聯邦記者協會（Commonwealth Journalists' Association, CJA）

東南亞國協記者聯盟（Confederation of ASEAN Journalists, CAJ）

阿拉伯記者聯盟（Federation of Arab Journalists, FAJ）

自由發行社（Freedom House）

國際記者聯盟（International Federation of Journalists, IFJ）

國際記者組織（International Organization of Journalists, IOJ）

國際筆友（International PEN）

拉丁美洲記者聯盟（Latin American Federation of Journalists, FELAP）

拉丁美洲新聞從業人員聯盟（Latin American Federation of Press Workers, FELETRAP）

北歐國協記者聯盟（Nordic Association of Journalists Unions, NJF）

國際郵政、電報、電話（Postal, Telegraph, and Telephone International, PTTI）

非洲記者聯盟（Union of African Journalists, UAJ）

世界新聞自由委員會（World Press Freedom Committee, WPFC）

天主教新聞組織

天主教媒體會議（Catholic Media Council, CAMECO）

天主教非洲新聞聯盟（Catholic Union of the Pressin Africa, UCAP）

亞洲傳播基金會（Communication Foundation of Asia, CFA）

東亞天主教新聞協會（East Asia Catholic Press Association, EACPA）

國際天主教日報與刊物聯盟（International Catholic Federation of Dailies and Periodicals）

國際天主教新聞聯盟（International Catholic Union of Press, ICUP）

國際教堂新聞協會聯盟（International Federation of Associations of Church Press）

國際天主教記者聯盟（International Federation of Catholic Journalists, IFCJ）

國際天主教通訊社聯盟（International Federation of Catholic Press Agencies）

拉丁美洲天主教新聞聯盟（Latin American Catholic Press Union, UCLAP）

泛非社會傳播主教委員會（Pan African Episcopal Committee for Social Communication, CEPACS）

社會傳播媒體主教委員會（Pontifical Commission for the Media of Social
　　Communication, CPCS）
南亞天主教新聞協會（South Asian Catholic Press Association, SACPA）
東南亞天主教新聞協會（South East Asian Catholic Press Association, SEACPA）

「加勒比海媒體工作人員協會」（Caribbean Association of
Mediaworkers CAMWORK）位於巴貝多，它於 1986 年在牙買加成立，
致力於幫助記者或其他媒體專業人員，促成一個加勒比海媒體的真正定
位。該組織贊助職業訓練、會議或其他討論會等的設計，以刺激加勒比
海區域媒體的對話。

記者與新聞從業人員當中，組織最為廣泛的可能是一些為天主教工
作的發行刊物。1927 年成立，位於日內瓦的「國際天主教新聞聯盟」
（International Catholic Union of the Press, ICUP），是由專業人員、國際聯
盟會員和區域組織所構成；結合新聞界中具有影響力的天主教徒和天主
教徒記者們，在國際會議當中表達天主教新聞界的重要性。同時它也從
事新聞與宗教方面的研究，以促進開發中國家天主教新聞的地位。

總部設在倫敦的「世界基督教傳播協會」（World Association of
Christian Communication, WACC），於 1975 年開始運作，會員來自於教
會、組織和教堂機關的區域性協會、個人會員或公司團體；教堂會議；
發行社；宗教節目服務；發行人；教育機構；電影製作人；還有非宗教
性的傳播組織等等。它主要的目標是「更有效地運用媒體，在人類發展
的所有方面傳達基督的救贖，並就人生的整體性，宣揚基督教的福音。」
主要的活動包括有傳播的研究與發展，特別是在第三世界；它也關心傳
播的道德與社會面，並努力確保傳播的管道被用來促進社會的公正與和
平。

研究協會與訓練機構

「國際傳播協會」（International Institute of Communication, IIC）於
1967 年在倫敦成立，旨在推動傳播媒體對社會影響之政策研究，尤其對

新傳播科技產生的社會、政治、經濟與文化影響有興趣。該協會亦致力於提升新聞從業人員之專業能力,並排除全球資訊流通的藩籬。

　　總部設於倫敦的「國際報業協會」(International Press Institute, IPI)是由報業經營者組成的非營利性教育組織。該協會成立於 1951 年,成員包括執掌各報紙廣播媒體編輯及新聞政策的負責人,目的是促進與維護新聞自由。他保護記者在世界各地免於侵擾於迫害,同時也從事新聞流通、來源與報導的研究,是資訊自由流通最堅定的護衛者。

　　而全世界在傳播研究方面最大的專業組織應該是「國際大眾傳播研究協會」(International Association for Mass Communication Research, IAMCR)——「Association Internationale des Etudes et Recherches sur I' Information, AIERI」,1956 年成立於法國斯特拉斯堡。它在大約七十個國家中,有超過二千三百個以上的會員,該協會中最大的一個部門就是國際傳播的部門;而其他的部門則著重於一些方向:目錄學、傳播科技政策、性別與傳播、歷史、法令、政治傳播研究、政治經濟、專業教育、社會學和社會心理學等。國際大眾傳播研究協會是在聯合國教科文組織之前,屬於A級的非政府性組織。

　　有一些地區性的研究機構也在世界各地,從事全球傳播的研究。在非洲,由傳播教育者所成立的「非洲傳播教育會議」(African Council on Communication Education, ACCE),於 1976 年成立在肯亞首都乃洛比。它的成員是一些研究機構像傳播訓練學校,還有來自二十五個非洲國家的二百個的單獨成員。總部設在巴西的「拉丁美洲傳播研究協會」(Latin American Communication Research Association, ALAIC),是拉丁美洲最具權威性的傳播研究團體。位於基多的「拉丁美洲進階傳播研究國際中心」(International Centre of Advanced Communication Studies for Latin America, CIESPAL)於 1959 年由聯合國教科文組織、厄瓜多爾政府和厄瓜多爾中央大學所共同成立。該組織提供資訊科學與新聞學的進階訓練,並從事於大眾傳播研究。位於曼徹斯特的「歐洲媒體機構」(European Institute for the Media)分析歐洲的媒體政策,並訓練媒體專業人員。而「北歐大眾傳播研究資料中心」(Nordic Documentation Centre for Mass Communication Research, NORDICOM)的組織成員則是北歐五個國家的傳播研究資料中心。 1974 年成立於波蘭克拉科夫的「中歐大眾傳播研究資料中心」（Central European Mass Communication Research Documentation Centre, CECOM） ，負責蒐集並散佈東歐國家的資訊。位於墨西哥的「拉丁美洲跨國研究機構」（Latin American Institute for Transnational Studies, ILET） ，和位於利馬的「拉丁美洲研究機構」（Instituto Para America Latina, IPAL）兩個組織從事有關拉丁美洲發展和跨國企業在經濟上帶來衝擊的傳播方面研究。位於新加坡的「亞洲大眾傳播、資訊與研究中心」（Asian Mass Communication, Information and Research Center, AMIC） ，成員來自於三十九個國家的個別或研究機構的會員，它藉由資料、刊物、研究、研討會或訓練等形式，為亞洲提供大眾傳播研究服務。「傳播與文化研究中心」（Centre for the Study of Communication and Culture, CSCC） ，在倫敦由「耶穌會」（Society of Jesus, Jesuits）在運作，它從一個全基督教的觀點，來研究媒體和媒體的影響，特別是在宗教與傳播方面。在洛杉磯的「媒體與價值中心」（Center for Media and Values） ，從事一些從媒體到酒精中毒者、報導戰爭與和平等議題的實證研究。

研究協會與訓練機構

教育發展學院（Academy for Educational Development, AED）
非洲傳播教育委員會（African Council on Communication Education, ACCE）
阿拉伯傳播研究區域性中心（Arab Regional Centre for Communication Research）
亞洲記者學會（Asian Institute of Jourualism, AIJ）
亞洲大眾傳播、資訊與研究中心（Asian Mass Communication, Information and Research Center, AMIC）
（Asociacion Hispanoamericana de Centros de Investigaciony Estudios de Telecomunicaciones, AHCIET）
世界電話通訊歷史組織（Association Internationale d'Histoire des Telecommunications et de I'Informatique, AIHTI）
加勒比海大眾傳播學會（Caribbean Institute of Mass Communication, CARIMAC）
第三世界電信中心（Center of Telecommunications for the Third Wold, CETTEM）
媒體和 Valves 中心（Center for Media and Valves, CMV）

中歐大眾傳播研究資料中心（Center European Mass Communication Research Documentation Centre, CECOM）

傳播與文化研究中心（Center for the Study of Communicaion and Culture, CSCC）

傳播發展票據交換所（Clearinghouse on Development Communication, CDC）

歐洲媒體學會（European Institute for the Media）

拉丁美洲研究機構（Instituto Para América Latina, IPAL）

國際大眾傳播協會（International Association for Mass Communication Research, IAMCR）

拉丁美洲高等傳播學習中心（International Centre of Advanced Communication Studies for Latin America, CIESPAL）

國際視覺傳播和文化發展學會（International Institute for Audio-Visual Communication and Cultural Development, MEDIACULT）

國際傳播學會（International Institute of Communication, IIC）

國際報業協會（International Press Institute, IPI）

國際廣播電視大學（International Radio and Television University, IRTU）

拉丁美洲傳播研究組織（Latin American Association of Communications Researchers, ALAIC）

拉丁美洲佛羅里達傳播學校（Latin American Federation of Schools of Communication, FELAFACS）

拉丁美洲跨國研究機構（Latin American Institute for Transnational Studies, ILET）

拉丁美洲傳播教育學會（Latin American Institute of Communication Education, ILPEC）

北歐大眾傳播文件中心（Nordic Documentation Centre for Mass Communication Research, NORDICOM）

太平洋電信委員會（Pacific Telecommunications Council, PTC）

註 釋

1. W. Phillips Davison, *International Political Communication* (New York: Praeger, 1965), pp. 327–338.

2. For much of the content of this section, I am indebted to J. A. LaPonce, "Language and Communication: The Rise of the Monolingual State," in *Communication and Integration in Global Politics,* ed. Claudio Cioffi-Revilla, Richard L. Merritt, and Dina A. Zinnes (Newbury Park, CA: Sage, 1987), pp. 183–207.

3. S. H. Muller, *The World's Living Languages: Basic Facts of the Structure, Kinship, Location and Number of Speakers* (New York: Ungar, 1964); J. A. LaPonce, *Langue et Territoire* (Quebec: Les Presses de l'Université Laval, 1984), cited in LaPonce, "Language and Communication," p. 185.

4. Those include French, Italian, Portuguese, Spanish, Romanian, Swiss Romansch, Provençal, Catalan, Sardinian, Ladino, Haitian, and Louisiana French.

5. Robert MacNeil's ten-part series, "The Story of English," produced by the British Broadcasting Corporation (UK) and the Public Broadcasting Corporation (USA), devotes entire episodes to such variants as Australian English, Indian English, and commercial English.

6. LaPonce, "Language and Communication," p. 192.

7. George Alan Connor, comp., *Esperanto, The World Interlanguage,* 2nd rev. ed. (New York: T Yoseloff, 1966); Alexander Gode and Hugh E. Blaire, *Interlingua: A Grammar of the International Language,* 2nd ed. (New York: Storm, 1955); Rudiger Eichholz and Vilma Sindona Eichholz, comps., *Esperanto in the Modern World: Studies and Articles on Language Problems, the Right to Communicate, and the International Language, (1959–1982)* (Bailleboro, Ontario, Canada. Esperanto Press, 1982); Peter G. Forster, *The Esperanto Movement* (The Hague: Mouton, 1982); Mario Pei, *One Language for the World* (New York: Devin-Adair, 1961); and David Richardson, *Esperanto: Learning and Using the International Language* (Eastsound, WA: Orcas, 1988).

8. LaPonce, "Language and Communication," pp. 198–201.

9. Arthur John Burkart, *Tourism: Past, Present and Future,* 2nd ed. (London: Heinemann, 1981); Donald E. Lundberg, *The Tourist Business,* 6th ed. (New York: Van Nostrand Reinhold, 1990); and Woodrow McIntosh and Charles R. Goeldner, *Tourism—Principles, Practices, Philosophies,* 6th ed. (New York: Wiley, 1990).

10. Patrick Mitchell Alderton, *Sea Transport: Operation and Economics,* 2nd ed. (London: T. Reed, 1980); and Bruno Tavernier, *Great Maritime Routes: An Illustrated History,* trans. Nicholas Fry (New York: Viking Press, 1972).

11. *International Encyclopedia of Communication,* s.v. "Migration." See also *Diaspora: A Journal of Transnational Studies,* a forum for the "discussion of movements of people, capital, technology, ideas, and mass media across national borders."

12. "International Radio Broadcasting," in UNESCO, *World Communication Report* (Paris: UNESCO, 1989), p. 154.

13. Kim Andrew Elliott, "Too Many Voices of America," *Foreign Policy* (Winter 1989/1990), p. 113.

14. Donald R. Browne, *International Radio Broadcasting: The Limits of the Limitless Medium* (New York: Praeger, 1982), p. 331.

15. For example, BBC and Radio Moscow have long used medium-wave frequencies for international broadcasting. The United States uses AM radio for its Radio Martí programming aimed at Cuba. The International Frequency Registration Board of the ITU ruled: "[Radio Martí] is not in compliance with the intent and spirit of #2666 of the Radio Regulations [and] . . . the operation of this station is in contravention of . . . the regulations." See Karen Wald, "Cuba Battles for Sovereignty of the Airwaves," personal correspondence.

16. Judith Valente, "Beltsville Ham Monitors Grenada," *Washington Post,* October 28, 1983, p. 14. The FCC stepped in and issued warnings to news operations trying to contact the hams in Grenada because ham radio is not supposed to be used for commercial purposes.

17. Oliver P. Ferrell, *Confidential Frequency List* (Park Ridge, NJ: Gilfer Associates, 1984), p. 12.

18. Arthur C. Clarke, "Extraterrestrial Relays: Can Rocket Stations Give Worldwide Radio Coverage?" *Wireless World,* October 1945, reprinted in J. R. Pierce, *The Beginnings of Satellite Communications* (San Francisco: San Francisco Press, 1968), appendix 1, p. 37. Clarke did not patent his idea!

19. Richard Collins, *Satellite Television in Western Europe* (London: Libbey, 1990); Robert L. Douglas, *Satellite Communications Technology* (Englewood Cliffs, NJ: Prentice-Hall, 1988); Robert M. Gagliardi, *Satellite Communications,* 2nd ed. (New York: Van Nostrand Reinhold, 1991); Heather E. Hudson, *Communication Satellites: Their Development and Impact* (New York: Free Press, 1990); Donald M. Jansky and Michel C. Jeruchim, *Communication Satellites in the Geostationary Orbit,* 2nd ed. (Norwood, MA: Artech House, 1987); Larry Martinez, *Communication Satellites: Power Politics in Space* (Norwood, MA: Artech House, 1985); Michael E. Kinsley, *Outer Space and Inner Sanctums: Government, Business, and Satellite Communication,* foreword by Ralph Nader; introd. by Nicholas Johnson (New York: Wiley, 1976); Ralph Negrine, ed., *Satellite Broadcasting: The Politics and Implications of the New Media* (London and New York: Routledge, 1988); David W. E. Rees, *Satellite Communications: The First Quarter Century of Service* (New York: Wiley, 1990); and Dennis Roddy, *Satellite Communications* (Englewood Cliffs, NJ: Prentice-Hall, 1989).

20. Charles-Noel Martin, *Satellite into Orbit,* trans. T. Schoeters (Toronto: George G. Harrap, 1965), p. 119.

21. Economic Commission for Europe, *The Telecommunication Industry: Growth and Structural Change* (New York: United Nations, 1987), p. 26.

22. John Schneidewind, "The Laptop Is Mightier than the Sword," *USA Today,* September 5, 1990, p. 8B.

23. Michael J. Goldey, "International Voice Communication," in *Toward a Law of Global Communications Networks,* ed. Anne W. Branscomb (New York: Longman, 1986), p. 63; and Economic Commission for Europe, *The Telecommunication Industry,* p. 75.

24. Dagmar Metzger, "Von den Bildern in der Höhle zu den Daten auf der Bank," *Geo Wissen* (2, 1989): 128.

25. Michael K. Barnoski, ed., *Fundamentals of Optical Fiber Communications* (New York: Academic Press, 1976); Paul S. Henry and Stewart D. Personick, eds., *Coherent Lightwave Communications* (New York: IEEE Press, 1990); N. S. Kapany, *Fiber Optics: Principles and Applications* (New York: Academic Press, 1967); N. S. Kapany and J. J. Burke, *Optical Waveguides* (New York: Academic Press, 1972); and Arthur F. Wickersham, *Microwave and Fiber Optics Communications* (Englewood Cliffs, NJ: Prentice-Hall, 1988).

26. Economic Commission for Europe, *The Telecommunication Industry*, p. 25.

27. *Mass Media in the World* (3, 1988): 18.

28. *Mass Media in the World* (5, 1988): 17.

29. *Mass Media in the World* (4–5, 1989): 38.

30. Martin S. Roden, *Analog and Digital Communication Systems*, 3rd ed. (Englewood Cliffs, NJ: Prentice-Hall, 1991); and William W. Wu, *Elements of Digital Satellite Communication* (Rockville, MD: Computer Science Press, 1985).

31. Rolf T. Wigand, "Integrated Services Digital Networks: Concepts, Policies, and Emerging Issues," *Journal of Communication* 38 (1, Winter 1988): 29–49; A. M. Rutkowski, "Integrated Services Digital Network: Issues and Options for the World's Future Communications Systems," in *Regulation of Transnational Communications: Michigan Yearbook of International Legal Studies, 1984*, ed. Leslie J. Anderson (New York: Clark Boardman, 1984), pp. 243–270; James Martin, *Telecommunications and the Computer* (Englewood Cliffs, NJ: Prentice-Hall, 1989), pp. 339–363; Peter Bocket et al., *ISDN, The Integrated Services Digital Network: Concepts, Methods, Systems* (Berlin and New York: Springer Verlag, 1988); John M. Griffiths et al., *ISDN Explained: Worldwide Network and Applications Technology* (Chichester and New York: Wiley, 1990); and Robert K. Heldman, *ISDN in the Information Marketplace* (Blue Ridge Summit, PA: Tab Professional and Reference Books, 1988).

32. Herman Heine Goldstine, *The Computer from Pascal to von Neumann* (Princeton, NJ: Princeton University Press, 1972); Fredrick J. Hill and Gerald R. Peterson, *Digital Systems: Hardware Organization and Design*, 3rd ed. (New York: Wiley, 1987); Tracy Kidder, *The Soul of a New Machine* (Boston: Little, Brown, 1981); N. Metropolis, J. Howlett, and Gian-Carlo Rota, eds., *A History of Computing in the Twentieth Century: A Collection of Essays* (New York: Academic Press, 1985); and Forrest M. Mims, *Siliconnections: Coming of Age in the Electronic Era* (New York: McGraw-Hill, 1986).

33. John S. Quarterman, *The Matrix: Computer Networks and Conferencing Systems Worldwide* (Bedford, MA: Digital Press, 1989).

34. James Martin, *Telecommunications and the Computer*, pp. 511–535.

35. The first systems are described in Steve Ciarcia, "Turnkey Bulletin Board Systems," *BYTE*, December 1985, pp. 93–103; Stuart Gannes, "New Medium for Messages," *Discover*, May 4, 1984, pp. 80–82; and Martin Lasden, "Of Bytes and Bulletin Boards," *New York Times Magazine*, August 4, 1985, pp. 34–42.

36. See Anne W. Branscomb, "Videotext: Global Progress and Comparative Politics," *Journal of Communication* 38 (1, Winter 1988): 50–59.

37. *Yearbook of Common Carrier Telecommunication Statistics*, 15th ed. (Geneva: International Telecommunication Union, 1988), cited in UNESCO, *World Communication Report*, pp. 462–464.

38. Economic Commission for Europe, *The Telecommunication Industry*, p. 76.

39. Economic Commission for Europe, *The Telecommunication Industry*, p. 40.

40. UNESCO, *World Communication Report*, p. 59.

41. *International Encyclopedia of Communications*, s.v. "International Organizations." The accompanying graph also includes organizations that have ceased to exist. See also Union of International Associations, *Yearbook of International Organizations, 1987-88* (Munich: K. G. Saur, 1987), vol. 1, app. 7, Table 4.

42. This includes conventional international bodies (federations of international organizations, universal membership organizations, intercontinental membership organizations, and regionally-oriented membership organizations) as well as other international bodies classified as Categories A–F in Union of International Associations, *Yearbook of International Organizations, 1987–88*, vol. 1, app. 7. This figure does *not* include the 7,632 internationally-oriented national organizations; 688 religious orders and secular institutes; 450 autonomous conference series; 1,620 multilateral treaties and intergovernmental agreements; or 2,414 dissolved/inactive organizations.

43. Organizations may be duplicated in these two categories. General communications also includes transportation, tourism, cargo expediters, and the like, which will not be covered here. Union of International Associations, *Yearbook of International Organizations,* vol. 3, Table 6.1.

44. The United States withdrew at the end of 1984, citing UNESCO's politicization of issues, anti-Western stands, and unrestrained expenses. The United Kingdom and Singapore withdrew at the end of 1985. Financial contributions by member nations are made according to a formula corresponding to a country's size and wealth. Before its withdrawal, the largest contributor was the United States, at 25 percent of the total budget, followed by the Soviet Union, Japan, the Federal Republic of Germany, France, the United Kingdom, Italy, and Canada. Together, these eight nations paid for 71 percent of UNESCO's operations. In contrast, the required two-thirds majority needed to approve the budget could be comprised of 108 nations contributing only 2.7 percent of the budget. C. Anthony Giffard, *UNESCO and the Media* (New York: Longman, 1989), p. 3.

45. Richard Hoggart, *An Idea and Its Servants: UNESCO from Within* (New York: Oxford University Press, 1978); Julian Huxley, *UNESCO: Its Purpose and Its Philosophy* (Washington: Public Affairs Press, 1948); William Preston, Jr., Edward S. Herman, and Herbert I. Schiller, *Hope and Folly: The United States and UNESCO, 1945–1985* (Minneapolis, MN: University of Minnesota Press, 1989); and James P. Sewell, *UNESCO and World Politics: Engaging in International Relations* (Princeton, NJ: Princeton University Press, 1975).

46. For example, the Division of Educational Sciences, Contents, and Methods applies media techniques in distance learning and new information technology in education. The Division of Population in the Sector of Social and Human Sciences carries out communication projects on population. Within the Science Sector, UNESCO established the Intergovernmental Informatics Programme (IIP) in 1986. UNESCO, *World Communication Report*, p. 5.

47. Together, these programs constitute Major Programme II, ''Communication in the Service of Man,'' in UNESCO's overall Programme and Budget. UNESCO, *World Communication Report*, p. 3.

48. Research centers include the International Centre of Advanced Communications Studies for Latin America (CIESPAL) in Quito, Ecuador; the Nordic Documentation Centre for Mass Communication Research (NORDICOM) in Göteborg, Sweden; the Central European Mass Communication Research Documentation Centre (CECOM) in Krakow, Poland; the Asian Mass Communication, Information and Research Center (AMIC) in Singapore; the Caribbean Institute of Mass Communication (CARIMAC) in Kingston, Jamaica; the Arab Regional Centre for Communication Research in Damascus, Syria; and others in Egypt (two), Kenya, Senegal, Tunisia, Canada, Iraq, Lebanon, Austria, France, Portugal, Spain, and the United Kingdom.

49. There are two types of radio conferences—world and regional. The World Administrative Radio Conferences are known as *WARCs,* and the Regional Administrative Radio Conferences are known as *RARCs.* Conference agendas may be limited to one medium and one region.

50. By 1988 it had funded 729 communication projects, totaling over $289 million. UNESCO, *World Communication Report*, p. 11.

51. Jon Bing, "The Council of Europe Convention and the OECD Guidelines on Data Protection," in *Regulation of Transnational Communications,* pp. 271–303.

52. Norbert Ropers, "Information and Communication between East and West within the CSCE Process," in *Europe Speaks to Europe: International Information Flows between Eastern and Western Europe,* ed. Jörg Becker and Tamas Szecsko (Oxford: Pergamon Press, 1989), pp. 363–384.

53. Branscomb, *Toward a Law of Global Communications Networks,* p. 7.

54. Don M. Flournoy, "Emerging from the Periphery: Satellite News Exchanges in the Third World." Paper presented at the International Association of Mass Communication Research, New Delhi, August 1986.

55. Soon Jin Kim, *EFE: Spain's World News Agency* (New York: Greenwood Press, 1989).

第五章 全球傳播的範疇

　　今日世界所面臨的困境在規模與特質上皆與以前不同。由於一世紀來驚人的科技進步，使得生態及經濟上互相依存的關係日益增加。核子武器的生產、能源過度使用、飢餓與貧窮、雨林的破壞，以及正逐漸擴大的「溫室效應」，造成了如此大卻分散在許多國家的問題。由於這種地理上的分散效果，使得問題無法單純而有效的解決。

　　通信和資訊基本上要經過世界性的合作與努力才能達成；並且常常在創造和平、人類尊嚴、公正、裁軍以及解決其他種種地球上的問題上扮演著一個決定性的角色。本章中將檢視並重新回顧這些當今及過去世上所發生最具爭議性的問題，以探討世界性通訊的範圍及重要性。

地球村及「思想戰爭」

在 1960 年代，加拿大教授馬歇爾·麥克盧漢（Marshall McLuhan）首先推廣「地球村」（global village）的觀念，他認爲由於電子通訊系統的互相聯絡，打破了舊社會、人種以及民族間的層層障礙。在他《瞭解媒體》（*Understanding Media*）的著作中，麥克盧漢曾提出一個疑問：是否地球上的通訊網路並非由全球或家庭所構成，而是意識」。[1]

就某方面來說，麥克盧漢是對的。今天人們每天接收許多來自世界各地的新聞，包括在中國及緬甸學生爭取民主的示威活動、中東的產油消息以及亞洲的天災等。沒有任何一個年代的人，能像我們現在一樣，可以非常快速的就瞭解到在世界上的其他角正發生什麼樣的事。

事實上，麥克盧漢對媒體的抽象理解觀點，大部分是絕望的想法。但有一點是非常確定的，那就是全球的通信及資訊網正快速的成長，不論多遙遠地方的資訊，正用一種連在麥克盧漢時代都無法想到的方式接連起來。但是領域的廣大延伸並不會形成相互聯絡的形式，而這許多的資訊及電信網路與現存的訊息間仍有很大的差距，因此麥克盧漢預測這將導致「宇宙自覺」的觀念。

「地球村」並不像真正的鄰近地區。優瑞克（Eurich）甚至說大多數的國際傳播其實是「在理論上的可能，或是些藉由電話或電視達成的暫時性的匿名接觸；而會忽略所有阻礙通信的因子」。[2]

麥克盧漢也沒想到傳播會在所謂「非西方文化」影響下巨大成長。當聯合國會員增加後，世界舞台上各個國家文化所扮演角色的分歧性也增加。於是「多文化的真實性」對全球傳播產生了重大的衝擊。

有些作者相信這個世界並非只存有單一的人類自覺；相反地，一場不同信仰系統的戰爭正持續著。在東歐國家中「glasnost」以及「perestroika」的到來，正預言著那些盛行著馬克思主義——列寧主義的國家將發生很大的變化。但在社會主義中史達林主義的沒落並不意謂著資本主義的勝利。未來數年內仍將持續著資本主義與社會主義的爭辯。而此種爭辯並非僅限於這些最廣為流行的意識形態——資本主義與共產主義，許多不同主義「ism」的支持者，諸如回教、基督教及尼加拉瓜教派等，仍將持續在報紙上、電視上，或經由全球性的宣傳活動上激辯著。[3]

有些作者爭辯著這個「思想戰爭」的議題。在 1989 年法蘭西斯（Francis Fukuyama）爭辯歷史已經走到了意識形態的盡頭。他相信在前蘇聯及東歐的改變並不意謂著「僅僅是戰後歷史的特別時期的變化，而是人類意識形態革命的終點與西方民主自由主義的萌芽，民主並將成為人類政府的最終形式。」[4] 根據 Fukuyama 所說，只有兩個「主義」能與民主自由主義相抗衡：宗教信仰主義與國家主義。

在 Fukuyama 之前三十年，丹尼爾·貝爾（Daniel Bell）在他的暢銷書《意識形態的結束》（*The End of Ideology*）中預測，這將是「政治意念的耗盡」以及民主自由主義的最後勝利。[5] 諷刺的是，他的書出現時，正當政治意識形態被世界推翻的時候！而史達林社會主義的滅亡意味著新社會系統的誕生———一個新的開始，而非歷史的結束。

這個想法的爭議並非新奇的。正如克雷斯勒（Kransner）所說的「這些想法、貿易以及資本上的國際性轉變已經持續了四、五百年」，[6] 所以地球村的想法可能僅是一種幻覺一種被通信革命所燃起的幻覺。

傳播與國家主權

第二次世界大戰後，在世界主流看法是：資訊的自由流通是一種促進和平、瞭解以及發展的方法。但在非殖民地的時期，許多國家尋求完全的獨立，而逐漸將通信及資訊視為經濟資源，並不容許浪費或轉變成外國的利益。一些國家甚至將此種不受限制的資訊交流自由，視為這些強勢媒體國家影響或破壞這些早期殖民地發展的藉口。這種爭辯常常使用國家主權的字眼。在本段落中用三個例子來討論此主權的意義：國際資料、直播衛星以及遙測衛星。

國際法對人們及國家永久主權的保障，更甚於對天然財富及資源的保障。就天然資源而言，電磁光譜較石油等資源更具利用價值，並且，與其他有限的資源相同，石油也受限於污染、擁塞及過度使用。但是電磁光譜與其他天然資源不同，因為它是生生不息的。[7]

主權通常是指一個國家，能夠保護它免受外國武力入侵的權利；能夠擁有它的天然財富及資源；能夠選擇自己的政治、社會、經濟及文化系統，並免於受其他國家的干擾。而「資訊主權」（information sovereignty）的主要涵意，來自「國家在通信及資訊領域中，享有完整的主權及擁有領域所有權力。」

正如 Nordenstreng 及 Schiller 所寫，通訊與國家主權密切相關。[8] 法國資料處理及解放委員會宣稱：

> 資訊就是力量，經濟資訊就是經濟力量。資訊有經濟價值以及儲存與處理某些形式資料的能力，藉此可促使一個國家超越其他國家的政治與技術利益。因此跨國的資訊交流可能導致一個國家主權的某種損失。[9]

新的通訊技術提出了幾個主權的觀念問題。訊息的產生、傳播及接受常未重視國界的存在。電子訊息自邊界的某一邊產生後傳至他國，一個資訊的傳送可能牽涉到許多國家的司法管轄權，而很難找到其中法律的一致性。

資料的主權通常藉由一個國家所控制資料的蒐集、儲存、分析、操作及傳輸的程度來判定。世界上的國家，不論是已開發或開發中，都擔心失去關於自己內部通訊的資料掌控權。而這種損失將可能使他們容易遭受瓦解的威脅、技術上的失敗，甚至帶來大災難。

國家在戰爭的緊急狀態時，常具有摧毀、控制或破壞他國電子通訊的潛力，在 1980 年代，美國電腦控制了伊朗、菲律賓及巴拿馬等敵國在銀行被凍結的資產。在 1979 ～ 1980 年伊朗的人質危機時，卡特政府甚至想到切斷伊朗的 INTELSAT 傳送系統，但後來並沒這麼做。[10] 在 1982 年時，雷根政府為譴責蘇聯入侵阿富汗，本想下令所有美國公司與和蘇聯有合作關係的子公司禁止聯絡。[11]

回顧歷史，一般政府都會運用兩種不同的法規來掌握主權：一是海事法，此法將海域開放給所有使用者；另外則是領土及領空法，此法限制了所有外國人進入。在數十年以前，實體通信方式，諸如書、報紙以及雜誌等，皆掌控著全球資訊的流通，並用國際法明白規範著他們的傳送。但在今天的電子時代中，訊號能經由衛星與地球站穿越大氣層傳送，法令管制的狀況就變得更加複雜。

穿越邊界的資料流通議題，常與資訊主權的觀念密切關聯。不像大部分的產品是用來出售、使用以及消耗，資訊產品能夠再銷售與再利用，例如，新的電腦通訊技術便能經由國家邊界販賣及使用。但漸漸地，某些第三世界國家，例如，西歐國家及加拿大，卻常抱怨這種資訊的傳送，破壞了國家的主權及個人隱私。

事實上，並無適用的國際法來規範此類穿越邊界的資料流通。一些歐洲國家為保護成長中的電訊事業，開始尋求改變資料自由流通的方式。美國企業界已完成某部分的歐洲資料的處理，他們是藉由電纜或衛星來接收這些銀行、保險以及信用資料。而瑞典和其他國家則在擔心沒有能力維護人民存在美國資料庫中的資料隱私權。

在 1973 年，瑞典通過它的第一款資料條例（Data Act），此法保障電腦檔案或資料記錄的合法建立，而不需要政府認可。其他國家，日本、加拿大及法國，也都建立了貿易保護條款來保護他們的電腦資訊業及服務業的市場。現在，很多國家都已在書上或製程中訂定有關隱私權或其他資料保護的法律。其他國家目前也正著手訂定這些關於保障人民安全、國家機密及資料保護的相關法令。

同時，人們也注意到衛星的存在。從他們的發明中瞭解，直播衛星（DBSs）引起了國家主權的議題。[12] 衛星傳播對過多的訊號特別敏感，因為一個衛星的「足印」（footprint）（被訊號覆蓋的地理區域）僅可對應於其覆蓋的地區，而不可互相重疊。當然，這個廣播擁塞的問題並非新問題。倘若設置地區接收站臨近臨國的邊界上，那麼即使配備著直接收訊的天線，訊息仍不免傳送到鄰國去了。

有些人認爲國家應免於受「不速之訊」的干擾。藉由衛星直播的電視系統，往往將訊息傳至鄰國，而未經過同意，這種行爲被視爲一種對鄰國國家主權的侵犯，並對鄰國國家經濟及文化亦將造成一種入侵威脅。美國非常強烈地贊同此種論調，但此論調也正與所有 DBS 的規範相牴觸 13 。

而領空法則保障一個國家領空的主權。現在有許多國家將觸角延伸到外太空，包括月亮以及其他天體，而此舉不需要其他國家許可，所以也不會侵犯他國主權。外太空法與領空法在原則與施行上皆不相同。可是該如何界定「領空」以及「外太空」的範圍呢？這個領空及外太空的界限就自 Van Karman 線開始，而此線正是傳統上國家認定他們領土之上的空域，即是他們領空範圍的所在。在 Van Karman 線下所目視到的範圍，即是國家主權所在。

這個定義並非未引起爭辯。在 1976 年，九個 14 赤道國家採用波哥大宣言的內容，而宣稱赤道軌道範圍（GSO）是國家天然資源所以主權屬於他們。15 這些國家堅持，若未經他們許可，不允許將任何物體放置在 GSO 上：

> 此 GSO 本身是一種不充足的天然資源，它的重要性及價值隨著空間的發展技術及通信的需求成長而快速增加，因此，在波哥大聚會的赤道國家決定正式宣佈，並維護他們人民的利益以及他們所屬天然資源主權的存在。16

美國及前蘇聯皆對波哥大宣言提出爭辯 17：

他們對 GSO 的主權有四種看法。18 第一點是由美國所提的，他們認爲 GSO 應以一種「先來先服務」的基準來進行分配。第二點是由蘇聯所提出，他們贊同「Van Karman 原則」：在外太空及大氣層間應該要有一個明顯的分界點，將此點設在一個海平面上的特殊海拔高度上，在邊界下的空域應屬於主權國的財產，在限制之上即是外太空，而應有自由通路。

第三點，主要受到第三世界國家擁護，他們要求軌道位置及使用頻率的再分配，希望設立一個國際性的規範來達到平均分配。第四點，是由赤道國家所贊同，他們贊成預先對空間分配，而且要求由他們取得GSO的優先權。

　　遙測衛星也引起了主權的問題，這些衛星自軌道上偵測、測量及分析地球上的物質或物體，無疑地，能利用這種方式得到資料的國家的經濟與政治能力必較其他國家強。藉由獲得像是油的儲存量、穀物豐收或欠收以及礦物的儲存量等資料，能幫助政府及企業界作較好的判斷，並在國際市場上獲得好價錢。同時，國際法保障國家政府對其天然資源的絕對主權。在這裡所討論的議題是：相較於這些天然資源，一個國家是否能對資訊享有絕對的主權；以及若透過 LANDSAT 或其他商用衛星偵測到在一個非洲國家藏有油或其他稀有金屬時，這樣的資訊應歸屬於誰？通常那個國家都不知道那些資源或那個資訊的存在，企業界對該國的瞭解可能要比該國本身還來的多。[19]

　　巴西及其他開發中的國家反對未經先前的同意，就使用遙感衛星或其他先進的偵測技術。利用這些方法能提供石油產量、存量多少以及分佈情況等資訊，而這些可能本地學者都無法瞭解。[20] 藉著遙感衛星的無限可用性政策並未緩和這些國家的恐懼。

　　爭辯最後依照 1986 年的白外太空遙測地球相關原則解決，而此原則正是首次經國際認可用來規範遙感衛星的準則。根據此準則規定，被感應偵測的國家在資料被散播出去前，放棄這先前的要求。但這原則保障這些被感測國家取得所有觀測資料的權利。[21]

　　近來這項爭議隨著 NewsSats 的技術瞭望而更引人注意，NewsSats 是利用國際新聞機構及商用工作網的一種資料蒐集衛星。美國收視者透過 LANDSAT 的照片，在蘇聯知道車諾比事件發生數天就已知道這個意外事件的發生。在 1984 年的飛行及太空技術刊物中，便曾刊載蘇聯潛水艇在北極冰塊下進行核彈試爆的影像。ABC 新聞網利用 LANDSAT 照片看見伊朗完成中國製的「天蠶」（silkworm）飛彈的部署。1987 年，ABC 利用自法國 SPOT 的遙感衛星偵測到的影像證明蘇聯違反「反彈道飛彈條約」（Anti-Ballistic Missile Treaty）的約定。Rich Inderfurth 通訊員說：

現在透過商用衛星，讓人民及新聞界監視蘇聯如何處理他們的
衛星，在過去，這是必須透過高解析的間諜衛星才能夠達成的事。
22

美國議會便研究預測，在聯邦政府及新聞記者尋求利用遙感照片報
導軍隊移動、核子武器的安裝以及大災難等新聞時，其間的衝突必然日
益增加。目前很多媒體自兩個貿易公司中得到這些影像的來源：
EOSAT，目前都稱之為 LANDSAT，扮演著在中非共和國公司及 Hughes
航空公司間連接者；法國的 SOPT。這個議題是很棘手的。美國政府可
有力量去阻止美國武力準備入侵格林納達的照片發表，或是延遲蘇聯飛
彈增強佈署的消息，正如同 1962 年發生在古巴的事件一般？23

中央集權與跨國化的增加

少數的財團開始掌握世界資訊及通信流通的優勢。在最近十年，十
個合作的大財團控制世界上大多數重要的報紙、雜誌、書、廣播以及電
視、電影與錄音、錄影工業及錄影帶業。這種壟斷性經濟使得約旦、玻
利維亞、尼加拉瓜、阿爾巴尼亞、寮國、賴比瑞亞以及馬利等國家的國
內產品銷售量大為萎縮。24 這可能是一個新的地球村，但絕非像麥克盧
漢所預見的，因為「今日地球村的主人是大財團」。正如 Bagdikian 所
說。

財團利用相同的力量去控制人們的思想、文化以及商業貿易行
為，而這對人類的影響超越了歷史上的時間或任何人物。既非羅馬
帝國凱撒大帝或希特勒，也非法蘭克林、羅斯福或任何一個教宗，
能具有像資訊這樣大的力量，而能使得如此多的人，不論是該投票
給誰，或該吃什麼東西都這麼的依賴它。25

資訊與通信工業控制了大約百分之十的世界大宗穀物產量。而這些通訊工業的三分之二是受八十六家公司的系統網路所控制，在相同地理區域內的不同財團的網路系統互相緊密連接。這八十六個財團的百分之六十總部皆設在美國；四十四個外國子公司皆設在北美以及西歐。其中發現最強的連結是介於資料傳遞以及電子通信部門（見**表5.1**）。大部分貨物的資訊貿易往來於北美及西歐之間。此種工業的市場明顯的出現需求大於供給的現象。

美國對於世界貿易趨向於壟斷化的現象特別敏感（**表5.2**）。據1982年 Bagdikian 報導，大約五十家企業擁有或控制了半數的美國媒體。Bagdikian 第二版書中只有二十九家。[26] 而在1990年，Bagdikian 報導只有二十三家企業控制美國媒體頻道。[27] 但另一種趨勢相對地也很明顯，

表 5.1　西元 1988 年世界十大通信及資訊業

（單位：十億美元）

企業	國家	總銷量
IBN	美國	54
NTT	日本	41
AT&T	美國	37
Matsushita	日本	25
DeutscheBundespost	德國	20
NEC	日本	20
Phillips	荷蘭	19
BritishTelecom	聯合大公國	17
FranceTelecom	法國	17
Toshiba	日本	16

資料來源：Annual reports and other document supplied by firms; *Advertising Age* and selected national or sector-based classifications; compilations and estimates from the Institut pour le Developpement de I Audiovisuel et des Telecommunications en Europe; UNESCO, *World Communication Report* (Paris: UNESCO, 1989), pp.99-103.

表 5.2　西元 1988 年媒體企業前十名

（單位：十億美元）

媒體企業	國家	媒體銷售量
Capital Cities/ABC	美國	4.4
Time	美國	4.2
Bertelsman	德國	3.7
News Corp	澳洲	3.5
Warner Communications	美國	3.4
General Electric	美國	3.2
Gannett	美國	3.1
Times Mirror	美國	3.0
Gulf and Western	美國	2.9
Yomiuri Group	日本	2.8

資料來源：Annual reports and other document supplied by firms; *Advertising Age* and selected national or sector-based classifications; compilations and estimates from the Institut pour le Developpement de I 'Audiovisuel et des Telecommunications en Europe; UNESCO,*World Communication Report* （Paris: UNESCO, 1989）, pp.104-105.

在 1986 及 1989 年間，西歐及日本公司投資超過一百二十億的資金在美國大眾媒體上。雖然法律上限制外國在廣電事業上的投資比率不得超過百分之二十，但出版媒體不受此限，並被外國投資者大量收購。[28]

　　實際上，新的科技發展及壟斷性的財團已經使得國界變得無意義。《美國百科全書》（*Encyclopedia Americana*）由法國人所出版。《新美國叢書》（*The New American Library*）是由一個企業所出版。而《英國百科全書》（*Encyclopedia Britannica*）則由美國人出版。國家性媒體獨佔企業，特別是在歐洲社會中，正逐漸屈服於非官方的貿易壓力，而允許企業進入媒體市場，並促使資訊產物變成更大的分隔片段。[29]

　　爲何會發生這樣的事呢？最基本的原因就是這些完全介入的財團控制了媒體的產生及傳播，並因此獲得很大的利潤及創造了更大的財團企業。現存的國際法未能充分處理媒體壟斷現象的發生。在 1980 年 UNESCO 決議中要求,「將這些獨佔企業不論其對公眾或個人的,以及造成市場的極度壟斷等現象之負面影響公諸於世。」[30]Bagdikian 要求進行全球性的反托拉斯通信及資訊磋商,並希望能在一個適切的公開場合,例如,關貿總協、聯合國國際合作委員會或聯合國貿易及發展會議中進行討論。

同時,藉由漸增的壟斷力量推動,許多媒體開始尋覓一種世界性高度非壟斷的技術,以期結束這資訊的獨佔企業經營方式,例如,使用電腦網路、傳眞機、無線電、資訊衛星、錄影帶、攝影機等等。例如,通信促進會(APC)就替非政府組織傳送許多重要資訊。包括環保新聞服務網(溫哥華),聯合國資訊新聞服務中心,Agencia Latin omericana de Information(厄瓜多爾)及 Alternet(華盛頓特區)。

法令解除與私營化

開放是自由經濟理論的一種產物,正如同「放任主義」(laissez faire)和資料主義一般,開放是以一種相信我們共同工作的市場上有無法看到的幕後黑手在操控的信仰爲基礎所產生。自由主義要求隱私權,而區域性解放則要求必須確保國家企業及通信與電磁通訊重要領域的完整性。[31]

雖然電磁通信系統的開放已經是一種世界化的現象,但是由美國所開始,在 1986 年,聯邦通信委員會(FCC)放寬定義終端機處理設備的限制並採用一種「開放天空」(open skies)的政策,而要求國內通訊衛星能夠公平競爭並尋求發展。在 1977 年,法院解除了對國內州際間長距離設施競爭的限制。在 1982 年,法院將世界上最大的財團,AT&T,自它二十二個部門中分出來,新組成七個規模相當的小公司 Regional Bell Operating Companies(RBOCs)。這項決議稱爲「修正後最終法案」——

在 1984 年 1 月 1 日開始生效。此法案限制 RBOCs 不能製造自己的設備，且不能提供長途設備。而 AT&T 則被允許可以保有長途話務設施，並可以開始經營電腦事業。

這項電信開放的結果是很驚人的。超過一百萬的新電話安裝，而使得美國家庭擁有電話的比例達到百分之九十三。長途話務比例降低約百分之三十，長途話務的使用率幾乎是加倍的。而同時區內話務使用率增加百分之四十，但綜合區內話務與長途話務爬升比例較通貨膨脹率慢了一些。[32]

大部分世界電信的開放都是相當新的，而這趨勢開始於英國及其他歐洲國家。[33] 在英國，私有電視開始於 1951 年，而從 1954 年開始，英國就有 BBC 公有電台及 ITV 私有電視台，歐洲大陸商業化是在 1976 年發生於義大利。義大利最激進的廣電企業家是 Silvio Berlusconi，他在 1980 年代初期就已擁有半數的義大利公有電視企業，[34] 而在歐洲私有廣電企業的真正萌芽是發生於 1980 年代中期。在法國，Canal Plus 在 1984 年開始操作。在 1986 年 La Cinq 及 TV6 開始播放；然後在 1987 年，法國電視網 Television Française l（TF1）開播，它是私有電視台。而在德國聯邦，州或省的私人 Lander 准許私有電視台的設立，如 SAT 及 RTL Plus。

其他國家並開始加入此角色扮演，西班牙議會設立了商用電視台，其中 Canal10 頻道是藉衛星所傳送。[35] 在荷蘭一條 1988 年的法律允許私人機構傳送視訊，電視觀眾能夠接數到外國電視台傳送的電視。比利時的私有電視台在 1986 年開播。丹麥也允許私有廣播電台的設置，但大部分的北歐國家目前仍抗拒此趨勢；甚至匈牙利廣播事業都已經接受私有化的階段。[36]

「資訊流通」的爭辯

十九世紀初期，德國作者 Johann Wolfgang von Goethe，就如同以往的夢想家一般，認爲時代已經改變，他看見了全球資訊流動量的增加，並期望這樣的增加量能夠「對那些渴求世界通俗文學的人提供一個有力的貢獻」。他並希望「文學能增進彼此的相互瞭解。即使沒有互相分享喜悲的感情存在，至少也幫我們學會互相容忍對方。」[37]

但在二十世紀末期，前芬蘭總統 Urho Kekkonen 提出了另外一種看法，他說：

> 國家之間的資訊流通不僅僅是藉著電視把物質輸出，而應該是一種很大程度的單向不平衡交通，並且絕對無法具有像演說般自由之原理所需的深度及範圍。[38]

Kekkonen 的國民，芬蘭通訊研究員 Kaarle Nordenstreng 也提出相同的意見：他說：

> 就量的方面來看，據估計資訊的總流動量大抵都發生在工業化的國家（大約有三分之一的人類居住在這些國家）以及第三世界（合起來大約有百分之四十三的人類）之間；此量至少是從工業化國家傳送到開發中國家或是反方向傳播量的一百倍。[39]

全球資訊中，大概沒有任何相關的領域曾被如此詳盡的研究或引起如此多的爭議。[40] 但這個字眼「流動」常會引起錯覺，因爲看來似乎影含的意義是某種有秩序的流動。[41] 實際上，「資訊的全球性流動」包括很多因子：如電視、影片、資料片、新聞故事或新聞圖片；文化交流；駐外通訊員；外國媒體消費；電話通話；邊境資料交流；郵寄信件及包裹；甚至航空交通（見圖 5.1）。不像一種有秩序的流動，這些因子是像物理及電子資訊交流一般會有強度，也會突然出現。

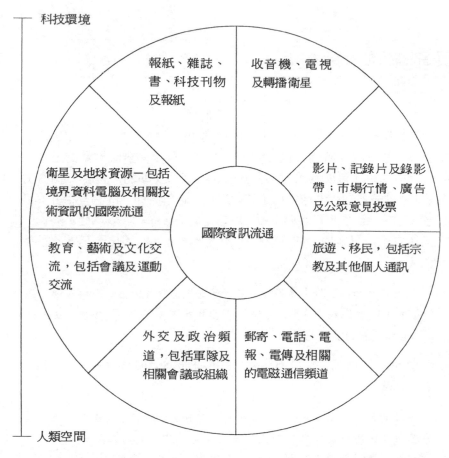

科技環境

報紙、雜誌、
書、科技刊物
及報紙

收音機、電視
及轉播衛星

衛星及地球資源－包括
境界資料電腦及相關技
術資訊的國際流通

國際資訊流通

影片、記錄片及錄影
帶；市場行情、廣告
及公眾意見投票

教育、藝術及文化交
流，包括會議及運動
交流

旅遊、移民，包括宗
教及其他個人通訊

外交及政治頻
道，包括軍隊及
相關會議或組織

郵寄、電話、電
報、電傳及相關
的電磁通信頻道

人類空間

圖 5.1 國際資訊流通的頻道及類型。技術與人類適應應該是相輔相成、
互相關聯且可適應的。

資料來源：From *Global Information and Wold Communication*: *New Frontiers in International
Relations*, by Hamid Mowlana, p. 2. Copyright © 1986 by Longman Publishing
Group. Reprinted with permission from Longman Publishing Group.

主導世界新聞主流的四大報社分別是 —— 美聯社（Associated Press）
（AP）、 United Press International（UPI），法新社（Agence France Presse）
（AFP）及路透社（Reuters），它們掌控了世界新聞的潮流，若以每天發
行字數來看，則以莫斯科最大報社 —— 塔斯社排名第五。分析家說這五
大報社每天供應三千七百五十萬個字。而排名六到十名的報社每天僅供
應一百零九萬個字，這僅佔前五大報社發行量總數大約百分之三 [42]（見
表 5.3）。

在電視節目的領域存在著一個類似的情況，在 1974 年 Nordenstreng
及 Varis 的研究中發現，在電視節目的國際潮流中流行兩種趨勢：第一是
一般電視潮流是從主要輸出國輸往其他世界各國的單向流動的方式；第

表 5.3　主要新聞通訊社每日稿量（1986–1987）

每日字數（百萬）	新聞通訊社
17,000	美聯社
14,000	合眾國際社
4,000	塔斯社
1,500	路透社
1,000	法新社
.500	西班牙新聞社
.300	全國報業聯合社
.115	德通社
.150	國內新聞公共事業
.100	不結盟新聞公共事業
.075	南通社
.025	加勒比新聞社
.020	泛非新聞社
.018	海灣新聞機構

資料來源：UNESCO.*World Communication Report*（Paris: UNESCO, 1989），
　　　　pp.136-141;UNESCO, *Draft World Communcation Report* (Paris:
　　　　UNESCO,1988), p. 154.

二則是在此潮流中以娛樂性節目佔大多數，因此他們強調這兩種潮流的結合，造就世界上壟斷的趨勢。[43]

十年後，在一個追蹤研究中，Varis 發現有一件事是持續不變的，那就是：在大部分國家中，三分之一甚至更多的電視節目都是國外進口的。但是區域性節目的交換也有明顯的增加，特別是在阿拉伯及拉丁美洲，大約有四分之一輸入阿拉伯世界的節目是起源於這區域本身；在拉丁美洲則有大約百分之十。這項發現增加了全球電視節目流通版圖的重要程度。[44]

若說將世界潮流直接劃分成三個相對陣營雖然是很容易的，但也往往容易產生誤導。首先，所謂「新聞自由流通」的支持者，他們的論點是以世界人權宣言，以及國際民權及政治公約與其他文件爲基礎。美國將此「資訊自由流通的原則」作爲二次世界大戰後，外交政策的一個基本目標。[45] 如同 John Foster Dulles 曾說的：「若我被指派提出一項外交政策，而且僅有一點別無選擇時，我將會以資訊的自由流動作爲我的政策。」[46] 在 1945 年於舊金山草案審理階段，美國嘗試將新聞自由的議題放入聯合國憲章中。雖然並未成功，但在那年當中，美國仍致力於引發 UNESCO 憲章對資訊自由交流的注意：

> 本組織的目的如下：
> 藉由大眾傳播，希望能透過國際協議促進思想意念的自由交流，並促進人民對彼此互相的瞭解與進一步合作。[47]

第二個論點是由那些要求資訊「平衡交流」的人所提出，這些作者指出，資訊的自由流動及未受限制容易導致一種資訊由少數人所壟斷的情況。在 1976 年，倡導資訊自主化的新德里宣言中，數個重要的論點如下：

1. 目前全球通信傳播被認爲極不公平又不平衡。傳播訊息的中心集中在少數國家內，而其中極爲多數的國家只能退而扮演被動的接受者角色。
2. 目前的狀況使得殖民地時代的依賴和統治得以永存。少數者操縱了什麼事該被知道、要如何判斷和決定權。

3. 資訊的傳播目前掌握在少數先進國家中，世界其他角落的人民只能以這些媒體的角度，被迫去認識別人，甚至自己。

4. 政治的信賴性，如同政治和經濟的依賴性，是殖民地時代的遺產，延遲了政治經濟的發展與成就。

5. 在資訊被少數人操縱下，所謂的資訊自由意謂只有少數人可以選擇何種資料擁有可被傳播的自由。[48]

第三個論點的前提是：要求資訊流動的完全平衡是不合理的。就像是要求美國與加拿大瞭解對方的程度需完全相等是毫無意義的。所謂的平衡應考慮相互的重要性，例如，經貿、政治關係、文化相關性、地理位置等。所以第三點可解釋為「自由和平衡的資訊流動」，換言之，逆轉了不平衡而又不違背資訊的自由流通。

「新聞價值」的爭論

在全球資訊中最需忍受的爭論是新聞的流通，此與資訊流通之討論有密切的關係，對此，典型的評論就如同 1970 年末期西印度牙買加群島的一首歌曲，痛責國際媒體不報導該島的進步情形，歌曲內容描寫著：「一個小屋的城市，穿著破爛衣的婦女，打賭你的生活將出現在國外的頭版新聞」。[49]

新聞價值的主題是非常重要的，因為資料會影響市民的決定。Lippman 曾指出「新聞就如同一盞搜尋事物的光，快速且不斷地移動著，將一個人帶離黑暗而曝光……」。[50] 但如同 Gerbner 曾經說過的，所有的新聞都只是觀念問題。[51] 不可否認的，新聞已經成為知識的一部分，而這知識正是我們做出認知、判斷與決定的依據。

不同的新聞其價值不易劃分，例如，越南認為「掉入」地方自治，

但阿富汗卻用「脫離」來形容。雷根稱尼加拉瓜爲「自由鬥士」但
Sandinistas 卻稱之爲「外籍傭兵」，巴基斯坦被稱爲「恐怖分子」而以色
列被稱爲「報復的惡魔」。

新聞的價值總是顯得後知後覺，如果我們檢查美國《紐約時代》雜
誌對俄國革命的報導，就會發現列寧死了二次，生了三次病，失蹤二
次，逃走六次，入獄二次，對於這些錯誤，時代雜誌只有二次被撤消發
表，[52] 如果閱讀《時代》雜誌在 1940 年對德國及蘇聯之報導，就會發現
這二個國家從「朋友」變成「敵人」，其描寫的詞句從「好的字眼」到
「邪惡的詞彙」。[53]

Rosenblum 將新聞價值的爭論分爲二個基本的論點：

> 對於開發中國家，西方的報導總是不夠且膚淺的，並且常摻雜
> 著文化的偏見其所強調的戲劇化、情緒化的事情，例如，出乎意料
> 的行動、地震等情形，在發展的過程中不但不能平衡且具有破壞
> 性。

> 西方壟斷新聞的傳播 ── 其中即使關於第三世界之報導，傳播
> 主要也只是經由倫敦、巴黎、紐約的國際新聞社而已 ── 因此被認
> 爲是一種文化控制或新殖民地。[54]

換言之，新聞報導品質與結構受二因子所影響。

因爲結構因子，研究發現許多全球的新聞流通是穿過大都市中心
的，這是聯合殖民地可理解的事情，非洲國家可自倫敦或巴黎得知其他
非洲國家的新聞，拉丁美洲國家可自紐約得知其他國家的訊息，墨西哥
每天自國際新聞社得到全球三分之二的資訊，如包括其他西方資訊的來
源，則可知道全球百分之九十的訊息。[55]

第二，許多實質上的問題反應出傳統編輯部的動態，由於官僚政治
的壓迫，空間及時間的不足或其他原因，例如，新聞記者可能從未報導
過世界新聞，事實上，即使是一些他們蒐集或接觸的事情，也很少能詳
盡報導。新聞記者必須篩選，研究以顯示出他們是眞正最優先被報導，
[56] 一個美國評論家諷刺的說明此種優先順序過程爲：「在尼泊爾死一萬
人等於在威爾斯死一百人，在西維吉尼亞死十人等於死了一個鄰居」[57]

這種論調聽起來很簡單，但這種分類法卻是輯編每天的生活。

新聞研究人員花了數年的時間尋找檢定新聞價值的方法，在早期的研究中，Galtung 與 Ruge 曾經列出一些重要的因子，新聞必須涵蓋國家文化的差異，特別是一些國際層次較低的國家（此處指第三世界）。

> 新聞一定會牽涉到人，尤其是社會精英，越負面、越超乎預期越好。不過儘管如此，新聞仍依循一種模式，即「心理預想」……這會讓人對這些國家產生一種印象：危險、領導階級反覆無常又固執己見、強權國家的利益來源。當事件發生時，宛如閃電般突然，事件過後又無聲無息——這些事件就這麼單純的發生，甚至不是執政或反對精英的陰謀。[58]

Gerbner 與 Marvanyi 設計一種新的方法來探討國際新聞報導的偏見，他們發現在六十天中，新聞報導所分佈的世界區域，無法反應出真正的全世界，這些作者所描述的地理位置及分佈情形已經全部脫離「真正的世界」（圖5.2）。例如，在美國的報紙中，有三分之二以上關於國外的報導是來自西歐（百分之二十八），亞洲遠東地區（百分之十八），北美（百分之十）及中東（百分之七），拉丁美洲則完全不被報導。而美國及西德的報紙也只著重在其他西歐國家（百分之三十六），北美（百分之十二）及拉丁美洲（百分之十五）。[59]

一種關於國際新聞所做的嚴謹分析是由 IAMCR 在 1970～1980 年所做的國外新聞媒體報導，其中對二十九個國家進行研究後做成下列六項重要的結論：

1. 在國際新聞報導中，選擇性的評論是很普遍的現象。
2. 所有的國內媒體系統只強調區域性的事情及活動。
3. 以美國及西歐為新聞被報導中心。
4. 以美國與西歐為焦點新聞報導中心。
5. 第三世界的國家無法成為焦點新聞中心，即使與其他社會主義結合後，仍無法在國際新聞報導中佔有一席之地。
6. 國內新聞局透過國際新聞中心發佈國際新聞。

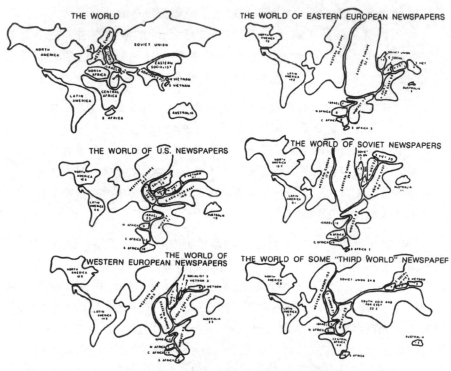

圖 5.2　不同世界下的全球通訊社

資料來源：From *World Communications: A Handbook*, by George Gerbner and Marsha Siefert. Copyright © 1984 by Longman Publishing Group. Reprinted with permission from Longman Publishing Group.

　　由此可知國家體系統在國外消息來源之剪輯、解說及選擇上扮演著連接國內與國外鴻溝的重要角色。[60]

　　一些研究人員利用 IAMCR 的結論來反駁 Rosenblum 所提出的二個基本論點，Stevenson 主張西方新聞並未忽視第三世界的消息，「這是歐洲社會主義的第三世界，而不是被忽視的第三世界⋯⋯」，他也沒有發現有任何對第三世界的負面報導。[61]

　　Wilhoit 與 Weaver 亦並未發現特別壓抑開發中國家的各項報導，國際新聞社提供讀者各種關於第三世界訊息之報導，因此只指責西方媒體報導不足夠是不公平的，例如，非洲的編輯只是對拉丁美洲國家之報導沒興趣，所以第三世界國家即很少被報導。[62] 在 1981 年 Wilhoit 與 Weaver 認為不論如何，第三世界的新聞仍必須被重視。「第三世界較開發中的國家存在著更多的衝突與恐慌」。[63]Kirat 及 Weaver 後來也發現在 1983 年第三世界的新聞中，關於衝突與恐慌的情形已減少了。「對倡導者之批判……及進一步的研究仍具有許多影響」。[64]

　　另一種對新聞價值爭論的研究方式是去分析新聞報導，以探討是否存有什麼差異。Stevenson 與 Marjanovic 研究德國新聞社、Kyodo、奈及利亞新聞社、新中國、新聞社、TANJUG、坦尚尼亞新聞社及蘇聯新聞社等機構，發現大部分的發行社是相似的，但卻與西方主要的新聞發行中心不同，因此似乎很難確認前述的新聞價值具有共通性。[65]

　　上述的討論結果是某些人支持「新資訊程序」，而反對新聞雜誌的角色及對第三世界不同發展程度、社會及歷史之報導方式。他們所稱的「發展新聞學」為高度的發展而非譁眾取寵；提供訊息而非揭發隱私，如同評論家所說的發展新聞學是不受政府控制的新聞，其目標是利用通訊及資訊提供社會及經濟發展所需。[66]

媒體帝國主義

　　　　廣告如同上帝一般是無所不在的，就像逐漸成長的樹木，它們照亮了天空，在街上劃上了線，裝飾了建築物……，在廣大的消費市場中，有多少心存疑惑的觀眾與易受騙的旁觀者？廣告覆蓋了整了世界，吸引每幅圖畫，吸收每個音符，相信在廣告中有各種無止盡的要求。

　　　　　　　　　　　　　　　　　　　　—— Imelda Marcos [67]

Madame Marcos 探討另一個與全球資訊有關的問題，而此問題之複雜性已包含在標題「媒體帝國主義」中了。

在一世紀前，正是歐洲殖民主義高度擴張的時代，從亞洲、非洲到拉丁美洲。帝國主義一詞即表示併吞國外領土並開發其資源，這些行為已經明顯改變我們現在的紀元。[68]

帝國主義通常被定義為十九世紀歐洲展開其「影響全球」計畫的過程，其實帝國主義存在每個時代，你只要回顧中國及印度從前的朝代，雅典人統治整個希臘城鎮、羅馬帝國、土耳其帝國及神聖羅馬帝國就可以知道了。在十六世紀初期，歐洲由於資本主義，海上權力及國內軍事力之量之建立，因此產生了所謂新帝國主義年代。殖民地提供廉價的勞力、原始原料及市場，以提供因工業革命而興起的歐洲工廠之用。帝國主義也與種族及道德的優越感有關，而有所謂的「白種人的負擔」——即白種人將文明帶給黑人的一種責任。

自第二次世界大戰開始，帝國主義即進入一種新的定義，由於前述的殖民地均已紛紛獨立，直接的軍事干預行動通常只是一種求救過程（美國干預越戰及蘇聯干預阿富汗也許是例外），今天的國家是利用經濟及文化控制國外人民的命運，第三世界的國家斥責現代經濟帝國主義（又稱新帝國主義），已嚴重傷害他們朝向經濟成長及獨立所做的努力，從前的殖民地不斷的抱怨媒體帝國主義繼續的控制著他們。Schiller 寫著：

> 某些時候一些類似的文明產物及服務項目 —— 例如，電影、電視節目、書籍、新聞等，已經被認為是包含社會價值及訊息的觀念名詞，進而影響整個社會的結構。[69]

法國、加拿大及歐洲國家均很擔心自己的文化被國外的書籍、雜誌、電影、電視節目及其他文化產物所滲透，這些政府也已經採取行動來防止國外文化的干擾，並限制對國外廣告的協助。

Araby 定義媒體帝國主義為「流通於已開發與開發中國家之大眾媒體的不平等與不平衡，進而影響開發中國家的社會及文化。」[70]Boyd-Barrett 描寫為「任何一個國家媒體之所有權、結構、傳播或內容，單獨或共同的造成其他國家之壓力，且不與其他國家有相同的互相交往與影響。」[71]

Chin-Chuan Lee 發現有下列四種不同程度的媒體帝國主義：

1. 電視節目輸入其他國家。
2. 獨佔並控制其他國家媒體之出口。
3. 將「首都」廣播之基準及媒體商業定為「公眾有興趣」的。
4. 資本世界的觀念侵入並違反原住民天生的生活方式。[72]

　　一些學者提醒不要將媒體帝國主義看的太簡單，Boyd 評論說「只是不強調或忽視技術產物或許多發展中國家的經濟限制。」第三世界輸入西方節目的理由仍是非常複雜的，我們看看這些國家其他媒體管道，錄影機的有效性，發現缺少生產的空間及設備，缺乏工程及藝術的人才，缺乏地區生產的資金及受過西片大學訓練的專業西方節目製作者。[73]

　　怎麼樣的西方（特別是美國）媒體產物廣泛影響整個世界人民呢？西方的文化似乎對人類價值觀有其功效，吸引基本情緒，可以平常的方式表達出來。或許電影評論家對此有很恰當的描寫。

> 好萊塢電影及電視系列，假期旅館……那什維爾音樂及英語發音，可口可樂、藍色牛仔褲、汗衫、握手、報導的原則與自由度均為男人與女人所必須的……[74]

　　媒體帝國主義之爭論以不同的方式存在全球通訊頻道中，讓我們來探索二種媒體 —— 廣告及電視。

　　現代理論專家認為廣告是國家發展的一種有利因子，藉由鼓勵競爭、產品華麗、增加生產效率、降低顧客成本而增加經濟利益，廣告透過這些收入，即可提供節目及技術上的補助，此外廣告也可以告訴顧客關於物品之品質、地區性及價格。[75]

　　許多評論家認為廣告養成了營利主義，由於創造了人為的假像需求，而使得人們想買些不是他們真正需求的產品。廣告也創造並增加一些印刷物，此限制了部分人類對社會活動的參與，在第三世界，廣告造成「假像的意識」，並分散人們對真正發展所面臨的挑戰。廣告也促進了消費者保護運動，並嘗試一些不適合地區發展層次的物品，而增加貧困人民無法得到一些想要物品之挫折感。[76] 如同 Indira Gandhi 所說的：「媒體以想像及報導的財富，迷惑人們的眼睛及耳朵，即使我們的期望是適當的，也已超過我們目前所擁有的⋯⋯」。[77] 整個世界似乎已被眾多的廣告所控制了。[78]

媒體帝國主義的例子之一是國外之電視節目滲透到加勒比海區域，研究指出此地區有百分之七十九至百分之八十八的電視廣播節目是進口的，其中美國的電視節目佔了絕大部分，若估算費用約以每小時四百美元購置節目，加勒比海地區電視廣播每年花費在進口節目費用超過一千一百萬美元，[79] 某些國家以每小時二百美元租得一小時的節目，而投資在國內的節目費用卻極少，這種企業化聯合組織的「傾銷」將會破壞國產的電視節目。

這不只是第三世界的問題，即使在富有的國家，例如加拿大，也會抱怨媒體帝國。美國節目對加拿大廣播視訊的影響可由下列的統計數字看出來，加拿大平均每年有五萬二千小時的英語電視節目，而只有三百七十小時是加拿大的戲劇（包括電影及迷你短劇）。每年提供二萬七千小時的法語電視節目給法語系的觀眾，其中只有六百三十小時為加拿大的戲劇，有百分之九十八的英語戲劇節目是國外的，有百分之九十的法語戲劇為國外的，只有百分之二十八的英文節目是加拿大本身的，大部分的加拿大人觀看英語節目，但看加拿大節目的人卻很少，說法語的年青觀眾，大部分的時間都在觀看外國節目，而說英語的年輕人有百分之八十的時間也在看國外節目。[80]

媒體帝國主義如何呈現出來呢？在回顧拉丁美洲電視內容時，Beltran 發現有十二種價值觀散播在媒體中：個人主義、精英主義、種族歧視、唯物論、冒險主義、保守主義、盲從態度、自我頹廢、地方主義、權威主義、浪漫主義及侵略性。這些主要是來自美國電視及電影的傳播所影響。[81]

對於這種侵略，往往需要花費很大的努力去改變，法國文化部長 Jack Lang 曾率先抵抗這種文化侵略，聲明「我們不再成為巨大帝國主義的奴隸」。[82] 加勒比海國家也正試著建立一種地區性電視節目製作中心，稱為「CaribVision」，[83] 加勒比海教會委員會及加勒比海媒體工作者協會已開始從事自我信任的各種活動，[84] 一些拉丁美洲的國家（特別是墨西哥、巴西、委內瑞拉、秘魯及哥倫比亞）已開始成為電視節目輸出的重要國家，如此不但可增加各地區彼此節目之交換，亦可增加西班牙語系的觀眾在美國的分佈。[85]

關於媒體帝國主義的討論基本上是針對現代理論的評論，其主要的假設是媒體對於社會的改變有正面的影響力，但有三種不同的學派看法。

主張古典看法的有 Ithiel de Sola Pool 及 Wilson Dizard ，其認為媒體有不平等，新的技術可能對社會不利，但受爭議的美國仍具有短暫的市場利益，可刺激其他社會發覺特殊競爭市場，而不平衡仍具有其正面的結果，因為文化需要競爭才能夠成長，不平衡也可以增加文化強度，否則會被消滅。[86]

中立派的學者，如 Elihu Katz 、George Wedell 、Jeremy Tunstall 及 C.C. Lee 等，對此問題逐步探討後，他們認為像美國這樣的國家，在經濟的角度上仍具有其利益，但他們支持每個國家必須要有足夠的強度來抵抗國外媒體的壓力。他們駁斥國際通訊的自由流通，不論平衡與否，對於國外的文化均有好與壞的結果。[87] 中立派學者允許極少的干預，認為可以糾正不平衡，但他們否定任何無法克服的結構性不平等。

其他的學者將媒體視為一種決定性的制度，受害的部分很難修正其地位，某些人認為不平等的通訊即所謂的文化帝國主義是最大的問題所在。Kaarle Nordenstreng 與 Tapio Varis 認為第三世界地區少數的執政者與跨國媒體機構聯合後以抵抗大部分的族群，在他們的觀念中，資訊不平衡正好可用來壓迫貧苦及沒有權力的人。[88]Schiller 在其《通訊及文化控制》（*Communication and Cultural Domination*）一書中描述帝國主義為：

> 社會被帶到現代世界系統之過程及其如何控制社會階層，其中包括吸引、壓力、強迫進入社會制度的形態或促進系統的控制價值與結構。[89]

依賴理論者將媒體視為都市中心對這個「依賴」社會遂行其支配權

的一種方式。這種依存狀態來自外國文化價值的「疏離」或入侵，例如，愚蠢的消費者保護主義；也來自媒體本身的「反民主」天性。[90]

經驗上的研究希望對媒體帝國主義提出假說，而 Nordenstreng 及 Varis 的研究指出事實上有一種單向的電視廣播流通，自少數的國家輸入其他國家，[91] 其他學者也證明此發現，[92] 十年後，Varis 也重申其在 1973 年的研究，並發現此理論仍未改變。[93]

傳播政策

有些國家嘗試建立一些能夠影響資訊和通訊之間互動的政策，其中所僅存的通訊政策在 UNESCO 等的國際研討會中引起相當的爭論。

聯合國教科文組織將通訊政策定義為「為建立引導通訊系統的行為準則」[94] 謙拉那（Mowlana)和威爾森（Wilson）則將通訊政策定義為「系統性、制度化的原理，原則和經由合法規範下的程序所設計的行為及／或經由真正的瞭解來引導人性和科技範圍的形成，分配及系統的管理」。[95]

國家通訊政策必須包含什麼？國際電信公會建議以下幾點為國家通訊政策的基本要素：

> 市場的結構如何？那一部分作為買賣性操作和那一部分開放予競爭對方。官方的使用及私人所有權的分別？參與市場的規則及條件為何？利潤回收率的多寡？使用權限？建立新政策的程序為何？如何監督？[96]

也許建立管理通訊及資訊的政策看起來並不值得注意。畢竟，一些第三世界的領袖已作出「對一個國家的經濟和社會發展來說，國家資訊政策是必須的，同時，亦為代替此一發展激發市民的自然力量」[97]。一篇 1989 年的報導主張「一個有效的政策及規律的程序將更有助於說明國家政策的目標及正在進行中行為的解釋⋯⋯（而且）應設定電信發展的目標。」[98]

無論如何，除了一些國家如巴西、印度和中國大陸等只有些許的通訊政策，以政府檢查制度的形式出現，並且限制或停止資訊的國際化流通。[99]

例如，當聯合國教科文組織 UNESCO 在 1970 年中葉於拉丁美洲召開政府與政府間關於通訊政策的研討會時，便被評論家指為推動媒體及通訊歸於「中央管理」的行為。1976 年聯合國教科文組織 UNESCO 在拉丁美洲，聖喬斯的加勒比海和哥斯大黎加的通訊政策研討會上，建議拉丁美洲國家「定義及貫徹政策、計畫及法律將使得國家及國際間更協調的通訊關係。」[100] 以美國為主體的美洲國家新聞協會聲討這些專家及其建言並組織一個國際性的運動來聯合抵制此一研討會。

可能會有什麼樣的利益使得一些國家阻止他國建立國家通訊政策？巴西的例子或許可以說明。[101]

在 1964 年的政變後，軍政府邀集多國集團至巴西大量投資以便加速國家的工業化。整體來說，結果非常驚人，在 1975 年前，一半以上巴西的總額是由多國集團所創造，另外巴西政府及其私人公司則各佔其餘的四分之一。來自加拿大及美國的集團佔外來投資的近四分之三。

於 1978 年在許多區域中建立清楚的政策，包括資訊工業在內，來修正平衡關係。於此，就巴西製的電腦而言，「市場保留」的概念應運而生。而「壟斷性工業」的政策則在 1984 年的國家資訊法中付諸實施，涵蓋所有的電腦科學儀器、終端機、周邊設備及軟體。但此法僅有遙不可及的作用。

在如 IBM 這大公司的保護下，許多巴西的企業家投身於電腦事業。巴西最大的微電腦製造廠 —— Microtec，是由美裔敘利亞移民於 1982 年所創立。在 1985 年，有二百七十四個巴西的電腦公司，而其收入總額已超越了外商的電腦公司。為了保護此一工業，政府給其時間去發展及競爭。此一理想之下，巴西得以使其資訊科技迎頭趕上民族主義者的想像。

當巴西關閉其微電腦工業的外資介入時，激怒了雷根政府及美國公司。因此美總統下令準備對巴西進行經濟制裁，包括削減自巴西進口的鞋類、飛機、汽車及柳橙汁等相當於自微電腦上所損失的金額。此亦造成兩國情勢緊張的來源，直到二年後美國於 1988 年停止其對巴西的威脅關係。

服務的交易

國際貿易協商看似與全球資訊毫無關聯，但目前正在國際關稅經貿總協（GATT）討論中的服務貿易，卻是未來全球通訊極端重要的議題。[102]

什麼是服務業？亞當史密斯（Adam Smith）曾說服務是「在工作完成後必須承受不具生產力價值及未經固定或實現的主題或可販賣的商品」，服務「如由演說者的講稿及音樂家的歌曲……在生產完成後便立即毀滅。」[103]

一個服務廣義的定義是「任何不良的經濟行為的交換性產物。但如布拉蒙（Braman）指出，商品貨物及服務的差別已愈來愈難界定。[104] 且在資訊科技不斷設計及生產新的商品之際，商品的實體僅構成總價值的其中一小部分」。

服務的生產及消費傳統上必須在同時及同地發生。但新科技則可縮短時空，讓服務能在全世界不同的角落同時運作。[105] 這樣的服務如會計業、電信業、銀行業、保險業、經銷業、航空業、旅行業、律師業及海洋通訊業幾乎完全或部分地仰賴新的全球資訊及通訊科技。

服務業已形成經濟成長的推動力。在全球貿易總額中佔有最少四分之一的價額，而服務業的成長亦遠高於商品的貿易成長。許多工業化的國家視服務業的成長為其經濟上的救星，為了保護此一潛力，許多國家已建立資料於國境間流通的保護步驟。[106]

全球貿易服務上交涉的需求為基於目前情勢的反應，其中眾多紛歧的國際司法權已對資訊的自由流通性造成阻礙。以下為四種現存於服務業的國際慣例：

1. 國際資訊流通的規則。這些政策方針禁止某種資訊的輸出及輸入，或者提高傳遞成本使其不具經濟性。
2. 與通訊專賣事業的競爭。在官方允許海外資料服務的供應者或加值的通訊服務業加入營運，又維持國營的郵政、電話及電報（PTT）等專賣事業擁有特權。政府經常會選擇限制海外供應者的數目及限制其服務範圍的政策。
3. 差別待遇。國家政策有時會設立技術上的差別待遇，因而加強海外公司的障礙。
4. 對使用海外資料處理設備的限制。許多國家限制其位於其他國家內電腦的使用，使國外企業將資料處理及檢索中心交由中央統一管理。[107]

為排除困難，美國推動國際關稅及經濟貿易總協定（GATT）。起初有很多經濟合作發展組織（OECD）國家反對此一想法，另外，由印度及巴西所領銜的第三國家聯盟，激烈地反對此一想法致使國際關貿總協的交涉最後分裂為二：其一交涉為服務，另一則為貨品的交涉。為何美國希望國際關貿總協成為貿易上的國際法庭？國際關貿總協在過去便成為相當有成就的交涉系統。其擁有相當廣大的已開發及開發中國家為會員國，且其協定亦具有約束力。關貿總協或許為今日排解各國規範國境間資料流通等不同法律的困境唯一的方法。

但開發中國家則希望有另一套的法庭，對第三世界國家關切的贊同者認為，UNESCO 更能表達他們的看法，聯合國貿易暨發展會議（UNCTAD）指出貿易服務的爭論包含三種國家的團體。美國，現有許多經濟合作發展組織的國家加入，欲使服務做得更好。另一為新工業化的國家，如南韓，欲見出口服務的成長並看到某些保護主義的減輕。巴西、印度及新加坡則聯合其他第三世界國家完全對抗此一想法。

這些針對全球貿易服務交涉的爭論為何？美國及其他贊同交涉的國家相信貿易服務的交涉表現出全球經濟的現況。這些交涉能協助創造在製造業已失去的工作機會。貿易服務的協議，可在服務業中減少保護主義的色彩以刺激經濟成長。但議論者則認爲此爲美國及其他經濟合作發展組織國家爲增加開發中國家仰賴他們所顯現的意圖。貿易服務的國際協定妨礙或甚至阻止開發中國家建立自己的服務工業。更糟的是，如此的發展將減弱國家主權的獨立並導致更大的困境。

記者的保護與執照

　　新聞工作者的保護及執照發放的結果，激怒了專業的新聞工作者。大家皆同意問題的存在，但揭發它卻被認爲是懷有惡意的。

　　廣泛蒐集統計資料是不可能的事，因爲在 1991 年有八十四個新聞工作者在二十三個國家中被害，此爲新聞工作者所遇到謀殺及暴力最高紀錄的一年。[108]（圖 5.3）

　　新聞工作者的保護，常是在國際資訊關係中最爲廣泛宣傳及激烈爭論的議題，原因之一便是不同國家所給予的不同定義。另外則是因爲，保護是指保證新聞工作者在武裝衝突採訪中，或於不穩定及暴力區域中執行任務時肉體上的安全。在某些國家中，則指保護新聞工作者在執行任務時的權利。後者的解釋導致針對僅欲限制新聞工作者報導的能力及強迫其有更均衡的展望的控訴。

　　許多的反對聲浪因保護新聞工作者的計畫而起。新聞工作者並未要求有任何特權，而反對者則爲最基本保障新聞自由的人權而爭論。特別的保障是指新聞工作者須時時在專家（當局）的監督下工作，則他們的工作將更難進行。如果保護及執照的發放聯合起來，於是當局便可決定誰是被許可的新聞工作者。

　　馬利爾發現如果執照若由國際新聞工作協會發放，世界上將會有相當可觀的支持者。贊成全國性執照的是反對國家的兩倍，意見之分歧在於新聞工作者的國際執照。[109]

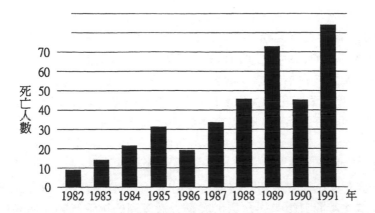

圖 5.3　1982-1991 年全世界新聞記者死亡人數。儘管全世界的新聞事業都在促進新聞記者的人權與公民權，但記者仍面臨暴力危險。

資料來源：Freedon House and International Federation of Journalists.

　　儘管目前這個議題正處於僵局，但多年來仍可見少許成效，[110]1948年世界人權宣言的十九款保證所有人都有「追逐，接受及援予資訊」的權利。這或許包括媒體工作者可自由地蒐集資訊。無論如何，這並未與國際法律結合。聯合國經濟社會理事會在 1948 年發起「資訊自由」的研討會，提出新聞聚集及國際傳遞的草約。出席的代表闡釋重要的目標。這份草約，雖未成為法律，但仍號稱為新聞工作者最自由的姿態及通信記者最廣泛的消息來源。其界定新聞工作者不應為一個國家所排擠，因為他們公正地履行接受及給予消息或意見的權利。[111]

　　1949 年的日內瓦公約並未特別陳述對新聞工作者的待遇。[112] 但在1970 年聯合國對新聞工作者宣言中則提醒其會員國，在日內瓦公約的約束下，聯合國非常仰賴新聞工作者在武裝衝突中的報導，並且呼籲各國保護通訊記者。[113] 1971 年保護新聞從業者參與危險任務的國際公約草約，意圖與日內瓦公約背道而馳，並設立國際專業委員會以保護新聞工作者並開具工作識別證。[114] 終於在 1977 年日內瓦公約的附帶協議書中，定義新聞工作者在武裝衝突區域中以平民身分執行任務時，應受到更適當的保護。此為國際上唯一有效保護新聞工作者的條款。[115]

1978 年聯合國教科文組織國家一致通過不具法律效力的大眾媒體宣言，堅持新聞工作者必須「確定在其工作領域中受到最好的保護」[116] 1980 年馬克布萊德報告中建議不論是否在武裝衝突的情況下，新聞工作者皆應受到較好的保護。但馬克布萊德委員會則未提出特別的方法來保護新聞工作者。其陳述為「提議額外的方式將引起在發證系統上的危機」委員會主席並不同意並呼籲「特殊情況及保護」。[117]

西方新聞工作者及新聞經理人在 1981 年，聯合國教科文組織召集國際及區域性新聞工作者的會議，發動一波強烈的抗爭行動。法國的政治科學家皮爾佳伯利特（Pierre Gaborit），在聯合國教科文組織主持的文告上，呼籲成立保護新聞工作者的國際性委員會，完全由新聞工作者組織代表所組成來執行識別證的發放。佳伯利特亦要求確保通訊工作者應遵照一般規則下的專業倫理。[118]

美國政府得知該會議後，要求國際報紙出版聯合會、國際新聞機構、美洲新聞協會及世界新聞自由委員等四個私人機構須應邀參加。他們批評此文告是「許可新聞工作者在海外工作及另一個聯合教科文組織限制記者門路，以控制新聞自由的策略。」[119] 西方記者抓住聯合國教科文組織呼籲領發新聞工作者執照的觀念。但忽略聯合國教科文組織在此一事件中並沒有其地位，而此會議亦僅是進行了幾十年以來不斷的討論而已。三個月後，媒體代表發佈眾所皆知的 Talloires 宣言，被形容成「在聯合國教科文組織經過七年為新聞自由被束縛所做辯論的反應。」

1986 年，日內瓦的 Red Cross 國際委員會建立「熱線」去監督新聞工作者的權利，此時亦碰巧為針對新聞工作者所產生的暴力衝突行為的最高點。

媒體經營的道德規範

與前述爭論有密切關係的是，許多不具效力的言論對付新聞界的道德規範，於是引起全世界討論注意的焦點。大多數的新聞工作者及新聞協會都強烈的反對任何形式的強迫性道德規範加諸於身上。

在新聞學協會於二次大戰期間因意識形態而分裂之前，1936 年被國際新聞協會聯盟所採用的原理敘述如下：

· 誠實地調查新聞事件的真實性及根據，特別是可能造成對其他國家產生成見、疑惑、仇恨或輕視。
· 杜絕以崇拜武力或煽動暴力來解決於其他國家內的衝突。
· 堅持並明瞭他人有權攜帶抵抗可能外來攻擊的宣傳。
· 杜絕任何可能違反公平、公正並誘導暴力及對殘忍暴力有偏好及攻擊其他國家。
· 在任何地方都須對抗錯誤的想法，除非此爭議已造成非以戰爭不可解決或戰爭已不可避免。[120]

另一個 1948 年關於資訊自由研討會的結果則是欲建立新聞工作者具有效力的道德規範。1952 年道德規範案為聯合國經濟社會理事會通過，但卻不為一般議會所認可。此案堅稱「資訊及新聞的自由為一基本的人權」並且一個新聞工作者有「誠實的道德責任」及「確實的準確性」。它並界定新聞工作者報導有關一個國家時應「獲得該國有關的必要資料以便正確及公平地報導。」[121]

異於道德的聲明在「新世界資訊及通訊秩序」的爭論產生。1979年，拉丁美洲新聞工作人員聯盟與國際新聞工作者組織及熱心的第三世界人士草擬拉丁美洲新聞工作道德規範的規定，敘述如下：

新聞學必須為一提供選擇性的服務及促進和平、和平共存、人類自決、軍備裁減、國際情勢及形成共識有所貢獻。

（新聞學必須）提倡新聞自由及平衡流通的情況的建立，對抗新的資訊秩序，竭力使資訊民主化，拒絕對戰爭的無可避免性的宣傳。122

不同的聲音來自西方國家領頭的新聞界及廣播機構所同意於 1981 年 Talloires 宣言中的「自由的聲音」：

我們相信資訊及概念的自由流通，是產生共識及促進世界和平所必須的。……我們支持賦予全世界的人權，此需新聞及主張的自由流通。反對新聞自由亦即反對每一獨立個體的自由。

我們相信在任何社會中，多樣化的獨立新聞媒體能提供最完善的公共利益，……亦認知廣告事業為消費者服務的重要性。

可以沒有新聞道德規範的國際性原則；多數的觀點使其不可能……新聞事業的成員可充分享受國家及國際法律的保護。我們無法找出任何特別的保障或地位，來反對新聞工作者之約束，……由國家或國際團體執行新聞工作者執照發放的工作不應被對外授權，……所有新聞事業的自由應可同時應用到印刷業及廣播媒體 123 （強調性地加入）。

由於來自社會主義及第三世界國家的新聞工作者持續催促國際道德規範的建立。八個新聞工作協會於 1983 年同意新聞事業專業性道德規範的國際原則，建立十個基本性道德規範的標準：

人們獲取資訊的權利，新聞工作者對客觀事實的奉獻，新聞工作者的社會責任，新聞工作者的專業情操，公開的途徑及參與，人類自尊及隱私的尊重，尊重公眾利益，尊重一般性價值概念及各種文化的多樣性，消滅戰爭及一切違反人性的邪惡勢力，促成新的世界資訊及通訊的秩序。124

馬利歐（Merrill）的研究發現大多數的國家中，僅有少數對立於道德規範的守則。無論如何，美國、英國及德國並不需要道德規範的守則，因其只會對新聞事件的獨立性加以限制。馬利歐亦發現有近兩倍於偏好國際道德規範守則的國家持反對意見。[125]

國際新聞事業機構在 1989 年的調查發現以下國家擁有不同程度的專業道德規範守則：奧地利、比利時、瑞典、捷克、丹麥、德國、芬蘭、法國、匈牙利、義大利、荷蘭、挪威、波蘭、葡萄牙、瑞士、土耳其、蘇聯、英國及愛爾蘭、美國及南斯拉夫。在其他國家，此守則主導當地新聞事業的規則，並將道德規範涵蓋於專業新聞工作人員組織中。[126]

國際傳播中女性的地位

女人的社會經濟地位是很嚇人的。「近十年聯合國婦女世界會議」用以下這段話來說明女人在今日社會的角色：

> 女人佔有百分之五十的世界人口數，及三分之一的辦公室勞工權力，而且女人的工時幾乎接近三分之二，但他們領到的收入卻僅佔世界收入的十分之一，並僅擁有低於百分之一的世界財產。[127]

在資訊及通信媒體上，愈來愈多人體認到女人的角色扮演。[128] 在 1979 年「除去任何對女人不平等待遇的會議」中（Convention on the Elimination of All Forms of Discrimination Against Women）委託所有共同簽約國去「修正或除去任何現存對婦女不平等的規定，包括法律、規範、消費習慣及條例。」在 1985 年 Nairobi 針對 1979 年的會議所作的檢視及評定會議中要求賦予婦女在媒體中的更大參與權，除去對女性有負面影響的陳腐思想，並促進婦女參與傳播媒體，MacBride 報導陳述如下：

> 必須注意到婦女對傳播媒體的需要，他們必須被保證能夠有辦

法參與媒體；並且他們活動的形象都必須被保證不能被媒體或廣告
給破壞。129

　　雖然資料是不完全的，但有一件事是很清楚的，那就是：女人是世
界上資訊匱乏（info-poor）者中最匱乏的一群。在世界上八億四千萬文盲
當中，女人佔了百分之六十。世上很少重大新聞記者是女人。而製片
家、電視經理及廣播業者則更少是女人了。在新聞界工作的女人佔新聞
工作者比例超過百分之二十五的國家實在很少（圖5.4）。女人很少能突
破而成爲頂尖的管理決策者。130 他們常位居幕後而多從事教育及兒童節
目的製作，從這就反應出了「一種陳腐的性別歧視」。131 就技術層面而
言，這件事就很複雜了。在廣播界中機械式的工作幾乎清一色是男人的
天下，但在電子工業，女人幾乎佔了百分之九十的低收入支薪者。132

　　最近在通訊科技上一個很強烈的變化，就是衛星傳送的電腦自動化
及數位化等都增加了很多女性工作機會。133 從一方面來說，如此將加深
了男人與女人之間的鴻溝。就另一方面來說，這些科技改變了女人在傳
播媒體界的傳統角色。舉例來說，從歷史上看來，女人常受雇於電話工
業。據美國 AT&T 研究顯示，在 1970 年代後期，因爲技術上革命性變化
之故，有一萬三千份新工作皆由男人擔任，而二萬二千份女人的工作遂
變成多餘。134 但某些人辯稱，因爲此技術性的改變，是故很多女人現在
可以在他們家中的「電子小屋子」「electronic cottages」中工作，因此對
他們來說反倒是一種方便；但實際上這些工作安全性不高而且待遇很不
好。

　　媒體對女人的描繪也一樣讓人不滿。一個藉由 UNESCO 的全球新聞
統計媒體對女性的表現報導中透露，媒體對女人的介紹是很有限的；最
糟的是，它常常貶低女人並且不切實際。媒體將女人刻畫成只是待在家
中的人，羅曼蒂克、不切實際而且沒有新聞價值；並且利用他們作爲廣
告的「賣點」（bait）。135 媒體主流很少注意到女人的動態，並且也忽略
了這些獨立而又天賦異秉的女人對社會的貢獻。也忽略了當女人受雇於
媒體比例的增加必然導致對媒體內容改變。136

　　這種情況下，近十五年來成立了一些選擇性頻道的獨立新聞頻道及

■ Women in all media 所有媒體中的女性

▨ Women in broadcast management 廣播管理階層的女性

■ Women in print media 印刷媒體中的女性

Bangladesh 孟加拉 1	
Peru, Japan 秘魯，日本 2	
Haiti, Honduras 海地，宏都拉斯 5	
Suriname, Guatemala, Pakistan, Rep. of Korea 蘇利南，瓜地馬拉，巴斯斯坦，南韓 10	
Dominican Rep., Guyana, Mexico 多明尼加，蓋亞那，墨西哥 15	
Trinidad and Tobago, Hong Kong, Malaysia 千里達與托貝哥，香港，馬來西亞 15	
Sri Lanka 斯里蘭卡 20	
Ecuador 厄瓜多爾 25	
Costa Rica, Chile, Taiwan, Venezuela 哥斯大黎加，智利，台灣，委內瑞拉 35	
Cuba, Thailand, U.S.A. 古巴，泰國，美國 40	
Australia 澳洲 0	
Austria 奧地利 2	
Ghana 加納 3	
Norway 挪威 4	
Finland 芬蘭 6	
Canada 加拿大 7	
United Kingdom 英國 16	
Sweden 瑞典 30	
Singapore 新加坡 38	
Jamaica 牙買加 50	
Japan 日本 1	
Republic of Korea 南韓 2	
Pakistan, Southern India 巴基斯坦，南印度 3	
Kenya 肯亞 5	
Morocco, Sudan 摩洛哥，蘇丹 10	
Syria, Turkey 敘利亞，土耳其 10	
Norway, Denmark, Fed. Rep. of Germany 挪威，丹麥，德國 15	
Sierra Leone 以色列 19	
Egypt, Israel 埃及 20	
Austria 奧地利 27	

圖 5.4 媒體中的女人數目，女性人口族群的資訊匱乏。在此我們可以看見女人在傳播工作者中所佔的比例。

資料來源：J. Seager and A. Olsen, "Women in the World: An International Atlas, " in *World communication Report* (Paris: UNESCO, 1989), p. 210.

某些女性雜誌，如美國的 *Ms* 及德國的 *Emma* ，這些雜誌的發行量皆對傳統雜誌產生競爭的作用。世界女性雜誌在拉丁美洲、亞洲以及非洲皆快速成長，但這總數仍然很低。非法的女性廣播電台已在法國（Les Nanas Radioteuses）、義大利（Radio Donna）及芬蘭（Vrouwenradio）。歐洲的獨立廣播站及北美的廣播節目皆由女人製作（在 1986 年於美國與加拿大有超過四十個常設性節目）。拉丁美洲社區電台也有許多為女人設計及由女人製作的。

在新聞領域中，這婦女專欄服務（Women's Features Service; WFS）在 UNESCO 及聯合國人類活動基金贊助下開始成立，並靠著 IPS（Inter Press Service）支助了許多年，這是一個成功的例子。WFS 每天在 IPS 上介紹兩位女性新聞從業人員。在羅馬的 ISIS 國際聯盟以及紐約的「國際婦女保護中心」（International Women's Tribune Center）操控了國際婦女資訊新聞網及資料庫。

在 1991 年「女人、媒體及廣告」的國際會議中，要求媒體必須包括關於婦女公眾人物的主要報導，要求詳查媒體道德現存的通用規則是否合理，並須保證將此規則用於婦女議題及權利的正向反應上，要求消費者抵制大男人主義的廣告。[137]

如同 Roach 曾指出的，婦女在此資訊的爭議上已幾乎完全被忽略，在大眾媒體宣言 Mass Media Declaration 中甚至幾乎沒提到女人。而在 MacBride 的報導中提到女人的只有二頁，以及在他的八十二個推介中只有一個是女人。為何被如此的漠視呢？Roach 相信「在大部分社會中，男女之間權力的不平等關係也反應到通訊領域中來」，[138] 而如同在本章中所顯示出的，不僅僅是女人，而是所有在社會上遭受到這些「不平等關係」的人一般，都是「資訊匱乏的人」。

註 釋

1. Marshall McLuhan, *Understanding Media: The Extensions of Man* (New York: New American Library, 1964), p. 67. See also Marshall McLuhan and Quentin Fiore, *War and Peace in the Global Village* (New York: Bantam Books, 1968).

2. Claus Eurich, "Communications Polluting Speech," *Development: Seeds of Change* 1 (1985): 75, cited by John A. Lent, "New Information Technology: Myths, Questions, Alternatives." Paper presented at Conference of the International Association for Mass Communication Research, New Delhi, August 1986.

3. See Georgi Arbatov, *The War of Ideas in Contemporary International Relations* (Moscow: Progress, 1973); Howard H. Frederick, *Cuban-American Radio Wars: Ideology in International Telecommunication* (Norwood, NJ: Ablex, 1986); Cees Hamelink, *The Corporate Village: The Role of Transnational Corporations in International Communications* (Rome: IDOC International, 1977); William A. Hatchen in collaboration with Marva Hatchen, *The World News Prism: Changing Media, Clashing Ideologies* (Ames, IA: Iowa State University Press, 1981); Harold D. Lasswell, Daniel Lerner, and Hans Speier, *Propaganda and Communication in World History*, 3 vols. (Honolulu, HI: University Press of Hawaii, 1979 and 1980); Armand Mattelart, *Multinational Corporations and the Control of Culture: The Ideological Apparatuses of Imperialism* (Atlantic Highlands, NJ: Humanities Press, 1979); Thomas McPhail, *Electronic Colonialism: The Future of International Broadcasting and Communication* (Beverly Hills, CA: Sage, 1981); Herbert I. Schiller, *Mass Communication and the American Empire* (Boston: Beacon Press, 1971); and Anthony Smith, *The Geopolitics of Information: How Western Culture Dominates the World* (New York: Oxford University Press, 1980).

4. Francis Fukuyama, "The End of History," *The National Interest*, Summer 1989, pp. 3–18. See also Torbjørn L. Knutson, "Answered Prayers: Fukuyama, Liberalism, and the End-of-History Debate," *Bulletin of Peace Proposals* 22 (1, 1991): 77–85.

5. Daniel Bell, *The End of Ideology: On the Exhaustion of Political Ideas in the Fifties* (Glencoe, IL: Free Press, 1960).

6. Stephen Krasner quoted in Susan Wels, "Global Integration: The Apparent and the Real," *Stanford Magazine*, September 1990, p. 48.

7. See William Read, "Information as a National Resource," *Journal of Communication* 29 (1, 1979): 172–178; and Martin A. Rothblatt, "The Space WARC: International Accommodations for Satellite Communications," in *Regulation of Transnational Communications: Michigan Yearbook of International Legal Studies, 1984*, ed. Leslie J. Anderson (New York: Clark Boardman, 1984), pp. 43–44.

8. See Kaarle Nordenstreng and Herbert I. Schiller, *National Sovereignty and International Communication* (Norwood, NJ: Ablex, 1979).

9. Louis Jionet, Secretary-General of the French Commission on Data Processing and Liberties, quoted in House Committee on Government Operations, *International Information Flow: Forging a New Framework*, 1980 H.R. Rept. No. 1525, 96th Congress, 2nd session, p. 20, note 49, cited in Sol Glasner, "Multinational Corporations and National Sovereignty," in *Toward a Law of Global Communications Networks*, ed. Anne W. Branscomb (New York: Longman, 1986), p. 336.

10. William J. Broad, "No Go for Satellite Sanctions Against Iran," *Science,* May 16, 1980, pp. 685-686.

11. David E. Sanger, "Waging a Trade War over Data," *New York Times,* March 13, 1983, p. f1+.

12. Hemant Shah, "International Regulation of Direct Broadcast Satellites: The Roles of UNESCO, ITU, and the UN," n.p.

13. Rolf T. Wigand, "Direct Satellite Broadcasting: Definitions and Prospects," in *World Communications: A Handbook,* ed. George Gerbner and Marsha Siefert (New York: Longman, 1984), pp. 229-235; Joseph N. Pelton, "The Communication Satellite: Revolutionary Change Agent," *Columbia Journal of World Business* 18 (Spring 1983): 77-84; John Pike, "Space is Big Business," *Multinational Monitor* 4 (September 1983): 16-20; Lawrence Schnapf, "Explorations in Space Law: An Examination of the Legal Issues Raised by Geostationary, Remote Sensing, and Direct Broadcasting Satellites," *New York Law School Law Review* 29 (1985): 687-748; and U. S. International Communication Agency, *The United States and the Debate on the World "Information Order"* (Washington, DC: Academy for Educational Development, 1979).

14. The countries were Brazil, Colombia, the Congo, Ecuador, Gabon, Indonesia, Kenya, Somalia, Uganda, and Zaire.

15. This is similar to the American law by which the owner of "lakefront" property "owns" the lake bed out to the middle of the lake. Such ownership coexists with the passage and anchoring of boats, swimming, and so forth. See Harry Levin, "Political Economy of Orbit Spectrum Leasing," in Rothblatt, "The Space WARC," in *Regulation of Transnational Communications, International Legal Studies, 1984,* note 6, p. 64.

16. "The Bogotá Declaration of 1976," reprinted in Nicolas Mateesco Matte, *Aerospace Law: Telecommunications Satellites* (Toronto: Butterworth, 1982), p. 341.

17. The argument made by the United States and the USSR was that the satellite's path through space is not determined by any single factor; rather, it is affected by a combination of factors, including at least the energy imparted by the launched vehicle; the mass of the spacecraft; the altitude at which it moves above the Earth; the forces of gravity of the Earth, the Moon, and the Sun; and the radiation pressure of the Sun. See Carl Q. Christon, *The Modern International Law of Outer Space* (New York: Pergamon Press, 1982), pp. 455-456; and Boris Belitzky, trans., *International Space Law* (New York: Praeger, 1984), p. 157; both cited by Leonardo Ferreira, "The Geostationary Orbit and the Equatorial Countries' Claim of Sovereignty: Historical Overview and Update." Paper presented at Conference of the International Communication Association, New Orleans, 1988, p. 33.

18. Ferreira, "The Geostationary Orbit," pp. 69-72.

19. Marcel Barang, "Remote Sensing: Short Cut to the Long View," *South,* May 1987, pp. 64-65.

20. Geza Feketekuty and Jonathan David Aronson, "Restrictions on Trade in Communication and Information Services," in *Regulation of Transnational Communications,* p. 151.

21. *Principles Relating to Remote Sensing of the Earth from Outer Space,* United Nations General Assembly, December 3, 1986. See Charles E. Knox, "Remote-Sensing 'Principles' Prescribes Cooperation within Framework of Economic Cooperation," University of Washington, School of Communications, n.d.

22. "ABC World News," April 2, 1987.

23. David E. Sanger, "Conflict Seen as Likely in News Media Use of Satellite Images," *New York Times*, May 28, 1987, p. A6; U.S. Congress, Office of Technology Assessment, *Commercial Newsgathering from Space: A Technical Memorandum* (Washington, DC: Government Printing Office, May 1987); William E. Smith, "Spacecam: Legal Issues in the Use of Remote-Sensing Satellites for News Gathering." Paper presented at the Conference of the Association for Education in Journalism and Mass Communication, Norman, Oklahoma, 1986; and Robert J. Aamoth, Esq., "From Landsat to Mediasat: The Development of Remote Sensing Technology and the First Amendment Right of the Press to Use that Technology for News Reporting," in *American Enterprise, The Law and the Commercial Use of Space*, vol. 2, ed. National Legal Center for the Public Interest, 1986, pp. 1–24.

24. Peter Muzik, *Die Medien Multis* (Vienna: Verlag Orac, 1989).

25. Ben H. Bagdikian, "The Lords of the Global Village," *The Nation*, June 12, 1989, p. 807.

26. Ben H. Bagdikian, *The Media Monopoly* (Boston: Beacon Press, 1st ed. 1982; 2nd ed. 1987).

27. Ben H. Bagdikian, Speech, University of Southern California, Los Angeles, March 15, 1990.

28. Bertelsmann paid over $800 million for Doubleday and RCA. Sony owns CBS Records and Columbia Pictures. Hachette paid $1.1 billion for Grolier and Diamandis Communications. Four of the seven major Hollywood motion pictures studios are foreign-owned. Three-fourths of U.S. record companies are foreign-owned. See Thomas B. Rosenstiel, "The Selling of the U.S. Media: Have Foreign Buys Gone Too Far?" *Los Angeles Times*, November 4, 1990, p. D10.

29. Muzik, *Die Medien Multis*

30. UNESCO Resolution 4/19 on the International Commission for the Study of Communication Problems, October 1980, Para. 14, a.ii., in Kaarle Nordenstreng, Enrique Gonzales Manet, and Wolfgang Kleinwächter, *New International Information and Communication Order: A Sourcebook* (Prague: International Organization of Journalists, 1986), p. 249.

31. John Armstrong, "Deregulating the International Telecommunications Satellite System: The Implications for INTELSAT and the Shape of International Telecommunications." Paper presented at the Conference of the International Communication Association, New Orleans, 1988.

32. Richard C. Beiard, "Telecommunications as an Engine of Economic Growth," Washington, DC: U. S. Department of State, 1989.

33. Michael Palmer and Jeremy Tunstall, "Deregulation and Competition in European Telecommunications," *Journal of Communication* 38 (1, 1988): 60–69.

34. The most immediate results of the Italian court's 1976 decision to permit commercial television was a huge increase in U.S. films on Italian television. Italian viewers flocked to this type of programming, and the well-respected RAI broadcasting suffered tremendously. David Waterman, "World Television Trade," *Telecommunications Policy*, June 1988, p. 141.

35. The Spanish government awarded licenses in 1989 for Spain's first three private television channels to companies headed by Canal Plus of France, Antena 3 of Spain, and Berlusconi. "Spain Awards TV Licenses," *International Herald Tribune*, August 26–27, 1989, p. 11.

36. "Balaton Channel, Première Television Privée de Hongrie," *Le Monde*, June 24, 1989, p. 20.

37. Johann Wolfgang von Goethe, "Äusserungen über 'Weltliteratur,'" *Goethes Werke*, vol. 12 (Hamburg, FRG: Christian Wegner Verlag, 1953), pp. 362–363.

38. Quoted in James Stover, *Information Technology in the Third World: Can I.T. Lead to Humane National Development?* (Boulder, CO: Westview Press, 1984), p. 31.

39. Kaarle Nordenstreng, "Three Theses on the Imbalance Debate," *Politics of News: Third World Perspectives*, ed. J. S. Yadava (New Delhi: Concept, 1984).

40. See "International News Flows," special issue of *Communication Research Trends* 10 (4, 1989); Al Hester, "The Collection and Flow of World News," in *Global Journalism: Survey of International Communication,* ed. John C. Merrill, 2nd ed. (New York: Longman, 1991), pp. 29–50; K. Kyoon Hur, "A Critical Analysis of International News Flow Research," *Critical Studies in Mass Communication* 1 (4, 1984): 365–378; Hamid Mowlana, *Global Information and World Communication: New Frontiers in International Relations* (New York: Longman, 1986);

Jim Richstad and Michael Anderson, eds., *Crisis in International News: Policies and Prospects* (New York: Columbia University Press, 1981); and Robert L. Stevenson, *Communication, Development, and the Third World: The Global Politics of Information* (New York: Longman, 1988).

41. Denis McQuail, "International Information Flows: Evidence of Content Analysis," in *Approaches to International Communication,* eds. Ullamaija Kivikuru and Tapio Varis (Helsinki: Finnish National Commission for UNESCO, 1986), p. 131.

42. Mowlana, *Global Information,* p. 28; International Journalism Institute, *The Mass Media in the World, 1987,* p. 40, citing UNESCO, *World Communication Report* (draft) (Paris: UNESCO, 1988), p. 1.54; and UNESCO, *World Communication Report* (Paris: UNESCO, 1989), pp. 136–137.

43. Kaarle Nordenstreng and Tapio Varis, *Television Traffic—A One-Way Street?* Reports and Papers on Mass Communication, no. 70 (Paris: UNESCO, 1974).

44. Tapio Varis, "International Flow of Television Programs," *Journal of Communication* (Winter 1984): 143–152; and Tapio Varis, "International Flow of Television Programs," in *Current Issues in International Communication,* eds. L. John Martin and Ray Eldon Hiebert (New York: Longman, 1990), pp. 26–34.

45. See Margaret A. Blanchard, *Exporting the First Amendment: The Press–Government Crusade of 1945–1952* (New York: Longman, 1986).

46. Cited in Herbert I. Schiller, *Communication and Cultural Domination* (White Plains, NY: Sharpe, 1976), p. 24.

47. "Constitution of UNESCO," in Nordenstreng, Gonzales Manet, and Kleinwächter, *New International Information,* p. 211.

48. "Declaration of the Ministerial Conference of Non-Aligned Countries on Decolonization of Information, July 13, 1976, New Delhi," in Nordenstreng, Gonzales Manet, and Kleinwächter, *New International Information,* p. 285.

49. Lyrics from reggae tune "The Foreign Press," by Bob Marley, circa 1978.

50. Walter Lippman, *Public Opinion* (New York: MacMillan, 1922; 16th printing, 1961), p. 364.

51. George Gerbner, "Ideological Perspectives and Political Tendencies in News Reporting," *Journalism Quarterly* 41 (1964): 495.

52. *Extra!* December 1987, p. 16.

53. Shirley M. Keddie, "Naming and Renaming: *Time* Magazine's Coverage of Germany and the Soviet Union during the 1940s" (Ph.D. diss. University of Massachusetts, 1985).

54. Mort Rosenblum, "Reporting from the Third World," *Foreign Affairs,* July 1977, p. 816.

55. Josep Rota and Gilda S. Rota, "A Content Analysis of International News Published by the Leading Newspapers in Mexico City." Paper presented at the Conference of the Latin American Studies Association, Albuquerque, 1985.

56. See David Manning White, "The 'Gate Keeper': A Case Study in the Selection of News," *Journalism Quarterly* 27 (1950): 386; and Frederick, *Cuban-American Radio Wars*, pp. 68–70.

57. Edwin Diamond, *The Tin Kazoo: Television, Politics and the News* (Cambridge, MA: MIT Press, 1975), p. 94.

58. Johan Galtung and Mari Holmboe Ruge, "The Structure of Foreign News: The Presentation of the Congo, Cuba, and Cyprus Crises in Four Foreign Newspapers," in *Media Sociology: A Reader*, ed. Jeremy Tunstall (Urbana, IL: University of Illinois Press, 1970), p. 291. This article appeared originally in *Journal of International Peace Research* 1 (1965): 64–90. Similar studies are found in Herbert G. Kariel and Lynn A. Rosenvall, "Factors Influencing International News Flows," *Journalism Quarterly* 61 (Autumn 1984): 509–516; and Sophia Peterson, "Foreign News Coverage and Criteria of Newsworthiness," *Journalism Quarterly* 56 (1, Spring 1979): 116–125.

59. George Gerbner and G. Marvanyi, "The Many Worlds of the World's Press," *Journal of Communication* 27 (1, 1977): 52–66. Reprinted in *World Communications: A Handbook*, pp. 92–102.

60. Adapted from UNESCO, "Content and Sources of News," in UNESCO, *World Communication Report*, pp. 141–142. See the original study: UNESCO, *Foreign News in the Media: International Reporting in 29 Countries*, Reports and Papers on Mass Communication, no. 93 (Paris: UNESCO, 1982). See also Annabelle Sreberny-Mohammadi, "The 'World of the News' Study: Results of International Cooperation," *Journal of Communication* 34 (1, 1984): 121–133; Annabelle Sreberny-Mohammadi, "The 'World of the News,' " in *Current Issues in International Communication*, pp. 8–17; Robert L. Stevenson, "The 'World of the News' Study: Pseudo Debate," *Journal of Communication* 34 (1, 1984): 134–137; and Kaarle Nordenstreng, "The 'World of the News' Study: Bitter Lessons," *Journal of Communication* 34 (1, 1984): 138–142.

61. Robert L. Stevenson, "The Western News Agencies Do Not Ignore the Third World," *Editor & Publisher*, July 5, 1980, pp. 11+.

62. G. Cleveland Wilhoit and David H. Weaver, "Foreign News Coverage in Two U.S. Wire Services: An Update," *Journal of Communication* 33 (2, 1983): 132–148.

63. David H. Weaver and G. Cleveland Wilhoit, "Foreign News Coverage in Two U.S. Wire Services," *Journal of Communication* 31 (Spring 1981): 55–63.

64. Mohamed Kirat and David Weaver, "Foreign News Coverage in Three Wire Services: A Study of AP, UPI, and the Nonaligned News Agencies Pool," *Gazette* 35 (1, 1985): 45.

65. Robert L. Stevenson and Stevan Marjanovic, "A Look at Alternative News Sources." Paper presented at the Conference of the International Association for Mass Communication Research, Prague, 1984.

66. Narinder Aggarwala, "News with Third World Perspectives," in *The Third World and Press Freedom*, ed. Philip Coltorton (New York: Praeger, 1978), pp. 197–209; Narinder Aggarwala, "A Third World Perspective on the News," *Freedom at Issue*, (May–June 1978), pp. 13–20; and *Current Issues in International Communication*, pp. 355–362; Alan B. Chalkley, *A Manual of Development Journalism* (New Delhi: Vikas, 1970); Narinder Aggarwala, "News: A Matter of People [Development Journalism]," *Studies in Third World Societies* (9, 1979): 45–56; and Al Hester, "Revolutionary and Development Journalism," in *Handbook for Third World Journalists*, ed. Albert L. Hester and Wai Lan J. To (Athens, GA: Center for International Mass Communication Training and Research, 1987), pp. 57–67.

67. Imelda Marcos, 1978, cited in John J. Kochevar, "The Effects of Advertising in the Developing Nations." Paper presented at the Conference of the International Communication Association, Acapulco, Mexico, 1980, p. 10.

68. For basic works on colonialism and imperialism, see Kenneth Boulding and Tapan Mukerjee, eds., *Economic Imperialism* (Ann Arbor, MI: University of Michigan Press, 1972); David K. Fieldhouse, *The Colonial Empires: A Comparative Survey from the Eighteenth Century* (New York: Delacorte Press, 1966); Louis A. Hartz, ed., *The Founding of New Societies* (New York: Harcourt, Brace & World, 1964); J. A. Hobson, *Imperialism*, 3rd ed. (London: Unwin Hyman, 1988); George Lichtheim, *Imperialism* (New York: Praeger, 1971); Albert Memmi, *The Colonizer and the Colonized* (Boston: Beacon Press, 1967); John H. Parry, ed., *Trade and Dominion: The European Overseas Empires in the Eighteenth Century* (New York: Praeger, 1971); Joseph Schumpeter, *Imperialism and Social Classes* (New York: Meridian Books, 1955); Tony Smith, ed., *The End of European Empire: Decolonization after World War II* (Lexington, MA: Heath, 1975); Charles Verlinden, *The Beginnings of Modern Colonization* (Ithaca, NY: Cornell University Press, 1970); Robin Winks, ed., *Age of Imperialism* (Englewood Cliffs, NJ: Prentice-Hall, 1969); and Harrison M. Wright, ed., *The "New Imperialism": Analysis of Late Nineteenth-Century Expansion*, 2nd ed. (Boston: Heath, 1976).

69. Herbert I. Schiller, *Who Knows: Information in the Age of the Fortune 500* (Norwood, NJ: Ablex, 1981), p. 5. See also S. S. Gill, "North Uses Information Technology to Control South," *Third World Resurgence* (3, 1991): 33–34.

70. Osman Araby, "Media Imperialism: Theoretical Considerations." Paper presented at the Conference of the International Communication Association, Montreal, Canada, 1987, p. 3.

71. Oliver Boyd-Barrett, "Media Imperialism: Toward an International Framework for the Analysis of Media Systems," in *Mass Communication and Society*, ed. J. Curran, M. Gurevich, and J. Woolacoot (Beverly Hills, CA: Sage, 1979), p. 117.

72. C. C. Lee, *Media Imperialism Reconsidered* (Beverly Hills, CA: Sage, 1980), p. 68.

73. Douglas A. Boyd, "The Janus Effect? Imported Television Entertainment Programming in Developing Countries," *Critical Studies in Mass Communication* 1 (1984): 389. See also John Sinclair, "From 'Modernization' to Cultural Dependence: Mass Communication Studies and the Third World," *Media Information Australia* 23 (February 1982): 12–18, and in *Current Issues in International Communication*, pp. 286–293.

74. Richard Reeves, *American Journey: Traveling with Tocqueville in Search of Democracy in America* (New York: Simon & Schuster, 1982), p. 81, cited in Sydney Head, *World Broadcasting Systems: A Comparative Analysis* (Belmont, CA: Wadsworth, 1985), p. 229. See also Carl Bernstein, "The Leisure Empire," *Time*, December 24, 1990, pp. 56–59.

75. C. P. Kindleberger, *Economic Development* (New York: McGraw-Hill, 1958); W. W. Rostow, *The Stages of Economic Growth* (New York: Cambridge University Press, 1960); J. Backman, *Advertising and Competition* (New York: New York University Press, 1967); F. X. Callahan, "Does Advertising Subsidize Information?" *Journal of Advertising Research* 18 (1978): 19–22; J. M. Ferguson, *Advertising and Competition: Theory Measurement and Fact* (Cambridge, MA: Ballinger, 1974); and J. S. Wright et al., *Advertising* (New York: McGraw-Hill, 1971).

76. See Richard Barnet and R. Muller, *Global Reach: The Power of the Multinational Corporations* (New York: Simon & Schuster, 1974); Luis R. Beltran and Elizabeth Fox de Cardona, "Latin America and the United States: Flaws in the Free Flow of Information," in *National Sovereignty and International Communication*, pp. 33–64; Elizabeth de Cardona, "Multinational Television," *Journal of Communication* 25 (1975): 122–128; Nicholas Kaldor, "The Economic Aspects of Advertising," *Review of Economic Studies* 18 (1950): 1–27; Noreene Janus, "Advertising and Global Culture," *Cultural Survival Quarterly* 7 (2, 1983): 28–34; Hidetashi Kato, "Global Instantaneousness and Instant Globalism—The Significance of Popular Cultures in Developing Countries," in *Communication and Change: The Last Ten Years—and the Next*, ed. Wilbur

Schramm and Daniel Lerner (Honolulu, HI: University Press of Hawaii, 1978); Lucy Komisar, "The Image of Women in Advertising," in *Women in Sexist Society: Studies in Power and Powerlessness,* ed. Vivian Gornick and Barbara K. Moran (New York: New American Library, 1972); Karl P. Sauvant, "Multinational Enterprises and the Transmission of Culture: The International Supply of Advertising Services and Business Education," *Journal of Peace Research* 13 (1976): 49–65; Schiller, *Communication and Cultural Domination;* Alan Wells, *Picture Tube Imperialism: The Impact of U.S. Television on Latin America* (Maryknoll, NY: Orbis Books, 1972).

77. Indira Gandhi, "Speech to the United Nations General Assembly," *New York Times,* September 29, 1983, p. A8.

78. J. J. Boddewyn, "The Global Spread of Advertising Regulation," *MSU Business Topics* 24 (2, Spring 1981): 5–13, and in *Current Issues in International Communication,* pp. 82–90.

79. "Western Satellite TV Invasion in the Caribbean," *Democratic Journalist,* March 1989, p. 19. See also Maria C. Wert and Robert L. Stevenson, "Global Television Flow to Latin American Countries," *Journalism Quarterly* 65 (1, Spring 1988): 182–185, and in *Current Issues in International Communication,* pp. 42–46.

80. Stanford Garikayi Mukasa, *The Epistemology of the New World Information/Communication Order* (Montreal: McGill University, Center for Developing Area Studies, 1987), p. 7.

81. Luis Ramiro Beltran S., "TV Etchings in the Minds of Latin Americans: Conservatism, Materialism, and Conformism," *Gazette* 24 (1978): 61–85.

82. Carl Bernstein, "The Leisure Empire," p. 58.

83. *Intermedia,* (3, 1988): 39–41, cited in *Mass Communication Media in the World* 5 (8, 1988): 15.

84. Howard H. Frederick, "Caribbean Media Workers Combat Information Colonialism," *Extra!,* January/February 1988, p. 14.

85. Mexico's Televisa is the largest television enterprise in the region. Of its 7,000 hours' annual production, about 70 percent is destined for regional and international distribution. Together with its 400,000 hours of archives, Televisa exports about 20,000 hours yearly. In December 1988 Televisa launched Galavision, a twenty-four-hour satellite service of news, light entertainment, and soap operas, to Western Europe. Televisa is now one of Western Europe's five largest television suppliers. *Entwicklungstendenzen der Massenmedien,* December 1988, p. 20, cited in *Mass Communication Media in the World* 6 (3, 1989): 22.

86. Ithiel de Sola Pool, "The Changing Flow of Television," *Journal of Communication* 27 (2, 1977): 139; and Wilson P. Dizard, Jr., *The Coming Information Age: An Overview of Technology, Economics, and Politics,* 3rd ed. (New York: Longman, 1989), pp. 186–189.

87. C. C. Lee, *Media Imperialism Reconsidered,* p. 175; Jeremy Tunstall, *The Media Are American: Anglo-American Media in the World* (New York: Columbia University Press, 1977); and Elihu Katz and George Wedell, *Broadcasting in the Third World* (Cambridge, MA: Harvard University Press, 1977).

88. Nordenstreng and Varis, *Television Traffic,* p. 55.

89. Schiller, *Communication and Cultural Domination,* p. 9.

90. Evelino Dagnino, "Cultural and Ideological Dependence: Building a Theoretical Framework," in *Structures of Dependency,* ed. Frank Bonilla and Robert Girling (E. Palo Alto, CA: Nairobi Bookstore, 1973), pp. 129–148; Rita Cruise O'Brien, "Mass Communications: Social Mechanism of Incorporation and Dependence," in *Transnational Capitalism and National Development: New Perspectives on Dependence,* ed. Jose J. Villamil (Atlantic Highlands, NJ: Humanities Press,

Perspectives on Dependence, ed. Jose J. Villamil (Atlantic Highlands, NJ: Humanities Press, 1979), pp. 129–144; Antonio Pasquali, *Comunicación y Cultura de Masas,* 4th ed. (Caracas: Monte Avila, 1977); and Oswaldo Sunkel and E. F. Fuenzalida, "Transnationalization and Its National Consequences," in *Transnational Capitalism and National Development,* pp. 67–94.

91. Nordenstreng and Varis, *Television Traffic.*

92. Lee, *Media Imperialism Reconsidered,* p. 175; Joseph Straubhaar, "The Transformation of Cultural Dependence: The Decline of American Influence on the Brazilian Television Industry" (Ph.D. diss., Tufts University, 1981); Katz and Wedell, *Broadcasting in the Third World.*

93. Varis, "International Flow of Television Programs," p. 143.

94. UNESCO, "Reports of the Meeting of Experts on Communication Policies and Planning" (Paris: UNESCO, 1972), cited in Hamid Mowlana and Laurie J. Wilson, *Communication Technology and Development* (Paris: UNESCO, 1988), p. 16.

95. Mowlana and Wilson, *Communication Technology and Development,* p. 16.

96. Adapted from International Telecommunication Union, *The Changing Telecommunication Environment: Policy Considerations for the Members of the ITU* (Geneva: ITU, 1989), p. 37.

97. Mustafa Masmoudi, "The New World Information Order," *Journal of Communication* 29 (1979): 172. See also Robert A. White and James M. McDonnell, "Priorities for National Communication Policy in the Third World," *The Information Society Journal* 2 (1, 1983): 5–33.

98. International Telecommunication Union, *The Changing Telecommunication Environment,* p. 25.

99. Leonard J. Theberge, "UNESCO's 'New World Information Order': Colliding with First Amendment Values," *American Bar Association Journal* 67 (1981): 717–718.

100. UNESCO, *A Documentary History of a New World Information and Communication Order Seen as an Evolving and Continuous Process,* Documents on Communication and Society, no. 19 (Paris: UNESCO, n.d.), p. 7.

101. Carlos von Doellinger and Leonardo C. Cavalcanti, *Empresas Multinacionais na Industria Brasileira* (Rio de Janeiro: Instituto de Planejamento Economico e Social, 1975), p. 27; M. Margolis, "The United States and Brazil: Anatomy of a Trade Dispute," *Christian Science Monitor,* March 27, 1987, p. 17; U. S. Department of Commerce, *A Competitive Assessment of the U. S. Microcomputer Industry* (Washington, DC: International Trade Administration, August 1986); "Brazil Takes on a Protectionist Ring," *The Economist,* October 12, 1985, p. 86; Jean Michel Quadrepoint, "U. S. Offensive against Latin American Informatics: Avoiding the Contagion of the 'Bad Example' of Brazil," *Le Monde Diplomatigue,* July 1986, p. 17; Norman Gall, "Does Anyone Really Believe in Free Trade?" *Forbes,* December 15, 1986, pp. 115–120; Linda Bower, "New Law Affects Brazil's Big 'Informatics' Market," *Business America,* December 10, 1984, p. 45; and Peter B. Evans, "Declining Hegemony and Assertive Industrialization: U.S.–Brazil Conflicts in the Computer Industry," *International Organization* 43 (2, Spring 1989): 207–238.

102. Christoph Dornbacher and Oliver Fischer, "Telecommunications in the Uruguay Round," *Intereconomics: Review of International Trade and Development* 25 (July/August 1990): 185–192.

103. Cited in Joseph N. Pelton, "Toward an Equitable Global Information Society," in *International Information Economy Handbook,* ed. G. Russell Pipe and Chris Brown (Springfield, VA: Transnational Data Reporting Service, 1985), p. 95.

104. Sandra Braman, "Trade and Information Policy," *Media, Culture & Society* 12 (3, July 1990): 364–367.

105. Karl P. Sauvant, "The International Politics of Data Services Trade," in *International Information Economy Handbook*, p. 101.

106. Braman, "Trade and Information Policy," pp. 374–375.

107. Geza Feketekuty and Jonathan David Aronson, "Restrictions on Trade in Communication," pp. 148ff.

108. See Leonard R. Sussman, "Censors Retreat—Except in the Gulf," *Freedom Review* (January–February 1992): 39–44; International Federation of Journalists SafeNet, Press Release, December 31, 1991, "Journalists Killed 1991: UPDATE;" and Jonathan Power, "The Bloody Contest of Pen and Sword," *Los Angeles Times*, March 26, 1990, p. B7.

109. John C. Merrill, "Governments and Press Control: Global Attitudes on Journalistic Matters," *Political Communication and Persuasion* 4 (1987): 223–262. During 1987 Merrill conducted interviews with more than sixty information/press officers at UN missions in New York City and embassy press attaches in Washington, DC.

110. For a complete history of these proposals, see Susan Holmberg, "The Protection and Licensing of Journalists: A Global Debate," *International Communication Bulletin* 22 (Spring 1987): 21–29.

111. *Draft Convention on the Gathering and International Transmission of News*, Economic and Social Council, 1948, in Edward W. Ploman, ed., *International Law Governing Communications and Information: A Collection of Basic Documents* (Westport, CT: Greenwood Press, 1982), p. 133.

112. *Conventions for the Protection of War Victims Concerning I. Amelioration of the Condition of Wounded and Sick in Armed Forces in Field; II. Amelioration of the Condition of the Wounded, Sick, and Shipwrecked Members of the Armed Forces at Sea; III. Treatment of Prisoners of War; IV. Protection of Civilian Persons in the Time of War*, Geneva, August 12, 1949. Entered into force October 21, 1950; for the United States, August 2, 1955. M. J. Bowman and D. J. Harris, *Multilateral Treaties: Index and Current Status* (London: Butterworth, 1984) and *Fifth Cumulative Supplement* (Nottingham: University of Nottingham Treaty Centre, 1988), pp. T238–241.

113. *Protection of Journalists Engaged in Dangerous Missions in Areas of Armed Conflict*, UN General Assembly Resolution 2673 (XXV), 1970, in Ploman, *International Law Governing Communications*, p. 178.

114. "Preliminary Draft International Convention on the Protection of Journalists Engaged in Dangerous Missions," transmitted to the UN General Assembly by the Economic and Social Council Resolution 1597 (I), 1971, in Ploman, *International Law Governing Communications*, p. 179.

115. Article 79.1, *Protocols Additional to the 1949 Geneva Conventions and Relating to the Protection of I. Victims of International Armed Conflict; II. The Protection of Victims of Non-International Armed Conflicts*, Geneva, June 8, 1977. The 1949 Conventions had not applied to civil wars at all. Protocol I defines conflict so as to include wars of self-determination and to protect guerrilla forces fighting them.

117. International Commission for the Study of Communication Problems, *Many Voices, One World* (Paris: UNESCO, 1980), p. 264.

118. Pierre Gaborit, "Project for the Establishment of an International Commission and a Periodical International Conference for the Protection of Journalists." Paper presented at the Consultative Meeting on the Protection of Journalists, February 16–17, 1981, Doc. CC-80/WS/53 (Paris: UNESCO, 1980). Page 1 contains an important note: "The point of view adopted in this docu-

ment, the choice of facts presented in it and the opinions expressed with regard to the facts are the responsibility of the author and do not necessarily reflect the views of UNESCO."

119. William G. Harley to United States National Commission for UNESCO, April 15, 1981, p. 3.

120. *Principles Adopted by the Congress of the International Union of Press Associations*, Prague, 1936, in Nordenstreng, Gonzales Manet, and Kleinwächter, *New International Information*, p. 361.

121. *Draft Code of Ethics*, UN Economic and Social Council Resolution 442B (XIV), 1952, in Ploman, *International Law Governing Communications*, p. 181.

122. "Latin American Code of Journalist Ethics," Caracas, July 7, 1979, in Nordenstreng, Gonzales Manet, and Kleinwächter, *New International Information*, p. 362.

123. *The Declaration of Talloires of the "Voices of Freedom" Conference*, May 17, 1981, in Nordenstreng, Gonzales Manet, and Kleinwächter, *New International Information*, p. 368.

124. "International Principles of Professional Ethics in Journalism," Paris, November 20, 1983, in Nordenstreng, Gonzales Manet, and Kleinwächter, *New International Information*, p. 371. The associations, representing more than 400,000 working journalists, included: International Organization of Journalists (IOJ), International Federation of Journalists (FIJ), International Catholic Union of the Press (UCIP), Latin American Federation of Journalists (FELAP), Latin American Federation of Press Workers (FELATRAP), Federation of Arab Journalists (FAJ), Union of African Journalists (UJA), and Confederation of ASEAN Journalists (CAJ).

125. Merrill, "Governments and Press Control," pp. 223–262.

126. International Journalism Institute, *Professional Codes of Ethics in Journalism from CSCE Countries*, ed. Jiri Hosek and Zuzana Zrustova (Prague: International Journalism Institute, 1989).

127. World Conference on the UN Decade for Women, *Program of Action for Second Half of the UN Decade for Women: Equality, Development, and Peace*, Doc. A/CONF. 93/34 (New York: United Nations, 1980), cited in Margaret Gallagher, "Women and NWICO," in *Communication for All: New World Information and Communication Order*, ed. Philip Lee (Maryknoll, NY: Orbis, 1985), p. 34.

128. This section owes a debt of thanks to the pioneering work of Jane Cottingham of ISIS (Switzerland) and Margaret Gallagher of the City University (United Kingdom) for their important contribution, "Women in Communication," in UNESCO, *World Communication Report*, pp. 208–229; and to Colleen Roach, particularly for her section, "Women and the NWICO," in "The Movement for a New World Information and Communication Order: A Second Wave?" *Media, Culture & Society* 12 (3, July 1990): 298–301.

129. International Commission for the Study of Communication Problems, *Many Voices, One World*, p. 267.

130. UNESCO, *Women and Media Decision-Making: The Invisible Barriers* (Paris: UNESCO, 1987).

131. Cottingham and Gallagher, "Women in Communication," p. 210; International Commission for the Study of Communication Problems, *Many Voices, One World*, p. 190.

132. World Conference on the UN Decade for Women, *Technological Change and Women Workers: The Development of Microelectronics*, Doc. A/CONF. 94/26 (New York: United Nations, 1980), cited in Margaret Gallagher, "Women and NWICO," p. 41.

133. See Ramona R. Rush and Donna Allen, eds., *Communications at the Crossroads: The Gender Gap Connections* (Norwood, NJ: Ablex, 1989). See also the special issue on women in *Development Communication Report* (3, 1990).

134. Cottingham and Gallagher, "Women in Communication," p. 212.

135. Quoted in Cottingham and Gallagher, "Women in Communication," p. 209.

136. What kind of news is news on women's terms? See Irma Kaarina Halonen, "Women and the Public Sphere," *Nordicom Review* (1, 1991): 9–14.

137. International Conference on Women, Media, and Advertising, Manila. For further information, contact: WOMANWATCH, Women's Media Circle Foundation, Inc., 90 Maningning St., Teachers Village, Quezon City, Philippines. FAX: 921–0955; and Radio for Peace International, Debra Latham, General Manager, PO Box 88, Santa Ana, Costa Rica. FAX. 506–49-1929. Email: rfpicr@huracan.cr

138. Colleen Roach, "The Movement for a New World Information and Communication Order: A Second Wave?" *Media, Culture & Society* 12 (3, July 1990): 301.

第六章 傳播、資訊與「新世界秩序」

　　上一個世紀，北大西洋報界將世界區分為數個區域。道路、大洋航線、跨洋電纜、電報及無線電頻道均沿著殖民的路線發展。而即使在今日，大部分的資訊如衛星、電視、光纖及電腦通訊仍持續沿著北大西洋的軸心傳遞。

　　二次世界大戰之後不同的情況發生了，國家自由主義在亞洲、非洲及拉丁美洲不斷變化。但是，舊經濟與資訊相互依存的架構仍然不變。

　　但是這種舊架構在 1973 年，在代表三分之二世界人口國家，在阿爾及利亞結成第四個不結盟高峰會議時受到了挑戰。這個會議宣告：

　　開發中國家必須對現存殖民時代所殘留的資訊管道採取一致的行動，這些資訊管道曾經打擊開發中國家間自由、直接及快速的通訊。[1]

　　這項宣示造成十年間對「新的世界資訊及傳播秩序」的密集討論及爭辯。[2] 這個討論在痛苦中結束，並且連帶使美國退出聯合國教育科學文化組織，這個爭論不只是因為它是全球性的傳播爭論，而且因為它表現出國際組織間多變的過程是如何發生的。

初步的觀念

在名義上，這個爭論明顯地政治化了。不結盟行動提出稱為「新的國際資訊及傳播秩序」（NIICO）。但是，UNESCO 及聯合國基本上稱為「新的世界資訊及傳播秩序」（NWICO ——發音成 new-ee-ko）對某些觀點而言，所謂「世界秩序」隱含一個「相互依存的世界」，也就是將不同的、寶貴的文化及政治實體整合為一，或稱為「地球村」。「國際秩序」包含至高無上的國家（文化及種族）間的關係。

這個論戰發起人之一——土耳其的政治家 Moustafa Masmoudi 堅持整個論戰應遠離政府，而置於非政府組織的範圍內。如「媒體文化及社會」社論所述：

> 新的國際秩序隱含不同國家之間的努力及重新協調並且藉此管理各階級。在這個艱鉅任務中，人們最好能武裝起來。……至於新世界秩序從另一個角度而言，建議基本理念的可能性，應不只立基於表面上的需求，而且注意到大部分人本身私有的活動。3

所以當美國總統布希宣示「新的世界秩序」時，「秩序」這個詞彙得到新的意義。因此，資訊秩序的論戰達到語意學中，什麼是「新秩序」的澄清，得到所有政治實體所接受。本文中選擇使用「麥克布萊德活動」（在麥克布萊德，也就是麥克布萊德委員會之後；隨後將於本章討論）的專有名詞來描述新資訊秩序的擁護者。

歷史前例

因為這個論戰為脫離殖民地時代過程之成長，從這個觀點言之是屬於較新的理論。[4] 事實上早在十年前，各種政治、專業及教育的文章中，已經對本項課題有所討論。這些頗具新聞價值的論戰可以溯及 1950 年代。在 1960 年代中，也就是聯合國開始發展的十年中，對國家傳播及通訊的低度開發才被明顯的關心。在聯合國第一顆人造衛星發射後，衛星傳播的爭論也隨之升高。

1927 年在布魯塞爾舉行的受壓迫國家會議中，開始今日的不結盟活動的學術討論。 1924 年在莫斯科成立受壓迫民族會議，也就是有名的「反帝國主義聯盟」 W. E. B. Du Bois ， Ho Chi Minh ， Kwame Nkrumah 及 Jawaharlal Nehru 等學者聚集討論一般性的問題，其中一項為文化的問題。

亞、非洲會議 1955 年在印尼的班丹舉行，展開不結盟運動，與會人士同聲譴責殖民主義對文化迫害性的影響：

> 在亞洲及非洲的許多地方，殖民地主義不管以任何方式存在，它不只阻礙了文化的合作，而且迫害各個國家的民族文化。……有些殖民者的力量已經在教育及文化上否定他們相互依存的民族基本權利。（這些政策等於對人類基本權利的否定）[5]

這個論戰在 1970 年代獲得政治意志的加強，使得有力量去質疑資訊及傳播的問題。論戰的升高並非新的資訊或觀念，而是因為「社會力量的充分整合，並且將力量累積到足以推動新的秩序」[6]

可以肯定的是，這個論戰的新意義為不同國家表達一種舊有語意。在本世紀中期，美國抱怨英國新聞界遺漏的報導。幾年以來，英國跨洋電纜網路支配世界資訊流程，用來遙控大英殖民帝國。美國抱怨，歐洲新聞服務──英國路透社，法國哈瓦斯，德國 Wolff ──「等通訊社在其他小國家裡，駕馭他們的弱勢團體，集權式及自我地實施專制獨裁」。[7] 二十五年來，由新聞界協會的會長 Kent Cooper 領導，這種聲調似乎與第三世界在 1970 年代的措詞雷同：

> 因為歐洲新聞界的關係，美國的國際態度已經發展出刻板印象和偏見。過去一百年來，強而有力的新聞資料經由這些頻道傳遞，成為美國戰爭的一種原因。但是歐洲的新聞界告訴世界關於美國西部的印地安人正走上征途、美國南部運用私刑及美國北部的怪異犯罪等新聞，再過幾十年，這些送到美國的消息卻不被相信。[8]

雖然這個論戰一直是報紙社論苦澀的標題，大部分的美國人卻從來沒聽過這件事。[9]

由美國媒體支持的獨立檢查團體名叫國家新聞協會，主張美國報紙關於「對 UNESCO 資訊事件，美國報界評論立場的正確性，報界本身並未提供美國人獨立判斷的適當基礎。」[10] 華盛頓的一所大學研究發現「不只地方報紙沒有而是大部分全國性報紙都沒有做到，因為一般美國人並無取得充足而確實的資訊來源以比較不同的觀點，然後做一個清晰的判斷」。[11] 更糟糕的是，經過調查顯示，超過五分之一的小報或中型報紙的編輯承認，對本事件完全缺乏瞭解。[12]

本論戰的原始重要人物之一，諾貝爾和平獎的得主 Seán MacBride 曾經建議「造成這種扭曲並不是編輯寫文章的問題，而是過去報紙文章選擇的過程陋習」。[13] 這種選擇的過程，引導西方的媒體以不同情的態度處理（本人分析西方媒體對本論戰的意義）對他們自己的批評能力的個案研究。[14]

力量的聚集

早在 1952 年，聯合國總部便表示關切：

> 在低度開發國家，針對大眾意見的發展而言，為了使他們能有能力對資訊的傳播有貢獻、對國內文化的發展及對國際的瞭解……等，應該給予設施及協助獨立的國內資訊工業。畢竟對該項事務給予精心的具體計畫及規劃的時候已經來臨。[15]

一開始，UNESCO 著重在會員國資訊結構的發展。在 1960 年，經濟及社會協會（ECOSOC）要求 UNESCO 調查全球報紙、無線電及電視的發展。結果報告「提出資訊被世界新聞機構控制的問題、為反應西方老闆的興趣而扭曲新聞及亞洲國家間缺乏新聞的交流」，[16]UNESCO 蒐集足夠的資料報告，在 1962 年聯合國提出「世界百分之七十的人沒有適當的資訊取得管道，因此資訊權利有效分享的說法是被否定的。」[17]

在加拿大蒙特婁會議上，第一次有了新資訊秩序清晰的要求。在 1969 年，UNESCO 針對混亂的傳播召開的專家會議中，第一次使用「新的世界資訊及傳播秩序」的詞彙。會議報告指出，已開發及開發中世界的分離造成新聞及資訊的自由交流，過去這些交流是單向的並非真正的交換。報告中強調，對開發中國家整體文化的保護為必要的，以免遭到外來強勢價值的毀滅性攻擊。[18]

不結盟運動的角色

今天，不結盟運動（NAM）包含亞洲、非洲與拉丁美洲的國家及自由運動，代表世界三分之二的人口發言。該運動的兩項目標為反殖民及民主化，已經充分涵蓋原先的「麥克布萊德運動」。[19]

從 1973 年在阿爾及爾至 1976 年在可倫坡的高峰會議對資訊秩序論戰的瞭解是非常重要的。這段期間，不結盟運動發展出新的國際經濟秩序（NIEO）。其實，新的世界資訊及傳播秩序的需求必須由 NIEO 所討論天賦價值的成長中去瞭解。[20] 舊的經濟秩序強調理性，因而過於強調資本化及技術，且與環境的不協調及對人性基本需求缺乏考量為基礎。

新的經濟秩序做了戲劇化的轉變，新價值在於平等、相互依存、對人的偏重而非對資本及技術、環境和諧、人權觀點及人類基本需要的滿足。不結盟運動的升高，NIEO 的訴求在聯合國中討論，1974 年通過「新國際經濟秩序的宣言」。[21]NIEO 並未直接挑戰資本主義，而是要求與工業化國家貿易時有較好的待遇。對生產的資源如資本、人工及技術能有較多的控制。同時要求第三世界國家間較多的貿易、富有國家較多的投資及第三世界國家對世界經濟組織較多的控制。

以上事件引起新資訊秩序的討論。許多代表爭議的傳播不足因為傳播為經濟活動的前提及動力，資訊為生產、交易及消費任何經濟貨物的先決必要條件。這是一種優等財貨（如教育及健康照料），可用性是如此之高，因此不應將之直接置於自由市場競爭機能中。新的傳播秩序將藉由雙向溝通的增加、強化第三世界對傳播資產的控制、傳送更多的第三世界新聞到世界、安置第三世界對第一世界產品更多的控制及給予第三世界對世界傳播組織更多的控制，來改變「貿易傳播項目」。[22]

在 1973 年阿爾及爾不結盟高峰會議中，曾經要求「開發中國家必須對現存殖民殘留的資訊管道採取一致的行動，這個資訊管道曾經打擊開發中國家間自由的、直接的及快速的通訊。」[23] 同時說明「帝國主義的活動並不狹隘地限制於經濟或政治的範圍,而需包括文化及社會的領域。因此,加諸開發中國家人民外來思想的支配。」[24]

為了發展「新資訊秩序」的觀念,這一段期間召開大量的會議。1976 年 3 月不結盟組織在突尼斯舉行重要的資訊研討會議,最終報告簡述不結盟活動的思想,如下所述:

> 不結盟國家此刻正忍受紛亂傳播媒體的支配,支配這個媒體的是已開發國家,他們獨佔世界大部分的媒體,傳送大部分的新聞,而不結盟國家的活動也因而曝光。也因為如此,被獨佔的資訊媒體藉著錯誤報導或不予報導,故意扭曲不結盟國家的新聞。
>
> 對資訊的支配有各種巧妙多變的方式。藉著強有力的跨國新聞機構操作並控制大部分的資訊,及最有力量的國家將資訊媒體的技術拿在手中。
>
> 因為世界的資訊顯示不平衡的分配,使一些國家受益卻忽視一些國家,改變這種情況,並且獲得資訊的獨立及開始新的國際資訊秩序為不結盟及開發中國家的責任。[25]

為可倫坡高峰會議鋪路,不結盟國家部長級代表及報界領袖在新德里的會議,五十九個國家的代表聚在一起討論全世界資訊狀況現存嚴重的不平衡。有關資訊反殖民化的宣言「再度確定不結盟國家不再單獨或全體地忍受世界現有不公平的狀況的決定。」並強調「為上述的目的,資訊的反殖民化是重要的;新國際資訊秩序的建立與新國際經濟秩序同樣是必要的。」[26]

不結盟國家並不單只是批評,也提出兩個具體的步驟,以針對世界新資訊秩序流程的平衡重新安排。在 1975 年,南斯拉夫報社 TANJUG 發起不結盟報社團體,提供新聞及資訊而不再尋求西方網路的服務。 1977 年 NAM 成立不結盟國家的廣播組織(BONAC),保證廣播資訊在不結盟國家中或相互間的傳播。

1976 年可倫坡不結盟高峰會議上,第一次明確宣示「資訊及混亂的傳播的新的秩序」[27] 這是一個將偉大的資訊論戰推向世界舞臺的門檻。

可倫坡的會議授權突尼西亞在奈洛比即將舉行 UNESCO 總會中提案。 [28]

聯合國教科文組織中與日俱增的爭議

　　當時，UNESCO 擁有三個思想體系。資訊的自由流通為 UNESCO 長久以來的焦點，為第二次世界大戰戰勝國家所推動。隨後，在 1954 年蘇聯加入，UNESCO 變得關心資訊的滿足，尤其將之用來服務和平及世界的瞭解。 當第三世界國家加上 UNESCO（在 1980 年包含四分之三的會員國），自由的流通及滿足加上對大眾媒體發展的關切。

　　在 1970 年，會議中討論 UNESCO 對和平及減少殖民的貢獻。出席人員要求主席對傳播媒體協助上述二項目標進行研究。經過 1970 年代早期 UNESCO 的工作，對不結盟運動的訴求加以補救，經過多次會議、諮詢，1976 年在哥斯大黎加的聖喬治市舉行整合會議，針對拉丁美洲及加勒比海區域的通訊政策加以討論。在火爆的爭論氣氛中，「聖喬治宣言」只不過綜合一個較均衡的資訊及傳播系統且只達成原則性的宣示，此宣言建議拉丁美洲的國家必須落實且重新考慮各國國內的法規、計畫與限制，以便促成國際間傳播關係的平衡與拉近各國的傳播水準。 [29] 聖喬治會議強調均衡的資訊交流、建議國家及區域組織的建立及國家傳播規劃協會的成立。

　　這次的宣言向各方散播，1976 年在奈洛比首都 UNESCO 總會討論明確的大眾傳播宣言，因此引起劇烈的及分裂的爭議。大眾傳播宣言的表決擱置至 1978 年，主席受邀成立一個委員會研究全球傳播及資訊狀況。該委員會的主席為麥克布萊德，該委員會後來就以他命名。

　　大眾媒體宣言及麥克布萊德委員會這兩個分水嶺事件，則必須與聯合國總會的發展相互比照。

聯合國總會活動

　　1946年，聯合國第一次總會在倫敦舉行，建議ECOSOC成立一個人權委員會（CHR），並處理資訊及傳播議題。[30]CHR在第一次工作會議中成立一個資訊及新聞自由小組，最後並發表十九款人權宣言。

　　早期，在聯合國總會中，在美、法、英及蘇聯支配下，仍然存在著一個明顯且一致的論點。總會通過三個重要的傳播及資訊提案。提案59(I)稱資訊的自由為「基本的人權」，提案110(II)指責「各種形式的宣傳……設計或可能挑釁或鼓勵對和平的威脅，或破壞和平或侵略行為」。提案127(II)稱為「在各國間安排或增加資訊的傳播是重要的，以加強相互瞭解，並且打擊錯誤或扭曲的報導」。[31]

　　在這種一致的觀點之下，聯合國做了一個勇敢但並未成功的嘗試，那就是達成言論自由的國際標準的約束條約。ECOSOC在1948年贊助在日內瓦舉行之資訊的自由會議，該會議有五十七國參加。[32]重新喚起在二次世界大戰中被嚴重破壞的言論及資訊自由。其任務是研究：

> 透過針對錯誤傳播或報告加以撻伐，因為他們迷惑世界人心，
> 分離國家關係，或阻礙國際相互瞭解，阻礙和平及安全，希望藉此
> 防止納粹、法西斯或日本侵略主義的復活。[33]

　　資訊自由會議費心草擬出許多重要的宣言及協定，總計有三個協定草案、四十二個決議及人權宣言的草案送到聯合國總會，[34]但是當時冷戰緊張化及戰勝國間意見分歧。最後只有整體人權宣言被接受，但對各個國家而言，並不具有約束力。雖然會議失敗，但協定草案的討論在經濟社會協會及總會間仍持續了好幾年。[35]

　　只有一個協定最後變成具約束力的國際法，在1952年，九個國家（1988年有十二個）同意「國際更正權」，要求新聞協會及機構：

報告應沒有偏見且適當地引述事實，並推動對人權及基本自由的尊重。更增進國際瞭解及合作，維護國際和平及安全⋯⋯

因為當協定國家提出主張，某些被操縱的媒體可能破壞他與其他國家間的關係，其名譽及尊嚴時⋯⋯則這類的新聞是錯誤的或扭曲的，則該國可以提出正確的事實⋯⋯並要求更正有問題的新聞。36

總括而言，從 1945～1980 年間，有超過四十四項國際法方案造成資訊爭議。有二十七項是關於和平與自由；有十八項與戰爭宣傳有關；有三十一項是關於人與人之間的瞭解；有十八項為新聞的客觀性；有十六項是種族平等；有十九項是關於其他的義務，而有二十五項為資訊的自由流通。37

門檻事件：大衆媒體宣言

使美國退出 UNESCO 的關鍵事件爲 1978 年的大衆傳播宣言，回溯到 1970 年間，Byelorussia 提出一個協約草案，禁止「利用資訊媒體於戰爭行爲、種族歧視及國家仇恨間的宣傳」，38 此舉引起關切 UNESCO 無法制定約束政府的有效法令之與會人士的反感，於是擺出鬥爭姿態。最後，對立雙方妥協，將原先反剝奪人權的形式，轉爲法規的準則（鼓勵利用資訊在反抗戰爭的宣傳、種族歧視及國家仇恨），並且要求主席爲實現這種理念，蒐集相關的法律資訊及適當的解決方案並準備報告。39

秘書長在 1972 年的總會上提出報告，在同時，Byelorussia 提案給主席，說明「有關大衆傳播對加強和平與國際人權，同時消除種族歧視、種族隔離與煽動戰爭之原則的宣言草案」。也就是著名的「大衆傳播宣言」。第一份草案包含大衆傳播應爲和平服務與增進國際瞭解的內容，但是大部分會員認爲此草案將壓抑自由，因此，總會決定由主席重新研擬草案。

1975 年在巴黎舉行專家會議，修正原草案並提送 1976 年 UNESCO 的總會，南斯拉夫研擬大眾傳播宣言的序言，參考聯合國的決議將錫安民族主義與種族歧視劃上等號。美國及其他十二個會員國在抗議中離席。留下的會員繼續工作，並將宣言草案提報 1976 年奈洛比總會。其中一個條款以各國在其法律管轄下，各自負責大眾媒體。針對這一點，美國國務卿季辛吉威脅，如果 UNESCO 通過該條款，美國將同步退出組織。

對不結盟運動組織在可倫坡的呼籲，季辛吉反應出深度的關切，那就是「新國際秩序，在資訊及大眾傳播方面的範疇，與新國際經濟秩序同樣重要」。該宣言藉著有力的不結盟國家提案到奈洛比召開，且受到社會主義國家的支持。新的主席——塞內加爾的首領 Amadou Mahtar，希望總會第一次在他非洲故鄉和諧地閉幕，因此，對立在妥協下結束。通過決議，UNESCO 成立委員會（麥克布來德委員會）研究，大眾傳播宣言的票決延至 1978 年。

在妥協的氣氛中，1978 年在巴黎，西方國家成功地排除與他們對抗的聲音，不再有任何出國家管制媒體的內容。然而，宣言確實要求「自由得流通及更廣、更均衡的資訊管道」，但是並沒有具體的方案以實現這些理念。最後通過的宣言內容堅持「新聞雜誌業者必須有報導的自由及最完整與可能的資訊管道設備」，而不是要求其負國際規則的責任（西方業者的勝利），在起草道德規範之最後內容時，僅要求專業組織及媒體專家，將訂為對宣言之原則而言是「附帶特別重要」而已。

整個大眾傳播宣言的論戰中，可分為二個陣營，西方會員國相信大眾媒體應獨立於國家控制，並且應該保證每個國民在民主方式下，皆可得到所需資訊。在開發中及社會主義國家的會員國，則堅持大眾媒體應服務國家的利益、保證整體國民在特別的利益下保持自由，並且服務和平及國家發展。

1978 年奈洛比的第二十次總會，宣言無異議的通過，為大眾媒體訂下基本標準。宣言包含：對新聞業者的保護、資訊的自由、管道的暢通、民主、種族歧視與殖民主義、專業訓練及許多後來發展的新世界資訊，及通訊秩序的重要因素。宣言的特性略述如下：

站在加強和平及國際瞭解的觀點上，為了推動人權及對抗種族歧視、種族隔離與煽動戰爭。因為他們被壓迫角色的原因，全球的大眾媒體貢獻在推展人權，特別要為被壓迫的民族表達，這些民族努力對抗殖民主義、新殖民主義、外國的侵佔及各種的種族歧視與壓迫，而且他們在自己的國土上傳播自己的聲音。[40]

大眾傳播宣言的影響為何？在媒體專家間，關於宣言歷史的研究及 UNESCO 會員國一致運用該宣言，並對宣言無異議支持之過程的瞭解程度很低。一些後來者爭議宣言的內容，尤其關於意見自由問題、大眾取得資訊的管道及自由與均衡的資訊傳播等。然而，在學術的領域中，宣言並沒有受到太多的注意。[41]

後大眾媒體宣言

自 1973 年阿爾及爾至 1978 年在巴黎的五年內，不結盟運動已經達成許多政治的目標，「新資訊秩序」排入 UNESCO 的議程，對大眾媒體的角色及績效建立基本的標準及原則，並且已經被運用中。政治的決策已經作出，行動的基礎亦已建立，但是大家實踐的意願卻非常薄弱。

直到 1978 年，大部分的行動被認同，甚至美國也認同大眾傳播宣言。但是，這種表面的一致行動是脆弱的，而且逐漸回到原點，尤其，當西方新聞界及媒體對相關問題變得更為主動之後，這種現象更加明顯。其原因為所有的建議皆只停留在建議階段，無法期待更多具體行動。因此，為實施這些原則，各種媒體組織開始期待更具體的努力。

不結盟運動設定實踐的步驟，故 1979 年在多哥的洛梅，為不結盟國家間之資訊合作成立跨國協會，並舉行會議。重新審視該運動之基本原則：

・獨立、自主權及各國領土的完整；不干涉其他國家內政的原則。

- 各國有權利為了宣傳他的利益、願望及政治、道德與文化的價值，使用自己的資訊媒體。
- 各國有權利發展自己的資訊系統，自己的經濟與社會制度，並且對抗資訊獨佔。
- 各國有權利以快速、客觀及完整的方式接受資訊。
- 各國平等交換資訊。
- 為了真實、客觀及背景的需要，在資訊流通的過程中，對不同的對象（針對新聞業者）賦予責任。
- 各國有權利，在其憲法限制下對抗錯誤或扭曲資訊的新聞，該新聞對該國之利益有所偏見或將傷害其與其他國間的關係。
- 實質的資訊研究有助於在平等基礎下的國際合作、民族間的瞭解、和平、安全、進步及國家與人民的關係。
- 對新聞業者保護的保證，即提供當他們執行任務其他資訊的因素及新聞業者執行任務時的責任。
- 資訊媒體絕對公正的分配。
- 各種資訊機構間在對等的基礎下及各種層次間的合作發展。[42]

　　如疾風般地接續著，在 1979 年哈瓦那的不結盟高峰會議「注意到令人喜悅的事實，就是不結盟及其他開發中國家已經沿著國家資訊媒體的解放及發展有顯著的進步」。[43] 在新聞業者團體公約中，不結盟國家同意「促進確實資訊的水平交流」[44]，1980 年「巴格達協定」聲明新的資訊秩序必須以國際法、國家獨立自主、文化的認同特別必須藉著規範國家間合作為基礎。[45] 1983 年新德里高峰會議政策性的宣示「必須在開發中國家間的資訊的流通中，建立新的均衡及互動關係，藉以加強並擴張開發中國家的大眾媒體及資訊結構」。[46]「雅加達宣言」強調「通信的權利為基本的人權，其中資訊是其重要來源」。[47] 至今，大量的相關宣言繼續在推動「五個需要」：反殖民、開發、民主化、反獨佔及裁減軍備。[48]

　　聯合國總部繼續支持新資訊秩序的觀念，公式化地批准其委員會所提出的資訊決議。1978 年 33/115 號決議「確定建立一個新的、更公平及更有效率的世界資訊及通訊秩序是必要的，將要加強國際和平及瞭解並且基於自由的、較均衡的資訊傳播」[49] 在 1980 年 35/201 號決議案中表達對 UNESCO 的滿意，1983 年的決議則「瞭解各國的需要，整個聯合國系統關心共同研究新的世界資訊及通訊秩序的建立。」[50]

馬克布萊德委員會的工作

　　回到 1976 年的 UNESCO，由於瞭解許多有關全球傳播及資訊的問題回答並不適當，1976 年總會成立傳播問題研究的國際委員會，由馬克布萊德主持。[51] 該委員會的報告「一個世界，許多聲音」在 1980 年總會中發表。[52] 該委員會倡導新的世界資訊及傳播秩序的建立，尤其注重資訊的民主化。

　　馬克布萊德委員會的工作著眼於大眾媒體宣言的過程，1976 年奈洛比宣言的兩極化極為嚴重，宣言的草案會員無法凝聚共識。西方政府及獨立新聞媒體結成強烈的陣營，並將草案的票決延後兩年。為了挽回面子，西方陣營同意成立馬克布萊德委員會。該委員會的目標包括：研究整個宣言中傳播的問題、建議落實的方法、評估環繞平衡資訊流通的問題及研究如何建立新資訊秩序。

　　1977 年 12 月至 1979 年 11 月，委員會繼續工作，除了馬克布萊德本人外，委員們來自世界十五名傳播學者及業者。[53] 一些批評家表示驚訝，委員中沒有英國的代表，酬庸式的組合顯示出第三世界及英國間在 UNESCO 影響力的轉移。西方將委員會當作另一份文件的研擬，經過最後的爭論，決定接受建議條文，最後建議案在 1980 年 UNESCO 中提出。

　　馬克布萊德委員會濃縮一百篇個別的研究，大幅升高論戰的背景報導，[54] 最後的報告不能要求科學的方法，但是卻表達一系列有條件的報告，伴隨著八十二條建議。委員會強烈地責難媒體檢查制度，馬克布萊德報告稱，資訊管道的權利應屬於公共或私人資訊機構。新聞業者並不須特別的保護，但是他們的權利應該與一般的國民所擁有的安全保證是一樣的。委員會拒絕對新聞人員發執照，將之包含在內，可能需要一個較高層次的機構建立發照的標準。最後，委員會譴責新聞業者蒐集與國家安全有關的情報的行為。

委員會的結論與建議包含早期 UNESCO 的各項決議及活動。馬克布萊德的報告針對傳播為結合整體發展、決策及規劃的重要社會資源給予強烈建議。報告上說，國家規劃應為形成資訊政策付出更多的心力，並分配有限資源。在一項爭議性條文中，委員會要求減少傳播的商業化，並強調媒體的角色在於幫助受壓迫國家取得更多的自由、獨立、資訊管道及表達的權利。針對 UNESCO 實施這些建議，委員會也加強 UNESCO 角色。為了對這些計畫的付出，委員會討論到收入的可能性，如原料課稅的利潤結餘、無線電頻道及衛星軌道使用的國際責任及國際間傳播企業課以營利的國際稅。批評人士們攻擊馬克布萊德報告過於描述性或過於規範西方團體既得利益。由於委員會部分負面的背景，該文件屬折衷性的，反對者站在兩個不同的立場，並且由兩種極端加以批評。

除了馬克布萊德委員會外，UNESCO 也推出長期計畫為傳播發展的國際計畫（IPDC）。但是 UNESCO 坦承在最初十年發展期間設定的傳播及資訊目標於 1970 年末期仍未實現。因此開始強化他的行動能力以幫助開發中國家建立有效的國家傳播系統。1980 年在貝爾格萊德舉行三十五個會員國的總部會議，成立 IPDC。

當馬克布萊德的研究報告於貝爾格勒發表的同時，UNESCO 的總部會議通過一項在國際委員會上對傳播問題學習的決議，即為舞台藝術的總論，而其重點如下：

> 新的世界資訊及傳播秩序之建立，其他的考慮因素如下：
> 1.減少不平衡及不平等，刻劃出現在的狀況。
> 2.減少一些獨佔、公共或私人間以及過份關注的負面影響。
> 3.除去資訊自由、廣泛及均衡的傳播的障礙。
> 4.資訊資源及頻道的大眾化。

5. 新聞及資訊的自由。

6. 傳播媒體之專家及從業人員的自由,並將責任與自由分開。

7. 開發中國家達成改善現況的能力,較明顯的為供應自己設備、改善他們自己的架構,以及使他們自己的資訊及傳播媒體適合他們的需求與期望。

8. 已開發國家真誠幫助他們達成目標。

9. 對各種文化認同的尊重,及尊重每一個國家興趣、期望及社會文化的價值。

10. 尊重所有的人皆有權在平等、公正及互利的基礎下參與資訊國際交換。

11. 尊重公共的、道德的及社會團體與個人有權利擁有資訊來源管道並且主動地參與傳播過程。

這個新的世界資訊及傳播秩序將建立在國際法的基礎原則之下,並且以聯合國法條的方式制定。

資訊及傳播問題的各種解決方法為必要的,因為社會、政治、文化及經濟問題,對每個國家都不一樣。[55]

美國最後一次參加的總會 1982 年在巴黎舉行,會議努力達成共識,但是為實現新資訊秩序的議題仍然沒有具體的決定,重要工作仍是空的。第一次,滿足西方會員國的妥協形態出現:

總會要求主席繼續研究及建立最有效的方法,以強化新的世界資訊及傳播秩序──為正在改善及繼續的程序──為基礎的觀點,導正區域及區域間資訊交換的不平衡,並引導資訊自由流通及較平衡傳播。[56] 〔附帶強調〕

一個重要的新用語為「為正在改善及繼續的程序」,這種模式意味著再度讓西方國家放心,新秩序並不是由 UNESCO 經由社會主義及開發中國家的多數表決就能建立起一套解決方案。

解開共同的意見

在 1980 年代前期，UNESCO 努力維持的均衡開始遭到破壞，這些
事件激怒了 UNESCO，事實上，他們擾亂到所有為國際主義工作的人。
故事的開端於西方報業及美國業者之間。

在 UNESCO 內部的爭議，發生在國際利益團體之間與發生在政府之
間的數量一樣多，政府表達意見代表具說服力之選民的未來展望及特殊
的觀點。非政府及私人的利益團體經常形成政策的觀念，並經由政府的
管道並且取得官方的許可。有時候這個官方的程序為經由許多國家的
UNESCO 委員會，其他的管道則透過一些政府組成一些機構的業者所完
成。這些非官方與私人的組織對整個爭議的過程有極大的影響。

在 1970 年代晚期，西方的媒體業者及出版商組成具有影響力的私人
團體，以反制新資訊秩序，因為將導致政府的管制。[57] 世界新聞自由委
員會（WPFC）早在 1976 年奈洛比總會之前介入，成為聯合自由新聞的
護衛者。WPFC 以自由世界媒體之護衛者自居，目標為使大眾媒體宣言
脫軌或改變。WPFC 特別反對「各國在其區域內負責所有媒體的國際領
域活動」有關條文。經由 WFPC 的努力，該規範條文最後刪除了。

美國國內報業協會（IAPA）由北半球主要的商業性報紙業者所組
成，1976 年在拉丁美洲的哥斯大黎加的聖約瑟召集會議。IAPA 攻擊這
些專家及他們的建議，並組織國際陣營去聯合抵制該會議。在聖約瑟會
議之前一個月，超過七百篇文章在拉丁美洲的日報中被刊出，這些報紙
與 IAPA 友善，聯合抵制該會議。[58] 這個陣營成功地令該會議的地點變
更許多次，並將之延期。

最重的抵制會議是 1981 年在法國特洛里的「自由之聲」，會議召開
時，美國國會正舉行退出 UNESCO 的公聽會，其目的可能希望左右公聽
會的程序。世界新聞自由委員會與富來區法律與外交學院，在杜福斯大

學安排一個研討會，讓西方媒體及報紙業者得以對 UNESCO 的發展發洩怒氣。超過六十個代表參加，包括「西方及其他自由報紙、雜誌、廣播」及業者團體。結果完成特洛里宣言「取得共同的立場對抗蘇維埃及第三世界國家陣營授權 UNESCO 約束媒體未來的活動」。宣言以正式的具體形式發表，表達嚴重的關切：

> 我們相信自由的資訊及意見管道對互相瞭解及世界和平而言是基本的，並考慮防止違反國際瞭解的利益、全球人權宣言、UNESCO 的宗旨、歐洲安全及合作的最後法案及聯合國協約的新聞與資訊活動。
>
> 我們支持人權維持需要自由的新聞及意見的流通，我們將積極反制任何對這個基本權利的阻礙。
>
> ……我們相信現代社會的新聞爭論已經在 UNESCO 發生，其他國際實體應該將之推向具建設性的目標。……對真正努力發展世界自由資訊流通者，我們承諾支持。我們相信 UNESCO 及其他跨政府的團體放棄管制新聞內容及為報紙制定規範的時候已經來臨。[59]

西方國家自由新聞的業者已經失去耐性，為使資訊制序爭議達成一致，其所付出之金錢代價過高。而雷根總統發表 Talloires 宣言時也指出「辯論本身對出版及言論自由的基礎方針是一種傷害」。[60] 此宣言也隨著總統的認同而成為反策略的重要論點。

反對派人士樂見許多社論版面，以及報社董事會議均異口同聲地表示支持。《新聞週刊》便對讀者表達了這項辯駁，他們認為第三世界國家正試圖「以集體的、公營的資訊導引體系，來取代西方國家對其國內事務的牽制」。[61]《紐約時報》亦義正詞嚴地指出：「美國的報章雜誌對官方審查與控制的解放給予較高的評價，高過聯合國教科文組織，甚至聯合國本身」。[62]《泰晤士報》為美國終究還是退出聯合國教科文組織找了一個理由：「美國的退席不會傷及全體人類的相互瞭解。」[63] 一位高階美國官員告訴《泰晤士報》的專欄作家：「當那篇社論登出時，我們便會有一張通行證。雷根政府的成員根本沒有人希望《泰晤士報》和我們站在一起。」[64]

反對派人士也從美國政府的驚惶失措中獲利不少。在 1976 年，卡特政府曾經採取「彈性策略」，協助第三世界發展通訊，這些國家拒絕將辯論政治化，所以美國希望先發制人，以免地位被瓦解。當時正值美國資訊局（United States Information Agency, USIA）更名為國際通訊局（International Communication Agency, ICA）的時代，展現新政府已經蓄勢待發，不只是提供資訊，還要和全體人類聯繫。當時有一位美國參議員說：「如果採取了適當的措施，美國就不會輸在資訊議題的爭論上。」[65]1978 年，卡特派國際通訊局局長約翰‧萊因哈德（John Reinhardt）到聯合國教科文組織，參加會員大會，準備在爭論的議題上促成協議。倘若這些爭論不再泛政治化，在技術協助與新式通訊科技，美國願意編列幾百萬元的經費。[66] 為了展現妥協的意願，美國甚至為了大眾媒體宣言（Mass Media Declaration）舉行投票，因為在此之前，各會員國根本就把履行宣言的職責剔除在外。「自由流通、更為廣佈、更加均衡的資訊傳播」，此一措詞贏得了美國內部及其他會員國的支持。

　　這招兩手策略似乎奏效了。有一項特別針對聯合國教科文組織研討資訊發展協助，而在華盛頓召開的專家會議。卡特政府提了一個新資訊秩序的議案：由聯合國教科文組織、世界銀行、聯合國發展計畫合組一個「清淨屋」（clearing-house），促進通訊發展。雖然世界銀行沒有參與，也沒有多國合作，但在幾個會員的民主主議會下，最後仍然促成了「國際通訊發展計畫」（International Program for the Development of Communication, IPDC）。

　　不管這項計畫的實施成效如何，強硬派人士都打算在雷根獲選總統之前，準備另一套策略來因應。事實上，退出聯合國教科文組織以及阻礙 NWICO 計畫，是美國政府和文化資產基金會（Heritage Foundation）的決定，這是要求撤出聯合國教科文組織而努力的「直接結果」（direct result）。[67] 基金會視聯合國教科文組織為一個徹底的政治化機構，致力於抨擊西方根本的價值、利益與制度。聯合國教科文組織也曾對此反擊，並且企圖限制西方媒體的自由報導範疇。這顯現出西方文化的「帝國主義者」（imperialist）性格，脅迫他人的身分認同，抨擊自由市場經濟與多國合作，企圖貶低個人人權，卻支持含糊與激增的「人權」（rights of peoples)。

　　雷根政府上任之後，就很清楚卡特的彈性政策，違反了美國的利益，這項政策才打住。[68] 甚至連美國的「馬克布萊德委員會」代表艾利‧亞伯，對這項共識亦無法置身事外。[69] 對此，十幾年後，國務院斷言：「更多傷害性的元素——資訊的平衡流通、媒體的角色與貢獻，以及受媒體不公平待遇者的回應權，這些都被卡特政府視為基本自由再度受到肯定時，所必須付出的代價。」[70]

　　在文化資產基金會和雷根政府的眼中，美國為了避免不良的後果，應該要默許這項決定。國際通訊發展計畫，一項積極實踐的作法，並沒有使美國感到滿足。所有人都同意技術協助的必要性；令美國猶豫不決的其實是私人企業的影響力有限，以及參與此項計畫的適當性。但是美國在這個理念上已經投注了這麼多心力，不支持也不行了。

　　就在聯合國教科文組織於貝爾格勒召開會員國大會的八週之後，雷根上任了。他的外交政策，試圖重掌美國喪失的主控權：先在西歐佈設了中程核子飛彈，然後還派兵進入格瑞納達。雷根的政策亦開始抨擊聯合國體系本身，一位美國前政府官員曾如此說道：「他們找到了一個最小、最弱的國際組織，並加以抨擊，而教科文組織就是聯合國的格瑞納達。」[71]

　　在托勒瑞斯（Talloires）會議的兩天後，眾議院通過一項決議：「聯合國教科文組織應該中止整頓全球資訊的意圖。」[72] 負責國際組織事務的助理國務卿艾略特‧亞伯拉罕（Elliott Abrams）對此必然的結局意有所指：

> 　　對於聯合國教科文組織的不信任已經不是重點……重要的是美國國內的選民要求降低美國的參與程度，或根本就置身事外……這場仗，聯合國教科文組織是絕對打不贏的，因為我們政府當局根本不接受對等妥協的挑戰。我會說這並不是瀕臨危機的媒體自由所需面對的未來，而是聯合國教科文組織的未來。[73]

　　1981 年 3 月，眾議院外交事務委員會開始草擬〈美國參與聯合國教科文組織調查報告〉（Review of U. S. Participation in UNEACO）。當馬克布萊德委員會大肆誇耀其報告公正中立的時候，國務院的莎拉·鮑爾絲（Sarah Powers）就有不好的預感：

> 欲使美國修正其對極權主義社會的價值觀並進行折衝，是絕不可能的。針對這一點，我們絕對無法妥協……我們不能忽視資訊及通訊的利益。[74]

美國參與聯合國教科文組織的複雜情結終於釐清，趨於明朗。資料顯示抱怨蘇維埃的威脅將影響 UNESCO 的未來運作，IPDC 將約束新聞自由。[75] 土耳其資訊部部長兼馬克布萊德委員會委員 Moustafa Masmoudi 被指控為共產黨員，因為他曾經寫過資訊應該服務社會的利益而不是商品。[76] 西恩馬克布萊德則被描寫為莫斯科親密的夥伴。UNESCO 的主席 M'Bow 則被稱為法黑色非洲專家運動的激進領袖。[77]

事實上，在 1982 年 UNESCO 總會中，美國的情況並未演變到如此惡劣。會議中為避免與新聞自由觀念上衝突，無異議地通過傳播研究計畫，研究新聞護衛者的角色、檢查政府的檢查制度、推進整個運動朝向新資訊秩序就如「進化的過程」而不是一系列的規定。[78] 傳播的權利不再出現在計畫中。即使長期的敵人也感到欣慰，自由之屋的 Leonard Sussman 將這個計畫視為「自由新聞支持者的收穫」，[79] 世界新聞自由委員會的 Dana Bullen 稱「如果有人想找出足以使美國退出的理由，相信他們找不出來」。[80]

但是傳統的包袱增加他的壓力，並聲稱 1982 的 UNESCO 總會並未做任何改變，美國問題的出現不只是遊戲的規則，而且發生在遊戲的內部本質。[81] 這種情況導致已經燃起的火燄更加猛烈，在國際組織事務國家部門辦公室中，其主管 Gregory J. Newell 就是雷根政府決定撤退的主要搧動者。Newell 通知國務卿喬治舒茲每年花五千萬元成本贊助 UNESCO 並未產生相對的利益，他建議雷根及舒茲退出。

1983 年 12 月，美國宣佈將於 1984 年退出 UNESCO 的意向，[82] 理由如下列各項：

> UNESCO 已經接受反西方的聲音，並不願再保護自由的思想

與自由的表達，背離了當初建立的精神。

對統制論者、集體主義者而言，他們以自己的方式解決世界問題，並與敵對者論證，UNESCO 已經變成他們舒適的家。

對美國近年來的企圖改變方向的努力，他們則沒有回應，同時拒絕一般的管理原則，而沈迷於自我辦理及自我推動的程序中。

他們繼續受限於所謂新的世界資訊及傳播秩序，並造成威脅新聞自由及市場自由的結果。特別他們為政府定義之「責任」報導及管制，只能用於他們自己的國家及國內。[83]

整個 1984 年都在熱烈地討論是否接受這種威脅，科學家們警告在計畫退出的同時，美國科學精神已經喪失，UNESCO 的美國分會投票決定，並以壓倒性的比數延續美國的會員資格，但是 Newell 告訴委員會，雷根政府關切 UNESCO「已經遠遠地飄離，而且不可能回到常規」。[84] 委員會的會員提出，雷根政府採納「誤導的策略」，並傳播「扭曲的資訊」以支持退出的決策。舒茲遠離主題並說：「……相關的證據已經被埋葬及敵對的專斷代替誠實的討論。」[85] 接近 1984 年底，舒茲說明 UNESCO 無「明顯改變」並遠離新聞業者授證的訴求，[86] 在 1984 年 12 月 31 日美國的會員資格取消。英國同時宣佈一年內退出的意圖。

美國退出後的今天

美國退出 UNESCO 的影響為何？近四年來，美國從擔任 UNESCO 會員國中獲取極大利益。畢竟，只有很少比例 UNESCO 預算編列在大眾傳播上，[87] 海軍依賴 UNESCO 的海圖科學，許多政府部門參加生物圈內人類的計畫，所有美國人皆受益於 UNESCO 對版權的保護力量，「對組織正面的影響為大量曾經包含美國業者的活動退出」，[88] 自由之屋的 Loenard Sussman 一個充滿思想的 NWICO 成員曾經說：

在 UNESCO 所有尖銳的爭論中，我相信從沒有任何決議或正式的行動攻擊到美國基本的利益，事實上，對美國利益及信用的最大損失為退出的決定及自行的退出。[89]

美國離開 UNESCO 的最主要的理由之一為「外來的政治化」，UNESCO 超過一百六十個國家組成，各自擁有自己的政策及觀點，因此，稱其政治化並不足為奇。這個迅速行動的另一個理由為對自由的威脅。先不談媒體的報導，UNESCO 從未要求新聞業者必須授證、政府管制新聞、控制新聞的分配、限制個人的自由或新聞從業人員的操守要求。UNESCO 不曾也不能建立新的世界資訊及傳播秩序。他從未核准檢查制度，就如美國國會文件所說：

到如今，UNESCO 並不曾實施任何的政策或程序，如對新聞業者或他們的出版品檢驗發照，在他們國家間或國內限制或管制資訊的自由流通及制定強制性的業者的工作規定或道德守則。[90]

即使國家部門都曾說「UNESCO 從不曾接受業者授證的計畫。」[91]

在 UNESCO 內部，美國的退出引起資訊及傳播的事件轉變為「背部的爐子」，不管對一些活動激起的熱情，美國的退出平息了大部分的爭議。

意識到大部分危機的原因為資訊秩序的爭論，在 1985 年 UNESCO 執行委員會開始考慮使西方國家接受的方案。於是傳播計畫改變為在實務的加強，並強調沒有一件事可以迅速發生。1985 索非亞 UNESCO 總會重新確定「漸進地減少現存的不平衡……，並利用新的世界資訊及傳播秩序的觀點，著眼於漸進的與繼續的程序」。[92] 不論如何，在 UNESCO 中主張重建傳播及資訊的支持國家仍是相當可觀的，「所有的會員國已經建立新的世界資訊及傳播秩序的中心觀念」。[93] 但是，沒有一件事用來實現這個計畫。事實上，專家的研討取消了，刊物停刊，研究減少，分支機構也受到限制。

1987 年在巴黎舉行總會選舉新的主席，西班牙的生化學家及政治家佛多黎哥市的市長 Zaragoza，宣佈 UNESCO 回到原來的教、科、文的目標，並且承諾改造組織的計畫，因此，美、英兩國才答應重回到這個組織。但 UNESCO 必須保證資訊的自由流通全部終止，且新資訊秩序的計畫也將不再存在於 UNESCO 。[94] 主席同時排除新的世界資訊秩序將由第三世界及蘇聯推動的觀念的考慮。[95]

在這個新策略中，包含 1990 ～ 1995 年的規劃。 UNESCO 似乎回到他的歷史的任務，對開發中國家工程的投資及現代化、傳播及新聞新技術對社會及文化之影響研究、教育媒體使用者計畫的發展，是他們在可用的資訊中有能力做關鍵性的選擇、對抗媒體的操縱及保護國民的權益。計畫中只在介紹篇中提及 NWICO ，而不是在營運的章節中，同時亦未及 NWICO 在全球新聞流通中、傳播權利中及國家傳播政策中的重要性。[96]

同時，一個國際組織正逐漸提昇在資訊論戰中的角色，歐洲安全及合作會議（CSCE）也就是著名的「赫爾辛基程序」，由超過四十個歐洲國家和美國及加拿大。[97] 會議第一次在芬蘭的赫爾辛基召開，其最終的決議包含傳播及資訊階段性的實質計畫，[98] 簽約國同意建立更廣和更自由的資訊傳播，鼓勵在資訊的領域合作及與其他國家的資訊交換，並且改善新聞業者的工作環境。[99] CSCE 進一步召開特別會議及所謂的 1989 年在倫敦資訊討論會，更詳細地討論資訊及傳播的相關問題。特別重要的是歐洲變遷的特性、蘇聯的民主化政策、東歐國家的重建。[100] 然而有兩個議題清楚浮現，在所有歐洲程序中基本的人權的重要性，以及資訊事務在增進國家的關係及合作中的重要性。

當美國離開 UNESCO 時，國際電子傳播聯盟開始政治的爭吵。[101]ITU 建立「梅特蘭報告」，也就是著名的「遺失的連線」。提到「我們的工作為基本上政治的特性」，梅特蘭報告宣示第三世界必須準備「整體數位化」的革命。電子通訊在開發中的重要性：

> 資訊的流通確具商業性，更多的世界貿易及其他接觸將增進瞭解，一個廣泛的電子傳播網路將世界置於較佳及較安全的境地……，但是，在工業化及開發中國家間，及開發中國家本身都會區及偏僻地區，其服務區域及品質卻有著極大的差異。[102]

梅特蘭報告指出在已開發及開發中國家間,電子傳播成長的差異並且強調電子傳播的障礙,明列出創造電子傳播開發的條件的方式及現存的服務如何改善。因此梅特蘭委員會本質地改變 ITU 的傳統角色, ITU 不只單純是技術工程的組合,而變成更主動協助開發的組織。花費那麼多唇舌, ITU 要求新的世界電子傳播秩序, 1989 年 ITU 甚至自己詢問自己過去所完成的工作智慧:

> 傳統上……ITU 幾乎集中在建立國際電子傳播網路,並將各國內的網路留給各國……如果 ITU 對新的電子傳播環境作出回應,及維持他的至高無上的權力,以推動與領導全球的電子傳播的發展,這些國家的事務將無法繼續。[103]

聯合國資訊委員會(CoI)在 1990 年向聯合國總部推動一項決議,第一次不支持新資訊秩序,[104] 但是,總會卻通過一項決議,不管如何,承認「要求……聯合國的事宜,在各種國際會議已經在使用專有名詞『新的世界資訊及傳播秩序,並著重於漸近及繼續的程序。』」[105]

不結盟運動繼續不斷地支持馬克布萊德活動的綱要,在 1989 年貝爾格萊德的高峰會議,各國政府的首腦重新確認需要:

> 在自由及平衡的資訊流通的基礎下,建立一個新的國際資訊及傳播秩序,新的技術快速發展造成新的不平衡,與新的全球資訊及傳播程序的民主化之障礙的差異必須排除。[106]

預料未來十年的努力, Julius Nyerere 的南部委員會主張,為了減少對北方的依賴, 有必要建立強而有力的傳播結構, 1990 年的報告稱「在一些重要的區域,南部為了減少對北方資料來源的依賴,南方必須一致行動」。[107]

新秩序何去何從？

退出 UNESCO 後，美國開始以三個標準從事改革：財務及預算的紀律、UNESCO 秘書處的管理革新及「主要計畫的改變，包含終止支持特定立場的政治性動機計畫，停止助長國家控制跨國媒體的努力，以及重申聯合國教科文組織的原始、非政治目的。」[108] 在美國人眼裡，聯合國教科文組織的理事長梅爾「說的比做的容易。而他是個好人，卻不是個好的行政管理者。」

這三個頗具爭議的關鍵點使得美國國務院感到非常頭痛。首先，許多會員國仍舊要求教科文組織剔除以色列的會籍，並仍舊建議一些基於錯誤控訴所產生的偏見提案。其次，教科文組織繼續強調所謂「人民的權利」或是「集體權利」，但這種論點並不會比辯護個人權利的抑制（如言論自由）更有效用。最後，教科文組織持續提倡新資訊秩序（一個純意識形態觀念架構，在這架構中，出版界可能被批評為帝國主義的工具）。[109]

事實上，根據三點事實，梅爾否認麥克布萊德運動已經終止。第一，不管傳播如何改善，南北間的疏離依舊存在。再者，開發中國家已在不停的進步，但是資訊流通不平衡的現象卻較以往還要嚴重。最後，雖然一些跨國媒體已改善對第三世界報導的內容，然而對第三世界的印象依舊是被扭曲的。[110] 不論如何，1989 年時，在一群美國傑出公民的建議下，美國還是重回聯合國教科文組織了。[111]

其實在 1991 年中美洲千里達所舉辦的大會上，梅爾就表示教科文組織仍舊致力於一個新的國際傳播與資訊秩序的建立。他認為：「媒體為世界和平的一個重要工具。」雖然如此，他還是曾說：「聯合國教科文組織打算堅守它的憲章，因為這些憲章說過這組織必須保證資訊的自由流通。」[112]

聯合國教科文組織目前搖擺不定的態度與其他標誌的支持與利益是相違背的。1980 年馬克布萊德委員會曾要求一連串的協商會議在國際標準上舉行。然而，這個程序卻因美、英兩國退出教科文組織的結果而得以加速進行。於是第一次馬克布萊德協商會便在 1989 於辛巴威舉行，目的是爲了評估在馬克布萊德報告發行的十年後，全球的通訊情形。[113]

參加第一次馬克布萊德協商會的 Hamid Mowlana 便警告說：新資訊秩序已經出現，但並非是第三世界所鼓吹出來的秩序。「這是一個先進工業化國家的新秩序」。[114] 結論的 Harare 聲明書則清楚的說明一些重要的新方針的特質。Harare 論點認爲「文化生態學現在成爲全球傳播爭論中，不可分割甚至是核心部分。」「大眾媒體在經營之初，就必須由專業媒體人士決定在不受政府或商業不正當的勢力影響下，尋謀大眾利益。」最後，Harare 強調民土式的參與，「即包含接近使用媒體、答覆民眾的權利與民眾參與決策過程。」[115] Harare 會議堅定地建立馬克布萊德運動的「基礎輪廓」，同時這聲明書再重申的土張：「世界權力的重心已經改變，從政府轉移至公眾意見、到公眾陣線。」

第二次馬克布萊德會議在波斯灣戰後，1991 年時於布拉格召開。會中討論到東歐局勢的變化，這是頭一次，與會代表得以在議題之外討論過去意識形態上的偏極。會中注意到許多南方的國家規避傳播的發展，重要的傳播科技技術仍無法使用或取得。同時會中再次肯定馬克布萊德報告的推薦之處，以及「傳播權」的概念。所謂傳播權即爲馬克布萊德所說的：「其他人權的基礎。」[116]

1991 年波斯灣戰爭結束後，第三次馬克布萊德會議於伊斯坦堡舉行。會中警告由於企業集團的獨佔行爲與美國武力保護地中生長的跨國媒體工業，使得馬克布萊德報告中的原則受到了挫敗。「符號與文化的環境……滿足行銷策略與政府優先的要求，快速超越民主政策制定範圍所及。」因此，馬克布萊德運動必須建立新的民眾聯盟與選區，同時必須解除文化及程序的武裝。[117]

世界基督教傳播協會，是從事新全球資訊及傳播秩序運動中的領導者。[118] 它在 1989 年「馬尼拉傳播與社區宣言」中曾強調「傳播媒體生態學」的重要，因爲傳播在自然與人爲環境的交叉點灌注活力。由於人類執意破壞已經污染的環境，「為了改變這個事實，傳播必須扮演決定性的角色，不只是對抗唯利是圖式的利用自然環境，同時也是傳達出這種開發下受害者的心聲」。[119]

　　進行這種論調背後的理由是為了文化環境，就像實質的環境受到了剝蝕的威脅。就如賈本納（Gerbner）強調的，一個小孩剛出生便進入一個不同的環境，大多不依賴家庭、學校、教堂與社區，這是在人類歷史上頭一遭的事。大多數時間中，孩子所得的知識並非由父母、師長、牧師或是社區所提供的，卻是取自遠方那些企業集團所販售的。這個驚人的發展框限了我們的所知、所想及所為。它所培養的真實概念則是根據這些企業集團本身的想像。

　　1990 年代時，馬克布萊德運動開始從事文化環境運動。這兩個運動皆是嘗試將文化由巨大工業化及猖獗的商業文化中解救出來。他們也藉著除去對文化機械式的瞭解為基礎的牛頓式民主，並且遠離可以由高層被愚蠢地改造民主。90 年代的運動嘗試創造一種以系統理論為基礎的民主，用不固定流通資訊的互動及有彈性的回饋，並將權利下放。

　　也許這一切延續於語意學。每個人使用相同的字眼，但是意義卻不同。像什麼是「負責任」的媒體？誰決定什麼是「負責任」的報導？什麼是一般所稱「取得適當資訊的權利」？什麼是媒體「平衡」報導？為了達到「平衡」是可透過新聞的選擇與編輯過程而達到。「新聞從業人員的保護」則可能意味著無拘束出版界員工的蟄居。很明顯的，麥克布萊德運動並未停止，即可預見的疏離這項關鍵性的爭議將繼續推動運動的進行。

註 釋

1. "Action Programme for Economic Cooperation of the Fourth Summit Conference of the Non-Aligned Countries, August 1973, Algiers," in Kaarle Nordenstreng, Enrique Gonzales Manet, and Wolfgang Kleinwächter, *New International Information and Communication Orders: Sourcebook*, foreword by Seán MacBride (Prague: International Organization of Journalists, 1986).

2. Works on the New World Information and Communication Order not cited elsewhere in this chapter (with thanks to Colleen Roach): Margaret A. Blanchard, *Exporting the First Amendment* (New York: Longman, 1988); R. A. Coates, *Unilateralism, Ideology, and U.S. Foreign Policy: The United States In and Out of UNESCO* (Boulder, CO: Lynne Rienner, 1988); Johan Galtung and Richard C. Vincent, *Global Glasnost: Towards a New World Information and Communication Order* (Norwood, NJ: Ablex, forthcoming); Peter Golding, Philip Harris and N. Jayaweera, eds. *Beyond Cultural Imperialism: New Perspectives on the New World Information Order* (London: Sage, 1992); Cees J. Hamelink, *Cultural Autonomy in Global Communications: Planning National Information Policy* (New York: Longman, 1983); Hans Kochler, *The New International Information and Communication Order: Basis for Cultural Dialogue and PeacefullCoexistence Among Nations* (Vienna: Braumuller, 1985); Philip Lee, ed., *Communication for All: New World Information and Communication Order* (Maryknoll, NY: Orbis, 1986); Sara F. Luther, *The United States and the Direct Broadcast Satellite* (New York: Oxford University Press, 1988); Seán MacBride and Colleen Roach, "New International Information Order," *International Encyclopedia of Communication* (New York: Oxford University Press, 1989); Achal Mehra, *Free Flow of Information: A New Paradigm* (New York: Greenwood Press, 1986); Hamid Mowlana, ed., *International Flow of News: An Annotated Bibliography* (Paris: UNESCO, 1985); Hamid Mowlana, *Global Information and World Communication* (New York: Longman, 1986); Kaarle Nordenstreng, *The Mass Media Declaration of UNESCO* (Norwood, NJ: Ablex, 1984); Herbert I. Schiller, *Communication and Cultural Domination* (New York: International Arts and Sciences Press, 1976); Herbert I. Schiller, *Information and the Crisis Economy* (Norwood, NJ: Ablex, 1984); Herbert I. Schiller, *Culture Inc.: The Corporate Takeover of Public Expression* (New York: Oxford University Press, 1989); Govind Narain Srivastava, *NAM and the New International Information and Communication Order*, 1st ed. (New Delhi, India: Indian Institute for Non-Aligned Studies, 1989); Robert L. Stevenson, *Communication, Development and the Third World* (New York: Longman, 1988); Michael Traber, *The Myth of the Information Revolution: Social and Ethical Implications of Communication Technology* (London: Sage, 1986); Janet Wasko and Slavko Splichal, eds., *Communication and Democracy* (Norwood, NJ: Ablex, 1992).

3. "Editorial," *Media, Culture & Society* 12 (3, July 1990): 279.

4. See "Analysis of the Problems of the 'Old Order,'" *Communication Research Trends* 1 (2, 1980).

5. "Asian-African Conference: Final Communiqué, Bandung, April 18–24, 1955," *The Third World Without Superpowers: The Collected Documents of the Non-Aligned Countries*, vol. 1, ed. Odette Jankowitsch and Karl P. Sauvant (Dobbs Ferry, NY: Oceana Publications, 1978), p. lxi.

6. Kaarle Nordenstreng, "Defining the New International Information Order: Parameters, Principles, and Terminology with Regard to International Relations." Paper presented at the conference on World Communications: Decision for the Eighties, Philadelphia, 1980, p. 5.

7. Kent Cooper, *Barriers Down* (New York: Farrar & Rinehart, 1942), p. 36.

8. Ibid., p. 9. Cooper called for unrestricted freedom of movement for U.S. journalists throughout the world. *The Economist* (London) wrote of Cooper in 1948: "Like most business executives, [Cooper] experiences a peculiar moral glow in finding that his idea of freedom coincides with his commercial advantage . . . democracy does not necessarily mean making the world safer for AP." Quoted in Herbert Brucker, *Freedom of Information* (New York: Macmillan, 1951), p. 214.

9. The first American college textbook chapter on the debate is Robert G. Picard, "Global Communications Controversies," in *Global Journalism: Survey of International Communication*, 2nd ed., ed. John C. Merrill (New York: Longman, 1991), pp. 73–87.

10. National News Council, "Report on News Coverage of Belgrade UNESCO Conference," ed. A. H. Raskin (New York: National News Council, 1981), p. 10.

11. C. Anthony Giffard, *UNESCO and the Media* (New York: Longman, 1989), p. 277.

12. Michael B. Salwen and Bruce Garrison, "The Dimensions of the News Selection Process: What Makes News in Latin America and the United States." Unpublished paper, February 1989, pp. 17–18.

13. Seán MacBride, "Preface," in *Information Technology and the New Information Order*, ed. Jörg Becker (Lund, Sweden: Studentlitteratur & Chartwell-Bratt, 1984), p. 11.

14. Giffard, *UNESCO and the Media*, p. xviii.

15. UN Resolution 633, December 16, 1952, cited in Nordenstreng, "Defining the New International Information Order," p. 4. UN Resolution 1313, December 12, 1958, invites UNESCO "to formulate concrete proposals to assist in meeting the needs of less developed countries in building up adequate media of information."

16. Thomas McPhail "The New International Information Order," *Communication Research Trends* Summer 1980, p. 8. See the following reports: UNESCO, *Statistics on Radio and Television, 1950–1960* (Paris: UNESCO, 1963); UNESCO, *World Radio and Television* (Paris: UNESCO, 1963); UNESCO, *Statistics on Radio and Television, 1960–1970* (Paris: UNESCO, 1978); International Commission for the Study of Communication Problems [MacBride Commission], *Many Voices, One World* (Paris: UNESCO, 1980); UNESCO, *Latest Statistics on Radio and Television Broadcasting* (Paris: UNESCO, 1987); UNESCO, *World Communication Report* (Paris UNESCO, 1989); and annual UNESCO *Statistical Yearbook*.

17. UN Resolution 1778, December 7, 1962, cited in Nordenstreng, "Defining the New International Information Order," p. 4.

18. Hamdy Kandil, "UNESCO and a New World Information and Communication Order: The Landmarks and the Issues," in *Towards a Canadian Perspective on International Communication Issues* (Ottawa: Canadian Commission for UNESCO, 1982), p. 1.

19. See A. Singham and S. Hune, *Non-Alignment in the Age of Alignment* (New York: Lawrence Hill, 1986).

20. Jan Pronk, ' Some Remarks on the Relation Between the New International Information Order and the New International Economic Order," Document no. 35 prepared for the International Commission for the Study of Communication Problems (Paris: UNESCO, n.d.), Breda Pavlic and Cees J Hamelink, *Interrelationship between the New International Economic Order and a New International/World Information–Communication Order* (Paris: UNESCO, 1984); and Shelton Gunaratne and Andrew Conteh, *Global Communication and Dependency: Links between the NIEO and the NWICO Demands and the Withdrawals from UNESCO* (Moorhead, MN: Moorhead State University Bookstore, 1990). One might also predict that both these orders might one day be subsumed under the growing concept of the New World Environmental Order. See Manuel Cifuentes Vargas, *Hacia Un Nuevo Orden Ecológico Mundial: Una Propuesta* (Mexico City: n.p., 1991), available from the author: Mirabosques No. 45, Secc. Cumbira Cuautitlan Izcalli, Estado de Mexico, C.P. 54740, Mexico.

21. "Declaration on the Establishment of a New International Economic Order," in Nordenstreng, Gonzales Manet, and Kleinwächter, *New International Information,* pp. 165–167.

22. Johan Galtung, "Social Communication and Global Problems," in *Communication for All: New World Information and Communication Order,* ed. Philip Lee (Maryknoll, NY: Orbis Books, 1985), pp. 10–14.

23. Nordenstreng, Gonzales Manet, and Kleinwächter, *New International Information,* p. 275.

24. Cited by Luis Ramiro Beltran S and Elizabeth Fox de Cardona, "Mass Media and Cultural Domination," *Prospects* 10 (1, 1980): 79.

25. "The Emancipation of the Mass Media in the Non-Aligned Countries," in Nordenstreng, Gonzales Manet, and Kleinwächter, *New International Information,* pp. 276, 281, 282.

26. "New Delhi Declaration," in Nordenstreng, Gonzales Manet, and Kleinwächter, *New International Information,* p. 286.

27. "Political Declaration of the Fifth Summit Conference of Non-Aligned Countries," in Nordenstreng, Gonzales Manet, and Kleinwächter, *New International Information,* p. 288.

28. Giffard, *UNESCO and the Media,* p. 22.

29. Intergovernmental Conference on Communication Policies in Latin America and the Caribbean, San José, Costa Rica, "San José Declaration," in UNESCO, *A Documentary History of a New World Information and Communication Order Seen as an Evolving and Continuous Process,* Documents on Communication and Society, no. 19 (Paris: UNESCO, 1986), p. 7.

30. This chronology owes a great debt to Wolfgang Kleinwächter, "The Birth of Article 19—A UN Twin Concept," in *Human Rights, Communication, and Culture,* eds. Kaarle Nordenstreng and Wolfgang Kleinwächter (Tampere, Finland: Department of Journalism and Mass Communication, 1989).

31. See *Yearbook of the United Nations 1946–47* (New York: United Nations, 1948), pp. 526, 176.

32. "Calling of an International Conference on Freedom of Information," General Assembly Resolution 59 (I), 1946, in Edward W. Ploman, *International Law Governing Communications and Information: A Collection of Basic Documents* (Westport, CT: Greenwood Press, 1982), p. 132.

33. Cited in Elizabeth A. Downey, "A Historical Survey of the International Regulation of Propaganda," in *Regulation of Transnational Communications: Michigan Yearbook of International*

Legal Studies, 1984, ed. Leslie J. Anderson (New York: Clark Boardman, 1984), p. 346.

34. "Final Act of the United Nations Conference on Freedom of Information," Geneva, April 21, 1948, in Nordenstreng, Gonzales Manet, and Kleinwächter, *New International Information*, p. 115.

35. Discussion of the draft conventions went on for years in the Economic and Social Council and in the General Assembly. In 1960 ECOSOC adopted a Draft Declaration on Freedom of Information, Economic and Social Council Resolution 756 (XXIX), 1960 (in Ploman, *International Law*, p. 138), which has never gained General Assembly approval. The draft convention on Freedom of Information has been the subject of debates for decades, but only a few articles have been adopted by the General Assembly. See "Freedom of Information: Interference with Radio Signals," General Assembly Resolution 424 (V), 1950, in Ploman, *International Law*, p. 137; and "Freedom of Information," General Assembly Resolution 2448 (XXIII), 1968, in Ploman, *International Law*, p. 139; and "Draft Convention on Freedom of Information," as Adopted by the Third Committee, 1973, in Ploman, *International Law*, p. 140. The Draft Declaration on Freedom of the Press finally disappeared from the agenda in the mid-1970s.

36. Convention on the International Right of Correction, December 16, 1952, New York, Article II. Entered into force August 1962. In 1987 Burkina Fasa became the twelfth party (and the first in twenty years) to join. The other eleven adherents include Cuba, Cyprus, Egypt, El Salvador, Ethiopia, France, Guatemala, Jamaica, Sierra Leone, Uruguay, and Yugoslavia.

37. Kaarle Nordenstreng, "Defining the New International Information Order."

38. Kaarle Nordenstreng with Lauri Hannikainen, *The Mass Media Declaration of UNESCO* (Norwood, NJ: Ablex, 1984), p. 80.

39. Brigitte Weyl, "The Long Road to Consensus," in *The Global Media Debate: Its Rise, Fall and Renewal*, ed. Kaarle Nordenstreng, Hamid Mowlana, and George Gerbner (Norwood, NJ: Ablex, forthcoming).

40. "Declaration on the Fundamental Principles Concerning the Contribution of the Mass Media to Strengthening Peace and International Understanding, to the Promotion of Human Rights, and to Countering Racialism, Apartheid and Incitement to War" (Mass Media Declaration, Article II, Section 3), UNESCO General Conference, Resolution 4/9.3/2, November 28, 1978, Article I., in Nordenstreng, Gonzales Manet, and Kleinwächter, *New International Information*, p. 227.

41. Hamid Mowlana and Howard H. Frederick, "Knowledge, Perception and Utilization of the Declaration," in Nordenstreng, Mowlana, and Gerbner, *The Global Media Debate*, (forthcoming). Also appeared in "Völkerrechtliches Gewaltverbot und Humanitäre Zusammenarbeit," special issue of *Internationale Studien: Leipziger Hefte zur Friedensforschung* (3, 1989): 127–132.

42. "Resolution on Cooperation of Non-Aligned Countries in Information of the Third Meeting of the Intergovernmental Council [for] Coordination of Information among Non-Aligned Countries," Lomé, April 26, 1979, in Nordenstreng, Gonzales Manet, and Kleinwächter, *New International Information*, p. 290.

43. "Political Declaration of the Sixth Summit Conference of Non-Aligned Countries," in Nordenstreng, Gonzales Manet, and Kleinwächter, *New International Information*, p. 296.

44. "Statute of the News Agencies Pool of Non-Aligned Countries," in Nordenstreng, Manet Gonzales, and Kleinwächter, *New International Information, p. 297.*

45. "Resolution on the New International Information Order of the Fourth Meeting of the Intergovernmental Council for Coordination of Information among Non-Aligned Countries," Baghdad, Iraq, June 7, 1980, in Nordenstreng, Manet Gonzales, and Kleinwächter, *New International Information*, p. 303.

46. "Political Declaration of the Seventh Summit Conference of Non-Aligned Countries," New Delhi, March 1983, in Nordenstreng, Manet Gonzales, and Kleinwächter, *New International Information*, p. 306.

47. "Declaration and Resolutions of the Jakarta Conference of the Ministers of Information of Non-Aligned Countries," Jakarta, January 30, 1984, in Nordenstreng, Manet Gonzales, and Kleinwächter, *New International Information*, pp. 312–326.

48. International Organization of Journalists, *NAM & NIICO: Documents of the Non-Aligned Movement on the New International Information and Communication Order (1986–1987)*, ed. Kaarle Nordenstreng (Prague: International Organization of Journalists, 1988), p. 9.

49. UNESCO, *Documentary History*, p. 43.

50. Noteworthy in the 1980s was the fact that the Committee on Information's "Questions Relating to Information" was no longer passed by consensus; in counted votes, the United States and other countries yearly voted against the resolution.

51. See "Seán MacBride: A Short Biography," *Few Voices, Many Worlds: Towards a Media Reform Movement*, ed. Michael Traber and Kaarle Nordenstreng (London: World Association for Christian Communication, 1992), pp. 18–23. Seán MacBride's writings on communication include the following: "Preface", International Commission for the Study of Communication Problems, *Many Voices, One World* ["The MacBride Report"] (Paris: UNESCO, 1980); "Preface," in Becker, *Information Technology;* "Foreword," in Nordenstreng, Gonzales Manet, and Kleinwächter, *New International Information;* "Foreword," *Papiertechnologie und Dritte Welt,* ed. Jörg Becker, in association with Lutz Meyer and Arthur W. Western (Braunschweig, Germany: Vieweg, 1988); and "Preface," in William Preston, Jr., Edward S. Herman, and Herbert I. Schiller, *Hope and Folly: The United States and UNESCO, 1945–1985* (Minneapolis, MN: University of Minnesota Press, 1989).

52. International Commission for the Study of Communication Problems [MacBride Commission], *Many Voices, One World.* The book is out of print at UNESCO but can be obtained from the World Association for Christian Communication, 357 Kennington Lane, London SE11 5QY, United Kingdom, Tel: 44-71-582-9139, Fax: 44-71-735-0340, Email address: wacc@gn.apc.org (Internet).

53. Elie Abel, United States; Hubert Beuve-Mery, France; Elebe Ma Ekonzo, Zaire; Sergei Losev, USSR; Gabriel García Márquez, Colombia; Mochtar Lubis, Indonesia; Mustapha Masmoudi, Tunisia; Betty Zimmerman, Canada; Michio Nagai, Japan; Fred Isaac Akporuaro Omu, Nigeria; Bogdan Osolnik, Yugoslavia; Gamal El Ateifi, Egypt; Johannes Pieter Pronk, Netherlands; Juan Somavia, Chile; Boobli George Verghese, India.

54. The most widely recognized papers were "The New World Information Order" by Tunisian Moustapha Masmoudi and "Communication for an Independent, Pluralistic World" by American Elie Abel.

55. "UNESCO Resolution 4/19—On the International Commission for the Study of Communication Problems," October 21, 1980, Belgrade, in Nordenstreng, Gonzales Manet, and Kleinwächter, *New International Information*, pp. 249–250.

56. UNESCO General Conference, Resolution 3.3, 1983, in UNESCO, *Documentary History*, p. 179.

57. Colleen Roach, "The Position of the Reagan Administration on the NWICO," *Media Development* 34 (4, 1987): 32–37.

58. Oswaldo Capriles, "Actions and Reaction to Communication Policies within the Framework of UNESCO: Analysis of the Costa Rica Conference." Paper presented to the Seminar on International Communication and Third World Participation: A Conceptual and Practical Framework, Amsterdam, 1977, as cited in Luis Ramiro Beltran S. and Elizabeth Fox de Cardona, "Mass Media and Cultural Domination," *Prospects* 10 (1, 1980): 83.

59. "Declaration of Talloires of the 'Voices of Freedom' Conference," in Nordenstreng, Gonzales Manet, and Kleinwächter, *New International Information*, pp. 369–370.

60. U.S. Department of State, *The Activities of UNESCO Since U.S. Withdrawal: A Report by the Secretary of State*, April 1990 (Washington, DC: Bureau of International Organization Affairs, 1990), p. 14.

61. "A Bow to Big Brother," *Newsweek*, September 6, 1976, pp. 69–70.

62. "UNESCO as Censor" (editorial), *New York Times*, October 24, 1980, p. A32.

63. "Little Education, Science, or Culture" (editorial), *New York Times*, December 16, 1983, p. A34.

64. William Safire, "The New Order Changeth," *New York Times*, December 25, 1983, p. D13.

65. U.S. Senate, Committee on Foreign Relations, *The New World Information Order*, ed. George Kroloff and Scott Cohen (Washington, DC: Committee on Foreign Relations, 1977), p. 1.

66. U.S. Department of State, "Goals for UNESCO," *News Release*, Speech by Ambassador John R. Reinhardt at the General Conference of UNESCO, Nairobi, November 1, 1976, p. 4.

67. "Foundation Seeks Cash to Back UNESCO Pullout," *Washington Post*, October 20, 1984, p. A15.

68. Owen Harries, "U.S., Quit UNESCO," *New York Times*, December 21, 1983, p. A27.

69. Abel's views are summarized in Elie Abel, "Global Information: The New Battleground," *Political Communication and Persuasion* 1 (4, 1982): 347–357; and in *Current Issues in International Communication*, ed. L. John Martin and Ray Eldon Hiebert (New York: Longman, 1990), pp. 68–73.

70. U.S. Department of State, *The Activities of UNESCO*, p. 13.

71. "Serving Notice to UNESCO," *Newsweek*, January 9, 1984, p. 32, cited in "World Forum: The U.S. Decision to Withdraw from UNESCO," *Journal of Communication* 34 (4, 1984): 100.

72. U.S. Congress, House of Representatives, *Review of U.S. Participation in UNESCO*, *Hearings and Markup before the Subcommittees on International Operations and on Human Rights and International Organizations of the Committee on Foreign Affairs, March 10, July 9 and 16, 1981* (Washington, DC: Government Printing Office, 1982), p. 199. Only one voice, that of Dr. Hamid Mowlana of American University, protested the torrent of criticism directed at UNESCO.

73. *Review of U.S. Participation in UNESCO*, pp. 79–80.

74. Ibid., p. 20.

75. "The IPDC: UNESCO vs. The Free Press," *Backgrounder*, March 10, 1983.

76. Michael Massing, "UNESCO Under Fire," *Atlantic Monthly*, July 1984, pp. 88–92.

77. Harries, "U.S., Quit UNESCO," p. A27.

78. MacBride Commission member Bogdan Osolnik believes this gutted the "MacBride Movement," for it "eliminates every basis for recrimination that a new order should be installed." Bogdan Osolnik, "A Reassessment of the MacBride Commission Report—Ten Years After," *Mass Media in the World* (4, 1990): 53.

79. Leonard Sussman, "Press Freedom Advocates Are Gaining, Not Losing, at UNESCO" (letter), *New York Times*, January 31, 1984, p. A22.

80. Paul Lewis, "UNESCO's Budget Hits $374 Million," *New York Times*, November 17, 1983, p. A17.

81. "The U.S. and UNESCO: Time for Decision," *Executive Memorandum*, no. 40 (Washington, DC: Heritage Foundation, December 5, 1983).

82. "Letter of Secretary of State George Schulz to Amadou-Mahtar M'Bow," in "World Forum," p. 82.

83. William G. Harley, "Department of State Memorandum, February 9, 1984," in "World Forum," p. 89.

84. David Shribman, "U.S. Insists on Big Changes in UNESCO," *New York Times*, December 17, 1983, p. A3.

85. Richard Bernstein, " 'Distortion' Laid to U.S. on UNESCO," *New York Times*, August 9, 1984, p. A9.

86. Alex S. Jones, "UNESCO Reported to Move Away from Issue of Licensing Reporters," *New York Times*, November 6, 1984, p. A16.

87. Giffard, *UNESCO and the Media*, p. 3.

88. Ibid., p. 4.

89. Leonard Sussman, "Foreword: Who Did In UNESCO?," in Giffard, *UNESCO and the Media*, p. xiii.

90. U.S. Government, *Report to Congress on UNESCO Policies and Procedures, with Respect to the Media Question in Section 109 of Public Law 97–241*, in "World Forum," p. 123.

91. U.S. Department of State, *The Activities of UNESCO*, p. 14.

92. UNESCO, "Draft Report of Commission IV," Document 23 C/COM.IV/2, Part I, November 4, 1985, p. 4.

93. UNESCO, *Report of Commission IV*, 23 C/COM.IV/2, Part I, p. 28, cited in Colleen Roach, "The Movement for a New World Information and Communication Order: A Second Wave?" *Media, Culture & Society* 12 (3, July 1990): 286.

94. Ethan Schwartz, "UNESCO Chief Vows Major Reforms: Director-General Seeks to Persuade U.S. to Rejoin the Agency," *Washington Post*, February 25, 1989, p. A19.

95. Associated Press, October 7, 1988, as cited by Roach, "Movement for a New World Information and Communication Order," p. 287.

96. "Communication in the Service of Humanity" (UNESCO Third Medium-Term Plan, 1990–1995), *Media Development* (3, 1990): 23–24.

97. Russia assumed the Soviet Union's CSCE seat. Byelorussia, Ukraine, Moldavia, Tadjikhistan, and Uzbekhistan signed the Helsinki Final Acts in 1992. Azerbaijan, Turkmenistan, Armenia, Kirgistan, and Kazakhstan have said they will sign in 1992. Georgia has given no indication of when it might be ready to become a signatory.

98. Norbert Ropers, "Information and Communication between East and West within the CSCE Process," in *Europe Speaks to Europe: International Information Flows between Eastern and Western Europe,* ed. Jörg Becker and Tamas Szecsko (Oxford: Pergamon Press, 1989), pp. 363–384.

99. See semiannual reviews, *inter alia* U.S. Department of State, *Implementation of Helsinki Final Act, October 1, 1988–March 31, 1989* (Washington, DC: Bureau of Public Affairs, 1989).

100. *London Information Forum: Summary, Documents* (Prague: International Journalism Institute, 1989); Leonard H. Marks, "The London Information Forum Public Report." Unpublished paper, 1989.

101. William M. Ellinghaus and Larry G. Forrester, "A U.S. Effort to Provide a Global Balance: The Maitland Commission Report," *Journal of Communication* 35 (2, 1985): 14–19.

102. "Final Report of the Independent Commission for World Wide Telecommunications Development," Geneva, January 22, 1985, in Nordenstreng, Gonzales Manet, and Kleinwächter, *New International Information,* p. 265. The original report was International Telecommunication Union, *The Missing Link: Report of the Independent Commission for World Wide Telecommunications Development* (Geneva: ITU, December 1984).

103. International Telecommunication Union, *The Changing Telecommunication Environment: Policy Considerations for the Members of the ITU* (Geneva: ITU, 1989), pp. iii, 30, 45.

104. United Nations General Assembly, "Committee on Information Draft Report," A/AC.198/1990/L.1/Add.2, April 30, 1990.

105. Hamid Mowlana and Colleen Roach, "New World Information and Communication Order since Prague: Overview of Developments and Activities." Paper presented at the Third MacBride Round Table on Communication, Istanbul, Turkey, June 21, 1991.

106. Ninth Conference of Heads of State or Government of Non-Aligned Countries, *Information and Communications,* NAC 9/PC/Doc. 26, Belgrade, Yugoslavia, September 7, 1989.

107. *The Challenge to the South: the South Commission under the Chairmanship of Julius Nyerere* (New York: Oxford University Press, 1990), cited in Hamid Mowlana and Colleen Roach, "New World Information and Communication Order: Overview of Developments and Activities," in *Few Voices, Many Worlds: Towards a Media Reform Movement,* ed. Michael Traber and Kaarle Nordenstreng (London: World Association for Christian Communication, 1992), p. 10.

108. U.S. Department of State, *The Activities of UNESCO,* p. 4.

109. U.S. Department of State, *The Activities of UNESCO,* p. 13.

110. Wolfgang Kleinwächter, "The Great Media Debate: NWICO and the UN System." Paper presented at the MacBride Round Table on Communication, Harare, Zimbabwe, October 27–29, 1989.

111. Mowlana and Roach, "New World Information and Communication Order since Harare."

112. Inter Press Service, "Information: Search for New Order Is Still On, UNESCO Chief Says," September 12, 1991.

113. Slavko Splichal, "NIICO—Dead or Alive? MacBride Round Table on Communication in Harare, October 27–29, 1989," *Media, Culture & Society* 12 (3, July 1990): 399–401.

114. Hamid Mowlana, "The Emerging Global Information and Communication Order and the Question of Cultural Ecology." Paper presented at the MacBride Round Table on Communication, Harare, Zimbabwe, October 27–30, 1989.

115. "Harare Statement of the MacBride Round Table on Communication," Harare, Zimbabwe, October 27–29, 1989; and in *Few Voices, Many Worlds*, pp. 24–26.

116. "Prague Statement of the MacBride Round Table on Communication," Prague, Czechoslovakia, September 21–22, 1990, in *Few Voices, Many Worlds*, pp. 27–30.

117. "Istanbul Statement of the MacBride Round Table on Communication 'Few Voices, Many Worlds,'" Istanbul, Turkey, June 21, 1991, in *Few Voices, Many Worlds*, pp. 31–32.

118. World Association for Christian Communication, 357 Kennington Lane, London SE11 5QY, United Kingdom, Voice: 44–71–582–9139; Fax: 44–71–735–0340; Email address: wacc@gn.apc.org (Internet).

119. World Association for Christian Communication, "Communication and Community: Manila Declaration," *Few Voices, Many Worlds*, pp. 33–36.

第七章 全球傳播的辯證理論

本章將檢視各種全球傳播理論。由於傳播及國際關係已經變得如此糾結不清,以至於「必須利用傳播伴隨的各種形式的現象,來解釋國際間政治的互動關係」。[1]

理論、事實與分析層次

人類獲得訊息是藉由兩種形式的來源:理論(theory)與事實(fact)。[2] 事實為一種無法拒絕的現象,經由感官察覺的實體觀察。理論則是一種思想、主意、印象或象徵的表達,這種表達的層次以簡略後的事實為基礎。「選定某種現象加以解釋,並以一種滿足某些人熟悉被研究事實的特性的方式進行。」[3] 理論與事實並不完全相同,但是卻與事實一致。(如圖7.1)。

真實的世界中,驗證一種理論是重要的。其程序稱為經驗的驗證,由事實 1 的平面開始（F_1），以一致性為原則，到理論的觀念，由觀念到觀念，最後回到事實 2 的平面（F_2），如果真實世界以大量的各種觀念聯繫，如果這個圖形由大量流通交叉，則理論稱為被驗證（或為「真」），理論的觀念可稱為與事實一致，甚至可以說是描繪事實。[4]

理論可以解釋現象及事件而且提供測試的工具，一個理論可以預測我們在真實世界中將找到什麼，並且經常以觀察的事件為基礎，告訴我們在條件不變下，我們可能發現的事情。理論也能夠告訴我們一些未解釋或未預測的事情，我們則稱這個理論具有預測的價值。理論也可以與事實應該是另一種結果，而不是現在的結果。這些理論稱為常態性理論，他們協助提出一個較佳的世界，並建議到達的可能途徑。

全球資訊理論的主要困難在於「分析問題的層次」，基本問題為誰是演員？全球資訊理論徘徊在「簡略的樓梯」，其徘徊的範圍包含國家與國家及國際組織到利益團體、社會階級及社會菁英到個人。全球資訊經常由個人（報業工作者、政治家及國民）、機構（業者聯合、世界新聞自由委員會及不結盟組織）、政府（美國國務部）及跨國機構（聯合國及全

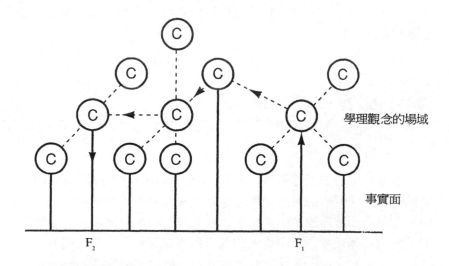

圖 7.1 理論的範圍及事實之平面，確認的流程始於事實的平面（F_1），以一致性的原則由觀念到觀念再回到事實的平面（F_2）。

球聯合組織）執行。若為使問題更加複雜，有時我們會注目於傳播技術（大眾傳播），有時重點則在個人間的傳播（人際傳播）。

另一種理論的分類方式為「巨觀──微觀的分類」，所謂微觀的分析是透過包括心理學家、社會心理學家、生物學家、遊戲理論家及決策理論家等，推論關於高層次的行為來自單獨個人的行為。另一種微觀的分析，則是透過政治科學家、國際關係分析家及系統理論家，他們關心整體的最大秩序，例如，國家間、文化及「國際系統」，而有些領域中，我們發現中庸的理論，這些領域如社會學家、人類學家及地理學家，他們關心大的社會族群、政治區域、社教機構、社會階層及政治活動。

小層次全球傳播理論

微觀理論著眼於人類的心理，它們推測單獨人類對社會力量的影響，因為「許多時候比人類全體對社會力量的影響還大」[5]，微觀層次的理論將重點從大的系統轉變到個人及群體，從組織的解釋到人的解釋，從外在行為的研究到隱藏的動機及人類的需求、恐懼及希望。對人類的需求、恐懼及希望經常比對原子中的粒子觀察還少。物理學家並未因為原子的不可見而受到阻撓，同樣看不見的人類動機也沒有阻撓心理學家及社會理論家。針對全球傳播微觀層次的解釋，他們已經整體理論。[6]微觀層次的理論相信從人類的個性及行為中，即可找出戰爭及衝突的軌跡。這些理論家是希望找出，導致個人間傾向戰爭及侵略的動機、理由及原因，雖然這些個人團體並不瞭解這些因素。

傳播及學習理論

一個常被引用微觀層次格言就是 UNESCO 憲章的前言：「因為戰爭

始於人類的心中，所以人類保衛和平的心必須建立起來。」只要對的事情在適當的時機傳播給適當的人，一些改變會發生，國與國之間的相互態度使和平更有可能實現。這個觀點的倡導者假設：人們能夠學習及必須的資訊能傳播到人們，這兩個假設為學習理論的基本因子。[7]

在這個觀點中，人們以一種可預測的方式處理接受到的訊息。[8] 訊息在心中創造意象，引導決定及簡化選擇。意象的建立經由教育系統、文化、民間風俗、社會化及新聞媒體。包含事實、態度、印象及過去的經驗，當允許其他意象進入時，這些意象便執行知覺的篩選，並且過濾出一些刺激。[9] 用其他方式說明，大腦以過去經驗為主，建立起較容易進入的管道，而且在資訊進入之前，就已經找到自己所需要的。大腦對物體的尋找有其心理的印象，這可以解釋「自我認定的事實」的現象，舉例來說，為什麼有些美國人在尼加拉瓜見到一些事件，就當成共產主義的證據，而其他人卻認定為解放或自由。思想上的定見經由經驗確認而更為強烈，因為改變人心的思慮途徑是非常困難的。

各種認知上的心路歷程影響到我們所見到媒體傳播的整體事件，一種強有力心理功能——選擇的感知，可以隱藏痛苦的事實，例如，當媒體陳述核子戰爭的可怕結果，有些人以一種「隱藏的焦慮帶著注意力的扭曲」淡化這種聲音。就好像一個人被獅子擊傷大腿，仍可以沒有痛苦地跑上好幾哩，心理上的自欺可以引導我們遠離其他痛苦的形式。精神學家針對「完全籠罩人心的恐懼、憤怒及顫慄，因為觀察力的無能而讓這些—— 特別是武器競賽——感覺產生」並稱之為「核子的麻木」。[10] 證據顯示，人們閱讀有關外國非正式的新聞故事會比不閱讀新聞的人作出較不正確的推論。人們對外國人作出不正確的判斷，其原因為偏差的新聞及資訊。[11]

其他微觀層次的方法為挫折——攻擊的理論，[12] 以假設政治的不穩定起因於未發洩的社會挫折為開始。這種挫折部分與媒體有關。跨越國界及文化的傳播在質量上已有改善，經由新的技術，過去隔絕的人們能夠跨越長距離看到其他人如何生活。有時候，人們會因所見所聞而產生嫉妒，也會因自己的不足而感到挫折。在全球傳播更加普及後，一些受到經濟與政治局勢抑制本身物質需求者的身上，便可能會產生一種「見林不見樹」的病徵。這樣的挫折將導致侵略行為，有時也會導致對現況不滿，甚至想要移民。

這便是著名的 Dollard-Doob 假說。挫折常發生在事與願違的情況下，此時人們便會有一種將障礙排除的自然反應。但是有時候障礙只是抽象的形態，而且太過強大或是嚇人，不然就是障礙本身根本無懼於攻擊。在這種情況下，攻擊的目標便可能會轉移到其他無關的人事物上 [13]（譯按：就好比中共內政問題不斷，便可能為了轉移國內注意，而發動武力犯台）。1979 年時，伊朗革命便是一例，在回教文化的背景下，由於西方文化與傳播媒體產品輸入的結果，引發了兩種文化間的衝突。進入回教世界的西方媒體，挾帶了西方價值觀念，於是引發伊朗國內的衝突並產生了革命。

人們應該如何處理與既有態度有所衝突的新訊息呢？認知不協調理論則解釋人們將尋求本身的信念與接受訊息間的調和。當有不協調的情況產生時，人們藉由改變自己的信念，或選擇性的接受來減少與新訊息間的衝突。[14] 這種減少認知不協調的行為在當前國際事務上扮演了一個很重要的角色。幾年來，美國人始終相信共產世界與美國人價值觀是對立的。但在 80 年代早期，雷根總統造成支持者許多痛苦，因為他開始重建本身對共產世界的認知與信念，並且放棄早期他對蘇聯是魔鬼帝國的想法。在雷根減少他個人的認知不協調後，美國的大眾媒體也開始對蘇聯大量正面的報導。

一個將心理機制用於國際事務的方法便是所謂的心理歷史學。運用這種邏輯上的跳躍，將可使人們思考整個國家的心靈失序與其自殺或殺人的傾向。[15]

刻板印象與鏡像假說

刻板印象是指存在我們腦海中，對某個階層者的看法。[16] 這是一套被過份簡化的信念，而且通常是些錯誤假設。[17] 我們可以以直線性的特性來說明什麼是刻板印象，例如，認為德國人具有科學的頭腦而且勤勉的，義大利人具有藝術細胞而且是熱情的，美國人是崇尚物質並且野心勃勃的。雖然刻板印象就某些團體中的成員而言是正確的，但人們似乎仍傾向忽視個體上存有的差異，而將這種錯誤的事實當成是真的。刻板印象有時是為了體現人類個性上的需要，就如 Walter Lippman 所說：「刻板印象保證……我們自己的觀點……，它們是傳統的防衛要塞，在防衛之後，我們在擁有的位子上可以感到安全」。[18] 簡單說來，刻板印象幫助我們更容易去管理世界，也更懂得以理性去對待別人的行為。

對於成為永恆的一些刻板印象，媒體則應對它負擔一些責任。媒體影像有時並不顧提供些正確的資訊後也許會增進人們彼此間的瞭解，卻只做些煽動人們恐懼與敵對情緒的事情，因此這樣一來只是更強化了既有的刻板印象。媒體本來可以協助人們去改變刻板印象的，使得他們適應與本身關切對象原有印象無關的正面與負面關係。[19] 美國對蘇聯的刻板印象經常反應到當時的政治時局，就像反納粹的聯盟一樣，美國視蘇聯為具有信仰而強大的法西斯主義對手。在冷戰時期，蘇聯變得不道德、不正義又太過份的，蘇共的領導人則是殘忍又難以捉摸的。在戈巴契夫的領導下，蘇聯才開始建立民主體制。

冷戰時期中，美國心理學家 Uri Bronfenbrenner 到蘇聯旅行。他的結論引發了許多爭議，他認為美國與蘇聯對於彼此都有相同的刻板印象，「蘇聯人歪曲醜化了我們的形象正如同我們對待他們一樣，就像鏡中的影像一樣。……他們是侵略者……他們的政府欺騙並剝削他們……這個集團沒有同情心……他們是無法被信任的……他們的政策幾近於瘋狂。」[20]

人類將世界編制為許多的參考架構，同時將民族歸類好壞。我們創造出邪惡敵人的意象，「認為對方是好戰、殘忍與缺乏人性的低等生物，這種生物是無法與自身相比，因為自己是道德無暇的。」[21] 在判斷本身行為時，一個國家常常視本身所為是一種理所當然或不得不為的事，……也就是一種必要之惡」，[22] 而對方便是冥頑不靈的惡魔。這些意象常常透過傳播媒體傳遞給大眾。[23]

決策、傳播與危機

　　當危機發生時，傳播過程發生了什麼變化？這是一個重要的問題，因爲：

　　　　議價的效果依賴兩方充分的訊息交換。當資訊不足或是遭到扭曲時，議價者便沒有合理的評估基礎去臆測貨品，或是衡量平等概念去認識對方的部分。……因此，不論是否起因於生理或心理狀況，傳播孤立是會造成合作發展上的限制，並可能促成不信任與懷疑的情況發生。[24]

　　如果雙方肯溝通合作意圖、對對方投入情況的期望、對雙方不合作時報復的意圖及忘記與對方曾有過節的話，衝突便可解決。[25]

　　Milburn 檢視導致二次世界大戰爆發與古巴危機時的傳播形態後認爲，是有兩個共通點所造成的，一個是對單一訊息來源的過度信賴，因爲在危機中，對一資訊管道依賴越大，對提供決策者可用的資訊所造成的扭曲也越大。所以他建議決策者不要過份依賴單一訊息的提供來源，也不要只站在一個觀點看問題。使用各種技術評估情況並且查核資訊來源的眞實性，「其他一般的因素爲資訊的超負載，當危機減少頻道的數目時，也同時增加傳播的音量。」[26]

　　在危機的時候，傳播的習慣改變：「危機的壓力越大，依賴多餘及臨時傳播頻道的傾向越大。」[27]當古巴飛彈危機時，華盛頓及莫斯科間缺乏正常通訊頻道，因此甘迺迪及赫魯雪夫訴諸非平常的管道通訊。甘迺迪送出一項重要的訊息，以明碼而非用密碼宣佈，美國想要降低對立；赫魯雪夫經由莫斯科無線電臺廣播，表示接受甘迺迪的模式，而不是運用平常的管道，因爲平常的管道可能需要花上幾個小時。

　　金氏及其同事摘述外交的傳播引發第一次世界大戰，並表示在危機發生時，大量且緊張的敵對訊息增加。更糟的是，對立的訊息導致更多的對立訊息，因爲各國競相以敵意回復其他國家的敵意。[28]比爾稱這敵意的交換爲意識的競爭。這種競爭佔有他們的生活，不再支持角色上所應有的理性，並且迫使採取他們原先寧願避免的行動。[29] 在危機中，媒體將對敵人的印象快速的非人性化，而且粗魯的訊息密集、快速的交換到最高點。[30]

遊戲理論、交涉及賭博

遊戲理論分析傳播的交換，及投入議價及衝突角色的利益。[31] 全球傳播的頻道供應各種方式，藉著這些方式，國際舞臺上的各種角色可以（或不可以）像遊戲過程般地交換訊息。遊戲理論類似玩撲克或棋子、買新車或與小孩協調。綜合這些多變化的狀況爲玩遊戲的人（人們、團體或國家）、收益（以價值計算結果）及通訊（最大利潤的策略，或至少是最小的損失）。棋子爲典型的「完美資訊的遊戲」，因爲沒有隱藏的活動。相反的，撲克爲「不完美的遊戲」，因爲決策必須在不瞭解覆蓋的撲克牌的情況下決定。

遊戲如何與全球傳播相關？讓我們來看一個「小雞」的例子，這是美國青少年間有名的遊戲，兩名開車的年輕人駕著車以全速相互接近的競賽。誰先轉向的就是「小雞」或是儒夫。有四種可能的結果：如果駕駛A及B一齊轉向，兩個都是「小雞」，但是沒有人丟臉；如果A轉向而B不轉向，那麼A是「小雞」且失去面子，B獲得英雄氣概；如果B轉向而A不轉向，則輸贏相反；最後，如果兩者皆不轉向，撞在一起，他們利益爲死亡。如果兩個駕駛皆有「完美的資訊」，其中一個參加遊戲者的所有活動另外一個都可以看得見。

最有可能的結果是兩個駕駛都轉向，這種結果稱爲最小損失的利益最大策略，是唯一一種最小損失的策略，得以保證最差結果中選取最好的。[32] 但是，當兩個角色分開在數千公里外，而且各自擁有對方活動的「不完美的資訊」，資訊由不完美管道提供的情況，將會發生什麼情況？這種案例爲核子對立的「小雞」遊戲的另一種變化。決定轉向或不轉向，類似於從核子戰爭的邊緣走回來或繼續毀滅性的核戰破壞，就向甘迺迪及赫魯雪夫在古巴飛彈危機中的情況一樣。最可能的結果為兩個陣營皆轉向，第二種結果為其中一方轉向，但也因此失去面子卻可避免核戰的大破壞。真實的情況確實發生在甘迺迪及赫魯雪夫之間，先由蘇聯的領袖示意，並且退讓。

其他方面與全球通訊有關的遊戲理論為沈默的議價，這種現象說明在兩個沒有接觸的陣營中，傳播如何實際的存在。這個現象牽涉複雜的「信號」，表示軍隊裁減及戰爭的限制過程，能夠不藉著直接接觸而傳送到敵方。一個沈默議價的很好例子，為第二次世界大戰中並未發生瓦斯戰鬥的情況。雙方在第一次世界大戰時，都經歷過這種形態的恐怖破壞，但是當一方在第二次世界大戰中克制瓦斯攻擊，另一方於是也跟進。當對手不需直接通訊而到達一種靜默的調和，他們依賴遊戲理論中所謂的凸顯的解答，及解答從個個方案中凸顯出來。[33]

中層次全球傳播理論

中層次全球傳播理論為社會群體、政治區域、機構、社會階級及政治活動對戰爭與和平之關聯性。

全球資訊流通理論

全球通訊跨越國界連接訊息來源及收受者，訊息及信號流通於來源及收受者。訊息意味著來源利用他希望影響收受者，但是訊息並不能直接傳遞，必須轉換成信號，以實體的方式傳送。也許只是一句「我們支持你繼續努力」，但這個訊息便會以數位位元（0 與 1）的形式傳遞下去。在線路中經常有訊號不停移動，實體上的情況便是電流不斷的攜帶訊息，由資訊來源傳遞到閱聽人處。

夏農（Claude Shannon）和韋佛(Warren Weaver)的傳播數學理論，說明了傳播過程中基本組成要素有：傳送器（將訊息編碼製成信號）、接收器（將信號解碼還原成為訊息）、噪音來源（這種噪音來源基本上是指介於資訊來源與目的地間的干擾，可以是機器本身的干擾噪音，也可以像是文化差異中語意上的噪音。）[34]（見圖7.2）

　　但是全球通訊是一個非常複雜的過程，例如，資訊來源便有成千上萬個組成。因此 Cioffi-Revilla 和 Merritt 便在這模型中增加了守門人的角色。大多數我們所能取得的國外資訊，都是經過守門人的傳遞，這些守門人包括了記者、新聞評論廣播員、演講者與最近前來的訪客。[35] 因此針對夏農—韋佛這個傳播數學模型而言，全球傳播模型便至少增加了兩大部分，即四種角色（觀察者、網路與組織、廣播者及觀眾）與噪音。同時，這四個角色各自包括不同的組成。[36] 至於模型中兩邊的端點則為全球事件與閱聽人的認知（見圖7.3）。

　　Mowlana 將全球傳播程序的兩時期分為生產與分配，同時在生產與分配軸上加上一個技術軸。技術則分為兩種，即傳播硬體與傳播軟體[37]（見圖7.4）。

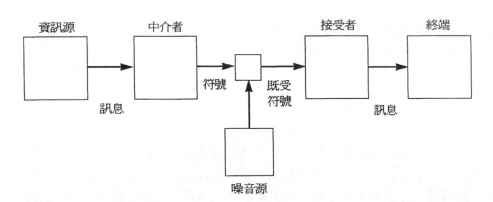

圖 7.2　傳播程序的 Shannon-Weaver 模式

資料來源：*From The Mathematical Theory of Communication*, by Claude E. Shannon and warren Weaver. Copyright©1949 by the Board of Trustees of the University of Illinois. Reprinted by permission.

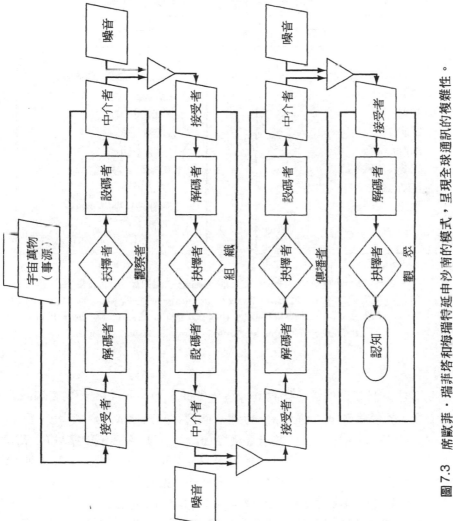

圖 7.3 席歐菲‧瑞菲塔和梅瑞特延申沙南的模式，呈現全球通訊的複雜性。

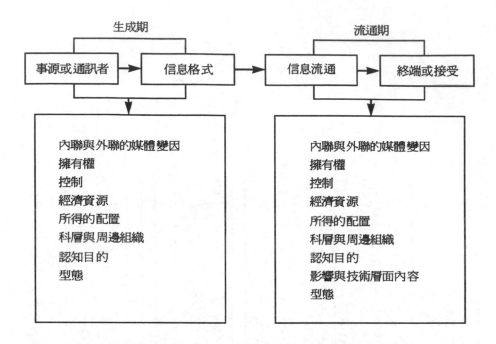

生成期　　　　　　　　　　流通期

| 事源或通訊者 | → | 信息格式 | → | 信息流通 | → | 終端或接受 |

內聯與外聯的媒體變因
擁有權
控制
經濟資源
所得的配置
科層與周邊組織
認知目的
型態

內聯與外聯的媒體變因
擁有權
控制
經濟資源
所得的配置
科層與周邊組織
認知目的
影響與技術層面內容
型態

圖 7.4　毛拉納資訊流通兩階段模式。流通控制是通訊系統運作最重要的因素。

資料來源：*From Global Information and World Communication: New Frontiers in International Relations*, by Hamid Mowlana, p.10. Copyright © 1986 by Longman Publishing Group. Reprinted with permission from Longman Publishing Group.

　　至於人們要如何接受世界其他各地的訊息呢？Gumpert 與 Cathcart 的文化互動模式列出一種方式，就是一個國家的兩個人（A 與 B），與其他國家（O）的團體或個人並無直接接觸時，A 與 B 必須依靠 O 的媒體報導來得到訊息，但這些訊息可能經過 O 刻意的處理，以至於 A、B 兩人所得到的概念是一種刻板印象或是偏見[38]（見圖 7.5）。

　　介入媒體的變數也存在於 Westley-MacLean 的模型中，相同的，A 與 B 被放置於不同國家時，傳播器 C 傳送至 B（X″）的訊息，形成了超越該國家中事件報導的範圍（X_1 到 $X \infty$），加上這些事件 C（＞X）自己對這些事件的印象。[39]

Lazarsfeld 稱此爲兩階段傳播理論，資訊先爲消息靈通人士所取得，然後再經過人際傳播管道，移動到較少接觸媒體者。[40] 國際間短波無線電收聽便爲一例。廣播由意見領袖所取得，然後再表達資訊給那些不知道資訊者。

　　一個有趣的中層次傳播理論是所謂的「小世界」現象，這種現象發生在兩個陌生人發現彼此間有相當程度的熟悉，他們會表示：「這世界眞小？對吧！」該理論預估連結世上任何兩人在大部分七個媒介物，或共同發生在兩到三個媒介物。這種現象的解釋人類就像網路上的節點一樣，訊息是彼此相連的。[41]

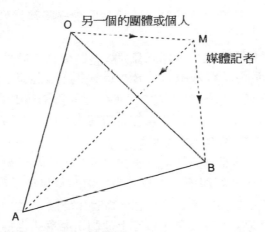

圖 7-5 甘培特和凱斯卡特的跨文化互動通訊模式。這個模式說明兩個在同一個
　　　國家的人(A 和 B)無法和另一個在他國的(O) 做直接的聯繫。他們對 O
　　　的認知必須仰賴媒體記者(M)。

資料來源：From "Media Stereotyping: Images of the Foreigner," by G. Gumpert and R.
　　　　　Cathcart. In L. A. Samovar and R. E. Porter(eds.), *Intercultural Communication: A
　　　　　Reader*, p. 352. Copyright © 1984 by Wadsworth, Inc. Reprinted by permission of
　　　　　the publisher, Wadsworth Publishing Company, Belmont, CA.

國際傳播訊息理論

結構主義研究穩固社會行為與文化的模型。[42] 其中一種研究方法便為語言符號學，將傳播形式視為信息與符號而非傳播的內容。語言符號學確認傳播的符號結構，並且不從與生俱來的特徵來解釋符號的意義，但是寧可從彼此間相關的地位與文化背景上解釋。著名的 Sapir-Whorf 假說認為不同語言的社會有著不同的經驗，因為每種語言具體表現不同的世界觀。[43] 因此，德文的精確便是來自說德語者有個不同的世界觀，相較於法文而言，法文就浪漫多了。這樣的差異將常常可在「不可翻譯」的概念上看到。[44]

一些作家曾經建議，全球訊息應該以循環的結構設備播出，這種架構會影響訊息的內容與形式。[45] Kervin 檢視過去薩爾瓦多電視新聞報導的信號，發現某些重複與合法的設備強化了與美國政府衝突爭議。[46] Anderson 對相同衝突事件的攝影報導研究也發現，薩國體制強調法律與秩序、絕望以及戰爭的正當化。[47]

演說也是觀察全球傳播的一種方式，演說不僅只是演說者的演講詞罷了，也是傳播者與環境中規範及習俗間的轉換與互動。[48] 演說是社會、歷史及研究環境的產品。演說分析起於三個前提：(1)媒體生產者不單僅是簡單的選擇內容而已，事實上他們正生產「世界」並構思意義。(2)觀眾不只是反應「效果」，也會協調與重建本身措詞上的意義。(3)媒體經由「工業組織化媒體集團」所生產，並有自己的應辦議題。[49]

演說在全球層次上的分析為經濟逐漸集中與文化支配的假設，這對媒體的內容及運用均有直接的影響。比照跨文化間的媒體產品，我們可以看出它的性質、形式與修詞，都是支配傳播的媒體世界獨佔者所完成。全球傳播頻道傳送意識形態，[50] 它們將核子武器合理化，[51] 甚至以具體方式傳遞，使群眾得以剖析媒體。[52]

國際事件經常形成複雜的故事情節，故事為社會行為簡化的情節，也只有在社會瞭解及行為的共同習俗下才會被認為有意義。在國家的層次，傳統的故事情節像語言一樣成為傳播的一環。[53] 創作者及雜誌作家兩者皆瞭解以故事為基礎的語法，且尊重它就像尊重文法與拼音一般。這類的故事形式的分析，大量的被應用到檢視政治事件上，Katz 及 Dayan 甚至辯稱，認為全球媒體必須看起來像教會儀式般。[54]

大部分的媒體事件在特性上是屬於國內的，但最近全球傳播頻道開始將上億的人們結合在一起，分享共同的經驗。早期的像雅爾達或波茨坦這種高峰會，常是以秘密的方式進行，目的是為了遠離大眾的關注以便於形成政策。今天，雖然高峰會仍須作成政策，但它已成為一種公共象徵的活動、一個政治儀式及媒體事件。[55]

影響、共同意見及合法性的範疇

Chomsky 及 Herman 觀察美國人眾媒體的注意力僅限於與美國外交政策一致的國際新聞事件，那些美國「影響範圍」外的國家傾向於被負面地涵蓋。同時，媒體傾向於忽視與美國同盟的政府的負面觀點。Chomsky 及 Herman 相信，提及有關新聞「宣傳活動的架構」的涵蓋範圍是較為準確的。[56] McLeod 相信這種妥善運用於其他國家的媒體，名義上，他們涵蓋國際性的新聞，帶著對他們的國家的忠誠。[57] 因此，我們可以解釋美國媒體對薩爾瓦多（民主獲勝的辯駁）及尼加拉瓜（Sandinista 的不妥協態度極權的控制）選舉勝利的差異。[58]

Hallin 強調媒體尊貴的信用僅限於合法的事件，[59]「在共識中心範圍內」，「新聞業者並不感覺表達反對立場及留住不感興趣的觀察者的壓力，相對地，新聞業者的角色在共識的範圍內，只是提供發言者及司儀的服務。」[60] 換言之，一些標題僅簡單地在禮貌上的辯論（如圖 7.6）。

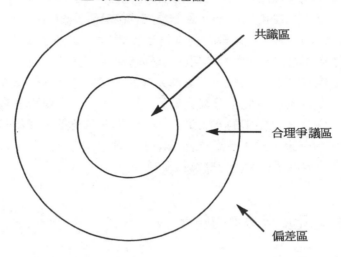

全球通訊的組成理論

共識區

合理爭議區

偏差區

圖 7.6 Hallin 模式區隔出共識、爭議及偏差之不同範疇。

資料來源：From "The Uncensored War" : The Media and Vietnam by Daniel C. Hallin,
        Copyright ©1986 by Daniel C. Hallin. Reprinted by permission of Oxford University
        Press, Inc.

大層次全球傳播理論

現在我們將注意力擴及——國家、州郡、文化、經濟和世界體系等
層面。大格局的全球通訊理論裡，最容易理解要算是環境理論了。

地理政治和環境理論

在此，我們發現評估全球傳播環境的理論。[61] 對於環境，我們並不

只指地球實物及地理上的特性，而且包括各種文化的產出，例如，資源的可用性、人類統計學的因素、技術發展及象徵性的環境（社會領域）。

地理政治理論針對地理變數的政治適當性，瑞典的地理學家 Rudolf Kjellen 為第一個使用地理政治專有名詞的學者，認為各國皆有五件相同的事物：疆界、首都、國家意識、文化及傳播的網路。[62] 傳播的網路在其疆域內之各單位拓展距離時非常重要，國家地理政治地理力量部分依賴傳播的管道，就像橋跨過河水一般，兼具保護及聯合的功能。

地理政治學在國家的存亡中扮演重要的角色，例如，波蘭人居住在相同的國境，並且擁有共通的語言及充分的傳播網路，但是，由於沒有天然的屏障，波蘭歷經不斷亡國的不幸。有些國家因為地理上的不接續，疆界被水域或被其他國家分隔，例如，地理上不連接的巴基斯坦（1971 年孟加拉獨立之前），因為通訊阻礙、利益及國民的流通造成國家政治上整合能力的障礙。[63] Merrill 發現政治上的分離增加彼此的距離，通訊在毗鄰人民間比在遠方的頻繁。一個不連續的政治體依賴通訊保持分離個體間的整合。[64] 基於這個理由，美國與阿拉斯加及夏威夷之間維持最高品質的海底電纜及衛星通訊線。

地理政治家將傳播及資訊視為重要的變數，Mahan 描寫大英帝國的成功肇因於對海洋航線的控制，尤其狹窄的水道。除了巴拿馬運河外，英國控制世界所有的主要水道及轉換點。在大英帝國的時代，陸地運輸的管道大部分仍未開發。[65]

就如 Mahan，Mackinder 見到權力、技術及通信間的密切關係，但是，Mackinder 提出了「心臟地帶」，內陸的管道而非海洋航路為重要的，特別經由內陸通訊的進步[66]（如圖 7.7），今天，飛機及火箭船使空中及太空管道變成政治權力中的主要管道。Douhet 對飛機的研究與Mahan 對海洋及 Mackinder 對內陸一般。不再限制於以陸運為基礎，空中的管道能穿透過去間不可破的區域。[67]

這些技術的發展對距離都造成影響，阿富汗不可能與玻利維亞打仗，因為分得很遠，但是國家地理上的距離只是距離量度的一種，兩國間政策的距離實為他們對核子飛彈處理的一作函數。政治的距離為管理

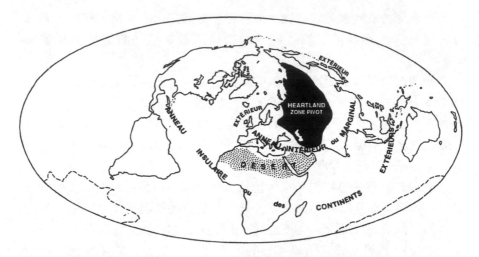

圖 7.7　馬金達(1904)眼中的世界。以歐亞大陸爲軸心，連周圍海域亦掌控在
　　　　內。

資料來源：Gerard Chaliand and Jean-Pierre Rageau, *Atlas Stratégique* (Paris: Fayard, 1983), P.
　　　　21. Reprinted by permission.

制度之相似性的一個函數。技術的距離爲經由通訊系統、運輸及貿易聯
繫的一個函數。[68] 各種距離的相互運用在大英帝國與福克蘭及曼敏那斯
島間的密切關係尤其明顯，並且使英國願意爲他們而戰。

　　其他重要的地理政治變數爲人口，在 2050 年，人口將達一百二十
億。[69] 正如 Wright 觀察，人口成長將會因爲全球傳播的蓬勃發展、文化
間的交流、國際合作的增加而將世界整合成爲單一社區。[70] 同時，這種
成長也造成不同文化間的衝突摩擦，而這些文化在過去是各自隔離發展
的。當人口成長時，人們與文化間的傳播交流也隨之增加。由於毀滅性
武器數量的增加，相對好戰者的數量和領土衝突事件的規模也增加了。
今天，海洋、大氣層甚至外太空都成爲戰爭的場地。全球傳播技術跨越
了長距離，甚至是星際之間，並提供指揮及控制工具，管理這星球上的
地理政治的空間。軍方所謂的三 C（傳播 communication 、指揮
command 與控制 control ）技術的來臨，將迫使人類再檢視地理政治上的
關係。

「資訊像病毒」的理論造成很大的爭議。這個理論起源於社會人類學，主張遺傳上的物競天擇觀念也可應用於行為上。[71] 思想學（memetics）是一種資訊理論，主張將生物學上的模式，運用在演化、擴散及文化理念堅持上。一個作者稱之為「細菌理論運用到觀念上」，[72]思想學的四點基本主張如下：

1. 思想觀念的發展是有跡可尋的。
2. 文化傳播與各種形式的思想散播，均具體表現在這些規則之中。
3. 在思想學建立的區域，確實有著相似的性質（這牽涉到語言結構是否由遺傳結構所控制的問題）。
4. 新的、無法預測的語言及思想結構可能已經存在了。[73]

在這種觀點下，社會活動可視為「傳染性的觀念」，以相同的方法散佈到世界各地。例如，「Don't worry, Be happy,」這種想法便很快的傳遍於流行文化中，當閱聽人聽到時，便會在心中不斷的複製，然後快速傳播。思想學理論也許可以預測何時，並解釋為什麼什葉派能傳到土耳其，或是自由民主能傳遍東歐。

Dawkins 發明「思想」（meme）這個術語（帶著 seem 的韻母），就像在他的書《自私的基因》（*The Selfish Gene*）中的基因的類推。meme利用人們的心複製資訊的形式，就像基因運用染色體複製 DNA 的形式般。思想就像基因有限制的選擇進化因素。人類的心智、通訊管道及大量的競爭與合作的思想，使最適合的（從生存的角度中最適合的）思想（就像市場的資本主義）推展到全球，而較不適合的（如奴隸或封建制度）就被排除。本論點著眼於思想上的奮鬥，各種不相容的思想在有限的心智空間上戰爭。事實上，今日世界就是大量的資訊生態系統，及系統中各種思想相互競爭，以取得寄生的有機體居住下去。

但是，不像基因遺傳是為了有機體的生存，一些思想是與人類生存有所衝突的。Henson 稱為 memeoid 並舉出例子，例如，南美蓋亞納的人民殿堂中的致命觀念，或如希特勒的最優秀民族論。然而大部分的思想就像有機體一般，即使沒有益處，至少是無害的。[74]

系統理論

　　也許，對於全球傳播理論，最廣泛總體層次的方法便是大系統（grand system）研究。[75]這個方法所結合的系統就像人類神經系統、汽車馬達或房間內的暖氣系統般的多樣。這種資訊的流動對於生存系統是十分重要的。所有系統在內部進行溝通過程，也與其他系統進行通訊，同時在製成中也有回饋系統以自行更正。同時代的國際事務系統依賴不同角色的例行傳播處理，就像邊境交易如貿易、觀光、投資與技術移轉般。當系統間變得更為相互依存時，傳播交互作用便會更加頻繁，就像系統本身一樣複雜。同時，新科技擁有更快的速度與更好的傳輸品質，對於國際系統已造成巨大衝擊。

　　系統理論起源於早期的資訊理論，也就是著名的控制學。[76]控制學（在希臘文原文中的意義是舵手）是指各種組織控制及通訊的系統化研究。控制學最重要的在於它呈現從驅使到指導、從直覺到決策以及從規範與控制系統的利益中樞。[77]發生在當研究者注意控制相互依存的資訊中，需要人和機器重新組合的時候。系統需要接受資訊，而接受的方式也必須改變，負面的回饋促使資訊必須朝錯誤相反的方向修正。因為沒有回饋，敏銳的適應便無法發生。因此控制學與資訊理論關係是非常密切的。[78]

　　我們可以藉著系統反應的需求，及經由系統選擇評估與反應即將來臨的資訊之過程，將系統分為成功與否。那些能夠生存的系統是有能力粹鍊，並將未來的資訊編碼、儲存與篩選，必要時可喚回儲存的資訊，不會因為資訊的超載而無法傳送相關資訊。[79]因此，通訊本身使得一群人得以共同思考、統一觀點並一致行動。[80]

　　事實上，互動越大，整合的層次也越高。[81]社會或國家透過一些精緻符號組合與傳播儀式，進行口頭或書面的傳播來引導彼此間的關係。實際上，「傳播與交互作用是全球政治的核心」，[82]而領導者進行互訪、學校單位蒐集資料、外交官演說、市民友好訪問、危急時國家間的熱線與穿梭外交、大眾媒體涵蓋和平及戰爭的事件、國際組織交換訊息以達成協議、同事朋友間通信以及電話聯繫等皆可證明。就像 Beer 解釋的：「全球傳播提供了資訊及接觸，有助於創造及維護和平，並減少戰爭爆發的可能性。」[83]

整合理論驗證組成政治體間的互動強度，該理論假設藉由相互關係以及互動的延伸，個人間的凝聚力可以測量，也可以被激勵。[84] 藉著分析組織成員互動的實際流程，人們可以利用有限的資料，進行整合、友誼、團結及其他行動。[85] 最常見的就是通信、電話、貿易與學術交流。[86]

歐洲近幾十年來的變化，便是一個通訊交換的很好例子，從分裂到整合，歐洲在二次世界大戰前通信分為幾區，嚴格接合的通信範圍只存在於英、美、北歐、東歐與東南歐。直到 1937 年，德國、荷比盧、法國及義大利才粗具規模的成為信件流通區域。事實上他們彼此間存在著強烈的形式上差異，但在 1950 年代末期，經由郵遞流通的通訊才大量增加。到了 1961 年，歐洲經濟組織國家終於發展出一個非常確定而且緊密的國際通訊區域，特別重要的是，這種結合代表二十世紀西歐通訊基本架構鮮少改變。[87]

在整合理論中，集體化是一個重要的觀念。Beer 描述全球傳播、國際貿易、國際法及國際組織時皆將「集體化」定義為「技術的邏輯」，該邏輯使得小單位更容易整合。[88] 他並認為集體的因素「造成較少且較短的戰爭，進一步說，便是戰爭的發生，往往是因為缺乏整合或整合失敗。」[89] Beer 同時注意到，藉著使用全球衛星、電視、收音機、期刊、雜誌、報紙、信件、電報與電話的流通，和平將會促進國際交易與傳播的成長，以相同的邏輯推論，戰爭對國際交易與通訊則具有負面的效果。[90]

最後，我們提到組織理論，傳統上，國家是國際疆界的基本單位。[91] 然而，越來越明顯的是，國家並非舞台上唯一的角色，一個新的角色叫做「政體組織」（regime），[92] 這種組織為國家間合作的形式，具有完整的規則、標準、法規與協議。

今天，我們可以找到什麼樣的政體組織呢？最好的例子便是關貿總協（GATT）以及國際貨幣基金（IMF）。[93] 而一個穩定的安全組織便是歐洲議會。1814 年至 1822 年間，這個組織中的成員力量大者，並未積極擴權，也未自弱國中強取利益。[94] 又如國際食品組織，負責管理食品貿易、食品救助以及為鄉村發展提供融資。[95]

全球傳播組織存在嗎？利用對組織的定義尋找較早期的資料，在 1865 年成立的用來規範國際電報合作的「自由」全球傳播組織，目前已成為規範全球傳播的國際組織。[96] 這個組織的特色在於針對「自由流通」信念達成共識，及完成跨國間傳播公司的支配。「新世界資訊秩序」組織則強調國家的自主性、集體信賴以及對現狀的挑戰。[97]

系統理論已遭到批評，因為它假設系統是穩定的，同時也認為負面回饋是唯一的回饋訊息。最近一些作者集中批判生態遺傳與進化方面的講法，他們認為正面回饋與負面回饋應該一樣重要。同時系統應該是動態而非靜態的，混亂與擾動期間並不該被視為失敗，而應視為一個句點。在期間中，系統可能透過與其他系統間的作用，由外部自我再生，再反應到內部以促成改變的發生。也就是系統由秩序導向混亂，再由混亂導向秩序，如此週而復始。[98]

權力理論與國際傳播

權力可以被定義為與傳播過程相關的許多途徑：

權力是一種經由說服、購買、以物易物及強迫的方式，改變一個人或使人們附和某些希望流行的能力。[99]

—— Spykman

權力包含許多事情，建立在人對人的控制基礎上……，藉由心智控制，達成從身體的迫害到微妙的心理束縛。[100]

—— Morgenthau

【權力是】一種改變他人的能力，叫他做他就得做；叫他不要做，他就得不要做。[101]

—— Wolfers

權力是對他人心理的控制。[102]

—— Sullivan

在國際關係的權力研究上，現實理論支配了好幾十年。這理論是經由 Machiavelli 及 Bismarck 提出，並經 Kissinger 與 Morgenthau 加以修飾，在經歷兩次世界大戰及全球冷戰，一直最沒有爭議，並擊敗 Woodrow Wilson 的理想主義，國家聯盟及 Kellogg-Briand 協定。[103] 雖然這兩種方法有許多差異，結合現實主義與理想主義是他們建立標準的方向、歷史研究以及大眾意見與傳播的重心。

理想主義堅持所謂的「叢林法則」會因國際法及國際組織的成立而改變，同時透過政治的手段使得道德標準一致化。[104] 在一次世界大戰後，從美國總統威爾遜所提倡的國家聯盟可以得到驗證。威爾遜稱聯盟為「公眾意見的法庭」，在這個地方可以託付「世界良心」來裁決。[105] 媒體業者稱一個聯盟的決議為「構成導引公眾意見朝向道德解除武裝的有效方法，這是實質解除武裝的必要條件」[106]。1945 年時，聯合國教科文組織將理想主義、完美主義及國際關係中的公平觀念列入憲章，「因為戰爭的發生始於人們的心中，因此人類必須在心中先建立起對和平的保衛」。

理想主義與現實主義間的差異可能更大。現實主義者堅持國家間不會有基本的和諧，它們將國家間的相互競爭視為正常的狀況。國際間公共觀念並不具多大的影響力，因為世界道德及政治良心是如此微弱。在這種世界中，追求直接的私利比追求理想的目標（如人權、正義、裁軍、法律及國際組織等）是更為安全而有效。

現實主義一般將傳播與公共意見置於權力政治之下，但是 Tehranian 則指出現實世界的世界觀已經改變。他認為現今現實主義者被迫考慮意識形態的製作結構而成為重要角色，並在國際舞台開始演出。[107] 他並獲得現實主義作家約翰‧赫茲（John hertz）的支持，並使得他開始重新思考自己的立場。他主張：「這種說法並不誇張，今天半數的權力政治者支持印象製造的觀念……，幾乎所有的事情，都在外國政策處理的考慮當中，而且無法免除宣傳活動或是公關的色彩」[108]。意象製造、宣傳活動與公共關係這三者，赫茲認為是現實主義的重要組成。他的「重新思考」反映出一件事實，那就是理想主義與現實主義間的兩極化，在資訊時代可能會被打破。

　　過去，宣傳、公關及全球通訊都只是國家的附屬品，今天，它們則成為政策制定的主體。全球傳播大量成長的結果造成了國際關係的空洞化，[109] 今天一個國家並不需要維持武力以控制其他國家，優勢可以藉由文化及傳播遍及全世界。簡單說來，便是透過霸權。霸權可以是一種思想，像信念、價值觀、態度、道德等貫徹力，它們可以維持已經建立的秩序及支配它的階級利益。[110] 在所有的社會中，媒體擴張並促進優勢信念同時強化國家統治力量。「壓低統治階級的支配權力就是重建機構、社會關係及想法。」[111] Kolakowski 曾下過結論：「霸權純粹藉著文化方式對社會上知性生活加以控制。」[112]

　　全球通訊頻道要如何永保霸權？法國哲人 Louis Althusser 曾在著作中提及，意識形態上的國家機構（ISAs）的角色是像學校、司法機關、文化、宗教和媒體。[113] ISAs 強化了教室、法庭及全社會中主要階級的世界觀。而每個社會也都有國際ISAs來導引人民對戰爭及世界上其他人種的看法。國際 ISAs 包括了國家宣傳組織、公共外交機構、交換學生或客座教授及其他相似的活動。[114]

政治經濟學理論

　　如果馬克思仍然活著，他將不會撰寫著名的《資本論》（*Das Kapital*），而會選擇改寫「資訊論」。因為農業與製造業不再是領導經濟因素的主要因素，放眼世界，確是資訊經濟學主導我們的社會。馬克思是最早的政治經濟學家之一，他為成功的世紀及未來設定討論的科目。全球傳播的政治經濟研究存在於國際政治環境中的資訊產出效果、交換及消費。

　　我們將這些理論區分為三種，自由經濟理論與現代化理論、馬克思方法論及結構主義與相依方法論，每一種皆以不同的方式分析全球的媒體流通。

自由主義原發生在法國大革命及重建期間的歐洲，強調個人自由的政治理論。[115] 封建制度提供新教徒、國家與地方、商業、科學、城市及正在成長的中產階級之商人及企業家發展的途徑（稱爲中產階級）。亞當史斯密摘述自由經濟對國家福利的緣由及特性加以質疑，他堅持國家福利之來源係經由在生產貨品時人們的努力而得到。經濟的成長在完全競爭的制度下運作得最好，史密斯推崇一個自然自由的系統，允許競爭、利益追求及人性自私極大化以累積資本，而且同時極大化一般的福利。他相信有一隻看不見的手且遵守供需的市場原則。

今天這些資訊自由流通的理論建立起來了。爲了允許更大的競爭及流通障礙的排除必須減少法令的規定，開始強調資訊的無限制的資訊流通及其市場的開放競爭，最重要的是把資訊當作一種商品。在資訊的時代，爲了使各種方式的生產更有效率，並且創造更大的福利，經濟與資訊的創造及應用極爲相關。限制的因素只有認知了，今天，權力流向那些創造及處理資訊的人。[116]

在現代化的理論中，通訊及自由經濟有其自己最佳的表現。Rostow著名的書《經濟成長的時代》（*The Stages of Economic Growth*），規劃經濟的時代，並且引導由傳統的社會「起飛」或持續的成長。[117] Lerner 看出媒體是這些時代的動力，提出四個重要的傳播的變數以加速經濟的「起飛」期間：都市化、識字、大衆媒體的公開化及政治的參與。[118] 現代化程序的關鍵在於個人及群體之間以有意義的方式傳送資訊，及處理資訊機動能力的成長，藉以創造國家的文化及通訊。[119]

緊接著是馬克思政治經濟理論，應該注意在東歐史達林社會主義瓦解已經造成對一般及修正的馬克思主義的未來衝擊，並加以重新思考。然而，馬克思的方法論及各種理論，仍然堅定地存在於史達林主義瓦解之後。

馬克思的傳播政治經濟，尋求顯出各種的生產模式（如封建主義、資本主義、社會主義及共產主義）是如何包含在通訊的過程及資訊的產品中。這種通訊及資訊的分析找出顯露的價值、階級的關係及特別的歷史與社會經濟狀態下的權力結構。馬克思論者相信傳播支配的社會關係。在資本主義的社會，傳播遵循市場地點的操縱，媒體是「迷惑」大眾的中心機構。媒體被迷惑以至於他們的商業行為似乎自然化了：人們開始物化。金錢「工作」、資本「生產」，同時媒體「動作」。媒體藉著巧辯隱瞞成為鬥爭的力量。對馬克思而言，媒體為社會控制的新方式。獨佔的資本主義經由直接高壓、抑制及薪資的奴隸制度轉移為思想控制。社會已經到了資訊代替軍隊成為社會控制的轉折點。

馬克思主義者典型所問的研究問題為：誰擁有、控制、操作媒體？什麼社會、政治及經濟的安排將社會傳播媒體特性化？各種形式的流行媒體資訊之功能是什麼？媒體在社會上扮演什麼角色？什麼樣的思想、價值、概念、觀念及信仰經由媒體傳播，以及何者監督它？作家、藝術家、演員及其他具創造力的人們如何被媒體所有權影響及控制？在貨物的生產、流通、交換及累積中通訊執行的功能為何？

結構主義及相依理論將傳統的自由經濟及馬克思主義分離，結構主義開始存在於「中心」及「外圍」：國家間的不平衡關係。[120] 即使在國家之內，也有中心及外圍之分，因此引起四個種類：中心的中心（cC）、中心的外圍（pC）、外圍的中心（cP）及外圍的外圍（pP），為了讓名詞意義更具體，使用以下的例子加以說明：

cC= 紐約   cP= 莫斯科

pC= 阿帕拉契山區   pP= 哈薩克

在本分析中，莫斯科及紐約間存在利益的和諧，可以說莫斯科為紐約華爾街擴張至具大市場潛力的哈薩克的橋頭。

在這種全球傳播理論下，我們可能期望找出在世界上 cC 間如紐約及東京，存在強烈的通訊及大量、雙向的資訊交換；我們也可能在 cC 及 pC 間如紐約及莫斯科找出大量的，但是較少雙向的流通；在 cC（紐約）及 pC（阿帕拉契）間傾向少量且單向；cP（莫斯科）及 pP（哈薩克）間將更少；在 pC（阿帕拉契）及 pP（哈薩克）間事實上將不存在。

相依理論在 1970 年代開始，為結構主義的一支，[121] 以其中心及外圍間的「相依」關係之論點命名。外圍國家的處境並不會因為缺乏資本或位於資本主義的外圍而惡劣,他們惡劣處境是因為已經整合到資本主義的世界。相依理論看出國際媒體為自中心至外圍促銷進口生活方式的有力機構。[122]

邁向全球傳播的整合性理論

　　整合的全球傳播理論合併過去的各種部分理論,運用其中相異之處,使他們相似部分和諧,並且用整合的方式解釋及預測全球傳播的現象。理想之整合理論在解釋及預測這些現象時將考量百分之百的變化。並不是整套理論家的閒置佔用。當世界的文化藉著科學及技術傳送,當以資訊經濟為基礎的新人力部門成立時,及當新的跨國角色在全球媒體中競相贏取注意時,一種找出全球傳播整體理論的急迫感覺就會升起。

　　整合理論的問題在國際層次上存在著許多的傳播形態。至於全球傳播,許多的規定貢獻於重要的理論性論述。如果有一種全球的傳播理論發生,將必須包括生物學、心理學、社會心理學、社會學、人類學、歷史、政治科學、地理、經濟學、組織理論、遊戲理論、策略理論與決策理論、整合理論及系統理論──還沒提到傳播理論呢!

　　作家 Hamid Mowlana 曾經嘗試整合這些理論, Mowlana 以大部分過去的理論皆有歷史的偏差。特別是社會及歷史環境下產物,在這個環境下產生。這種理論過度依賴全球訊息的來源及內容, Mowlana 創出一個「能夠考慮社會、經濟、政治及結構變數的範例」。[123]

　　Mowlana 藉著對其理論中心的控制達成上述目的,控制的因素有下列二項:訊息產生的控制及訊息分配的控制,這些不能用於經濟的範疇,產生意味著訊息的形成,而分配則是訊息的傳佈, Mowlana 說分配程序的控制「為在傳播系統中的權力分配方式的最重要指標」。[124]

　　Mowlana 1970 年利用一個模式,在非思想上比較大眾媒體系統,開始對全球傳播理論整體地應用及歷史性地動態理論加以探索。[125] 在

1986 年，這個模式已經發展到表示大眾傳播軸（生產及分配），及技術軸（硬體及軟體或技術）（見圖 7.8）。

在此，控制的理論是重要的，產生訊息的能力並不保證訊息的傳播，單獨對硬體的管制也不能完成。只有當一個全球的傳播者控制所有的四個因素（生產、分配、硬體及技術），訊息才能取得機會傳播到群眾中。沒有這四種力量，「有效的控制……將落於其他組合因素之前的

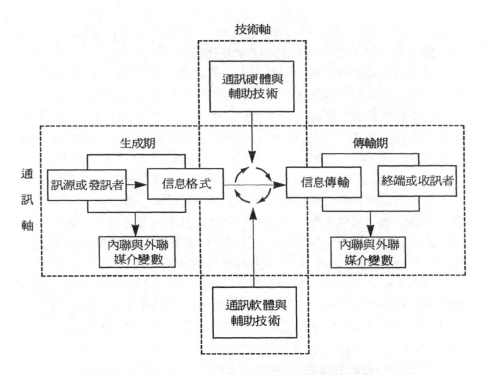

圖 7.8　國際資訊流通之 Mowlana 模式，利用硬體軸及軟體軸，解釋各種全球傳播之現象。

資料來源：From Global Information and World Communication: *New Frontiers in International Relations*, by Hamid Mowlana, P.11. Copyright ©1986 by Longman Publishing Group. Reprinted with permission from Longman Publishing Group.

持有人中」，特別對分配及軟體的控制者。[126] 使用這個模式，Mowlana
繼續解釋這種多變的全球傳播現象，如傳播的權力、訊息成本、結構變
化、產品差異、媒體支配、文化極端化及國家的角色。[127]

註 釋

1. Claudio Cioffi-Revilla, Richard L. Merritt, and Dina A. Zinnes, "Communication and Interaction in Global Politics," in *Communication and Interaction in Global Politics,* ed. Claudio Cioffi-Revilla, Richard L. Merritt, and Dina A. Zinnes (Newbury Park, CA: Sage, 1987), p. 9.

2. I am indebted to two texts for their inspiration in this chapter: James E. Dougherty and Robert L. Pfaltzgraff, Jr., *Contending Theories of International Relations: A Comprehensive Survey,* 3rd ed. (New York: Harper & Row, 1990); and Denis McQuail, *Mass Communication Theory: An Introduction,* 2nd ed. (Newbury Park, CA: Sage, 1987).

3. Dougherty and Pfaltzgraff, *Contending Theories of International Relations,* p. 15.

4. See Carl G. Hempel, *Fundamentals of Concept Formation in Empirical Science* (Chicago: University of Chicago Press, 1952), p. 36.

5. Paul Sites, *Control: The Basis of Social Order* (New York: Dunellen, 1973), p. 9.

6. One word of caution before proceeding. Micro-level theorists often hesitate to generalize broadly from individual human behavior to the international level. In the past, mistakes were made by assuming that processes operating at the international level were merely the aggregation of processes operating at the individual level. Kelman cautions that there is no separate psychological theory of international relations; psychologists may only contribute insights to a more general theory. See Herbert C. Kelman, "Social–Psychological Approaches to the Study of International Relations," in *International Behavior: A Social–Psychological Analysis,* ed. Herbert C. Kelman (New York: Holt, Rinehart & Winston, 1965).

7. Hadley Cantril, *The Human Dimension: Experiences in Policy Research* (New Brunswick, NJ: Rutgers University Press, 1967), p. 16.

8. See John Anderson, *Cognitive Psychology and Its Implications* (San Francisco: W. H. Freeman, 1980); Peter Lindsay and Donald Norman, *Human Information Processing* (New York: Academic Press, 1972); and Richard Nisbett and Lee Ross, *Human Inference: Strategies and Shortcomings of Social Judgment* (Englewood Cliffs, NJ: Prentice-Hall, 1980).

9. Kenneth E. Boulding, *The Image: Knowledge in Life and Society* (Ann Arbor, MI: University of Michigan Press, 1956).

10. Daniel Goleman, *Vital Lies, Simple Truths: The Psychology of Self-Deception* (New York: Simon & Schuster, 1985), pp. 18–19.

11. David Knox Perry, "The Mass Media and Inferences about Other Nations," *Communication Research* 12 (4, 1985): 595–614.

12. See Elton B. McNeil, "The Nature of Aggression," *The Nature of Human Conflict,* ed. Elton B. McNeil (Englewood Cliffs, NJ: Prentice-Hall, 1965); John Paul Scott, *Animal Behavior* (Garden City, NY: Doubleday/Anchor, 1963); Konrad Lorenz, *On Aggression,* trans. Marjorie Kerr Wilson (New York: Bantam Books, 1967); and Robert Ardrey, *The Territorial Imperative* (New York: Atheneum, 1966).

13. John Dollard, Leonard W. Doob, Neal E. Miller, et al., *Frustration and Aggression* (New Haven, CT: Yale University Press, 1939).

14. Leon Festinger, *A Theory of Cognitive Dissonance* (Stanford, CA: Stanford University Press, 1957); and Leon Festinger, ed. *Conflict, Decision, and Dissonance* (Stanford, CA: Stanford University Press, 1964).

15. Lloyd DeMause, "The Gulf War as Mental Disorder," *The Nation,* March 11, 1991, pp. 1+.

16. Otto Klineberg, *The Human Dimension in International Relations* (New York: Holt, Rinehart & Winston, 1964), p. 33.

17. Geoffrey K. Roberts, *A Dictionary of Political Analysis* (London: Longman, 1971), s.v. "stereotype."

18. Walter Lippman, *Public Opinion* (New York: Harcourt, Brace, 1922), p. 96.

19. William Buchanan and Hadley Cantril, *How Nations See Each Other* (Urbana, IL: University of Illinois Press, 1953), p. 56.

20. Uri Bronfenbrenner, "The Mirror Image Hypothesis in Soviet-American Relations: A Social Psychologist's Report," *Journal of Social Issues* 17 (3, 1961): 46-48. See also I. L. Child and L. Doob, "Factors Determining National Stereotypes," *Journal of Social Psychology* 17 (1943): 203-219; W. Buchanan and H. Cantril, "National Stereotypes," in *The Process and Effects of Mass Communication,* ed. W. L. Schramm (Urbana, IL: University of Illinois Press, 1955), pp. 191-206; Kenneth Berrien, "Stereotype Similarities and Contrasts," *Journal of Social Psychology* 78 (1969): 173-183; José Miguel Salazar, "National Stereotypes as a Function of Conflict and Territorial Proximity: A Test of the Mirror Image Hypothesis," *Journal of Social Psychology* 101 (1977): 13-19; and Douglas M. McLeod, K. Viswanath, and Young-Chul Yoon, "A Content Analysis of Radio Moscow and the Voice of America: A Test of the 'Sphere of Influence' and the 'Mirror-Image' Hypotheses." Paper presented at the Conference of the International Communication Association, Montreal, 1987.

21. Arthur Gladstone, "The Concept of the Enemy," *Journal of Conflict Resolution* 3 (June 1959): 132.

22. Ralph K. White, "Misperception and the Vietnam War," *Journal of Social Issues* 22 (3, 1966): 218. See also Ralph K. White, *Nobody Wanted War: Misperception in Vietnam and Other Wars* (Garden City, NY: Doubleday, 1968).

23. See Marshall R. Singer, "Identity Groups: We vs. They," in *Weak States in a World of Powers* (New York: Free Press, 1972), pp. 25-30.

24. J. Z. Rubin and B. R. Brown, *The Social Psychology of Bargaining and Negotiation* (New York: Academic Press, 1975), p. 92.

25. Morton Deutsch, *The Resolution of Conflict: Constructive and Destructive Processes* (New Haven, CT: Yale University Press, 1973), cited in Martin Patchen, *Resolving Disputes Between Nations: Coercion or Conciliation?* (Durham, NC: Duke University Press, 1988), p. 51.

26. Thomas W. Milburn, "The Management of Crises," in *International Crises: Insights from Behavioral Research,* ed. Charles F. Hermann (New York: Free Press, 1972), pp. 272-273.

27. Ole R. Holsti, "Time, Alternatives, and Communications: The 1914 and Cuban Missile Crises." in *International Crises,* p. 76.

28. Dina A. Zinnes, Joseph L. Zinnes, and Robert D. McClure, "Hostility in Diplomatic Communication: A Study of the 1914 Crisis," in *International Crises*, pp. 139–162.

29. Francis A. Beer, *Peace Against War: The Ecology of International Violence* (San Francisco: W. H. Freeman, 1981), p. 277.

30. See P. Suedfeld and P. Tetlock, "Integrative Complexity of Communications in International Crises," *Journal of Conflict Resolution* 21 (1977): 169; and R. J. Rummel, *Dimensions of Nations* (Beverly Hills, CA: Sage, 1972), p. 457, cited in Beer, *Peace Against War*, pp. 277 and 282, respectively. See also K. J. Gantzel, G. Kress, and V. Rittberger, *Konflikt—Eskalation— Krise: Sozialwissenschaftliche Studien zum Ausbruch des Ersten Weltkrieges* (Düsseldorf, FRG: Bertelsmann, 1972).

31. Steven J. Brams, *Game Theory and Politics* (New York: Free Press, 1975); Steven J. Brams and Morton D. Davis, "The Verification Problem in Arms Control: A Game-Theoretic Analysis," in *Communication and Interaction in Global Politics*, pp. 141–161; John Conway, *On Numbers and Games* (New York: Academic Press, 1976); Morton D. Davis, *Game Theory: A Nontechnical Introduction* (New York: Basic Books, 1983); Christer Jonsson, *Communication in International Bargaining* (London: Pinter, 1990); Herman Kahn, *Thinking the Unthinkable*, 2nd ed. (New York: Avon, 1966); R. Duncan Luce and Howard Raiffa, *Games and Decisions* (New York: Wiley, 1967); John C. McKinsey, *Introduction to the Theory of Games* (New York: McGraw-Hill, 1952); Guillermo Owen, *Game Theory*, 2nd ed. (New York: Academic Press, 1982); Anatol Rapoport, *Fights, Games, and Debates* (Ann Arbor, MI: University of Michigan Press, 1960); Anatol Rapoport, *Strategy and Consciences* (New York: Schocken Books, 1969); Anatol Rapoport, *Two-Person Game Theory* (Ann Arbor, MI: University of Michigan Press, 1969); and Thomas C. Schelling, *The Strategy of Conflict* (New York: Oxford University Press, 1963).

32. John Von Neumann and Oskar Morgenstern, *The Theory of Games and Economic Behavior* (Princeton, NJ: Princeton University Press, 1944).

33. Schelling, *The Strategy of Conflict*, p. 75. Schelling (pp. 55–56) gives a vivid example of a prominent solution: "Name any amount of money. If you all name the same amount you can have as much as you named." A plurality of American players choose $1 million, the prominent solution.

34. Claude E. Shannon and Warren Weaver, *The Mathematical Theory of Communication* (Urbana, IL: University of Illinois Press, 1949).

35. Claudio Cioffi-Revilla and Richard L. Merritt, "Communication Research and the New World Information Order," *Journal of International Affairs* 35 (2, 1981/1982): 233–234.

36. Ibid., p. 238.

37. Hamid Mowlana, *Global Information and World Communication: New Frontiers in International Relations* (New York: Longman, 1986), p. 11.

38. Gary Gumpert and Robert Cathcart, "Media Stereotyping: Images of the Foreigner," in *Intercultural Communication: A Reader*, ed. Larry A. Samovar and Richard E. Porter (Belmont,

CA: Wadsworth, 1982), pp. 348–354.

39. Bruce Westley and David MacLean, "A Conceptual Model for Mass Communication Research," *Journalism Quarterly* 34 (1957): 31–38.

40. Paul F. Lazarsfeld, Bernard Berelson, and Helen Gaudet, *The People's Choice* (New York: Duell, Sloan & Pearce, 1944). See also Elihu Katz, "The Two-Step Flow of Communication: An Up-to-Date Report on an Hypothesis," *Public Opinion Quarterly* 21 (1, 1957): 61–78.

41. Sydney Milgram, "The Small World Problem," *Psychology Today* 1 (1, 1967): 60–67; and Manfred Kochen, ed., *The Small World* (Norwood, NJ: Ablex, 1989).

42. Roland Barthes, *Critical Essays* (Evanston, IL: Northwestern University Press, 1972); Fernande M. De George and Richard De George, eds., *The Structuralists: From Marx to Lévi-Strauss* (Garden City, NY: Anchor Books, 1972); and Michael Lane, ed., *Structuralism: A Reader* (London: Cape, 1970).

43. Leonard Bloomfield, *Language* (London: Allen & Unwin, 1955); Robbins Burling, *Man's Many Voices: Language in Its Cultural Context* (New York: Holt, Rinehart & Winston, 1970); John B. Carroll, *Language and Thought* (Englewood Cliffs, NJ: Prentice-Hall, 1964); Joshua A. Fishman, *Sociolinguistics* (Rowley, MA: Newbury House, 1972); Paul Henle, ed., *Language, Thought, and Culture* (Ann Arbor, MI: University of Michigan Press, 1958); Harry Hoijer, ed., *Language in Culture* (Chicago, IL: University of Chicago Press, 1954); Dell Hymes, ed., *Language in Culture and Society: A Reader in Linguistics and Anthropology* (New York: Harper & Row, 1964); and Edward Sapir, *Selected Writings of Edward Sapir on Language, Culture, and Personality*, ed. David G. Mandelbaum (Berkeley and Los Angeles: University of California Press, 1949).

44. Howard Rheingold, *They Have a Word for It: A Lighthearted Lexicon of Untranslatable Words* (Los Angeles: Tarcher, 1988).

45. David Altheide, *Creating Reality: How T.V. Distorts Events* (Beverly Hills, CA: Sage, 1976); Todd Gitlin, *The Whole World Is Watching* (Berkeley and Los Angeles: University of California Press, 1980); and Gaye Tuchman, *Making News: A Study in the Construction of Reality* (New York: Free Press, 1978).

46. Denise J. Kervin, "Structure and Meaning: A Semiotic Analysis of Network Television News" (Ph.D. diss., University of Wisconsin, Madison, 1985).

47. Robin K. Anderson, "Images of War: Photojournalism, Ideology and Central America," *Latin American Perspectives* 16 (Spring 1989): 96–114.

48. Tim O'Sullivan et al., *Key Concepts in Communication* (London: Methuen, 1983), p. 72.

49. Peter A. Bruck, "Strategies for Peace, Strategies for News Research," *Journal of Communication* 39 (1, 1989): 111, 115.

50. See among many others: Howard H. Frederick, *Cuban-American Radio Wars: Ideology in International Telecommunication* (Norwood, NJ: Ablex, 1986); Ariel Dorfman and Armand Mattelart, *How to Read Donald Duck: Imperialist Ideology in the Disney Comic* (London: International General, 1975); International Commission for the Study of Communication Problems [MacBride Commission], *Many Voices, One World* (Paris: UNESCO, 1980); Anthony

Smith, *The Geopolitics of Information* (New York: Oxford University Press, 1980); and Jim Richstad and Michael H. Anderson, *Crisis in International News* (New York: Columbia University Press, 1981).

51. Paul Chilton, *Orwellian Language and the Media* (London: Pluto Press, 1988), p. 45. See also Paul Chilton, ed., *Language and the Nuclear Arms Debate: Nukespeak Today* (Dover, NH: Pinter, 1985); and Stephen Hilgartner, Richard C. Bell, and Rory O'Connor, *Nukespeak: Nuclear Language, Visions, and Mindset* (San Francisco, CA: Sierra Club Books, 1982).

52. Teun A. Van Dijk, "Introduction: Discourse Analysis in (Mass) Communication Research," in *Discourse and Communication: New Approaches to the Analysis of Mass Media Discourse and Communication,* ed. Teun A. van Dijk (New York: Walter de Gruyter, 1985), p. 8. See also Cees Hamelink, "International Communication," in *Discourse and Communication,* pp. 143–159; Hans Heinz Fabris, "Krieg und Frieden in den Medien," *Wiener Zeitung* (Vienna), July 22, 1989; and Bruck, "Strategies for Peace," p. 119.

53. Andrew Arno, "Communication, Conflict, and Storylines: The News Media as Actors in a Cultural Context," in *The News Media in National and International Conflict,* ed. Andrew Arno and Wimal Dissanayake (Boulder, CO: Westview Press, 1984), p. 7.

54. For summarizing this approach, thanks to Daniel C. Hallin and Paolo Mancini, "The Summit as Media Event: The Reagan–Gorbachev Meetings on U.S., Italian, and Soviet Television." Paper presented at the conference of the International Communication Association, San Francisco, 1989. See also Elihu Katz with Daniel Dayan and Pierre Motyl, "Television Diplomacy: Sadat in Jerusalem." Paper presented at the conference on World Communication: Decisions for the Eighties, Philadelphia, 1980; Elihu Katz with Daniel Dayan and Pierre Motyl, "In Defense of Media Events," in *Communications in the Twenty-First Century,* ed. Robert W. Haight, George Gerbner, and Richard Byrne (New York: Wiley, 1981); Elihu Katz and Daniel Dayan, "Media Events: On the Experience of Not Being There," *Religion* 15 (1985): 305–314.

55. Hallin and Mancini, "The Summit as Media Event."

56. Noam Chomsky and Edward S. Herman, *The Political Economy of Human Rights,* 2 vols. (Boston: South End Press, 1979).

57. McLeod, Viswanath, and Yoon, "Radio Moscow and the Voice of America."

58. Edward S. Herman, "Diversity of News: Marginalizing the Opposition," *Journal of Communication* (Summer 1985): 135–146. This case has also been treated by Walter C. Soderlund, "Canadian and American Press Coverage of the 1984 El Salvador Election." Paper presented at the conference of the Canadian Association of Latin American and Caribbean Studies, Windsor, Ontario, October 1987; Walter C. Soderland, "El Salvador's Civil War as Seen in North and South American Press," *Journalism Quarterly* 63 (1986): 268–274; and Walter C. Soderland, "The 1984 Nicaraguan Election: A Comparison of American and Canadian Press Coverage." Paper presented at the 37th Annual Conference of the International Communication Association, Montreal, Canada, May 1987.

59. Daniel Hallin, *The Uncensored War: The Media in Vietnam* (Berkeley and Los Angeles: University of California Press, 1989), pp. 116–118.

60. Mark Hertsgaard, *On Bended Knee: The Press and the Reagan Presidency* (New York: Farrar, Straus, & Giroux, 1988), p. 93.

61. For further reading, see Dougherty and Pfaltzgraff, *Contending Theories of International Relations*, pp. 53–80; Harold Sprout and Margaret Sprout, *The Ecological Perspective on Human Affairs with Special Reference to International Politics* (Princeton, NJ: Princeton University Press, 1965); Alfred Thayer Mahan, *The Influence of Seapower Upon History, 1660–1783* (Boston: Little, Brown, 1897); Halford Mackinder, *Democratic Ideals and Reality* (New York: Norton, 1962); Nicholas J. Spykman, *The Geography of Peace* (New York: Harcourt, Brace, 1944); and Robert Strausz-Hupé, *Geopolitics: The Struggle for Space and Power* (New York: Putnam, 1942).

62. Rudolf Kjellen, *Der Staat als Lebensform* [The State as a Life Form], trans. M. Langfelt (Leipzig, Germany: S. Hirzel Verlag, 1917), pp. 218–220.

63. Amitai Etzioni, *Political Unification: A Comparative Study of Leaders and Forces* (New York: Holt, 1965), p. 29.

64. Richard L. Merritt, "Noncontiguity and Political Integration," in *Linkage Politics: Essays on the Convergence of National and International Systems*, ed. James N. Rosenau (New York: Free Press, 1969), pp. 237–272.

65. Mahan, *Influence of Seapower*, pp. 281–329.

66. Halford Mackinder, "The Geographical Pivot of History," *Geographical Journal* 23 (April 1904): 434. See also Spykman, *Geography of Peace*, pp. 40, 43; Stephen B. Jones, "Global Strategic Views," *Geographical Review* 45 (October 1955): 492–508; and George F. Kennan, "The Sources of Soviet Conduct," *Foreign Affairs* 25 (July 1947): 566–582.

67. Giulio Douhet, *The Command of the Air*, trans. Dino Ferrari (New York: Coward-McGann, 1942), pp. 10–11.

68. Quincy Wright, *A Study of War*, abr. by Louise Leonard Wright (Chicago: University of Chicago Press, 1964), p. 332; see also Dina A. Zinnes, *Contemporary International Relations Research* (New York: Free Press, 1976), pp. 149–157.

69. United Nations, Population Division of the Department of International Economic and Social Affairs, *Long Range Population Projections: Two Centuries of Population Growth, 1950–2150* (New York: United Nations, 1992).

70. Wright, *Study of War*, p. 293.

71. David Barash, *Sociobiology and Behavior* (New York: Elsevier, 1977); David Barash, *Sociobiology: The Whisperings Within* (New York: Harper & Row, 1979); Arthur L. Caplan, *The Sociobiology Debate* (New York: Harper & Row, 1978); Richard Dawkins, *The Selfish Gene* (New York: Oxford University Press, 1976); Michael Gregory, Anita Silvers, and Diane Sutch, eds., *Sociobiology and Human Nature* (San Francisco: Jossey-Bass, 1978); Edward O. Wilson, *Sociobiology: The New Synthesis* (Cambridge, MA: Belknap Press, 1975); and Edward O. Wilson, *On Human Nature* (Cambridge, MA: Harvard University Press, 1979).

72. Keith Henson, "Memetics: The Science of Information Viruses," *Whole Earth Review* (57, Winter 1987): 50. See also *Journal of Ideas* published by the Institute for Memetic Research, Panama City, FL. Email: moritz@well.sf.ca.us.

73. Elan Moritz, "Memetic Science: I—General Introduction," *Journal of Ideas* 1 (1, 1991): 14.

74. Henson, "Memetics," p. 54.

75. For further reading: John W. Burton, *Systems, States, Diplomacy, and Rules* (Cambridge, England: Cambridge University Press, 1968); David Easton, *The Political System: An Inquiry into the State of Political Science* (New York: Knopf, 1971); Morton A. Kaplan, *System and Process in International Politics* (New York: Wiley, 1957); Charles A. McClelland, *Theory and the International System* (New York: Macmillan, 1966); Richard Rosecrance, *Action and Reaction in World Politics* (Boston: Little, Brown, 1963); Rosenau, *Linkage Politics; and Oran R. Young, Systems of Political Science* (Englewood Cliffs, NJ: Prentice-Hall, 1968).

76. For further reading: W. Ross Ashby, *An Introduction to Cybernetics* (New York: Wiley, 1956; reprint, 1968); Karl W. Deutsch, *The Nerves of Government* (New York: Free Press, 1966); Norbert Wiener, *Cybernetics: Control and Communication in the Animal and the Machine* (Cambridge, MA: MIT. Press, 1948); Walter R. Fuchs, *Cybernetics for the Modern Mind* (New York: Macmillan, 1971); F. H. George, *Cybernetics* (London: St. Paul's House, 1971); and Norbert Wiener, *The Human Use of Human Beings: Cybernetics and Society* (Garden City, NY: Doubleday, 1950).

77. Deutsch, *Nerves of Government*, p. 76.

78. For more on information theory, see R. B. Ash, *Information Theory* (New York: Interscience Publishers, 1965); Julius S. Bendat, *Principles and Applications of Random Noise Theory* (New York: Wiley, 1958); F. Clark, *Information Processing* (Pacific Palisades, CA: Goodyear, 1970); Solomon Kullback, *Information Theory and Statistics* (New York: Dover, 1968); Stephen Littlejohn, *Theories of Human Communication* (Belmont, CA: Wadsworth, 1989); Donald MacKay, *Information, Mechanism, and Meaning* (Cambridge, MA: MIT. Press, 1969); A. R. Meetham, *Encyclopedia of Linguistics, Information, and Control* (New York: Pergamon Press, 1969); and A. M. Rosie, *Information and Communication Theory*, 2nd ed. (New York: Van Nostrand Reinhold, 1973).

79. Deutsch, *Nerves of Government*, pp. 250–254.

80. Ibid., p. 77. This is actually a paraphrase from Wiener, *Cybernetics*.

81. For further reading: Roger W. Cobb and Charles Elder, *International Community: A Regional and Global Study* (New York: Holt, 1970); Karl W. Deutsch et al., *Political Community and the North Atlantic Area* (Princeton, NJ: Princeton University Press, 1957); Carl J. Friedrich, *Trends of Federalism in Theory and Practice* (New York: Praeger, 1968); Ernst Haas, *Beyond the Nation–State: Functionalism and International Organizations* (Stanford, CA: Stanford University Press, 1964); David Mitrany, *A Working Peace System* (Chicago: Quadrangle Books, 1966); Philip Jacob and James Toscano, eds., *The Integration of Political Communities* (Philadelphia: Lippincott, 1964); and Karl W. Deutsch, *Political Community at the International Level: Problems of Definition and Measurement* (Garden City, NY: Doubleday, 1954).

82. Cioffi-Revilla, Merritt, and Zinnes, "Communication and Interaction in Global Politics," in *Communication and Interaction in Global Politics*, p. 9.

83. Boor, *Peace Against War*, p. 132.

84. Philip Jacob and Henry Teune, "The Integrative Process: Guidelines for Analysis of the Bases of Political Community," in *The Integration of Political Communities*, p. 23.

85. Dina A. Zinnes and Robert G. Muncaster, "Transaction Flows and Integrative Processes," in *Communication and Interaction in Global Politics*, pp. 23-48.

86. For example, the Universal Postal Union publishes mail flow figures each year for both international and domestic post. Using these numbers we can compute the *D/I ratio*, or the ratio of domestic to international mail flow, within one country, as well as the rate of mail exchange between two or more countries. Excellent examples of this approach are Karl W. Deutsch, "Transaction Flows as Indicators of Political Cohesion," in *The Integration of Political Communities*, p. 80; and Karl W. Deutsch, "Shifts in the Balance of International Communication Flows," *Public Opinion Quarterly* 20 (Spring 1966): 143-160, reprinted in Karl W. Deutsch, *Tides among Nations* (New York: Free Press, 1979), pp. 153-170.

  Another empirical way of using information flows to measure political integration is Zipf's predictor of interaction between two populations i and j (I_{ij}). It varies directly with the product of their mass (or size) (M_i and M_j) and inversely with the distance (D) separating them (adjusted by some constant, K):

$$I_{ij} = K\,(M_iM_j/D)$$

Imbalances between the actual and expected levels of interaction, Zipf said, could lead to conflict. See George Kingsley Zipf, *Human Behavior and the Principle of Least Effort* (Cambridge, MA: Addison-Wesley, 1949). Other relevant studies that have drawn on Zipf's research can be found in Cioffi-Revilla and Merritt, "Communication Research and the New World Information Order," pp. 228-229. See also I. Richard Savage and Karl W. Deutsch, "A Statistical Model of the Gross Analysis of Transaction Flows," *Econometrica* 28 (3, 1960): 551-572; and Michael D. Wallace and J. David Singer, "International Networks, 1904-1950: The Small World of Trade and Diplomacy," in *The Small World*, pp. 128-147.

87. Cal Clark and Richard L. Merritt, "European Community and Intra-European Communications: The Evidence of Mail Flows," in *Communication and Interaction in Global Politics*, pp. 220, 231.

88. Beer, *Peace Against War*, pp. 10-12.

89. Ibid., pp. 73-74.

90. Ibid., p. 116.

91. Robert O. Keohane and Joseph S. Nye, eds., *Transnational Relations and World Politics* (Cambridge, MA: Harvard University Press, 1973), p. ix.

92. Stephen D. Krasner, ed., *International Regimes* (Ithaca, NY: Cornell University Press, 1983), p. 2. The concept was introduced by John Gerard Ruggie in "International Responses to Technology: Concepts and Trends," *International Organization* 29 (3, 1975): 570. See also

Robert O. Keohane, *After Hegemony: Cooperation and Discord in the World Political Economy* (Princeton, NJ: Princeton University Press, 1984); and John Gerard Ruggie, ed., *The Antimonies of Interdependence* (New York: Columbia University Press, 1983).

93. IMF functions to stabilize foreign exchange and to aid international currency convertibility. GATT is preoccupied with those parts of the international trade regime that have to do with goods (and increasingly with services) moving across national boundaries.

94. Robert Jervis, "Security Regimes," in *International Regimes*, pp. 178–179. There are currently no contemporary examples of international security regimes because they are more difficult to establish than economic regimes. See Roger K. Smith, "Explaining the Non-Proliferation Regime: Anomalies for Contemporary International Relations Theory," *International Organization* 41 (2, 1987): 253.

95. Donald Puchala and Raymond Hopkins, "International Regimes: Lessons from Inductive Analysis," in *International Regimes*, pp. 75–76.

96. Stevina Evuleocha, "International Communication Regimes" (Unpublished article). See also Peter F. Cowhey, "The International Telecommunications Regime: The Political Roots of Regimes for High Technology," *International Organization* 44 (Spring 1990): 168–199.

97. Chin-Chuan Lee, "The Politics of International Communication Regimes: Changing the Rules of the Game," *Gazette* 44 (1989): 77, 85–87.

98. Thanks to Sandra Braman. See Humberto R. Maturana and Francisco J. Varela, *Autopoiesis and Cognition: The Realization of the Living* (Boston: Reidel, 1980); Gregoire Nicolis and Ilya Prigogine, *Exploring Complexity: An Introduction* (New York: W. H. Freeman, 1989); Ilya Prigogine and Isabelle Stengers, *Order Out of Chaos: Man's New Dialogue with Nature*, foreword by Alvin Toffler (Boulder, CO: New Science Library, 1984); Klaus Krippendorff, ed., *Communication and Control in Society* (New York: Gordon and Breach, 1979); and Klaus Krippendorff, *Information Theory: Structural Models for Qualitative Data* (Beverly Hills, CA: Sage, 1986).

99. Nicholas J. Spykman, *America's Strategy in World Politics* (New York: Harcourt Brace Jovanovich, 1942), p. 11.

100. Hans Morgenthau, *Politics among Nations*, 5th ed. (New York: Knopf, 1967), p. 9.

101. Arnold Wolfers, *Discord and Collaboration* (Baltimore, MD: Johns Hopkins Press, 1962), p. 46.

102. Michael P. Sullivan, *International Relations: Theories and Evidence* (Englewood Cliffs, NJ: Prentice-Hall, 1967), p. 160.

103. Signed in Paris by fifteen nations in 1928, the Kellogg–Briand Pact was an agreement to renounce war as an instrument of national policy. Almost every country in the world soon joined the pact, which was hailed as an important step toward peace. See Robert Ferrell, *Peace in Their Time: The Origins of the Kellogg–Briand Pact* (New Haven: Yale, 1952).

104. Dougherty and Pfaltzgraff, *Contending Theories of International Relations*, p. 5.

105. Inis L. Claude, Jr., *Swords into Plowshares*, 3rd rev. ed. (New York: Random House, 1964),

p. 47.

106. "Collaboration of the Press in the Organization of Peace," League of Nations Resolution A. 138, Geneva, September 25, 1925, in Kaarle Nordenstreng, Enrique Gonzales Manet, and Wolfgang Kleinwächter, *New International Information and Communication Order: A Sourcebook* (Prague: International Organization of Journalists, 1986), p. 105.

107. Majid Tehranian, "Events, Pseudo-Events, Media Events: Image Politics and the Future of International Diplomacy," in *News Media in National and International Conflict*, p. 45; see also a related essay by Majid Tehranian, "International Communication: A Dialogue of the Deaf?" *Political Communication and Persuasion* 2 (1, 1982): 21-46.

108. John H. Hertz, "Political Realism Revisited," *International Studies Quarterly* 25 (2, June 1981): 187.

109. See Georgi Arbatov, *The War of Ideas in Contemporary International Relations* (Moscow: Progress, 1973); Frederick, *Cuban-American Radio Wars*; William A. Hatchen in collaboration with Marva Hatchen, *The World News Prism: Changing Media, Clashing Ideologies* (Ames, IA: Iowa State University Press, 1981); L. T. Sargent, *Contemporary Political Ideologies: A Comparative Analysis*, 4th ed. (Homewood, IL: Dorsey Press, 1978); A. de Crespigny and J. Cronin, *Ideologies of Politics* (New York: Oxford University Press, 1975); J. Gould and W. H. Truitt, *Political Ideologies* (New York: Macmillan, 1973).

110. Carl Boggs, *Gramsci's Marxism* (London: Pluto Press, 1976), p. 39. See also Abbas Malek and Laura Paige Spiegelberg, "Hegemony and the Media: A Conceptual Framework." Unpublished paper, International Communication Program, The American University, Washington, DC, pp. 6-7.

111. Tom Bottomore, ed., *A Dictionary of Marxist Thought* (Cambridge, MA: Harvard University Press, 1983), p. 201.

112. Leszek Kolakowski, *Main Currents of Marxism: Its Rise, Growth, and Dissolution*, trans. P. S. Falla (Oxford: Clarendon Press, 1978), vol. III, p. 244.

113. Louis Althusser, "Ideology and Ideological State Apparatuses," *Lenin and Philosophy and Other Essays* (New York: Monthly Review Press, 1972), pp. 132-133.

114. See Howard H. Frederick, "A Theory of Inter-Ideological State Propaganda Apparatuses," in *Cuban-American Radio Wars*, pp. 59-61.

115. This should be distinguished from the contemporary American left-of-center political tendency known as *liberalism*. See Dudley Dillard, *The Economics of John Maynard Keynes* (New York: Prentice-Hall, 1948); Daniel Fusfeld, *The Age of the Economist* (New York: Morrow, 1968); Robert Heilbroner, *The Worldly Philosophers*, 5th ed. (New York: Simon & Schuster, 1980); Ingrid Rima, *Development of Economic Analysis*, 4th ed. (Homewood, IL: Irwin, 1986); Paul Samuelson, *Economics*, 12th ed. (New York: McGraw-Hill, 1985); Joseph A. Schumpeter, *Ten Great Economists* (New York: Oxford University Press, 1965); and Leonard Silk, *The Economists* (New York: Basic Books, 1976).

116. Tom Stonier, "Information Revolution: Its Impact on Industrialized Countries," in *The New*

Economics of Information, ed. Tom Stonier, Neville Jayaweera, and James Robertson (London: New Economics Foundation, 1989), pp. 7–24.

117. Walt Rostow, *The Stages of Economic Growth: An Anti-Communist Manifesto* (New York: Cambridge University Press, 1960).

118. Daniel Lerner, *The Passing of Traditional Society: Modernizing the Middle East* (Glencoe, IL: Free Press, 1958), pp. 43–75. See also Everett Rogers, *The Diffusion of Innovations* (Glencoe, IL: Free Press, 1962); and Everett Rogers and F. Shoemaker, *Communication of Innovations* (New York: Free Press, 1973).

119. See Lucian Pye and Sidney Verba, eds., *Political Culture and Political Development* (Princeton, NJ: Princeton University Press, 1965); Karl D. Jackson, ed., *Political Power and Communications in Indonesia* (Berkeley and Los Angeles: University of California Press, 1978); Gabriel A. Almond et al., *Crisis, Choice, and Change: Historical Studies of Political Development* (Boston: Little, Brown, 1973); Ithiel de Sola Pool, *Symbols of Internationalism* (Stanford, CA: Stanford University Press, 1951); and Ithiel de Sola Pool, *The Prestige Press: A Comparative Study of Political Symbols* (Cambridge, MA: MIT. Press, 1970). Many thanks to Anantha Sudhaker Babbili, "Ideology of Nationalism and International Discourse." Paper presented at the Conference of the International Association for Mass Communication Research, New Delhi, 1986.

120. See Johan Galtung, "A Structural Theory of Imperialism," in *Dialectics of Third World Development,* ed. I. Vogeler and A. R. DeSouza (New York: Allanheld, Osmun, 1980), pp. 281–297; and Johan Galtung, *The True Worlds: A Transnational Perspective* (New York: Free Press, 1980).

121. James Caporaso, "Dependence and Dependency in the Global System," *International Organization* 32 (1978): 2+; Fernando Henrique Cardozo and Enzo Falleto, *Dependency and Development in Latin America* (Berkeley and Los Angeles: University of California Press, 1979); André G. Frank, *Latin America: Underdevelopment or Revolution* (New York: Monthly Review Press, 1969); and André G. Frank, *Crisis in the Third World* (New York: Holmes and Meier, 1981).

122. Omar Souki Oliveira, "Satellite TV and Dependency: An Empirical Approach," *Gazette* 38 (1986): 127–145; Alan Wells, *Picture-Tube Imperialism?* (New York: Orbis, 1972); Luis R. Beltran, "TV Etchings in the Minds of Latin Americans: Conservatism, Materialism, and Conformism," *Gazette* 24 (1978): 61–85; Armand Mattelart, *Transnationals and the Third World: The Struggle for Culture* (South Hadley, MA: Bergin & Garvey, 1983); Herbert I. Schiller, *Communication and Cultural Domination* (New York: Sharp. 1976); and Omar Souki Oliveira. "Brazilian Media Usage as a Test of Dependency Theory," *Canadian Journal of Communication* 13 (3–4, 1988): 16–27.

123. Hamid Mowlana and Laurie J. Wilson, *The Passing of Modernity: Communication and the Transformation of Society* (New York: Longman, 1990), p. 91.

124. Mowlana, *Global Information and World Communication,* p. 10.

125. Mowlana, "A Paradigm for Comparative Mass Media Analysis," in *International and*

Intercultural Communication, ed. Heinz-Dietrich Fischer and John C. Merrill (New York: Hastings House, 1976), pp. 474–484.

126. Mowlana, *Global Information and World Communication*, p. 12. See also Mowlana and Wilson, *The Passing of Modernity*, p. 91.

127. Mowlana and Wilson, *The Passing of Modernity*, pp. 91–93. Stepping even further back in abstraction, recently Mowlana has been advocating a unified theory of communication as ecology. See Hamid Mowlana, "Civil Society, Information Society, and Islamic Society: A Comparative Perspective," in *Information Society and Civil Society: An International Dialogue on the Changing World Order*, ed. Slavko Splichal, Andrew Calabrese, and Colin Spark (West Lafayette, IN: Purdue University Press, forthcoming); Hamid Mowlana, "New Global Order and Cultural Ecology," in *National Sovereignty and International Communication*, 2nd ed., ed. Kaarle Nordenstreng and Herbert I. Schiller (Norwood, NJ: Ablex, forthcoming).

第八章 戰爭與和平中的傳播

　　傳播與暴亂是相對的……，在任何傳播一旦停止的情形下，暴亂就開始了。[1]

　　在 1977 年當埃及總統自訪以色列的專機上走下來，準備為以色列的政府領導人驅前表示歡迎時，我們吃驚地看著電視報導，因為以色列這批政府領導人會和來訪者打過四場戰爭。在這場盛會中，電視不僅是歷史的供應者，更是整個事件的導致者。

　　1977 年 11 月從頭到尾，巴解的大砲與以色列的戰機就在黎巴嫩南部與以色列北部互相攻擊對方。然而在一場誇大語氣的演講中，埃及總統沙達特說明他對和平的使命是如此地重大以至於他已準備好，甚至可赴以色列去談和。當時以色列總理比金對沙達特之此種說法，則表示樂意地歡迎沙達特來訪。

　　即使是沙達特與比金以前從未直接對談過，在當年 11 月 4 日 Walter Cronkite 的報導中則指出：「在埃及總統沙達特與以色列總理比金之間和平會談的所有障礙好像已完全被消除了……。」同時他也宣佈說兩國領袖也已同意讓沙達特前來以色列。[2] 事實上此一致力於國際和平的功勞乃是在新聞剪輯室協助下而完成的。對兩邊的探訪是分別在前後差四個小時的情形下經由衛星再傳回紐約的，而沙達特的談話在前。然而 Cronkite 的剪輯卻使得沙達特與比金兩人看起來好像一起在談話。衛星傳播電視縮短了在兩次分開採訪間的時差，而造成觀眾有兩人面對面會談的印象。[3]

有些人批評 Cronkite 的功勞，說他逾越了新聞道德的尺度，然而這事也彰顯出一個錯不了的事實：媒體與調停人這兩個字在古拉丁文裡是來自同一個字根。去調停即帶有在兩人之間的意義，而一個媒體乃是一種方法、代理人或一種儀器，經過這些東西而可以把訊息傳遞。最重要的是，Cronkite 的所作所為乃將注意力集中於大眾媒體是如何地能夠影響和平與戰爭的。

自古以來，統治者們已經運用了各種可行的管道去宣戰與作戰。他們仰賴傳播的管道去提出談和或建議休兵的條件。但自致力於戰爭到致力於和平，從開戰到停火，有一樣東西始終持續地保留到現在：「在任何一種情形中……衝突被製造出、維繫著以及經由訊息的交換而廢除掉。」[4]

然而某件事情目前已改變了。我們已經達到一個人類進化點，在此點上我們能夠一邊與地球上成百萬上千萬的人類溝通而又可以消滅他們。這絕不是意外之事，因為有些已經製造了大量毀滅性的武器，同時也是全球通訊科技革新的基礎。在進入二十一世紀的同時，我們必須選出在毀滅性科技與國際瞭解性科技之間的正確途徑。

傳播、和平與戰爭的歷史觀

本節包括一些戰爭期間相當值得一提的傳播例子（以及錯誤的傳播）。

紐奧良戰役不應發生

　　如果當時越過大西洋的傳播速度能夠處理得更快的話，1812 年那場戰爭根本就打不起來，或是會更快地結束。[5] 該役乃肇因於 1807 年時英國的「議會決議」，強迫當時所有美國對歐貿易均須透過英國各港行之。由於當時在英、美之間的訊息皆須數週才能傳達，而美國眾議院在不知道英國國會已在兩天前便撤消了該條法令的情形下，片面宣佈對英國開戰。「如果當時有一條越過大西洋的電報纜線，來傳達這則天大的好消息的話，……美國參議院應該會立即召集關鍵性的四票以表決反對強硬主戰派的堅持了」。[6] 而更糟的是，缺乏訊息傳達的結果，導致了戰爭時間延長與增加了成千上萬無必要的死傷。簽訂和平條約的消息花了數週的時間才傳達到戰場，而英軍對紐奧良的攻擊仍照原訂計畫進行，但事實上戰爭早就官方性地結束了。

克里米亞戰爭時英國的大眾傳播報導

　　在 1853～1856 年的克里米亞戰爭中，俄國以犧牲對鄂圖曼土耳其帝國的影響力，來換取擴張對巴爾幹半島諸國之影響力。相反地，英國卻認為維護對鄂圖曼土耳其帝國之保護是件重要的事，因為牽涉英國在地中海與中亞之利益。最後，英、法、土聯軍打敗了俄國，而該戰役中死於疾病的人卻遠多過因為戰事本身之傷亡。[7] 該役唯一特殊之處，乃在於遠距離電訊傳播，也就是「電報」首次在政府的決策與新聞媒體的報導上發揮驚人的影響力。當時由 William Howard Russell 所傳送回倫敦時報的報導，以刻劃廣大群眾投入戰爭的報導為開端。Russell 描繪出因補給品的欠缺、疾病及盲動妄進而引起戰爭失利的故事。英國輿論界受到這篇報導的激怒，大力要求在戰場的軍方與國內相關部會機構立即改善。Russell 的報導可謂幫助「顛覆英國政府」。[8]

電報洩漏報導所引起的法國普魯士戰爭

普魯士宰相俾斯麥在 1870 年便認為必須與法國一戰，方可完成德意志諸邦的統一大業。然而如何去挑起戰爭呢？[9] 由於當時法國駐普大使正在艾姆斯河靠近荷蘭邊境的地方晉見普魯士王，而法國大使當場要求普王承諾對西班牙王位繼承不作干預。普王禮貌性地拒絕了此一無理的要求，同時發了一則相當低調的電報，把該次雙方會談的內容大意告訴了俾斯麥。

俾斯麥認為這是個好機會。他將該電報（著名的「艾姆斯電報文稿」）的內容動了點手腳，以使人看起來似乎是法國大使污辱了普王，而後者亦以污辱前者作為報復。他再將此篡改過的電報向媒體發佈，此舉果然激怒了普、法兩國的大眾。俾斯麥的作法是想迫使法國政府必須接受有辱國格的事實，不然就必須訴諸於武力。當時拿破崙三世對國內輿論感到害怕，便只好對普宣戰，當然很快地就被有備的德意志部隊所擊垮。俾斯麥成功地說服了所有的德意志諸侯共同結盟而形成一個新的德意志帝國，且共推普王為新帝國的皇帝。

煽動性報界與美西古巴戰爭

1890 年代在 William Randolph Hearst 經營的《新聞晨報》，與 Joseph Pulitzer 經營的《紐約早報》間所展開的報紙發行量大戰，竟促成了美國成為強權國之事實。美國在海外行擴張主義的來臨，美國對古巴政府的主宰以及取得波多黎各、關島與菲律賓的統治權。[10] 這是一段在美國報業史上被稱作「聳人聽聞的新聞」時代，特徵是以立場偏差的報導，扭曲事實或故意錯標的相片圖畫，再加上超大型頭條標題來煽動吸引讀者的情緒。而赫氏與普氏報社的對抗焦點乃是報導美、西兩國間的古巴之戰。

當古巴針對其西班牙統治者展開了一場流血叛變時，美國的擴張主義者也拜訪了當時的總統 William McKinley，要求總統出兵干預並攻佔古巴。McKinley 總統拿不定主意，但輿論界卻被上述煽動性的報導所煽動。當時一位西班牙將領把一群古巴農民趕到一處髒亂的集中營，而導致不少人死亡後，赫氏的報紙稱其為哈瓦納的「屠夫」，且社論上呼籲美國應出兵干預與兼併古巴。在 1898 年赫氏甚至在報上刊出一封盜取來的信，內容是西班牙駐美國大使強力譴責 McKinley 總統之事。接著美國海軍戰艦緬因號在哈瓦納落陣密地爆炸了。McKinley 總統無力抗拒日益升高的出兵干預壓力，而眾議院也通過了宣戰之議。因而人們常說赫氏為了刺激報紙的發行量，而引發了西－美間為古巴之戰。事實上，赫氏只是眾多位深具影響力的美國人士之一，而這些人覺得有必要逼迫美國在海外建立基地以與英、法與德作競爭。

席瑪曼電報與美國加入第一次世界大戰

第一次世界大戰之前，德軍與外交使節間的通訊都使用海底電纜。英國在 1914 年宣佈對德開戰後，即把所有的海底電纜線全切斷了。德國此時只得訴諸於無線電通訊，而此又很容易為英國監聽電台所干擾，甚至被破解。然而當英軍被德軍一再圍困，不斷損失生命與領域的時候，即運用了這種通訊上的抑制功能而把美國誘入參戰。在 1917 年初，英國曾將一份截自德軍且被破解出的席瑪曼電報，並將此電報告知美國，在此電報中，德國政府要求其駐墨西哥大使去盡量接觸墨國政府，並與之結盟，而代價則為讓墨國將來能佔有德州、新墨西哥州與亞利桑納州。德國同時亦發佈將在大西洋海域展開無限制的潛艇攻擊。在該則電報傳達給華盛頓的媒體界後，激起了美國輿論界的憤慨，同時亦導致了眾議院對威爾遜總統呼籲發動對德戰爭的支持。[11]

珍珠港與雷達

　　通訊的故障促成了日本在 1941 年 12 月 1 日成功的偷襲珍珠港。在當時，美國的艦隊正運用剛裝配好的雷達裝置來探測海上的船隻與飛機。在 12 月 7 日上午 7 點，兩名未受過雷達訓練的陸軍上等兵才剛要下勤務，卻注意到雷達螢幕上顯現歐胡島北邊二百公里處有個很大的影像。 他們認為這些雷達影像應是一架巨大的飛機或一群戰機，故馬上以無線電與總部聯絡，不幸總部沒人接聽。幾分鐘後，他倆用普通電話接通了總部。而當時的指揮官認為雷達上的影像只是一群美國轟炸機自本土返航而已，便告訴他們「別擔心」，[12] 之後發生的就詳載於史了。

傳播中斷所引發的越戰？

　　1964 年 8 月 2 日，美國海軍驅逐艦 Maddox 號正在北越外海以之字形巡弋。該艦上裝備了當時最先進的通訊與電子設備。當晚東京灣暴風雨正肆虐著，而 Maddox 號上的設備並無法正常運作。艦長在兩天內已第二次收到看成是北越軍艦來襲的訊息。他也兩度呼籲美國戰機支援，且在該艦四周投下干預敵艦魚雷的假目標。該艦的聲納系統共偵測到二十二枚朝該艦而來的魚雷，而都沒有任一枚擊中預設的假目標。事實上沒有一位水手看到任何北越船隻，而美軍戰機駕駛員也同樣沒看到。之後的搜查也幾乎完全確定地指出，東京灣上北越軍艦的第二次襲擊根本就未發生過。

　　然而為了本身擴權，詹森總統卻在電視上說：「重複的武力行使的攻擊行動……我方必須予以……正面的還擊。」他隨即轉赴國會報告美國驅逐艦在越南東京灣上一再受到攻擊。詹森總統抓住一次不實的狀況來藉口通過突發性的計畫。[13] 在總統施壓之下，眾議院於 1964 年 8 月 10 日通過了很不名譽的「東京灣決議案」，授權予總統可以不經國會而動用美國軍隊。

傳播與國際事務的範疇

　　不少談國際關係的教科書上都舉出四種外交事務的傳統工具：外交、外貿、傳播與武力。但是沒有傳播的話，也就沒有外交或外貿可言。的確，就拿武力來說——軍事佔領，發射飛彈——這些都只不過是實體性與強迫性的訊息而已。而本質上來說，所有對外策略的作用，他們本身若不是傳播性的行為，就是十分依恃著各種傳播管道。

　　一種勾勒全球性事務中傳播之角色的方法，刻劃出在和平與戰爭時期傳播的範圍（見圖8 1）。雖然這些方常相互重疊，然而我們仍可將全球性的傳播與資料的相關性綜合性地分隔成五種強度。強度最低的一種乃是和平的關係，亦即相互間較理想的往來情形，如規律性的新聞交流，衛星通訊、跨越邊境性的資訊交流，以及其他到目前為止於本書中到處都被仔細探討的交流管道。再上一級就是對抗性的關係，亦即那種比較不和平的全球性事務的普通情況，一般帶有外交通訊上所顯示的騷動，輿論所謂的「戰爭」，以及在媒體與政治人物之間的互動性等。再來就是低強度的衝突，亦即比軍事武力輕微的政治、經濟、心理，以及外交戰了。[14] 而中強度的衝突乃是在上述水準以上，到武裝叛亂及革命等級。最後，最強烈的衝突乃以傳統性武器如坦克車與武裝部隊等，甚至核子武器作戰。

不斷增加的衝突

和平的關係
新聞的流通
衛星傳播
資訊誇國境性的流通
國際性廣播
國際性組織的傳播
對抗性關係
外交手段與通訊
通訊與國際性諮商
國際性衝突中之用語
輿論之激憤與開戰
在衝突中扮演演員般的媒體
低度的衝突
公眾策略
宣傳手段
情報的消除
通訊與間諜
發展破壞性宣傳
「電子媒體之滲透」
中度的衝突
傳播恐怖主義
傳播革命
高度的衝突
傳播科技與軍事
軍事武力傳播

圖 8.1 在戰爭與和平時期傳播的範圍分析圖

爭議性全球關係當中的傳播

衝突的語言

　　文詞可以使人受苦，讓侵擾合法化、替抹煞人性的作法辯護，並把軍國主義合理化。語言暴力運用在種族污辱上最為明顯。試想如果把一位波多黎各裔美國人稱作「死掰」（spic），一位亞裔美國人稱作「孤客」（kike），[15] 則所有這類字眼的共通點就是刻意地把對受污辱的受害者人權都否認掉了。文詞能把鎮壓合法化，也能把軍國主義合理化。Chilton 描寫過一則原子時代的文字遊戲，稱作「核武講話」；該遊戲乃核武國家們運用來操縱或瞞騙那些具體的事實。文詞可為戰爭辯護，它們更能成為戰爭中的武器。

　　舉例來說，在中東地區，一連串的巴解組織於 1978 年攻擊以色列的數處民間目標後，以國軍機轟炸在黎巴嫩的巴勒斯坦難民營。一家英國報紙隨即以頭條標題登出：「以軍機轟炸恐怖份子營區。」以色列無線電台有一則規定，即絕不能正式稱呼巴勒斯坦解放組織的全名，僅能簡稱為巴解；這也許是因為這個解放一詞指涉出一項對被以色列佔領的土地巴勒斯坦之合法要求權。同樣地，阿拉伯各國的報紙從來不把巴解看作「恐怖份子」。這個詞僅用在所謂的猶太地下特務人員身上。

　　在中東地區，就如同世界其他地區一般，適當的名稱都以政治內涵來裝滿。再也沒有比形容約旦河西岸領土的名詞更令人感覺爭議性的了，該領土是在 1967 年以色列自約旦手中奪取過來的。以色列國內對該領土亦有不同稱謂；中立派謂之為「佔領區」，而強硬派稱之為「解放區」，右翼以色列派則依聖經上對該區之古稱謂「裘地亞與薩馬拉」。

而以色列以外的世界，則通常將該領土稱為「西岸地區」，該名稱乃援用自 1950 年約旦兼併了該地區起。文詞之戰甚且已延伸到外交的範圍了。聯合國第 242 條決議案，一般皆為各界視為永久定案之基礎者，將該地區視作「自 1967 中東戰爭中以色列武裝部隊所撤出之戰領區」。由於該決議案並未明確界定該地，故到底該決議案意為全部撤軍或只是部分撤軍，則無確定答案。

戰爭用語一般充滿著困惑與婉轉敘述之言詞。請思考以下諸對詞令：善意的射擊──誤射；資產──炸彈；間接性傷害──無辜人們的死亡；強置性繳械──摧毀敵人武器。至於到底是無辜還是有意，這些兩面講法的例子包藏了戰爭的恐怖真面目，且使原先上不了檯面的話都成為文謅謅的言詞了。

外交與傳播

外交官們十分善用宣傳相關詞令之用語。外交，其實就是「各國政府之間運作關係與相互交往所藉用的方式，過程及手段與工具」。[16] 誠如前越南外交官與傳播等教授 Tran Van Dinh 先生所云：「傳播之於外交，一如血液對於人。一旦傳播停止，則國際政治之實體與外交之運作也就完蛋了，而其結果即為暴亂性之衝突或全然萎縮。」[17] 在外交上而言，傳播的中心角色被珍藏於國際法之中。[18]

直到第一次世界大戰為止，外交上的通訊為一小股來自精銳國家的人所實際執行。當時訊息的交流量亦不大，主要是由面對面、手對手的傳遞或經電報通信所組成。然而本世紀以來因各次重大的政治性動盪再加上傳播界之重大改革，導致了外交上的轉型。單單外交上的通訊量即已大量暴增了。到第二次世界大戰結束時為止，全球已有一百一十五個國家互派使節；到 1992 年為止，該數目已增到一百七十個，而目前仍不斷在增加中。此外，外交通訊中之一大部分乃是經由多過一萬多個非政府性及各政府之間的組織來進行，而彼此間又在國際性場合中為了影響力而相互競爭。

外交人員仰賴廣泛的傳播與資訊系統。電腦通訊、衛星系統、電視傳輸、國際無線電廣播、間諜衛星、電子監聽，以及偵測裝置：上述這些與其他科技產品已經改變了外交人員的工作。美國的外交衛星通訊服務（DTS）連結一百五十個國家，而這些外站運用適業與軍事性電路、高頻無線電波段，以及衛星的管道來通訊。[19]

在政府間的外交通訊，一如所有的國際性傳播，也會因為文化的差異性、意識形態的不同，以及普通的誤解而受到扭曲。為了避免這種情形，精心設計出的作法即出現於外交上的通訊以確保清晰的意義。書面式的外交通訊常令外界人士感到十分矯揉造作（「我感到十分勉強地敬告閣下說我國政府不得不默認——則如……之看法」），然而它亦允許外交人員以文字組成精確的敘述而不至令對方感到不禮貌或懷有敵意。外交人員同時亦須對「字裡行間的內容連貫性」有所特別警覺才行。[20]

前以色列外交官 Abba Eban 就相信新聞記者與外交人員之間存在著一種敵對的關係——一種內裝性的利益衝突——因為「某人權力欲隱瞞之事即為另一人極權力欲公諸於世之事」[21] 上述兩者間亦存在著共生關係，因為新聞媒體常扮演著外交的眼、耳功能。大使館的工作人員規律性地監看駐在國與外國之新聞，作成記錄，再發送摘要回本國。[22]

外交人員通常很怕媒體報導。宣傳能夠以破壞談判人士之公共形象或公眾支持率的方式來達成障礙性企圖。故意將小道消息洩漏給新聞媒體即能削弱其公信力。對某件事端的解決或定案若作過早的披露亦將導致在談判迂迴空間的縮小。[23]

然而媒體的報導亦非總是成為外交之敵人，幫助媒體在間接的情況下，扮演一種正面的角色，藉著替協商談判鋪路的方式來幫助解決國際性爭端。新聞媒體能促進對雙方所達成之協議的接受性。媒體也能發佈備忘事項說調停機構早就待命了。媒體更能確保談判的雙方是完全瞭解對方的立場。媒體還能使得調停人的任務簡化，藉由將威信加諸於調停者身上及提醒敵對的雙方對遵守聯合國之決議案與尊重國際法之必要性。

媒體扮演各式角色，並能作為在外交性談判的輔助管道。某些國家的政府有時候也運用大眾媒體作「測風球」，以瞭解其他國家是否有協商

的興趣。媒體能給予某人知名度，也能製造對敵人的壓力，就如同於
1948 年柏林的封鎖一般。[24] 然而運用媒體也有一個風險：於媒界的影
響，某個政府也可能蒙受「失掉自由」之苦於國家的政策決定上。舉例
來說，這種情形發生於當媒體集中注意力而刻意欲使敵人顯得很邪惡。
如 Deutsch 先生所指出：「大眾媒體故意趨向把輿論轉硬到如此程度，以
至於最終會把相關的該國選擇上的自由完全破壞。」[25] 相反的情況也會
發生。缺乏新聞報導也會導致「正統性的損失」，而此亦將限制了外交人
士的談判協商能力。[26]

傳播、輿論與和平

　　正如外交人員運用傳播以談判和平，政治與軍事領袖們也運用傳播
來動員大眾作戰。他們對敵人發佈聲明，且運用傳播策略以影響在國內
與國外的特定目標群。的確，操縱周遭事物關切的大眾意見，已成為現
今世界上製造戰爭最為重要的作法之一了。

　　Quincy Wright 先生說明了在第一次世界大戰前後透過美國報紙而達
到目的之情形（見圖 8.2）。透過美國當時的新聞媒體發展出對法國的友
善與對德國的敵意，開始於 1911 年的《紐約時報》以及 1913 年的《芝
加哥論壇報》。戰爭正式開打後，美國各報即加強了對德之恨意與對法之
愛意，此兩種情緒之發展於 1918 年到達了頂峰。

　　多年來不少學者們潛心研究傳播與戰爭時期動員兩者間的關聯性。
Deutsch 先生提出一種能對國際性衝突提供預警的方式：國際傳播檢查小
組。[27] 他說：「大規模的備戰工作是一種社會過程。如是的心理準備之
存在或缺乏能夠自大眾傳播的內容之統計分析中很容易地被分析出來。」
[28] 換言之，若媒體的作法逾越了一種國際間所相互認可的煽動性資料的
臨界線，就可能對備戰提供出預警之訊息。McClelland 先生亦強調預警
系統可以經由監察情報的分析與新聞的流通發展出來。[29] Singer 先生亦
建議了一種對報章、雜誌、期刊、廣播電台以及電視的系統性監督，促
使能確定出某國對限武裁軍協議之遵循或規避程度。[30]

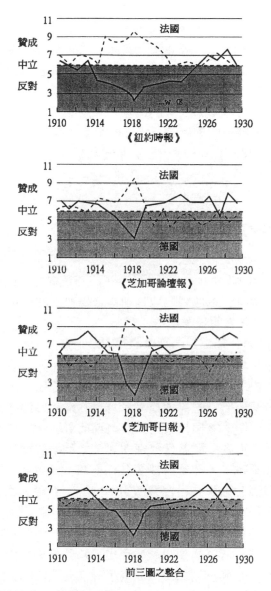

圖 8.2　萊特以美國境內三家報紙為例，說明在一次世界大戰戰前、戰時、戰後如何改變他們對法國和德國的立場。

資料來源：From *A Study of War*, 2nd ed., by Quincy Wright. Copyright © 1965 by University of Chicago Press. Reprinted by permission.

當然增加兩國之間資訊的交流，並不一定意味能防止兩國間之爭議或中止猛烈對立之爆發。然而隨著資訊交流的降低，衝突的可能性確實會增加。傳播的中斷，即使它很少成為衝突的原因，的確是迫切衝突的一個徵兆。一如 Davison 先生警告說：「在傳播通訊的質及量上的增加將無法解決衝突的基本原因；的確，在某些情形中，這些原因可能因為對兩國之間更為精確的理解而會接收到更大的重點」。[31] 例如，在伊朗與美國之間於 1980 年因人質危機事件發生之後，傳播在質與流通量上之增加可能。

衝突中媒體的角色扮演

正如同 Walter Cronkite 在 1977 年所說新聞媒體在國際衝突中並不僅是被動的觀察者而已；他們已成為在本身權利中的政治力量，以及不僅能傳送更能設計與說明許多事務。[32]

《德黑蘭日報》描述了七種媒體相對於社會衝突所扮演的角色。它們可以是無私的革命份子、扮演著整體性組織者、煽動者以及宣傳者，也能扮演著「歷史的促成者」的角色。相對於上述情形，在自由民主社會中的媒體則扮演著無畏的真理找尋者，對社會罪惡與政治腐敗勇氣十足的調查者。在一個對整個社會更負有義務的環境中，我們發覺媒體乃應負責任之議程制定者，而其任務在報導性上重於解釋性。如和藹門房般的媒體，或許不顯眼，然重要性卻絲毫不減，一如《紐約時報》的格言所說：「我們僅發佈那些適合發佈的新聞。」在第三世界我們常見到媒體如同發展之推廣者——國家的統一性，獨立性與經濟進步的僕人。有些媒體事實上是幕後的說服者，商業利益驅使他們將利益崇高化而操縱讀者大眾。最後，《德黑蘭日報》列出了那些邪惡的操縱者，即那些非為本身的意識形態與忠誠驅使，而為了經濟及政治利益去扭曲真理的媒體。[33]

某些全球性的趨勢好像出現在媒體政治之中。[34] 其中一種互動趨勢即為對全世界輿論的訴求。敵對者常將爭議訴諸於全球大眾，藉以作為強迫改變的方法。某些國際特赦團體多年來即已運用上述的技倆。當一個美國婦女團體在 1980 年一次要求政府將經濟政策轉回承平時代的示威行動中，把國防部的大廳完全封鎖，一面叫著：「全世界都在看囉！」於 1989 年中國大陸北京要求民主改革的學生們協助了外國新聞媒體作民運的報導，因為他們瞭解世界輿論對他們推動民運的重要性。俄國人民在 1991 年包圍封鎖了他們的「白宮」，當時也知道全世界的新聞媒體形成了一面透明的保護牆圍繞著他們。

　　另一種成長中的趨勢為國際媒體回音，此發生在當一個國家的媒體報導內容成為另一個國家媒體所報導的新聞時。於此種方式中，這些媒體本身即為國際間的意見與資訊交換的重要來源。例如，由俄國領導人所作出的政策轉變事件即常常透過莫斯科電台的英語廣播節目中專家的講評，再於美國轉述。在美伊人質危機事件期間，美國電視節目上也曾播出伊朗領導人之電視談話畫面摘錄。

　　也已出現另一個騷擾性的媒體趨勢，涉及頻仍的跨文化性誤解。例如：一個稱作「公民的高峰會談」的電視節目就在美、蘇當年重建友誼與雷根——戈巴契夫高峰會談，令人振奮的那幾天同時地在美、蘇兩國間放送著。透過一座「太空橋」（互動性的，大螢幕的衛星電視廣播，配上同步翻譯）來連結兩國的觀眾，兩邊再各由美國脫口秀名嘴 Phil Donahue 與蘇俄名記者 Vladimir Pozner 在旁串場。當時人人都期待這次會談將有公開而坦白的對話，但後來仍然成為「被陷入充斥著國家政治性的對立激辯」的節目。結果「不但原先打算促進兩國文化之間的瞭解的意圖未被達成，而同步播映節目也只再次確認了教條主義的強硬立場與一成不變的老生常談」而已。[35]

　　還有一個同樣地騷擾性的趨勢是政府的新聞監察與資訊自由流通的干涉。美國干擾來自古巴的新聞放送，甚至還封鎖了美國在古巴的泛美節目廣播；以色列常年監察來自河西地區的新聞；而中國大陸政府最後還是切斷了西方新聞界對天安門屠殺事件的報導。此趨勢在那些受到外面世界特別著目因而感到倍受威脅的政府身上尤甚。然而這種效應有時候在最終了反而顯得有反效果。在 1985 年南非政府即限制了對種族爭鬥的報導，表面上是希望防犯暴力的後續散播以及維繫社會的正常，但也因此將該國國內衝突自全球新聞報章的頭版報導中取消了。更有甚者，由於缺乏令人觸目驚心的事故現場照片，電視的新聞報導就開始挖掘出更多事件的背景資料，同時也盡量去說明爲何會發生而非僅是「什麼」發生了。[36]

低度緊張衝突中的傳播

自公眾策略到傳播管道在非軍事性不安定化的運用中，政治家們與軍事領導人已經十分懂得運用新聞媒體。

「公共外交」

媒體管道在外交手段上的廣泛運用，一般叫作「公共外交」，最早起源於第二次世界大戰中的宣傳戰。目前該術語描述的是各種在國外經專業指導資訊、教育與文化等場合所作的活動；而這些活動的目的乃在於透過影響某國的國民而達到影響該國之目的。[37]

以美國而言，公共外交刻意把正面的美國價值觀輸出國外，俾能成功制定出美國策略和執行出與被接受的輿論。[38] 這些活動包括由美國之音、自由歐洲電台、自由電台等所作的無線電廣播節目、師生交流業務、著名的美國演講者安排作海外演講、文化交流業務以及政府贊助的期刊海外發行等。

當然，公共外交也並非只有美國能運用：事實上已經成爲一種全球性的現象。當阿根廷、印尼、韓國、菲律賓及土耳其等國在美國境內雇用公關顧問之際，他們在紐約時報上新聞形象也就因此大幅地改善了。[39] 以色列的外交人員常年都受過宣傳課程訓練。[40] 脫離奈及利亞而自立的小國 Biafra 就曾在全球性媒體中運作過一系列系統化的國家形象推廣宣傳。[41]

宣傳與假情報

宣傳就是對各種代表符號的系統性操縱，譬如文字、手勢、標語、旗幟以及制服，便為改變、掌控或再不然去影響外國人民的態度、價值觀、信仰及行動，針對把他們都導入與宣傳者本身上述各項都一致的目的。[42] 宣傳標語必須具備以下四要素：強烈意圖、代表性訊息、傳播的媒界物以及作為目標的族群。[43]

「宣傳標語」一詞源自於作為宣傳信念之詞句的標題（拉丁文寫作 Congregatio de propaganda fide），當初是教皇 Gregory 十五世於 1622 年所創，該詞對由羅馬公都教會所運作之傳教工作有其管轄權。對現代宣傳標語的發展而言，第一次世界大戰就是一條分界線，把許多國家透過大眾宣傳標語而整體動員起來。大多數人都會把納粹時代的宣傳概念與運作系統機器和 Joseph Goebbels 連想在一起。他是當時希特勒政府的宣傳部部長，精明地利用了被佔領國的新聞媒體，加以細心整編過的推展方式來支持國家社會主義黨的陣線。[44]

在英語中，宣傳一詞通常帶有一種負面的影射意義，且被用來意味著故意散佈扭曲或偏頗的消息以支持某個理由或破壞另一個理由。美國人一般來說很害怕宣傳家。[45] 然而，在其他語言中宣傳一詞是被視為去涵蓋廣告、公關以及意見的塑造。此處的爭議乃在於消息的來源到底是不是出自事實。如同廣告主一般，宣傳家們故意地挑選那些特別的爭議、表徵物以及那些被期待對人們如何反應會有最大效應的動作。宣傳家賣力控制取得資訊的通道以及避開事實，或是努力地去破除任何駁斥性的爭論。理想中的狀況是：媒體記者和教育者，站在相對的立場，都努力地要將資訊獨立地用來收集與評價證據。[46]

幾乎任何國家的政府，以及任何國際性組織、宗教團體以及非政府機構——都在運作針對外國大眾的資訊程式。大部分這類政治實體在國內以及國外都有著相當大的官僚體系以影響他們在其他國家（政治實體）

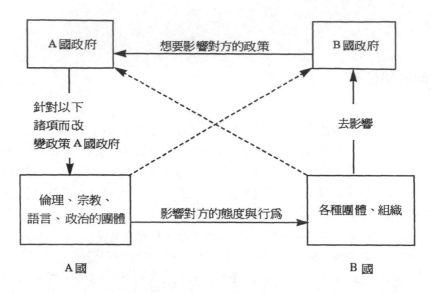

圖 8.3 Holsti 的模式顯示出某些國家的政府是如何地想去影響別國政府的政策，而方法是以去影響那些國家的特定團體或組織的態度與行動來達成目的。

資料來源：From K. J. Holsti, International Politics: A Framework for Analysis, 3rd ed., ©1977, P.219. Reprinted by permission of Prentice-Hall, Inc., Englewood Cliffs, NJ.

的目標族群與組織的態度及行動，俾能創造出有利的態度與行動[47]（見圖 8.3）。

　　一般來說有八項很經典的宣傳技巧：說對方壞話、概念的彰顯、將現存的偏見轉移到新的對象上、以平易近人的口吻訴求、專家的權威、刻意挑出的實例、西瓜靠大邊原理以及找替死鬼等。[48] 雖說這些項目常為人詬病，但它們已成為宣傳分析詞典的一部分了。宣傳運動推展得愈大，則愈可能會運用到如電視、報紙與廣播電台等的大眾媒體。

　　依宣傳的來源可分成三種型式。白色的宣傳是去分辨出宣傳訊息的消息來源與地方，它散佈官方的意見與出名的權威。灰色宣傳中，消息的來源即無法辨識，資訊的正確性就比較可疑了。於黑色宣傳中，假的訊息如謊言、捏造及詐欺等，都被散播了，沒有任何消息來源被提及。

有一則廣為人所誤信的觀念說媒體擁有巨大的宣傳力，又說如果資訊能放置於正確的管道中，再對準正確的觀（聽）眾，則將會有態度與行為上的重大轉變。但適巧與前述相反的是，證據顯示經由大眾管道的宣傳一般來說並無法在意見上或行動上作出顯著的改變。而宣傳所能作的是當好幾種情況都呈現時，去強化觀眾信念及價值。一定得喚起注意力，一定得增加感受的敏銳性；此或許由提出取代性的解答或主意即可作到。接收者的社會與政治背景也一定要納入考量，而且接收者的信念系統也一定得強化。由呈現出嚴厲的爭論與考量各種反爭論即可喚起注意力；此為現今宣傳家的典型模式，而且也是如同美國之音這樣的國際廣播電台所運用的模式。[49]

近幾年來，各國政府與各種組織已發明出一個新的策略去影響公眾資訊，假情報「是一種宣傳的強化版——『強化版』指的是去操縱一些事務，俾能把宣傳消息之衝擊力加到極大」。[50] 假情報的目的包含對目標施加傷害、對代理單位（如管道、媒體等）施加傷害、打擊對方士氣、強迫或刺激對方以做出決定、安撫受害者、誤導軍事力量、贏得輿論、操縱大眾、製造誤解、破壞作業或政策、利用不滿心態以及破壞國際關係等。[51]

在電視娛樂節目與新聞節目混淆不分的時代中，[52]「假情報娛樂」指的是對實際情況的虛構性模仿，此舉故意地把虛妄故事或扭曲了的事實深植入民心。美國廣播公司的「今晚世界新聞」節目就曾在 1989 年把這種現象帶入尖銳的焦點中，即當該台「隱藏式攝影機」所拍得的一個畫面來意圖顯示出美國外交官 Felix Bloch 正把一個公事包交到一位俄國外交人員手中。當此畫面播出的同時，該台特派記者 John McWethy 即在一旁引述一位匿名的美國官員的話，指出 Bloch 在交一只公事包給俄國情報人員之際被拍下了照片。而該台並未說明的是上述整個情景都是該事件的一種戲劇化表現而已。[53]

假情報娛樂的衝擊乃在於觀眾的眼中，正如同在雷根總統時代上映過的兩部電視影片。在 1983 年，美國廣播公司曾播放過一部長達三小時的影片「浩劫後」，敘述核子彈擊中了美國中部堪薩斯州某山鎮之後的虛構故事。雖然和平行動主義份子抱怨該片低估了可能的情形；而極右派份子將該片看成是對美國核武政策的一種攻擊行為，同時亦是一項蘇俄宣傳作法的勝利。保守派人士則呼籲該台「把故事反方向拍一次」再上映。

於是美國廣播電公司又推出了一個長十四小時又三十分鐘的迷你電視連續劇，叫作「美國」，內容是關於蘇俄的入侵美國。在該片中，新的統治者以聯合國的部隊來實施對美國的控制，而這批新統治者此時已成為蘇俄的爪牙了。學童們每天的洗腦，而異議份子也被成批送入西南方的勞改營或被送往精神病院去接受化學藥物的行為矯正。同時，在克里姆林宮的共黨死硬派人士正在開會討論如何處理不斷出現的反抗運動。[54] 最後，本片好像是說：「整個故事對社會的衝擊，若以俄國在政治態度及形象的影響力來看的話，其實『只是』十分輕微的。」兩種被強化過的心態因素的確還是十分明顯地呈現了：反共產主義與對資本主義的信仰。[55]

傳播與間諜行為

間諜行為其實就是以秘密的方式進行蒐集對敵人的計畫或活動的資料。[56] 最初它包含派遣一名間諜，或叫作「特務情報人員」去另一個國家蒐集情報，在間諜活動中，最令人困擾的問題是蒐集到情報傳回本國的方法。對於主要的大眾傳播管道所作的監察，尤其是在戰時，或是由於該名間諜已被人懷疑，都會使上述任務無法完成。在過去，間諜們已運用了各式各樣包括信鴿到微縮影片的傳送方式。[57] 二次世界大戰激發了間碟活動中的通訊技術。

時下以真人作諜報員的工作具有精心設計的各種裝備，包括間諜衛星，高功率照相攝影機以及複雜的電子設備。遙控感應式衛星能將地表與海面上任何細微部分都拍攝下來。通訊衛星可攔截當地的無線電訊號，而地面的感應器——或稱之為「人氣嗅出機」——能提供部隊與補給活動的資料。事實上，這些電子設備可取得可靠的情報，因此這些早已被當作遵守限武合約的證實工具了。

美國國家安全局——全世界最大的秘密情報機構，有兩個功能：保護美國政府的傳播作業與截取外國的傳播訊息。在保護政府的傳播作業上，該機構把訊息密碼化而且採取其他方式來確保這些訊息的秘密性。而在截取外國傳播訊息上，該機構集中全力培植一大隊情報分析專家：這些人運用敏銳的電子儀器去監察、解碼以及翻譯外國的傳播訊息。我們很少聽到對該機構成功的報導，因為一旦公諸於世，將會導致敵國改變他們的系統。

傳播破壞的發展

傳播的策略——其實就是那些被廣泛運用於全球性有正面效益的經濟、社會與政治上的策略一般——對國際衝突來說已變得根本而重要了。[58] 軍事計畫人員目前可以選擇同一種傳播，即「改變策略」；此為經某一機構設計而為美國之國際情報發展機構，中央情報局以及其他政府機構與私人顧問公司所運用。例如，美國陸軍在宏都拉斯的發展企劃案必須要在反暴動與低度戰事的背景範圍內來考慮，而這些企劃案就是去贏得當地居民全心意支持的公關作法。[59]

在低度戰事中對傳播的運用不在於尋求戰場上的勝利，而在於努力把敵國意志力動搖且在敵人的心目中種下混淆與懷疑。它故意去孤立、分化以及中立那些注意力集中的大眾。而在教條失靈之後，令人了解判戰事的本質已然改變了。在工業化之前的時代，戰爭的目的乃在於摧毀敵人軍隊。在工業時代，戰爭目的不僅是去摧毀敵人的軍隊，更要把那個曾經培訓過、武裝過、運輸過及供應過敵軍的經濟基礎摧毀。在資訊的時代，一如前美國國防部長溫伯格所說：「目前我們瞭解到一種運用來摧毀希望本身的戰爭。」[60]

心戰大隊運用宣傳標語及其他傳播策略，影響中立與友善族群的意見、態度和感情。一本美國陸軍戰場手冊敘述反暴動的任務中，「心戰」是針對利用憤恨、提高期待、影響民心及推動在叛亂族群的合作而完成的。[61]

破壞和平發展的另一種方法就是「電子滲透」。廣播就是一種幾乎無法在國境線上被阻止的方法，因為電波干擾基本上是無效的，甚至可能使得收聽人更想去收聽對方的廣播。各國政府與組織都在運用無線電與其他電子傳播方式去影響敵國民眾的輿論，此並非一種新現象。1930年德、奧之間的無線電之戰，東、西德六〇年代持續至八〇年代的無線電戰爭，[62] 到目前為止的古巴——美國無線電之戰，[63]1980 年代中美洲的無線電之戰 [64]，以及南非無線電之戰。[65] 在在彰顯出在反暴動環境電子滲透的角色。[66] 而該作法也並不僅限於政府及組織而已；基督教基本教義派教會就運用短波無線電與衛星電視轉播，來與其他基督教派競爭，此種情形尤其發生在中、南美洲。[67]

中度緊張衝突中的傳播

傳播與恐怖主義

在 1970 到 1980 年代，恐怖份子將世人的注意力集中於媒體報導恐怖主義的角色上。例如，在 1985 年與 1986 年，美國電視網即曾專注地作過密集式的新聞報導，內容如 TWA 航空公司人質危機事件、地中海 Achille Lauro 號遊輪挾質、地中海上 Malta 島的大災難以及羅馬與維也納機場的炸彈事件。如此反而給予恐怖份子一個公開的現身說法舞台。有些研究報告指出這些電視網可謂批准了恐怖份子行為的合法性，同時它們本身在無意間也成了事件的參與者了。[68]

的確，恐怖主義與傳播是無可改變性地連結在一起的。誠如 Schmid 先生所述：

若無傳播，則不可能有恐怖主義，因為暴力與宣傳標語有太
多相似之處。暴力以強迫的方式來作行為的矯正；而宣傳標語則旨
在以說服的方式達到同樣目的；恐怖主義則是上述兩者的合併…
…。恐怖主義最能以作為一種傳播策略來了解。恐怖份子就是策略
的傳送者，受害者則是訊息的製作者；而訊息的接收者則是敵國與
它的人民了。69

　　全球的新聞媒體都常面臨到一種進退維谷的窘境：如何去向大眾報
導每日所發生的事物，但在某種程度上不至於成為恐怖份子的宣傳器。
英國前首相柴契爾夫人當她說新聞媒體提供恐怖主義藉以茁壯的「宣傳
之氧」時，她的說法對嗎？我們可否把恐怖份子說成「羅賓漢的作
法」？新聞媒體需要恐怖份子（以吸引觀眾）正如恐怖份子需要新聞媒
體般嗎？

　　傳統的智慧認為媒體的報導，助長恐怖份子成為一種成功的政治工
具。然而對電視新聞網節目的研究卻指出電視新聞一般都會刻意避開恐
怖份子的動機、目的及長期的目標，同時也防範他們在大眾的心目中形
成合法。70 媒體本身並不會因為他們想要就能造成暴力程度的提升；大
部分的媒體都強烈地反對暴力。然而媒體對恐怖主義的反對「並無法使
他們免於被利用作宣傳的目的」。71 電視就是恐怖份子最愛選用的新聞
媒體。電視不但報導恐怖主義，它還會變成恐怖事件的一部分。

　　恐怖份子正在增強他們的公共宣傳技巧。他們甚至監督媒體對恐怖
事件之報導。其中一次成功之舉乃是 1986 年美國國家廣播公司對 Abul
Abbas 的採訪報導。暴徒自稱是在地中海截持義大利籍遊輪 Achille Lauro
號的首謀者。Abbas 謂他計畫將恐怖主義帶進美國以「對美國報復」。
72 該採訪節目立即引來美國龐大的抗議之聲。美國國務院甚至控訴該廣
播公司給予 Abbas 公共傳播的方式而成為恐怖主義的共犯。該廣播公司
甚至拒絕透露採訪是在何國所作，理由是主張傳統的新聞自由。

　　恐怖份子又是如何利用新聞媒體呢？首先，有些較為積極的方式，
如傳播消息，再將輿論兩極化；製造出同情他們的人，贏得有利的公共
宣傳，再吸收一些新的成員到恐怖份子的各種活動，要求把對受害人所

作的威脅事項對大眾宣傳；再證實要脅事項已被有關方面承諾或遵行；散佈不實的情報以及利用新聞記者，把他們當作在討價還價的情況中的傳話者。

　　至於較被動的方式在恐怖主義的媒體運用上述常見，諸如在兩個恐怖份子團體間的傳訊，取得關於人質的身分與社會地位的資料，取得安全部隊對恐怖行為的反制方法之情報、利用媒體在場的方式作為防止官方衝擊的保險以及取得關於大眾反應情形等資料。73

傳播與革命

　　過去幾百年來，反叛軍的作戰計畫大都是延襲著同一個版本：取得戰略地位的制高點、攻擊主要的軍營、運用秘密的媒體來吸引人民的支持。目前在很多情形下，上述的版本內容已被反向操作。現今的電訊發射塔就成了前述的制高點。

　　1979 年，在伊朗前國王的統治下，伊朗媒體被西方產品及價值觀所充斥，同時在官方的緊密控制下。選美盛會、報導性的雜誌、對皇家的採訪報導、好萊塢的花邊新聞以及搖滾樂等，全都使伊朗人「中了西方的毒」。保守派回教基本教份子在拒絕收看官方控制的新聞媒體之際，配合激進的革命份子，訴諸傳統的管道，諸如透過回教會場及清真寺來散佈訊息與組織反抗軍。當時大教主柯梅尼即能夠自巴黎經由電話與錄音帶的方式把訊息傳回德黑蘭，再拷貝成成千上萬的帶子而進入傳統的宣傳管道。

　　1986 年，馬尼拉的柯拉蓉・艾魁諾夫人透過電視播送與廣告來與獨裁馬可士作龐大的選舉支持度拉金屬戰對抗。當電視也播出了武裝部隊拿走票櫃的畫面時，菲律賓天主教的電台「Radio Veritas」立即呼籲人民作非暴力性的反抗。在全球現場電視轉播之下，菲國人以非暴力的方式躺在政府軍隊之前要求獨裁者下台。

　　捷克布拉格，1989 年，當年 11 月捷克警察殘暴地襲擊了一次和平示威，而該項活動只是為了國際學生日而舉行的。捷克的電視觀眾自蘇俄的電視節目中學到了不少東西，而當時的蘇俄正在經歷一段開放改革期。記者譴責了警方的攻擊行爲。捷克電台的工作人員威脅說要把電視台搞垮，而安全部隊則層層包圍著廣播大樓。但電視記者們仍把發生的事件透過現場報導把訊息傳給人民。這次事件即促成捷克共產黨政權敗亡的開始。

1990 年，羅馬尼亞的電視觀衆當時早已習慣於看到心滿意足的二人向媒體報告他們超量工作情形的畫面。然而在羅國境內有一處可以收看得到「西方」電視節目的地方。羅國人起義最初就發生在靠近 Timisoara 附近一地，因爲當地到處收得到匈牙利電視節目。電視不但點燃了羅馬尼亞革命之火，而且羅國人尚可在電視上看到未經預先剪輯、現場播出的他們自己的革命情形。他們從電視上看到獨裁者與其老婆被趕下台及處死，新政權也透過電視台的播映對全國進行短暫統治。

莫斯科，1991 年，當戈巴契夫在黑海附近的克里米亞休假之際，俄共中央的「緊急委員會」即奪取了政權。然而由於傳播業在開放的大前提下已蓬勃的發展開來，以至於政府領導人也無法阻止事件的報導。外國記者透過電話與衛星採訪了監禁中的葉爾欽先生。電腦網路如莫斯科的「開放網」亦與外界國家透過衛星而相互訊息溝通。資訊經由廣泛的地下傳播網路方式順暢地流通著，當初這些網路只想以油墨印刷的方式對外作宣傳的，現在卻與散在各地的電子通訊網路相互連接起來了。政變領導人的確也曾企圖藉著突然地強增電源線的電壓而部分成功地燒壞了一些傳眞機、電腦與電話機。然而固有「自由廣播電台、CNN（有線電視新聞網）」與成千上萬的電話線當時不斷地提供新資訊予俄國，結果該次流產的蘇俄政變彰顯出一旦電子通訊的大門一開，就很難再把它關上了。

傳播的科技不斷在加速民主的運動。無論一個政府是如何招緊它的官方新聞媒體，堅決的反對派人士還是能以其他迂迴的方式來通過這些媒體的新聞管制。目前全球已出現了些相當機動獨立且便宜的科技金屬網路系統──電腦網路、傳眞機、業餘無線電、超小型資訊衛星、錄攝影機、電視錄放影機等等。這在歷史上是第一次革命力量擁有與專屬於政府和正規部隊相同傳播工具的新鮮事。上述設備已經成爲十分有效的工具，運用於反媒體封鎖、組織示威活動以及交換情報。

當這些機動而獨立性的科技運用在國際政壇上時，在 1989 年 4 月發生引發第一次大規模衝擊。[74] 當中國大陸共產黨政權在天安門附近對自己同胞射擊之際，中國學生們即以電話傳眞機、長途電話以及電腦網路將最細節且最生動的報導傳送給全球民運活躍份子了。大陸學生們組織了抗議會議、籌款會、演講會與各種政治訴求。他們的衝擊是如此巨大與直接，以至於中共政權在發生上述情形的其他中國境內各地採取切斷對外的電話聯絡，同時也開始監看電腦網路的訊息傳輸。

另一個例子是美伊戰爭中像「和平電腦網路」這樣的電腦網路即積極地運作起來了（「和平網路」乃一美國電腦傳播系統，旨在協助和平運動能有效而成功地運作）。當主流的傳播管道爲美國國防部監察系統所封鎖之際，和平網路即傳輸著波灣戰爭效應的精確報導予第三世界、以色列、阿拉伯各國與全球反戰運動組織之間。[75]

高度緊張衝突中的傳播

傳播的科技與軍隊

軍事部隊本身就是一種強力的傳播媒體。 Von Clausewitz 先生清晰地問著：「戰爭難道只不過是另一種政治思維的文字及語言嗎？此政治思維當然有它自己的語法，但是它的邏輯對本身而言並不唐突。」[76] 換一種說法，戰爭與軍事武力的運用也僅不過是外交手段用語的另一種說法罷了，因爲傳播與情報乃是軍事策略中有用的組成份子。[77]

在最近幾十年之前，遠距離通訊的困難阻礙了國家的元首及武裝部隊的指揮官們探知戰場的失敗或成功。然而自越戰開始，詹森總統已經可以親自在早上挑選轟炸目標，而當晚即可見到轟炸結果的空中偵測照片了。[78] 今天美國在全球的軍事佈置與控制系統即運用衛星、電腦及地面接收站以提供在過去無法想像到的集中化情報。[79]

美國政府乃當今全球最大的單一資訊系統使用者。莫斯科即報導說在 1988 年俄國政府的資訊系統預算造成對電腦、軟體與服務業市場整體預算的十分之一（即美金十七億元）。[80] 多年來在通訊工業的研究發展即不斷為軍方的需求所緊逼著。國防部批准了預算龐大的合約給私人企業，以發展完全改變了通訊工業的微晶片。而軟體的發展也早已為美國軍方所全力支持。整個國防建設就是這整個科技工業的最大客戶。例如，全球所有積極電路中的百分之十五都是在美國製造的。[81]

在美國境內，軍方與情報機構就控制了約全部無線電頻道的百分之二十五。美國也是全球最大的衛星通訊設備使用者，而其一年之預算超過全國商業性廣播電視收入的總和。經由國際通訊署與國防衛星通訊指揮控制系統，美國國防部操作全球最強的通訊衛星、海底電纜、電腦系統及地球系統。[82] 電腦與通訊系統對以外諸項是十分重要的：武器系統、飛彈導航系統、衛星觀測、武器設計與測試、軍事情報與戰機緊急升空系統。[83]

全球的軍事強國能夠在太空中維持著一群間諜，就是藉著用光學、紅外線及雷達偵測器來作到的。若把這些國家的上述各種空中的軍事通訊設備加總的話，至少佔了全球目前正在運行中所有衛星的半數了。美國國防部光是花費在衛星上的預算，就比民航太空機構——太空總署的預算大二倍。[84]

註　釋

1. Frederic Wertham, cited in Alex P. Schmid, "Violence as Communication: The Case of Insurgent Terrorism," in *Elements of World Instability: Armaments, Communication, Food, International Division of Labour* (Frankfurt: Campus Verlag, 1981), p. 147.

2. "Transcript of the Interviews with Sadat and Begin," *New York Times*, November 15, 1977, p. 2.

3. See Les Brown, "TV's Role in Mideast: Almost Diplomacy?," *New York Times*, November 18, 1977, p. 11; "News and Comment," *New Yorker*, January 9, 1978, p. 19; and Elihu Katz with Daniel Dayan and Pierre Motyl, "Television Diplomacy: Sadat in Jerusalem," in *World Communications: A Handbook*, ed. George Gerbner and Marsha Siefert (New York: Longman, 1984), pp. 127–136.

4. Andrew Arno, "Communication, Conflict, and Storylines: The News Media as Actors in a Cultural Context," in *The News Media in National and International Conflict*, ed. Andrew Arno and Wimal Dissanayake (Boulder, CO: Westview Press, 1984), p. 1.

5. Harry L. Coles, *The War of 1812* (Chicago: University of Chicago Press, 1965); Reginald Horsman, *The War of 1812* (New York: Knopf, 1969); John K. Mahon, *The War of 1812* (Gainesville, FL: University of Florida Press, 1972); and Glen Tucker, *Poltroons and Patriots: A Popular Account of the War of 1812*, 2 vols. (Indianapolis, IN: Bobbs-Merrill, 1954).

6. T. A. Bailing, *Diplomatic History of the American People* (New York: Appleton-Century-Crofts, 1964), cited in Colin Cherry, *World Communication: Threat or Promise? A Socio-technical Approach*, rev. ed. (Chichester, England: Wiley, 1978), p. 54.

7. Ann P. Saab, *Origins of the Crimean Alliance* (Charlottesville, VA: University Press of Virginia, 1977); H. W. V. Temperley, *England and the Near East: The Crimea* (London: Cass, 1964); and Philip Warner, *The Crimean War: A Reappraisal* (London: Barker, 1972).

8. Philip Knightley, *The First Casualty: From the Crimea to Vietnam: The War Correspondent as Hero, Propagandist, and Myth Maker* (New York: Harcourt Brace Jovanovich, 1975), p. 5. See also Rupert Furneaux, *News of War: Stories and Adventures of the Great War Correspondents* (London: Max Parrish, 1964); and Joseph J. Mathews, *Reporting the Wars* (Minneapolis, MN: University of Minnesota Press, 1957).

9. See Michael Howard, *The Franco-Prussian War: The German Invasion of France, 1870–71* (London: Methuen, 1981); and Lawrence D. Steefel, *Bismarck, The Hohenzollern Candidacy, and the Origins of the Franco-German War of 1870* (Cambridge, MA: Harvard University Press, 1962).

10. Oliver Carlson and Ernest Sutherland Bates, *Hearst, Lord of San Simeon* (Westport, CT: Greenwood Press, 1970); French E. Chadwick, *The Relations of the United States and Spain: The Spanish–American War*, 2 vols. (New York: Scribner's, 1909); Edwin and Michael Emery, *The Press and America* (Englewood Cliffs, NJ: Prentice-Hall, 1978); Philip S. Foner, *The Spanish–Cuban–American War and the Birth of American Imperialism, 1895–1902*, 2 vols. (New York: Monthly Review Press, 1972); Frank Freidel, *The Splendid Little War* (Boston: Little, Brown, 1958); W. A. Swanberg, *Citizen Hearst* (New York: Scribner's, 1961); and John Tebbel, *The Life and Good Times of William Randolph Hearst* (New York: Dutton, 1952).

11. Barbara W. Tuchman, *The Zimmermann Telegram* (New York: Macmillan, 1958; reprint, 1966).

12. "Testimony of Lt. Col. Kermit A. Tyler before the Army Pearl Harbor Board, August 17, 1944," in *What Happened at Pearl Harbor? Documents Pertaining to the Japanese Attack on December 7, 1941, and Its Background,* ed. Hans Louis Trefousse (New York: Twayne, 1958), p. 98. See also Roberta Wohlstetter, *Pearl Harbor: Warning and Decision* (Stanford, CA: Stanford University Press, 1962), pp. 6–12.

13. Stanley Karnow, *Vietnam: A History* (New York: Viking Press, 1983), p. 373.

14. This definition is slightly different from the Pentagon's definition, which puts "high intensity warfare" at the nuclear level and "medium intensity conflict" at the level of conventional weapons. For more information on low intensity conflict, see the February 1987 edition of *Military Review;* Lilia Bermudez, *Guerra de Baja Intensidad: Reagan contra Centroamérica* (Mexico City: Siglo XXI Editores, 1987); Arthur H. Blair, Jr., et al., "Unconventional Warfare: A Legitimate Tool of Foreign Policy," *Conflict* 4 (1,1983): 59–81; Richard A. Hunt and Richard H. Schultz, Jr., *Lessons from Unconventional War: Reassessing U.S. Strategies for Future Conflicts* (New York: Pergamon Press, 1982); Bill Keller, "Essential, They Say, But 'Repugnant' (Department of Defense Conference on Little Wars—'Low Intensity Conflict')," *New York Times,* January 20, 1986, pp. 12+; Frank Kitson, *Low Intensity Operations: Subversion, Insurgency, Peace-Keeping,* 1st ed. (Harrisburg, PA: Stackpole Books, 1971); Michael T. Klare and Peter Kornbluh, *Low Intensity Warfare: Counterinsurgency, Proinsurgency, and Antiterrorism in the Eighties* (New York: Pantheon Books, 1988); Brad Knickerbocker, "U.S. Military Surveys Central America Turf; Some Officers Say U.S. Unready for Demands of 'Low Intensity Conflict,'" *Christian Science Monitor,* May 15, 1985, p. 1; James Berry Motley, "Grenada: Low Intensity Conflict and the Use of United States Military Power," *World Affairs,* 146 (3, Winter 1983–1984): 221–238; G. Reed, "Low Intensity Conflict: A War for All Seasons," *Black Scholar* 17 (1, 1986): 14–22; Sam C. Sarkesian, *The New Battlefield: America and Low Intensity Conflicts* (Westport, CT: Greenwood Press, 1986); Sam C. Sarkesian and William L. Scully, *U.S. Policy and Low Intensity Conflict* (New Brunswick, NJ: Transaction Books, 1981); and Thomas Walker, *Reagan versus the Sandinistas: The Undeclared War on Nicaragua* (Boulder, CO: Westview Press, 1987).

15. *Spic* is the verb *speak* uttered with a Spanish-speaking immigrant's accent. *Gook* is the word for "country" in Korean. *Kike* comes from the Yiddish word for "circle," *kirkel,* and harks back to the time when illiterate Jewish immigrants signed their names by making a circle, not the cross that immigration officials demanded.

16. *International Encyclopedia of Communications,* 1st ed., s.v. "Diplomacy."

17. Tran Van Dinh, *Communication and Diplomacy in a Changing World* (Norwood, NJ: Ablex, 1987), p. 8.

18. The Vienna Convention on Diplomatic Relations guarantees the right to "free communication on the part of the mission for all official purposes. . . . including diplomatic couriers and messages in code or cipher. . . . The official correspondence shall be inviolable." This includes communications by post, telegraph, and diplomatic pouch. But a "wireless" transmitter requires the consent of the host government. Vienna Convention on Diplomatic Relations, 500 *United Nations Treaty Series* 95, 3(1)(d).

19. See Diane B. Bendahmane and David W. McClintock, eds., *Science, Technology, and Foreign Affairs,* vols. 4 and 5 (Washington, DC: U.S. Department of State, Foreign Service Institute, Center for the Study of Foreign Affairs, 1984); and Thomas J. Ramsey, "International Diplomatic Telecommunications," in *Toward a Law of Global Communications Networks,* ed. Anne W. Branscomb (New York: Longman, 1986), pp. 217–223.

20. K. J. Holsti, *International Politics: A Framework for Analysis*, 3rd. ed. (Englewood Cliffs, NJ: Prentice-Hall, 1977), pp. 188–189.

21. Abba Eban, *The New Diplomacy: International Affairs in the Modern Age* (New York: Random House, 1983), p. 347.

22. Certain international media channels have constant influence on diplomatic personnel around the world—particularly the morning broadcasts of the BBC World Service. Wire services such as Associated Press and Reuters sometimes are the only sources available in world crises. Elite newspapers also are important. In Europe these include *The Times of London, Le Monde, Neue Zürcher Zeitung, Frankfurter Allgemeine Zeitung, The International Herald Tribune, The Economist,* and the European editions of *Time* and *Newsweek*. In New York and Washington, DC, these channels include the *New York Times* and the *Washington Post*. The newspaper with perhaps the best international coverage is the *Los Angeles Times*. Although it is the largest metropolitan paper in the United States, its influence is limited because it is not in a national capital.

23. See the following works by W. Phillips Davison: "News Media and International Negotiation," *Public Opinion Quarterly* 38 (1974): 174–191; *International Political Communication* (New York: Praeger, 1965); *Mass Communication and Conflict Resolution: The Role of the Information Media in the Advancement of International Understanding* (New York: Praeger, 1974); and "Diplomatic Reporting: The Rules of the Game," *Journal of Communication* 25 (1975): 138–146.

24. W. Phillips Davison, "Political Significance of Recognition in the Mass Media: An Illustration from the Berlin Blockade," *Public Opinion Quarterly* 20 (1, 1956): 332.

25. Karl W. Deutsch, "Mass Communications and Loss of Freedom in National Decision-Making: A Possible Approach to Interstate Conflict," *Conflict Resolution* 1 (2, 1957): 202. For example, the 1954 "canned crisis" of Quemoy and the Matsus, islands that had served as points for nationalist Chinese retreat in 1949 and that were still in nationalist (Taiwanese) hands, came about when American news magazines greatly exacerbated a situation that should not have warranted such attention. Daniel J. Leab, "Canned Crisis: U.S. Magazines, Quemoy, and the Matsus," *Journalism Quarterly* 44 (1967): 340.

26. The 1978 United Nations Special Session on Disarmament was an extraordinary opportunity for the nations of the world to take a giant step toward arms reductions and nuclear nonproliferation. Yet coverage was so slight that the session was "among the best-kept secrets of 1978. . . . Most news organizations . . . [gave] the possibility of nuclear annihilation far less coverage than gastronomic matters and far less systematic attention than the television listings." Richard Pollak, "Covering the Unthinkable: The U.N. Disarmament Session and the Press," *The Nation*, May 1, 1982, p. 516.

27. Karl W. Deutsch, "Communications, Arms Inspection, and National Security," in *Preventing World War III*, ed. Quincy Wright, William Evan, and Mortimer Deutsch (New York: Simon & Schuster, 1962), pp. 62–73.

28. Deutsch, "Communications, Arms Inspection, and National Security," p. 65.

29. Charles A. McClelland, "The Anticipation of International Crisis: Prospects for Theory and Research," *International Studies Quarterly* 21 (1, March 1977): 35.

30. J. David Singer, "Media Analysis in Inspection for Disarmament," *Journal of Arms Control* 3 (1, 1965): 248–259.

31. Davison, *Mass Communication and Conflict Resolution*, p. 38.

32. See Elie Abel, "Television in International Conflict," and Andrew Arno, "The News Media as Third Parties in National and International Conflict: Duobus Litigantibus Tertius Gaudet," in *News Media in National and International Conflict*, pp. 63–70 and pp. 229–239, respectively.

33. Majid Tehranian, "International Communication: A Dialogue of the Deaf?" *Political Communication and Persuasion* 2 (1, 1982): 23–25. Tehranian's original formulation treats "journalists," not "media."

34. Andrew Arno, "Communication, Conflict, and Storylines," p. 11.

35. Joyce Evans-Karastamatis, "Citizens' Summit II: Problems in Intercultural Communication." Paper presented at the conference of the International Communication Association, New Orleans, 1988.

36. C. Anthony Giffard and Lisa Cohen, "Television, Censorship, and South Africa." Paper presented at the conference of the Association for Education in Journalism and Mass Education, 1987; and C. Anthony Giffard and Lisa Cohen, "The Impact of Censorship of U.S. Television News Coverage of South Africa," in *Current Issues in International Communication* (New York: Longman, 1990), pp. 122–133.

37. Gifford D. Malone, "Managing Public Diplomacy," *Washington Quarterly* 8 (3, 1985): 199–210.

38. Kenneth L. Adelman, "Speaking of America: Public Diplomacy in Our Time," *Foreign Affairs* 59 (1976): 927.

39. Robert B. Albritton and Jarol B. Manhoim, "Public Relations Efforts for the Third World: Images in the News," *Journal of Communication* 35 (2, Spring 1985): 58.

40. Robert I. Friedman, "Selling Israel to America: The Hasbara Project Targets the U.S. Media," *Mother Jones*, February–March 1987, p. 21+.

41. See M. Davis, *Interpreters for Nigeria: The Third World and International Public Relations* (Urbana, IL: University of Illinois Press, 1977); K. Rothmyer, "What Really Happened in Biafra? Why Did Themes Such as Mass Starvation and Genocide Alternately Surface and Fade? A Study of Media Susceptibility to Public Relations Manipulation," *Columbia Journalism Review*, Fall 1970, pp. 43–47; and G. Zieser, "Die Propagandastrategie Biafras im Nigerianischen Bürgerkrieg," *Publizistik* 16 (1971).

42. Adapted from Bruce L. Smith, "Propaganda," *Encyclopedia of the Social Sciences*, ed. D. L. Sills (New York: Macmillan, 1968), p. 579.

43. See also Michael Balfour, *Propaganda in War, 1939–1945: Organizations, Policies, and Publics, in Britain and Germany* (London: Routledge & Kegan Paul, 1979); Leonard W. Doob, *Public Opinion and Propaganda*, 2nd ed. (Hamden, CT: Anchor Books, 1948); Jacques Ellul, *Propaganda: The Formation of Men's Attitudes* (New York: Knopf, 1965); Carl I. Hovland, Irving L. Janis, and Harold H. Kelley, *Communication and Persuasion* (New Haven, CT: Yale University Press, 1953); *International Encyclopedia of Communications*, s.v. "Propaganda"; Paul Kecskemeti, "Propaganda," in *Handbook of Communication*, ed. Ithiel de Sola Pool et al. (Chicago: Rand McNally, 1973); Harold D. Lasswell, Daniel Lerner, and Hans Speier, eds., *Propaganda and Communication in World History*, 3 vols. (Honolulu, HI: University of Hawaii Press, 1979 and 1980); and Daniel Lerner, ed., *Propaganda in War and Crisis* (New York: G. W. Stewart, 1951, reprint 1972).

44. Ernest K. Bramstedt, *Goebbels and National Socialist Propaganda, 1925–1945* (East Lansing, MI: Michigan State University Press, 1965); Joseph Goebbels, *My Part in Germany's Fight*, trans. Kurt Fiedler (London: Hurst & Blackett, 1935); *The Goebbels Diaries, 1942–43*, trans.

Louis F. Lochner (New York: Putnam, 1983); and *Final Entries 1945: The Diaries of Joseph Goebbels,* ed. Hugh Trevor-Roper, trans. Richard Barry (New York: Putnam, 1978).

45. Such fear prompted Congress since 1948 to prohibit domestic dissemination of materials produced for overseas information programs. Kenneth L. Adelman, "Speaking of America," p. 914.

46. See the excellent four-article forum "What is Propaganda, Anyway?" in *Propaganda Review* (5. 1989).

47. Doob, *Public Opinion and Propaganda;* Ellul, *Propaganda;* Erich Fromm, *Escape from Freedom* (New York: Farrar & Rinehart, 1941); Alexander L. George, *Propaganda Analysis* (New York: Row, Peterson. 1959); Russell W. Howe and Sarah H. Trott, *The Power Peddlers* (Garden City, NY: Doubleday, 1977); Garth Jowett and Victoria O'Donnell, *Propaganda and Persuasion* (Newbury Park, CA: Sage, 1986); Lasswell, Lerner, and Speier, *Propaganda and Communication in World History,* vol. 1; Thomas E. Patterson and Robert D. McClure, *The Unseeing Eye: The Myth of Television Power in National Politics* (New York: Putnam, 1976); and Oliver Thomson, *Mass Persuasion in History* (Edinburgh, Scotland: Paul Harris, 1977).

48. Developed by the Institute for Propaganda Analysis and elaborated by Holsti, *International Politics,* pp. 22–30; adapted originally from Alfred McClung Lee and Elizabeth Bryant Lee, *The Fine Art of Propaganda: A Study of Father Coughlin's Speeches* (New York: Harcourt Brace Jovanovich, 1939), pp. 22–25.

49. W. Phillips Davison, "Political Communication as an Instrument of Foreign Policy," *Public Opinion Quarterly* 27 (Spring 1963): 28.

50. L. John Martin, "Disinformation: An Instrumentality in the Propaganda Arsenal," *Political Communication and Persuasion* 2 (1, 1982): 50.

51. The CIA broadly defined disinformation as "a range of practices such as written and oral 'disinformation' (forgeries, false rumors), 'gray' and 'black' propaganda, manipulation or control of foreign media assets, political action and 'agent of influence' operations, clandestine radio stations, semiclandestine use of foreign communist parties and international front and special action organizations, staged or manipulated demonstrations, and even, in the past, blackmail and kidnaping." U.S. Congress, House of Representatives, *Soviet Covert Action,* Hearings before the Subcommittee on Oversight of the Permanent Select Committee on Intelligence, 96th Congress, 2nd Session, February 6 and 19, 1980, p. 63, cited in Martin, "Disinformation," p. 58.

52. Thomas R. Rosenstiel, "Viewers Found to Confuse TV Entertainment with News," *Los Angeles Times,* August 17, 1989, p. A17; Howard Rosenberg, "TV & Reality," *Los Angeles Times,* Calendar Magazine, September 10, 1989, p. 7.

53. "Beware: 'Disinfotainment,' " *Extra!* October/November 1989, p. 3.

54. Harry Waters, "A Storm Over 'Amerika,' " *Newsweek,* November 10, 1986, pp. 91–92.

55. Jin K. Kim, J. Justin Gustainis, and Pirouz Shoar-Ghaffari, " 'Amerika': Selectivity in Exposure Patterns and Attitude Influence." Paper presented at the conference of the International Communication Association, New Orleans, 1988.

56. For more on espionage, see Philip Agee and Louis Wolf, *Dirty Work I—The CIA in Western Europe* (New York: Stuart, 1978) and *Dirty Work II—The CIA in Africa* (New York: Stuart, 1979); Christopher Andrew, *Her Majesty's Secret Service: The Making of the British Intelligence Community* (New York: Viking Press, 1986); James Bamford, *The Puzzle Palace* (Boston: Houghton Mifflin, 1982); Michael R. Beschloss, *Mayday: Eisenhower, Khrushchev, and the U-2 Affair* (New York: Holt, Rinehart, 1986); William Blum, *The CIA, A Forgotten History: U.S. Global Interventions since World War 2* (London and Atlantic Heights, NJ: Zed Press, 1987); Robert L. Borosage and

John Marks, *The CIA File* (New York: Grossman, 1976); Andrew Boyle, *The Fourth Man* (New York: Dial Press, 1974); *The CIA's Nicaraguan Manual: Psychological Operations in Guerrilla Warfare* (New York: Vintage, 1985); Ray S. Cline, *Secrets, Spies, and Scholars* (Washington, DC: Acropolis Books, 1976); Richard Deacon, *A History of the British Secret Service* (New York: Taplinger, 1969); Allen W. Dulles, *The Craft of Intelligence* (New York: Holt, Rinehart, 1963; reprint 1977); Ladislas Farago, *The Broken Seal* (New York: Random House, 1967); Howard Frazier, *Uncloaking the CIA* (New York: Free Press, 1978); F. H. Hinsley, ed., *British Intelligence in the Second World War* (London: H.M. Stationery Office, 1979); Allison Ind, *A Short History of Espionage* (London: Hodder & Stoughton, 1965); *International Encyclopedia of Communications*, s.v. "Espionage"; R. V. Jones, *Most Secret War* (London: Hamilton, 1978); Lyman Kirkpatrick, *The U.S. Intelligence Community* (New York: Hill and Wang, 1973); Ronald Lewin, *Ultra Goes to War: The Secret Story* (London: Hutchinson, 1978); Victor Marchetti and John D. Marks, *The CIA and the Cult of Intelligence* (New York: Knopf, 1974); Harry Howe Ransom, *The Intelligence Establishment* (Cambridge, MA: Harvard University Press, 1970); Harry Rositzke, *The CIA's Secret Operations* (New York: Reader's Digest Press, 1977); Frank N. Trager, *National Security and American Society* (Lawrence, KS: University Press of Kansas, 1973); Tuchman, *The Zimmermann Telegram*; F. W. Winterbotham, *The Ultra Secret* (New York: Harper & Row, 1974).

57. Invented during World War II, the microdot reduced a printed page to a dot the size of this typed period.

58. Howard H. Frederick, "'Development Sabotage Communication' in Low Intensity Warfare: Media Strategies against Democracy in Central America," in *Communication For and Against Democracy*, ed. Peter A. Bruck and Marc Raboy (Montreal and New York: Black Rose, 1989), pp. 19–35.

59. John W. Higgins, "Development Communication as 'Public Relations': The U.S. Army in Honduras." Paper presented at the conference of the International Association for Mass Communication Research, Sao Paulo, Brazil, August 16–21, 1992.

60. Caspar W. Weinberger, "Low Intensity Warfare," *Vital Speeches*, February 15, 1986, p. 259.

61. *Army Field Manual 100-20* (on Low Intensity Warfare), cited in Bermudez, *Guerra de Baja Intensidad*, pp. 98, 125. Each psyops group is organized and equipped to carry out a psychological war to help in the theater of operations. Troops and equipment can be loaded quickly into huge aircraft and deployed rapidly to any part of the world. The resources of a strategic battalion include a 50,000-watt AM transmitter, a mobile satellite earth station, sophisticated monitoring equipment, and a mobile printing press. A team of writers can quickly develop written materials with any message. The specific message itself is designed by the intelligence section through public opinion surveys to uncover vulnerable messages with the maximum impact. The groups have enough translators and linguists to handle any language or dialect. Other equipment that can be flown in includes mobile film trucks, jeeps, public address systems, remote sensing equipment, jammers, secure communications systems, and high-speed data burst equipment. See also Peter Kornbluh, "Nicaragua: U.S. Proinsurgency Warfare Against the Sandinistas," in Klare and Kornbluh, *Low Intensity Warfare*.

62. David Marks, "Broadcasting across the Wall: The Free Flow of Information between East and West Germany," *Journal of Communication* 33 (1, 1983): 46–55; Douglas A. Boyd, "Broadcasting between the Two Germanies," *Journalism Quarterly* 60 (1983): 232–239.

63. Howard H. Frederick, *Cuban-American Radio Wars* (Norwood, NJ: Ablex, 1986).

64. Howard H. Frederick, "Electronic Penetration in Low Intensity Warfare: The Case of Nicaragua," Walker, ed., *Reagan versus the Sandinistas*, pp. 123–142.

65. *Neue Deutsche Presse* (GDR), February 1989, pp. 18–19, cited in *Mass Communication Media in the World* 6 (3, 1989): 20.

66. See also Hazel G. Warlaumont, "Strategies in International Radio Wars: A Comparative Approach," *Journal of Broadcasting and Electronic Media* 32 (1, Winter 1988): 43–59.

67. Razelle Frankl, *Televangelism: The Marketing of Popular Religion* (Carbondale, IL: Southern Illinois University Press, 1987), p. 5; Hugo Assman, *La Iglesia Electrónica y Su Impacto en América Latina* (San José, Costa Rica: Editorial DEI, 1987); and David Martin, *Tongues of Fire: The Explosion of Protestantism in Latin America* (Oxford: Basil Blackwell, 1990).

68. David L. Altheide, "Three-in-One News: Network Coverage of Iran," *Journalism Quarterly* 59 (Autumn 1982): 641–645; David L. Altheide, "Impact of Format and Ideology on TV News Coverage of Iran," *Journalism Quarterly* 62 (Summer 1985): 346–351; Dan Nimmo and James E. Combs, *Nightly Horrors: Crisis Coverage by Television Network News* (Knoxville, TN: University of Tennessee Press, 1985), p. 165; David L. Paletz, John Z. Ayanian, and Peter A. Fozzard, "Terrorism on TV News: The IRA, the FALN, and the Red Brigades," in *Television Coverage of International Affairs*, ed. William C. Adams (Norwood, NJ: Ablex, 1982), pp. 143–165; and Tony Atwater, "Network Evening News Coverage of the TWA Hostage Crisis." Paper presented at the conference of the International Communication Association, Montreal, 1987.

69. Alex P. Schmid, "Violence as Communication: The Case of Insurgent Terrorism," in Egbert Jahn, ed., *Elements of World Instability: Armaments, Communication, Food, International Division of Labour* (Frankfurt: Campus Verlag, 1981), pp. 147–167 (The quotation in this chapter comes from pp. 148, 151–152).

70. David L. Paletz, Peter A. Fozzard, and John Z. Ayanian, "The I.R.A., the Red Brigades, and the F.A.L.N. in the *New York Times*," *Journal of Communication* 32 (2, 1982): 162–171; and Paletz, Ayanian, and Fozzard, "Terrorism on Television News," pp. 143–165.

71. Zoe Che-wei Tan, "Media Publicity and Insurgent Terrorism: A Twenty-Year Balance Sheet." Paper presented at the conference of the International Communication Association, Montreal, 1987.

72. Excerpted from Schmid, "Violence as Communication," p. 163. See also David L. Paletz and Alex R. Schmid, eds., *Terrorism and the Media* (Beverly Hills, CA: Sage, 1992).

73. Excerpted from Schmid, "Violence as Communication," p. 163.

74. John S. Quarterman, *The Matrix: Computer Networks and Conferencing Systems Worldwide* (Bedford, MA: Digital Press, 1990), p. i.

75. For more information, write to PeaceNet, 18 De Boom Street, San Francisco, CA 94107. Voice: 415-442-0220. Fax: 415-546-1794. Internet: peacenet@igc.org Bitnet: peacenet%igc.org@stanford

76. Carl Von Clausewitz, *Vom Kriege* (Bonn: Dümmlers Verlag, 1973), p. 991. Translation by the present author.

77. See Vincent Mosco, "Communication and Information Technology for War and Peace," in Colleen Roach, ed. *Information and Culture in War and Peace* (Newbury Park, CA: Sage, forthcoming); Herbert I. Schiller, *Mass Communication and American Empire* (Boston: Beacon Press, 1969); Dallas Smythe, *Dependency Road* (Norwood, NJ: Ablex, 1981); and Armand Mattelart and Seth Siegelaub, eds., *Communication and Class Struggle, Vol. I: Capitalism, Imperialism* (New York: International General, 1979) and *Vol. II: Liberation, Socialism* (1983).

78. Paul A. Chadwell, "C³I Satellite Systems," *National Defense*, June 1980; and Deborah G. Meyer. "Strategic Satellites: Our Eyes in the Sky," *Armed Forces Journal*, February 1983.

79. Daniel Deudney, *Whole Earth Security: A Geopolitics of Peace* (Washington, DC: Worldwatch Institute, 1983), p. 23.

80. Mosco, "Communication and Information Technology."

81. U.S. Congress, Office of the Budget, *The Benefits and Risks of Federal Funding for Sematech* (Washington, DC: Congressional Budget Office, 1987), as cited in Vincent Mosco, *The Pay-Per Society* (Norwood, NJ: Ablex, 1989), p. 142.

82. Mosco, "Communication and Information Technology," pp. 20–21.

83. Brian Martin, "Computing and War," *Peace and Change* 14 (2, 1989): 203–222.

84. Federation of American Scientists, *What's Up in Space* (Washington, DC: Federation of American Scientists, 1987). See also J. Canan, *War in Space* (New York: Harper & Row, 1982). According to the Stockholm International Peace Research Institute, about 75 percent of satellites in orbit are military satellites. These include reconnaissance, navigation, communications, weather, and geodetic satellites. Frank Barnaby and Ian Williams, "Heavenly Watchdogs," *South*, November 1983, p. 13.

第九章 全球傳播與資訊法規

在強者與弱者之間，壓迫弱者的是自由，而解放弱者的是法律。

—— Jean Baptiste Lacordaire

歷史發展

　　各國已奉行傳播與資訊的國際法達到一世紀以上。[1] 事實上，資訊傳播法乃全球視為最古老的國際法律體系之一。在聯合國裡有四個最老的專業化機構，其中三個主要都在處理傳播與資訊事務，它們是：成立於 1865 年的國際衛星通訊處（ITU）；成立於 1874 年的全球郵務處（UPU）；以及成立於 1833 年的世界智慧財產權組織（WIPO）。[2]

十九世紀下半期，輿論已經成為影響國際關係的一項因素。統治者發現必須要說服本國以及敵國的人民。普魯士宰相俾斯麥與拿破崙三世就是那個時代至高無上的「偉大傳播家」。十九世紀末葉在國際輿論上的爭議，導致了透過中立法而產生的管制性手段。1907 年「尊重中立權與中立者之權利與義務的國際公約」包括了數則限制或管制宣傳活動的條款。3

　　這些早期的全球傳播與資訊法，與其後隨之而來的國際法則顯得較不活躍。第一次世界大戰與俄國革命意識形態化了國際關係且也付予一強而有力的角色到國際政治傳播的媒體身上。國際聯盟當年就處理這個早期的發展趨勢。凡爾賽合約在第一次簽訂後僅六天就正式生效了。聯盟的代表委員們希望以國際性合作整體安全及公開外交的方式取代以往的強權政治與秘密外交。代表委員們想出一個新聞界的新角色。在 1925 年國聯一次決議案（該案至今仍然適用）中述及：「新聞界構成了一種最有效的方法針對解除道德武裝來引導輿論。」4

　　貫穿人類的歷史，一種清楚的風格就突顯出來了。每當一個在傳播科技上的新發明出現時，國際法還是會去規範它。古騰堡先生所發明的印刷術後來促成 John Milton 去呼籲一個「對表達的自由之權利」。摩斯先生發明電報一事後來也導致國際電報協議公約之產生。1930 年偉大的「無線電宣傳之戰」更導致聞名的「關於運用廣播於和平的理由之國際公約」，此乃第一次出現於致力在管制承平時期宣傳之多國努力行為。5

定　義

　　在過去，國際法定義為主權獨立的國家間，主導相互關係規定的主體。國際法所規範對象是各國，而各國相對地又運用到國際法所規範對象上，也就是國民（自然人）及私人公司行號（法人）。

　　而在現今的二十世紀裡，由於國際行為者挑戰了國家的主權，因此一般的國際組織、非政府機構以及私人公司都已經成為國際法所規範的對象。其中最重大的改變是國際法中個人角色的加重。1945 年美國的憲章中也承認單獨的個人在國際法中的人格。而 1948 年全球人權宣言中亦定出個人之權利與義務，且 1966 年，人權國際盟約中也於強制性法條中制定出某些權力。正如二次大戰後，德國紐崙堡大審中，審判納粹戰犯的聯軍軍法官便曾說過：「個人也有一些國際性義務，且這些義務則超越某個國家施加在其國民身上之義務。」[6]

現代國際法關心的則是諸如人權、種族偏見以及性別歧視等的抗爭。因此，現今國際法的定義則包括統轄國際性事務的所有機構與方法，以及它們所制定的基準與規範。此定義斟酌及由各國政府間共設的組織、跨國公司、政黨、遊說團體、解放組織以及個人等所扮的立法角色。進一步把該定義延伸到對此研究的適用對象。則全球性的傳播與資訊法即由那些合法的機構、設施以及那些在個人、民族、文化、國家與科技之間作掌控的方式所組成。

國際法到底可否被運用於私人媒體及單獨的傳訊機具上呢？國家們當然都是國際法所管轄的對象；而國家控制或國家經營的大眾媒體（例如政府經營的廣播電台等）必須要包括在此。但幾乎在過去的二百年內，有不少國家已經爭議一個國家是否有責任去限制國內一些人民，例如會廣播對其他國家有害的宣傳者。[7]

私人媒體在早先的定義裡並不是適用國際法管轄的對象。但是從 1969 年維也納公約中對條約法的第 26 款而言，可引申出今日各國在國際法所轄範圍內確有其一般的義務，而各國亦不可藉其本國法令來規避。[8]進一步而言，國際法的現代定義十分明確地包含個人為其適用管轄對象。而國際法所施加執行於私人媒體的方式是一種國家獨立主權優先的事務。關鍵乃在於這些方式必須公佈。而私人媒體則必須要遵守媒體於操作任務時所在國的法律。他國亦有義務要管制私人媒體在這方面的運作。[9]

國際法的原則與執行

　　所有的國際法皆基於以下七個基本原則。[10] 聯合國的成員國亦被要求遵守這些原則，並強制規定受管轄之區域的人民遵守。本章稍後將會討論到這些基本原則運用到全球通訊法的方法。

　　禁用武力　各國可能不會去威脅或針對他國領土或獨立而動武，也不會針對民族的自決權、自由及獨立而動武。一個侵略性戰爭即構成了一種罪行。沒有國家會認為在其他國家內組織傭兵或製造內戰，抑或認為由軍事武力來佔領他國的佔領是合法的。

　　和平解決爭執　各國必須以和平的方式來解決他們之間的爭執；而這種方式並不會危及和平與安全。爭執中的各國必須找尋商談、調停以及解決之道，但在尚未達成協議之前，絕不進一步惡化原來的局勢。

　　不干涉　沒有一個國家有權去直接或間接地干涉其他國家的內政或外交。此情形不但包括武裝干涉，更包括任何針對他國政治、經濟或文化整體性的經濟或政治強迫形式。任何國家皆有其不可剝奪的權利去選擇其自身的政治、經濟、社會與文化系統而不受外力干預。

　　國際性合作　不論各國之間的歧異為何，都有義務要相互合作、保持和平與安全以及推展經濟穩定及進步。此舉意味著依據平等與不干涉的原則去運作國際關係，推展對人權的尊重與遵行，但並不包括消彌種族歧視與宗教。

　　種族的平等權與自決權　所有的民族皆有權去自由決定本身政治立場與經濟、社會及文化的發展，而不受到外力干涉。各國必須發展友誼的關係、結束殖民主義以及保證對人權的尊重與遵行。各國尚須抑制本身不去威脅或武力剝奪本國或他國人民之自決、自由與獨立權。

　　國家的主權平等　聯合國憲章基於所有國家的主權平等，沒有經濟、社會、政治或其他本質的不同。此即意味著各國在國際法前一律平等，同時也享有主義與領土完整的權利。所有國家皆必須尊重其他國家之政治、經濟及文化系統，同時亦須努力與其他國家和平相處。

堅定信念的義務　各國在為其所承認的國際法之下必須以堅定的信念來履行他們的義務。各國必須瞭解如是之義務，即對聯合國憲章的遵循承諾永遠優先過任何其他的國際約定。

國際法有三大法源： [11]

國際公約（常被稱作條約）　以正式的專用語來說，這些條約僅能限制簽約國。[12] 然而，若有相當多的國家遵循某一條約或接受該條約的規定事項，但是沒有實質簽署該約，則該約即成為一個國際公法之獨立來源。[13]

國際慣例　國際公法之第二個基本來源即此「慣例法」，包含衍生自各國的實質行為之原則，而非正式立法。慣例法反應到如政府政令頒發與公佈等之宣導作業上、國際會議上、外交事務交流上、法庭決議上以及立法上。有著無數的慣例實務都已成為國際公法，包括如主權、外交的承認、制裁的同意、誠信的義務與海上航行自由等之層面的問題。

國際公法的一般原則　雖然國際公法目前已經較不為各國所遵守，然而當其剛出現時，「該法的一般原則確實為文明國家所承認」，[14] 且亦為唯一一種能夠自國內進級到國際層面的規範。

此外，國際公法亦有第二級的來源，包括法律學者的教學、國際法庭與其他法院的裁判及聯合國國際法委員會的公佈事宜。尤其重要的是這些第二級的來源乃是宣告、決議或國際政府間的推薦。上述這些或許並不如正式法規之強制約束，[15] 並也已導致強制性公約成立。如「非強制性全球人權宣言」最終導致了1966年國際盟約加訂了人權條款。

各國以各種方式把國際法規的標準融入了其國內法律。而方式則通常是簽訂一個國際公約而導致去制定新法在本國之內施行，同時最後去實際執行這些法規。[16] 相對的，本國的立法過程提供了執行國際公法的合法基礎。[17]

　　不幸的是，各國或多或少的違背國際公法以達成其政治目的。與本國法不同的是，國際公法並沒有「執法者」去懲罰違法的國家。各國政府僅在維繫國際公法會產生短期利益時，才最可能會這麼作。如此的承諾通常是十分脆弱的，而且當其無法符合本國利益時，即會遭到被放棄的命運。

　　在對國際公法的效果感到絕望之前，我們必須注意到國際關係有著無數的層面，而國際公法即在其中被尊重與遵循著。更有數不盡的國際法律管制的層面廣被到貿易與金融、交通運輸與通訊、國境與領土法以及外交事務等，以上這些僅是少數例子而已。

　　國際法庭——又稱作國際法院——乃聯合國的主要司法機關。在國際公法之下，各國可以將爭執呈上。當然亦有很多在國際法院以外的解決紛爭的途徑，而它們也以其他的方式來遵循國際公法。這些包括了聯合國本身、區域性的組織、外交性會議以及跨國性委員會；在這些機構中，國際法在解決爭端中仍是份量極重。

人權法與傳播

　　為全球傳播與資訊建立規律性原則之國際性合法手段，目前已被仔細注意。[18] 本節中先自四個組成所謂「國際人權法案」的文件中的三個來看起。[19]

　　首先是為西方自由主義所主宰之後法西斯派寫出，於 1948 年所立的「全球人權宣言」。其著名的第 19 條款宣稱：

> 每個人都有對意見與表達之自由權；此權利包括可自由去持有
> 各種意見而不為他人所干涉，以及去找尋、接受與經由任何媒體去
> 授予他人資訊與見解，而不必顧慮任何國界之隔。

本宣言並不保證絕對的意見與表達之自由。第 19 條款之細節，一如其他為該宣言所保障之人權，全都為第 29 條所檢定合格；而此款條宣稱：

1. 每個人對於完全且自由發展人格的社會是負有義務的。
2. 在行使個人之權利與自由之各種事項之同時，每個人都應僅受制於那些只為了取得正當的認可而由法律來決定的限定範圍，以及應尊重他人之權利與自由與符合道德的正確標準、公共秩序及在民主社會中的一般福利。
3. 上述各權利與自由之事項在任何情形下皆不得於與聯合國之目的與原則違背行使。20

其他三則國際人權法案之文件內容乃出自 1966 年所簽訂之國際聯盟人權規約；即構成了制定「全球宣言」中合法約束性之原則。對這些美國所加諸於人權事項的強調，美國國內法規卻令人失望地並未加入國際公法中這些重要的手段。21

在國際聯盟規約對民權與政權之部分所作的重述中，在其本身之第 19 條內提及以下對全球宣言之著名陳述：

1. 每個人都有堅持己見之權而不受干涉。
2. 每個人都應有權自由表達；包含有權去尋求、接受與授予任何種類的資訊與見解，不必顧慮任何界線限制，不論是以口頭、書寫、印刷或以藝術之形式，或是經選擇之任何其他媒體而言。

這些權力的履行並不完全絕對：

3. 這些權利的行使在本條款第 2 項中所提出者也同時附帶有特殊之義務與責任。因此也須受制於某些限制，然而這些限制也僅是那些由法律所規範出來的，而且亦是(a)對尊重別人權益或對他人之名譽是必要者；(b)對國家安全之保護、公共秩序之維繫、公共衛生或道德之保護有必要者。

我們瞭解以上每個文件都依據表達自由而呈現兩個層面。自由本身即帶著「權利」與「義務」。其中一種方法會給予國家一種毫無任何限制地可將資訊遍及全球地去散佈的權利；而另一種看法則會給予各國一種去阻止那些對國家安全、公共秩序或道德造成威脅的權利。

國際聯盟規約在民權與政權的方面，作出遠超過全球人權宣言的運作。當全球宣言僅僅依法作出規定之際，而國際聯盟在民權與政權條款上則更明白規定驅逐或嚴懲的條文。國際聯盟規約事實上禁止某些作法。第20條款清晰地敘述如下：

1. 禁止任何為了戰爭之宣傳。
2. 任何對國家、種族或宗教仇恨的鼓吹以至於激勵歧視、敵視或暴力應依法禁止。[22]

1966年國際聯盟於民權與人權之規約中自行決定的議定書已由四十個國家的政府所核准了。本文件是十分重要的，因為它准許那些遭受到人權迫害的個人可以直接向聯合國人權委員會申訴、抱怨或求償（此即稱為「個人之溝通」）。[23]

除了國際人權法案外，尚有兩則其他方面的文件，但皆未獲得美國政府批准，它們專門處理傳播及資訊方面的種族歧視的問題。1966年之國際聯盟。

主張消除所有形式的種族歧視規約中，譴責那些依據人種或膚色或人種起源而有優越感之理論的宣傳或組織，以及那些企圖辯解或推行種族仇恨與任何形式之歧視的宣傳或組織……

它也禁止某些資訊的活動，它禁止的是：

所有依據種族優越感或仇恨、種族歧視之激勵以及暴力行動，或針對任何種族或另一群膚色不同或各種不同之人而激勵類似之暴力活動的見解之散佈；

它同時也禁止任何對種族歧視主義者之協助的法規，包括上述之財物資助，以及禁止組織與有組織性的其他宣傳活動，這些活動推展與激勵種族歧視，而把參與如此之組織或活動視為應受法律治裁之侵擾行為。[24]

在同樣的作法中，1973 年國際聯盟在種族隔離罪上作鎮壓與處罰之規約中，也宣佈種族隔離是一種罪行，因它違反人性以及使個人或機構組織傾向犯罪。本公約繼續使上述情形形成非法：

a.違犯、參與、直接激勵或共謀於此「種族隔離之罪行者」。
b.直接唆使、鼓勵或合謀於犯此種族隔離之罪者。[25]

美國在 1948 年終究還是簽署、批准並施行了「預防與處罰滅種罪行公約」。而此國際公約禁止某些傳播行動的目的是為防止滅種，它也直接且公然宣傳與印刷鼓勵滅種行為，為此法的懲罰對象。同時把滅種定義為「蓄意為將某個國家之人民、民族、種族或宗教團體整個或部分滅光」之行為。[26]

最後，一些人權文件也處理對女性之歧視。1979 年「消除針對女性之所有形式的歧視公約」也要求所有簽署之成員國去採取所有生活領域中的步驟，包括資訊與傳播。

> 來修改或廢止那些基於男尊女卑之看法，或者是對男女角色刻板印象而形成之偏見與慣例，以及其他的社會習俗相關的現存法律、規訂、習俗與慣例，同時也為消除任何對男女角色刻板印象的概念。[27]

許多宣言與決議案都將人權標準運用到傳播與資訊上。於 1975 年墨西哥市所舉行的「國際女性年會」即作出對傳播之明確參考說明：

> 所有形式之傳播、資訊以及文化媒體都應協助消除那些仍然阻礙女性發展在態度上與文化上的因素，以及以肯定的語氣突顯出，由女性所採取的將改變本身的角色及擴張的社會價值之責任，視為大家共同優先的重大責任。[28]

《非洲奈羅比對女性進步之前瞻性策略》一書中，明確地談及：

> 那些對與男性同等能力的女性所獲得之成就的所有障礙應被消除。針對此點，所有的努力都應全面化地加強以克服偏見與刻板的

思維方式。

我們必須重視的是不同於種族歧視及滅種之宣傳的各種作為，國際公法並未明確地對女性刻板印象與歧視行為的資訊內容。整體地來說，國際公法並未將消除男性至上主義宣傳之責加諸各國政府身上。

防禦、和平與傳播

雖然看到各種人權條約禁止了對戰爭的宣傳與對種族的仇恨。而其他更多的經簽署過的文件，在安全與限武方面也述及了傳播作業內容的細節規定。

1947 年在「針對戰爭煽動與宣傳作業之方式」的宣言中，國際聯盟大會即──

> 譴責主導任何形式的宣傳，或激勵任何對和平的威脅、和平的破壞或侵略的行為。29

1970 年「強化國際安全之宣言」中禁止各國懷有「侵略其他國家的企圖」，以及進行「組織、教唆、協助或參與他國內戰之行為」。30 而1978 年大會的「針對限武所召開之第十次特別會期之最終簽署文件」亦鼓勵各國：

> 依據各方面的限武作業而確保更佳之資訊流通，避免虛構及特定立場資訊的散佈，及去特別注意軍武競賽高危險性與國際控制下特別注意對於一般限武作法的需求。31

1981 年「對各國內政之干擾與妨害的不允許性宣言」則很詳細地列出傳播與資訊行為對國家安全之關係。不妨害的意思是：

> 國家與民族在不受外力的干預下可自由地取得資訊，同時也可

完全地發展他們的資訊與大眾媒體，並且運用他們的資訊媒體來推
展他們本身的政治、社會、經濟與文化性權益及抱負的權利。一個
國家去抑制在其他國家之內以直接或間接的方式來推展、鼓勵與支
持各種叛亂性或分化主義性的活動之義務。

　　一個國家抑制干預或妨害他國內政的目的之誹謗性活動、攻訐
或仇視性宣傳的義務。32

1983 年「對核武戰爭譴責之宣言」則特別——

　　　譴責了那些打算為核子武器之首次運用的合法性提供立場，以
　及一般打算要為開放核子戰爭之可准許性辯解之政治及軍事主張與
　概念的陳述、提議、散佈與宣傳。33

　　在安全與限武作業上補全了這些手段的是國際公法，它處理和平與
國際諒解，呼籲各國鼓勵媒體致力於和平、國際諒解及建立在全球各民
族之間之責任感的許多宣言與決議案。

　　1965 年「對推展有和平理想的青年、相互的尊重民族之間的諒解之
宣言」即宣稱說：「教育的所有方法……為年輕人而設計的指導與資訊
應該在年輕人之間培養和平的理想、人道、自由與國際間的團結。」34

　　1978 年「對為了生活於和平中的社會準備之宣言」承認了大眾媒體
……之重要角色……於推展和平的理由與國際性的諒解後，即宣佈說各
國有職責去「抑制對侵略性戰爭的宣傳」，以及呼籲各國去確保「媒體
資訊活動能融合在整體社會以及尤其是在年輕世代中為了生活在和平中
的準備工作而相互包容的內涵」。35 而 1984 年「對民族追求和平、權利
的宣言」即宣告各民族追求和平的權利保障，與實際施行之推展即構成
了每個國家的基本義務。36

　　聯合國教育科學文化組織於 1978 年所發之「大眾媒體宣言」即強調
大眾媒體管道所應扮演的正面角色為：

　　　大眾媒體必須致力於一項重要任務，即強化和平與國際間之諒
　解，反對種族隔離作法與反戰爭的煽動，以及消除民族之間的漠視
　與誤解，使得國民瞭解到其他國家國民之需求與慾望同時更去尊重

所有國家的尊嚴與權利。

　　大眾媒體對加強和平與國際之諒解更有效地貢獻，及對人權的推展以及建立一個更為公平與正義之國際經濟秩序作出重大的貢獻。37

一般集會之外

　　聯合國的各機構與跨政府的組織對全球的傳播與資訊法皆有重大的貢獻。而成就最大的機構首推「聯合國教育經濟文化組織」。

　　在過去幾十年來，上述機構已盡力改善全球的傳播。的確，該機構成立憲章中的很多基本前提即是依據對戰爭與和平之「傳播分析」。而該憲章之序文即謂：

　　　　由於戰爭乃始於人之意志，故而對於和平之護衛亦須自人的意志中被建立起來；

　　　　遍及人類的歷史中，不顧他人的生活與事務已然成為一個因為全世界各民族之間的懷疑與不信任而使得經由各民族之間之差異性而不斷造成戰爭的普通原因。

　　　　各國的政黨……同意發展並增加相互之間的傳播溝通方式，以作為相互諒解與對彼此之間的生活有更真實完美之瞭解。

　　聯合國教育社會文化組織的基本目的與功能包括：

　　　　經由所有的大眾媒體方式改善彼此之間的民族了解與知識合作業務；在以文字與圖片來推廣意見的自由交流作法中去推薦這些國際性協約。38

　　本章討論之重點在此轉注到對聯合國教育社會文化組織的大會，在過去是如何處理傳播及資訊上之重要議題。於 1974 年該機構「相關予人權之推展以及對殖民主義與種族歧視主義之驅除的任務及致力於和平的貢獻」記載說其呼籲強化成員國之角色，

> 俾使把資訊媒體與公家報紙在接觸社會大眾的用途上變寬以強化針對種族歧視、種族隔離以及其他之人權破壞事件與基本自由之侵害的對抗；進一步對人種歧視性隔離之可憎運作向社會大眾公開。39

1978 年「種族與人種偏見之宣言」著重在媒體之角色：

> 呼籲大眾媒體與那些控制或服務於媒體機構的人推展個人與團體之間的諒解、容忍與友誼，以及去對消除種族歧視、種族憎恨與種族偏見等這些事務去作貢獻，尤其是要抑止那些表現刻板、偏失或支持某種立場之個人或各種社會團體。40

在聯合國之外則有著無數的地區性或跨地區性的組織與議事團體；它們都在輔助聯合國與其特定機構的工作。這類機構中有些有其本身之成立宗旨或成立宗旨性文件；其中之一般重點皆為有關傳播與資訊的重大議題。上述重點全都已採用各種決議案或宣言而它們要以不特定的方式處理傳播與資訊，就是處理相關的主題，比如說限武或人權等。

「不結盟運動」是由九十九個國家與獨立運動組織所組成，本身沒有憲章，但它週期性的高峰會議已廣泛地處理傳播與資訊性事務。在 1976 年一則「政治宣言」中也曾關注——

> 在不結盟國家與已開發國家的傳播能力間之廣泛而不斷增大的歧見鴻溝，這當然是這些國家過去在殖民時代種下的因對現在仍然有影響的結果。國家資訊媒體之解嚴與發展即為一對政治、經濟與社會獨立性之整體力爭所不可或缺的部分。41

1979 年該運動之政治宣言進一步承認說：「不結盟國家與其他發展中之國家已針對各國內資訊媒體之發展與解嚴作出顯著的改進了」，同時又考量說：「國內資訊媒體與大眾系統之建立對一個資訊之多方向流通

而言是重要先決條件。」[42]

　　另一個重要的討論資訊議題之國際論壇則為「歐洲安全與合作會議組織」，由多過四十個以上之國家組成，包含歐洲諸國、美國與加拿大。該組織第一次於 1975 年在芬蘭的赫爾新基開會，而會中所作出之「赫爾新基協議」的「最終法案」即有一大段是關於傳播與資訊。它呼籲各簽署國：

　　　　使該法案成為各國在促進更自由及更廣泛之所有形式的資訊傳
　　播目標，以及去改進新聞記者們從事專業事務的情況。[43]

　　在第一屆赫爾新基會議後，針對 "Basket Three" 簽署的國家，必須要求各國國內保障其人民的人權與對自由獲取資訊的權利。[44]

　　再談區域性組織，1950 年「對人權與基本自由事宜之保護的國際公約」，當初由歐洲理事成員國所簽訂的，即強力宣稱說：

　　　　每個人皆有對表達之自由的權利。該權利應包括持有己見與接
　　受、納入資訊及概念的自由，而不會受到來自公家單位的干涉，也
　　毋需顧慮來自他國的壓力。

　　然而此一「歐洲共同體」的重要文件對自由的表達之限制提出了一整套的說明項目：

　　　　這些自由事項的行使，由於其本身即附有義務與責任，故可能
　　受制於那些由法律所制定的，而且在一個民主社會、國家的權益、
　　領土的完整或公共安全中，十分必要的事項如各種儀式、情況、限
　　制與處罰等，為的是防範社會不安或犯罪，加上健康或道德上的保
　　護、他人權利與信譽的維護、防範將經由秘密管道得來之情報洩漏
　　予人，或維護司法的權威與公正性等。[45]

　　1969 年「美洲人權宣言」乃由二十個西半球之政府所組成，而其第13 條即保證說：

　　　　每個人都應有自由運用思考表達之權利，而這種作法（權利）

將不必受制於事前的監察過濾而將受制於(a)對其他人的各項權利名譽之尊重；或(b)對國安、公共秩序、公共衛生或道德之保護。任何為了戰爭而作之宣傳以及任何對國家、種族與宗教仇恨的倡導，當它們構成無法無天之侵害或對任何針對其他任何人或任何立場有任何類似的非法行為，包括那些種族、膚色、宗教、語言或國籍的宣傳皆應被考慮為應受法律制裁的侵權行為。

於第 14 條中，這些美洲國家亦保證：

> 任何人如果被合法管理的傳播媒體所散佈的不正確或侵犯性言詞或意見所傷害時，都有權運用相同的傳播管道，在法律所允許的範圍內去反駁或作糾正。46

這個可以去反駁的權利乃是對 1952 年「於國際間改正的權利之宣言」的回味；而該宣言要求新聞機構與駐地特派員——

> 在沒有歧視以及運用適當的相關文詞來報導事實，同時也須推展對人權與基本自由的尊重，進一步展開國際間之諒解與合作，以及貢獻對國際和平與安全的維持……等。

> 有時候當某個簽署國爭執說某則有能力傷及該國與其他國家間之關係或傷及國家威望的新聞報導乃虛構或被扭曲之際，它也可以提出自己對事實真象的看法，俾使改正那則有問題的新聞。47

國際傳播與資訊法之基本原則

那些關於媒體的運作與表現的基本原則會出現在國際法中？最少有十三則基本原則存在於「全球傳播與資訊法」中。

傳播媒體不可運用於戰爭與侵略上。那則受全球尊重的原則禁止由一國對另一國動武或威脅；該原則不僅禁止侵略性戰爭，更禁止作侵略戰爭的宣傳，此即謂禁止在國際關係中去美化或修飾武力與威脅的宣傳。各國也被禁止去散佈與自己相關的主戰性內容之報導；例如，經由政府經營與運作之國際無線電廣播電台。各國也有義務爲制止任何來自國土內之私人團體所發佈之對戰爭的宣傳。

各傳播媒體也不應用來干涉其他國家的內政。本原則禁止針對某國或其政治、經濟與文化要素去作所有形式的干預或威脅。這包括組織、協助、挑起、財務支助、激勵或縱容顛覆性情報活動運用來推翻他國或干涉他國內戰等作法。它同時亦禁止有系統地破壞對內部團結力之公眾支持、逐漸將他國領導地位置於一不確定或令人沮喪的情況下，以及削弱領導者在國內輿論之壓力下的行爲能力，而該輿論卻經歷再教育的過程。該原則禁止那些企圖改變其他國家之統治系統或那些意欲助長他國不滿與激勵動盪不安的顛覆性外國廣播作法。

所有依據民族優越性或民族仇恨性所作的傳佈，以及對種族歧視所作的激勵都應受到法律的懲罰。本原則禁止所有各種情報的組織活動；而這些組織都是依據一種來自同人種或同膚色的種族或人群之優越感的主張或理論，要不然這些組織就是企圖想辯正或推展種族偏見性的仇恨或任何形式的歧視。國際法禁止傳播所有這類主張，也禁止那些推展與鼓吹種族歧視的組織。直接地去唆使、鼓勵或合作於種族歧視的工作即是一種侵害人類的犯罪行爲。

傷害民族、人種、種族或宗教團體之直接與公開的激勵作法應受法律懲罰。這也包括運用媒體煽動另一個人去部分或整體性地傷害一個民族、人種、種族或宗教團體。誠如二次世界大戰後在德國針對納粹戰犯所作的紐侖堡大軍中所記述，針對人類所犯之罪行包括「謀殺、終止生命、奴役、集體遣送出境以及其他不人道的針對平民百姓而在戰前或戰爭中被施展出來的行爲」。

各國均有義務去修飾其社會與文化的運作事務，包含資訊與傳播性活動，而此類活動乃依據男性或女性中任一性別之弱勢或優勢以及去消除任何陳腐之男女角色概念。上述乃意味著對倡導針對女性歧視之媒體運作事務作改變。

媒體應扮演一種針對和平而教育與啓蒙大眾之正面積極角色。經由國際法，媒體不斷地被要求去推展一種在生活情況與和平組織上的更佳知識。媒體運作應涵蓋在國家穩定時生活作準備之任務所符合一致的內容。大眾媒體必須有效地貢獻到對和平與國際間之共識及對人權之推展等事務的強化。

　　各民族在傳播與資訊上都享有相同的權利與自決。所有民族都有權自由地去追求所選擇的社會、經濟與文化發展系統。包含發展本地性資訊與傳播之基層機構而不必受到外來勢力之干預，建立傳播之策略以符合大眾之福祉，參與全球性之資訊關係而不必受到歧視。

　　各國在傳播與資訊之基層架構上享有主權獨立之平等。各國都有一種不可剝奪之權力，選擇本身喜好的各種政治、社會、經濟與文化系統而不必受到他國干預。所有國家在傳播與資訊的領域上都享有主權獨立與領上完整之整體權益。並導出「資訊獨立性」之原則：對一個本地所控制的傳播基層架構之權利；對一個當地固有的傳播策略之權利，以平等身分去加入全球性資訊關係之權利；去傳輸非詞對性之國外宣傳資料的權力；在傳播與資訊領域中去對雙邊或多邊協議下結論之權利，以及對尊重其他國家之資訊自主性的義務。每個國家之傳播系統皆有其司法上的表達方式，經由一個「資訊主管機關」，尤其是在它的憲法、刑事、民事、新聞、版權、郵政以及傳播法等。

　　關於傳播與資訊之各種爭執必須以和平之方式來解決。而各國政府間必須以和平的手段來解決各種爭執的原則也適用於處理傳播與資訊之爭異。許多全球性的傳播事務都要求預先協調，而且一旦在衝突發生之際，可經由商談而獲得和平的解決。該原則意味著說如對方不想要的直接衛星轉播等衝突事件必須藉由商談來解決。如果某國在一個全球資訊關係的領域中被他國所屈辱或壓迫，則該國可以呼籲此「鴨霸」國以一種不危及和平與安全之方式來解決此爭端。該義務同時亦意味著說各國必須自我抑制或防止作出各種視及顛覆性的意識形態活動。

　　傳播與資訊都要求全球性的合作，儘管各國之間有它的歧異性存在，但是每一個國家應有自發性的原動力，去促成傳播領域中與他國的合作。國際性的廣播電視等者必須將彼此之間電波頻率作協調，以免相互之干擾。諸如跨越國境之資訊交流與全球性之衛星電視等新科技，若無各國之間針對互利之解決作法，而通力合作的原意，則亦無法成功。未來的新科技若在制定技術性準則上無法合作的話，亦將無法大放異彩。各國間的合作可保證技術上的成功與確保各國的自主平等性。

所謂眞誠相待的義務則要求各國維護全球性的傳播與資訊法，各國亦須在共同認可的國際法下眞誠地履行他們的義務。各國家必須深切體認到如是的義務以及對聯合國憲章之義務，同時亦不能以遵循各自之國內法律爲由來，規避對這些義務的維護。這種情形亦適用於國際法的所有範圍，包含全球性的傳播與資訊法。

某些種類的資訊內容是被禁止的。對戰爭的宣傳是絕對禁止的。此外，對在各民族與種族間倡導仇恨、暴力行爲與仇視之傳播內容也是在被禁止之列。媒體不可倡導殖民主義，更不可被運用來對抗國際條約之宣傳上。此乃包含所有的傳播活動項目，而彼等則致力於禁止或妨礙各國之間對已有約束力之條約義務的履行。此外，在相互約束性的國際法之下，那些淫穢的公眾宣傳事務也是被禁止的。

反之，某些種類的資訊內容是被鼓勵的。例如，在全球的傳播與資訊法中，資訊的自由原則即十分顯著。每人都有對意見與表達自由之權；該權涵蓋在不受干擾的情形下去持有各種意見的自由，以及經由任何媒體與不受任何國界限制地去找尋、接收與分享資訊的看法。雖然自由常爲人所濫用，但我們仍應將其視爲一基本而重要之全球傳播與資訊法規的目標而牢記於心。

傳播引發的權利

國際法正持續地開展中。其中兩個令人矚目的概念是民族與傳播的權利。

國際法於現代化的形式中，處理的是國家（各國政府）的權利以及個人的權利。目前「民族」的權利正在顯現，而此概念也已點燃了一個關於權利的地位應該身處何處的爭執。

　　兩個相互衝突性的方式一度主宰此一爭執。依據其中之一，即大部分為西方式的作法，僅有個人的權益才能被視為「人權」。那些較大的實體諸如各教會、商會、國家及公司者之權利，但卻不能是人權。國際法若由此觀之，則並不支持如表達之自由的權利，也不把它當作「整體權益」。個人在與其他人類相互連結下能行使他們的人權，但各種權利仍屬於個人。

　　另一方式，即我們常聽發生在社會主義國家中者，所謂權利乃屬於社會而非公民個人。此種說法中，國家是至上的而保障個體之人權。[48]而第一種方式強調私人之自由；但社會主義對人權之表達則著重於集體性自由，比如對健康照料、就業、居住及教育等權利。

　　第三種方式，代表著不斷成長中之第三世界地位，是位在兩個曾經一度主宰的地位上。民族權益之概念有著相當長的一段歷史及一個氣勢十足的現在。早在 1970 年，法國國民大會即已談及人權與民族權利，此語則常現於二次世界大戰之人權文件及聯合國決議案。聯合國憲章中即常採用「吾等民族」一詞，而該憲章亦承認「民族之自決」。於 1966 年國際聯盟 2 條重要條約中，在其開宗明義的第一款即強調所謂「所有的民族皆有其自決權」。

　　在民族與個人之概念中原本即存在著兩個基本的歧異。此差異之關鍵在於社會中之個人角色的文化差異性。在許多文化中，一個非洲人並不是一個獨立的個體而是一個較大的社會團體的成員。此點剛好與西方的個人觀點成對比；意即一個人被看成有著獨特的身分，而一個團體則僅僅是諸多個體（人）的集合而已，[49]另一個不同之處乃是「民族」與國家有所不同，國家常常無法被依恃來保護一些基本權益。

　　Sohn 先生將民族權益總括如後：

> 人類主要特徵之一乃是人類為合群的生物。因之，絕大部分之個體皆屬於各式各樣的群體、團體與社團，這些人亦同時為如家庭、宗教團體、社交俱樂部、商會、公會、人種組織、民族、國族

及國家等之成員。因此，一點也不令人驚訝的是，國際法不但承認個人不可剝奪的人權，且還承認某些集體性的權益，而這些權益又是為組合成各種包括民族與國家的較大型社團在內之個人所共同行使的。50

Sohn 將民族的權利解析為自決權、發展權及和平權。同時亦提及獲取食物的權、去受益於或去分享、共同傳承遺產權、對基本需求滿足之權、限武之權以及傳播之權。51

非洲在人類與民族權益的憲章上，對當代之法律如何接受民族之權益一事作了最佳的闡述。52 不再強調個人的文化差異，非洲該基本人權文件對待各民族一如對待各個人一般的分量。Kiwanuka 先生總結出：「民族身分是著卓性及一種領土之連結。」53

運用民族對傳播權利之概念，我們發覺如政黨及商會等的團體製造及推廣獨立於國家與個人以外之主張。較大之群聚行為體，例如，各種社會團體及民族，都是由傳播網路所維繫，而這些群體亦仰賴該網路來推廣與發展他們，本身之間與面對其他群體時的特殊身分。誠如 McBride 報告書上所述：言論自由、出版自由、新聞與集會自由，對實踐人權而言都是極端重要的。將此類傳播的自由擴展至對傳播事務更為廣義之個人與集體的權利，乃是民主化過程中進步之原則。54

這些進步中的民族權益之一乃是去作傳播權。55 而此進步的根源則可於全球人權宣言之第 19 條款的內容中看到：

> 人人皆有言論與表達之自由權利；此權包含於不受外力干擾下持有己見之自由與經由任何媒體及無論任何國界而能找尋接受及分享資訊與主張之自由。

該全球宣言並不直截了當地要求去作傳播。它包含「接收與分享」資訊的被動的權利；至於傳播權乃為針對自由與民主之互動精神的全力奉獻。在形形色色的各種人中，大眾都必須有各種運用傳播之管道。

在 1970 年年底，由於受到非結盟運動與聯合國教科文組織在資訊爭辯上的激勵，人權倡導者們即開始呼籲一種積極的權利，為那些無法取得大型跨國性媒體管道之個人及團體傳播。廣泛爲人認可爲「傳播權之父」的法國人 Jean D'Arcy 在 1969 年即首次陳述出:

> 當人權之全球性宣言將必須去含括到一個比人類對資訊之權更
> 爲廣泛的權利的時代將來臨了……此即為人類的傳播權。56

此類概念尤其爲「研究傳播問題之國際委員會」所支持,而該委員會(稱爲 MacBride 委員會)制定了不少於七個不同之主題的研究。57 MacBride 委員會的最終報告即推薦如下之說法:

> 在一個民主社會中之傳播需求必須由如被受到通知的權利等之
> 特定權益的擴張才能被滿足。去通知之權、隱私之權、參與大眾傳
> 播權——皆爲一種新觀念「去傳播之權」基本因素。58

如何去定義出此 一新觀念呢?一則加拿大的報導描述此類傳播權之重要基本成份爲:「去聽及被聽到之權、去通知及被通知之權。」59 而另一名作者則列出了以下各項一般性傳播權之成份:(1)說話之權;(2)聽聞之權;(3)回覆之權;(4)接收回發之權;(5)聆聽之權;(6)觀看之權與(7)被觀看之權;(8)以寫作找出版方式來表達己見之權;(9)以藝術形式表達己見之權;(10)能有所選擇之權。60

Harms 先生則提出以下之說法:

> 每人皆有傳播之權。 此一綜合性人權之成份最少包含以下傳
> 播權益:
> ·集會權、參與相關社團權;
> ·通知權、被通知權及各種相關資訊之取得權;
> ·隱私權、運用語言與相關之文化進步權。
> 於全球一傳播秩序中某傳播權之達成即必須經由對人類傳播需
> 求之滿足有隨時可取得之傳播資源。61

積極參與傳播之過程乃「傳播權之重心」。傳播權目前爲現存之各種設備所局部性地保護到;但是,依據聯合國教科文組織專家們的建議,則以下列諸項更爲重要:

各種適切之傳播管道應該存在，以運用所有的可行與適當之科技。欲運用上述管道之個人與團體皆應有公平與公正之通路，以及參與各該管道之機會而不會受制於任何形式之歧視；

上述之各種傳播管道對那些欲參與公共事務者應隨時可以取得，或可行使任何其他受到國際法所保障之基本自由與彼等之人權，包含衛生、教育、集會與結社之權及參與文化生活、享受科學進步與其各種應用之福祉，加上對科學研究及創意事務不可或缺之自由等；

對傳播權行使之限制應該嚴格地規定出由國際法所授權的項目；

個人與團體應可參與到所有相關層面與時期之傳播，包括各種傳播策略之制定，運用、監督與修改事宜。[62]

傳播權看來就像在人權進展中理性的下一步。令人驚訝的是，在1980 年代該概念卻為美國新聞界與政府所全面性地譴責成為激進而反動的。[63] 誠如 Roach 先生所指出，美國的地位完全地忽略了此概念出自於西方且為美國人、加拿大人與法國人所精心推敲出來的。

未來的遠景

全球性之傳播與資訊法乃現今世界中持續受到尊崇之國際法體系中最老的一則。該法建立出廣為人所接受之媒體運作準則，及控制著全球各國之間的資訊關係與日常傳播事宜。要是沒有這種方式的運行，則會引起電台播放出之空中電波的混亂、電話線路之無法掌握性及地球上方衛星軌道之無秩序性。當然有一種內建式之激勵作用使用國針對此情況而合作。

大體上來說，雖然事實上並沒有所謂的「強制執行者」，然各國仍尊重也承認此全球性之傳播與資訊法。各國之所以如此作乃因它能導致短期之利益；例如，可避免與鄰國之間廣播電台的無線電視之相互干擾。

當國際要求到更深一層的合作事項，如禁止戰爭之宣傳時，各國又常摒棄那些與其本國利益不符的法令。舉例來說，這種情形在美國即曾發生過，即當國家安全利益考量遠超過針對中美洲當時諸如 Marti 廣播電台、Marti 電視台及祕密進行之反抗軍無線電台等之各種合法考量之際。

由於各國似乎並不情願去強制執行更深一層的法規，我們所謂傳播與資訊法並不能在國家或各國的層面上完美地運作。而在個人的階段同樣地——在個人私下之間與媒體之各式運作手段的層次——工作仍須做好。除了少數之例外情形，國際法並不賦予個人或團體組織任何方式直接強制執行各式法規細則。以實際情形來論，被乙國行為所造成之損失，若甲國在世界法庭上拒絕尋求任何補（賠）償的話，則甲國之平民（包括自然人與法人）在國際法下的土導下也沒有什麼追索權可言了。

在美國，參議院目前還沒批准或立下對媒體規定之重要法令，尤其是對在民權與政權上的國際盟約；對經濟、社會與文化權之國際盟約；對人權之美洲條約；對消除所有形式之種族歧視的條約；以及消除針對女性之任何形式的歧視的條約等而言。

美國參院已拒絕了這些以及其他人權之條約，所持理由在於上述這些事項消除了美國憲法保障的基本人權、違背了美國的各種權益、推行世界一體的政府，強化了共產黨的影響力、讓美國公民在海外受審判、威脅到美國政府的體制、破壞到美國司法體制，以及增加了國際間的糾纏混亂。[64] 並不令人訝異的是，美國被國際社會看為在國際法中立法遲緩者，因為美國無法批准及立出此國際法。[65]

在我們進入 90 年代之際，一個不斷增強的體認即傳播與資訊對人權而言乃重點是也。各種傳播媒體不僅只是以報導破壞及勝利等事來保衛人權。一個不斷增強的瞭解即傳播權應被加諸予「全球宣言」而存在於為全體民族所珍視之基本人權中。此一新權超越過在「全球宣言」中被保證到之接受資訊的權利。今日，各國之間的傳播必須為一雙向運作，在此運作中個人與集體皆持續進行民主與均衡的對話，而於此對話中大眾媒體即以和平與全球瞭解之方式來運作。

　　在國際法與國際慣例中存在著一個極大的鴻溝。現代民族國家們寧願使用軍事武力、經濟及宣傳力量而不願遵守國際法。然而 Lacordaire 氏之情操則在全世界獲得愈來愈多的支持。

　　與早期電子高速公路之類似事物相同的是，電子高速公路要求「行路規則」。規範對我們之高度壅塞的傳播大道而言是重要且必要的。就好比將醉酒後之駕駛人給予處分的規則，即非用來限制自由；此類規則增加了規矩駕駛人的自由。而同樣地，針對破壞國際準則之傳播事務的各種規則也非用來限制傳播的自由。此類規則乃用來強化負責任之傳播的自由。國際法目前已作了相當程度的成長，同時比以前任何時期都要受人尊崇。此一進化性之趨勢是十分明顯的──一如在我們之前的時代之所為相同。

註 釋

1. Most of the international legal documents in this chapter appear in one or more of the following principal reference works, referred to as *Nordenstreng et al.*, *Ploman*, and *Bowman*, respectively: Kaarle Nordenstreng, Enrique Gonzales Manet, and Wolfgang Kleinwächter, *New International Information and Communication Order: A Sourcebook* (Prague: International Organization of Journalists, 1986); Edward W. Ploman, ed., *International Law Governing Communications and Information: A Collection of Basic Documents* (Westport, CT: Greenwood Press, 1982); and M. J. Bowman and D. J. Harris, eds., *Multilateral Treaties: Index and Current Status* (London: Butterworth, 1984) and Fifth Cumulative Supplement (Nottingham: University of Nottingham Treaty Centre, 1988). Another important source is "Developments in Regulation," in UNESCO, *World Communication Report* (Paris: UNESCO, 1989), pp. 165–193.

   Documents are *italicized* in the text for their first or primary reference.

   In addition, information on U.S. adherence to a particular treaty is indicated with the code **US = SRE,** where S = signed, R = ratified, and E = entered into force. **US = NS** means that the United States has not signed that particular instrument. **US = S** means that the United States has signed that treaty but has not ratified it.

2. The third oldest United Nations specialized agency is the World Meteorological Organization (WMO), which also relies extensively on communication.

3. Convention Respecting the Rights and Duties of Neutral Powers and Persons in War on Land, October 18, 1907, The Hague (Bowman, T37), **US = SRE.** Article 3 forbade belligerents to establish a telegraph station on the territory of a neutral power for use as a means of communication with belligerent forces, or to use an existing station on neutral territory for an exclusively military purpose. Article 5 required neutral states to punish acts in violation of neutrality only if they have been committed on the neutral state's own territory. Article 8 rejected any requirement for neutral states to forbid or restrict the use of public or private telegraph or telephone cables on behalf of belligerents. Article 9 required any restrictions or prohibitions taken by a neutral power to be applied uniformly to both belligerents.

4. Collaboration of the Press in the Organization of Peace, League of Nations Resolution A. 138, September 25, 1925, Geneva (Nordenstreng et al., 105).

5. International Convention Concerning the Use of Broadcasting in the Cause of Peace, September 23, 1936, Geneva (Nordenstreng et al., 106; Ploman, 169; Bowman, T158), **US = NS.** (The United States was not a member of the League of Nations.) Although the Convention was ignored during World War II, in 1988 this binding international convention still had twenty-nine adherents. David Goldberg, of the University of Glasgow, Scotland, argues that the Convention can be applied also to television transmissions among the adherents. David Goldberg, "A Re-Examination of the International Law of Libel in Inter-State Broadcasting." Paper presented at the Conference of the International Association for Mass Communication Research, Bled, Yugoslavia, August 1990.

6. Cited in Mary M. Kaufman, "The Individual's Duty Under the Law of Nurnberg: The Effect of Knowledge on Justiciability," *The National Lawyers Guild Practitioner* 27 (1, 1968): 15–21.

7. Elizabeth A. Downey, "A Historical Survey of the International Regulation of Propaganda," in *Regulation of Transnational Communications: Michigan Yearbook of International Legal Studies, 1984,* ed. Leslie J. Anderson (New York: Clark Boardman, 1984), p. 342.

8. Vienna Convention on the Law of Treaties, May 23, 1969 (Bowman, T538), **US = S.**

9. One instance of a professional communicator being the subject of international law was the Nazi propagandist, Julius Streicher, editor of the anti-Semitic newspaper *Der Stürmer.* He was accused of crimes against humanity under the 1945 *Charter of the International Military Tribunal* **(US = SRE)**, the so-called Nuremberg Tribunal, which had the power to try and punish Axis soldiers who committed crimes against peace, war crimes, and crimes against humanity. Crimes against humanity included: "murder, extermination, enslavement, deportation, and other inhuman acts performed against any civilian population prior to or during the war; [and] persecution on political, racial, or religious grounds in the perpetration of or in connection with any crime which falls within the jurisdiction of the tribunal." The Nuremberg judges interpreted "crimes against humanity" to include propaganda and incitement to genocide. The Court determined that for more than twenty-five years Streicher had engaged in writing and preaching anti-Semitism and had called for the extermination of the Jewish people in 1938. Based on a content analysis of articles from *Der Stürmer,* the judges further determined that Streicher had aroused the German people to active persecution of the Jewish people. The International Military Tribunal found Streicher guilty and condemned him to death by hanging.

10. These seven principles are elaborated in the United Nations Charter (Nordenstreng et al., 111); and Declaration on Principles of International Law Concerning Friendly Relations and Cooperation among States in Accordance with the Charter of the United Nations of October 25, 1970 (Declaration on Principles) (Nordenstreng et al., p. 155).

11. Statute of the International Court of Justice, June 26, 1945, Article 38(1) (Bowman, T181), **US = DENOUNCED 1986.** In 1988 there were 48 parties to the statute. The United States denounced its membership on April 7, 1986.

12. There is a *continuum of universality* among international conventions. At one pole are the constituent documents, especially charters and constitutions, of modern international intergovernmental organizations, to which most, if not all, states belong. Next come multilateral agreements that lay down legal norms to which most or a large number of states adhere. Then there are multilateral treaties to which a small number of states, perhaps only the states in a particular world region, adhere. Finally there are bilateral agreements, which make up the greatest number of binding international agreements. In global communication and information law, the bulk of agreements are bilateral. For the United States alone, they range from dozens of bilateral agreements on amateur radio reception to a score of agreements on the U.S.–Mexican radio interference situation.

13. This includes such universally respected (but not universally ratified) instruments as the 1949 Geneva Conventions, the 1948 Convention on the Prevention and Punishment of the Crime of Genocide, and the 1969 Vienna Convention on the Law of Treaties.

14. Statute of the International Court of Justice, Article 38(1).

15. Some resolutions, such as UN Security Council resolutions (see UN Charter, Article 25) and various legislative measures promulgated by the International Civil Aviation Organization (ICAO), are actually legally binding.

16. See Branimir M. Jankovic, *Public International Law* (Dobbs Ferry, NY: Transnational, 1984), pp. 287–302; and Paul Sieghart, *The Lawful Rights of Mankind: An Introduction to the International Legal Code of Human Rights* (New York: Oxford University Press, 1985), pp. 50–58.

17. Current international legal procedure allows a state to make *reservations* to a treaty, that is, to exclude or modify the legal effect of certain provisions of the treaty in their application to that state. Reservations must receive the consent of other signatories. In contrast, "statements of interpretation"—deriving from the principle that contracting states should themselves interpret the convention that they conclude with another—do not require such consent. Jankovic, *Public International Law*, pp. 299–302.

18. Many of the instruments cited in this study reach far beyond the areas of our interest. We only refer to the communication and information aspects of them. Space limitations prevent us from examining the context in which these laws and treaties were adopted and the relative importance of communication and information in them compared to other areas of treatment.

19. The fourth instrument of the International Bill of Human Rights is the 1966 *International Covenant on Economic, Social, and Cultural Rights*, entered into force January 1976 (Nordenstreng et al., 144; Ploman, 21; Bowman, T497), **US = S,** which deals slightly with communication and information. Article 13 guarantees everyone the right to education, and Article 15 recognizes the right of everyone to take part in cultural life and to benefit from the "protection of the moral and material interests resulting from any scientific, literary or artistic production of which he is the author."

20. Universal Declaration of Human Rights, December 10, 1948, New York (Nordenstreng et al., 121; Ploman, 12).

21. For purposes of this discussion we will not treat the fourth instrument, the International Covenant on Economic, Social, and Cultural Rights, December 1966, New York. It does not contain substantive communication and information provisions.

22. International Covenant on Civil and Political Rights, and Optional Protocol, December 19, 1966, New York. Entered into force March 23, 1976 (Nordenstreng et al., 137; Ploman, 21; Bowman, T498), **US = S.** There were eighty-seven States Parties in 1988.

23. Optional Protocol to the 1966 International Covenant on Civil and Human Rights, December 16, 1966, New York (Bowman, T499), **US = NS.** Only forty states are parties to this Optional Protocol, less than half of those who have signed the parent covenant. See also P. R. Ghandhi, "The Human Rights Committee and the Right of Individual Communication," *British Year Book of International Law* 57 (1986): 201–251.

24. International Convention on the Elimination of All Forms of Racial Discrimination. Adopted by the UN General Assembly December 21, 1965, New York. Concluded May 7, 1966. Entered into force January 4, 1969 (Nordenstreng et al., 136; Ploman, 30; Bowman, T490), **US = S.** There

are 127 member states.

25. International Convention on the Suppression and Punishment of the Crime of Apartheid, November 30, 1973 (Nordenstreng et al., 162; Bowman, T638), **US = NS.** In 1988, eighty-six governments were parties to this agreement.

26. Convention on the Prevention and Punishment of the Crime of Genocide, December 9, 1948, New York (Nordenstreng et al., 119; Ploman, 29; Bowman, T225), **US = SRE.** In 1988 there were 97 States Parties. President Reagan signed the bill on November 4, 1988. For the implications of this important development in the realm of First Amendment theory, see Ann Fagan Ginger, "The New U.S. Criminal Statute, the First Amendment, and the New International Information Order," *The National Lawyers Guild Practitioner* 46 (1, 1989): 16–27.

27. Convention on the Elimination of All Forms of Discrimination against Women. Adopted by the UN General Assembly, December 18, 1979, New York. Entered into force September 3, 1981 (Bowman, T769), **US = S.** In 1984, fifty governments were parties to this convention.

28. Declaration of Mexico on the Equality of Women and Their Contribution to Development and Peace, 1975. Adopted by the World Conference of the International Women's Year on July 2, 1975. In *International Human Rights Instruments of the United Nations: 1948–1982* (Pleasantville, NY: UNIFO, 1983), p. 127.

29. Measures to Be Taken against Propaganda and Inciters of a New War, General Assembly Resolution 110 (II), November 1947 (Nordenstreng et al., 113; Ploman, 47).

30. Declaration on the Strengthening of International Security, General Assembly Resolution 2734 (XXV), 1970 (Ploman, 48).

31. Final Document of the Tenth Special Session of the General Assembly on Disarmament, S10/2, May 25, 1978, New York (Nordenstreng et al., 179; Ploman, 49).

32. Declaration on the Inadmissibility of Intervention and Interference in the Internal Affairs of States, UN General Assembly Resolution, December 9, 1981, New York (Nordenstreng et al., 186).

33. Declaration on the Condemnation of Nuclear War, UN General Assembly, December 15, 1983 (Nordenstreng et al., 193).

34. Declaration on the Promotion among Youth of the Ideals of Peace, Mutual Respect, and Understanding between Peoples, General Assembly Resolution 2037 (XX), December 7, 1965 (Nordenstreng et al., 133; Ploman, 52).

35. Declaration on the Preparation of Societies for Life in Peace, General Assembly Resolution 33/73, December 15, 1978 (Nordenstreng et al., 181; Ploman, 54).

36. Declaration on the Right of Peoples to Peace, UN General Assembly, November 12, 1984 (Nordenstreng et al., 194).

37. Declaration on the Fundamental Principles Concerning the Contribution of the Mass Media to Strengthening Peace and International Understanding, to the Promotion of Human Rights, and to Countering Racialism, Apartheid, and Incitement to War [Mass Media Declaration], UNESCO General Conference, Resolution 4/9.3/2, November 28, 1978 (Nordenstreng et al., 225; Ploman,

172).

38. Constitution of the United Nations Educational, Scientific, and Cultural Organization (Nordenstreng et al., 211; Ploman, 71; Bowman, T184), **US = withdrawn, December 31, 1984.** In 1988 there were 158 States Parties.

39. UNESCO's Contribution to Peace and Its Tasks with Respect to the Promotion of Human Rights and the Elimination of Colonialism and Racialism, General Conference 11.1, 1974 (Ploman, 77).

40. Declaration on Race and Racial Prejudice, General Conference Resolution 3/1.1/2, November 27, 1978 (Nordenstreng et al., 230; Ploman, 79).

41. Political Declaration of the Fifth Summit Conference of Non-Aligned Countries, August 1976, Colombo, Sri Lanka (Nordenstreng et al., 288; Ploman, 119).

42. Political Declaration, Sixth Summit Conference of Heads of State or Government of Non-Aligned Countries, Havana, 1979 (Nordenstreng et al., 296; Ploman, 116).

43. The Final Acts of the Conference on Security and Cooperation in Europe (Nordenstreng et al., 333; Ploman, 118).

44. Concluding Document of the Follow-Up Meeting of Representatives of the Participating States of the Conference on Security and Cooperation in Europe, September 1983, Madrid (Nordenstreng et al., 337). The third follow-up meeting completed its work in 1989 in Vienna. A CSCE Information Forum took place in 1989 in London.

45. [Western European] Convention for the Protection of Human Rights and Fundamental Freedoms, November 4, 1950, Rome (Nordenstreng et al., 341; Bowman, T256), **US = NS.**

46. American Convention on Human Rights, November 22, 1969, San José, Costa Rica (Nordenstreng et al., 342; Ploman, 106; Bowman, T547), **US = S.** In 1988 there were 20 parties to this convention.

47. Convention on the International Right of Correction, December 16, 1952, New York, Article II. Entered into force August 1962 (Nordenstreng et al., 126; Bowman, T291), **US = NS.** In 1987 Burkina Fasa became the twelfth party (and the first in twenty years) to join. The other eleven adherents include Cuba, Cyprus, Egypt, El Salvador, Ethiopia, France, Guatemala, Jamaica, Sierra Leone, Uruguay, and Yugoslavia.

48. Desmond Fisher, *The Right to Communicate: A Status Report,* Reports and Papers on Mass Communication, no. 94 (Paris: UNESCO, 1982), p. 24.

49. Dolores Cathcart and Robert Cathcart, "Japanese Social Experience and Concept of Groups," in *Intercultural Communication: A Reader,* ed. Larry A. Samovar and Richard E. Porter (Belmont, CA: Wadsworth, 1988), p. 186.

50. Louis B. Sohn, "The New International Law: Protection of the Rights of Individuals Rather than States," *American University Law Review* 32 (1, 1982): 48.

51. Ibid.

52. African Charter on Human and Peoples' Rights, June 26, 1981, Banjul, Gambia (Nordenstreng et al., 344; Bowman, T806). In 1988 there were thirty-five States Parties.

53. Richard N. Kiwanuka, "The Meaning of 'People' in the African Charter on Human and Peoples' Rights," *American Journal of International Law* 82 (1988): 87–88.

54. International Commission for the Study of Communication Problems [MacBride Commission], *Many Voices, One World* (Paris: UNESCO, 1980), p. 265.

55. Perhaps the best background source on this issue is Fisher, *The Right to Communicate: A Status Report*. Another valuable source is Howard C. Anawalt, "The Right to Communicate," *Denver Journal of International Law and Policy* 13 (2–3, 1984): 219–236.

56. Jean D'Arcy, "Direct Broadcast Satellites and the Right to Communicate," *EBU Review* 118 (November 1969): 14–18.

57. Jean D'Arcy, "The Right to Communicate," International Commission for the Study of Communication Problems, document no. 36 (Paris: UNESCO, 1980); L. S. Harms, "The Right to Communicate: Concept," International Commission for the Study of Communication Problems, document no. 37,1 (Paris: UNESCO, 1980); Desmond Fisher, "The Right to Communicate: Towards a Definition," International Commission for the Study of Communication Problems, document no. 37,2 (Paris: UNESCO, 1980); J. Richstad, "The Right to Communicate: Relationship with the Mass Media," International Commission for the Study of Communication Problems, document no. 38,4 (Paris: UNESCO, 1980); A. A. Cocca, "The Right to Communicate: Some Reflections on Its Legal Foundation," International Commission for the Study of Communication Problems, document no. 38,3 (Paris: UNESCO, 1980); J. Pastecka, "The Right to Communicate: A Socialist Approach," International Commission for the Study of Communication Problems, document no. 39 (Paris: UNESCO, 1980); and Gamal El-Oteifi, "Relation between the Right to Communicate and Planning of Communication," International Commission for the Study of Communication Problems, document no. 39 bis (Paris: UNESCO, 1980). Many of these are contained in *The Right to Communicate: A New Human Right*, ed. Desmond Fisher and L. S. Harms (Dublin: Boole Press, 1983).

58. International Commission for the Study of Communication Problems, *Many Voices, One World*, p. 265.

59. Canadian Telecommunications Commission, *Instant World* (Ottawa: Information Canada, 1971), p. 3.

60. Henry Hindley, "A Right to Communication? A Canadian Approach," in *Evolving Perspectives on the Right to Communicate*, ed. L. S. Harms and Jim Richstad (Honolulu: East–West Center, East–West Communication Institute, 1977), pp. 119–127.

61. Harms, "The Right to Communicate: Concept."

62. UNESCO, "Right to Communicate: Legal Aspects," An Expert Consultation, Bucharest, February 9–12, 1982 (Paris: UNESCO, 1982).

63. Colleen Roach, "U.S. Arguments on the Right to Communicate and People's Rights," *Media Development* 35 (4, 1988): 18.

64. Natalie Hevener Kaufman and David Whiteman, "Opposition to Human Rights Treaties in the United States Senate," *Human Rights Quarterly* 10 (3, 1988): 309–337.

65. William Korey, "Human Rights Treaties: Why is the U.S. Stalling?" *Foreign Affairs* 45 (3, 1967): 414–424.

第十章 二十一世紀的全球傳播

看似一眨眼的功夫，對那些出生於1950以前的任何人而言，我們所居住的星球正因其在政治與經濟關係中的完善建設而舒適地運轉著。各民族與社會也被清楚地歸類為意識形態相同或是成為敵人，或是因為不同國籍或種族而分成不同社團。

但是在1980年代中期，社會突然開始快速發展，而人類的生活也由一種過去無法想像得到亂七八糟的樣子向前顛倒地行進。正如麥當勞開始在莫斯科流行起來，柏林圍牆也應聲倒塌。至於在北京的市民更是勇敢地站出來，去面對他們自己的軍人與坦克車。飛毛腿與愛國者飛彈更是在世界千百萬人於電視上觀看的同時，在中東上空爭戰。

本章將著重於全球性傳播未來發展方向。因此，一些推理性的問題將會予以討論，同時更將預測未來新世紀中全球性傳播的途徑。

全球傳播與人類理解

　　每個人都在談論這個資訊的社會。然而證據卻顯示，全球傳播所導致之分歧與分化則多過於團結。

　　首先，不完全正確的是我們的世界已突然快速向前，由革命性改變所橫掃之情形。對 Krasner 氏而言，「全世界已起了重大改變之主張缺乏歷史上的觀點」。從啓蒙時期到革命的時代，各種觀念以文字或口言的方式橫掃各國國界。千年來一直經過第一次世界大戰的初期，全球性產品，看法與資金之轉移都被不斷加速了。事實上 Krasner 氏相信在 1914 與大約是 1970 年之間的時期可謂在幾百年不斷加速的活動之後的一個更爲異常之停滯蕭條。傳播史提出足夠的證據來顯示說生氣蓬勃之全球性各種主張的轉移已經持續進行了最少有四百年之久。目前所發生之情況很可能僅是全世界把以前那種高水準之交換作法再度回復而已。[1]

　　該不該集中在一起，這是個問題。在本世紀的最後十年中，愈來愈多證據顯示全世界的確正處於分崩離析之中。民族與文化上的自治便成爲這類分離主義的標語。從加拿大的魁北克到印度北邊之喀什米爾，從摩達維亞再到斯里蘭卡，人種與民族之認同身分在今日仍遠比國家主義之整合力量來得重要。我們居住在一個爲國家主義、種族、性別、人種團體以及意識形態所分割之分裂的世界。新的傳播科技也無法挽回此趨勢。Cherry 氏便曾懷疑過到底傳播革命是否已經引導我們進入「虛妄的世界，亦即隨著全球通訊網路的擴張，而我們心靈空間卻反而縮小了。」因此，知識的不同取得方式形成了兩種不同的世界，一種是由人們親身體驗所得來的經驗構成，另一種知識則僅只是由書本所得。而由經驗所得之知識與由報導所得之知識造成了差異。[2]

　　就算存有這種情形吧！但有些事物在本質上仍是有所不同。例如，號稱「世界最大機械」的全球傳播系統，基本上，並沒有改變歷史的方向。但是，該系統卻讓我們參與了一個前所未有之規模的全球性事務。以好壞兩面來看，這種資訊與傳播革命已開創出一個公開外交與大眾參與的時代，因而將權力的平衡關係永遠改變了。因此我們不禁自問：全球傳播眞的已經導致更多的瞭解？還是導致國家、文化與各民族間之差異看得比過去更敏銳且更少有幻覺了呢？

　　傳播本身是否也有其負面效果呢？是否會散佈分化、叛亂與爭執的毒素呢？ Carey 提醒我們就在全球之媒體、電報、電話與海底電纜誕生後的不久，我們的世界經歷四處割據的局面與全球性之暴亂。[3] 同樣地，現代化傳播科技上的各種進步，也已經無可避免地導致更多的社會孤立與隔離。鄉間免費的郵遞服務將信件送到某人之住家，眞是十分便利。但是在此之前，人們必須前往一處集會中心去領取他們的信件，而此集會中心則通常爲雜貨舖，人們能夠在此與鄰居們作社交活動。歷史學家 Daniel Boorstin 針對這種改變便曾指出：「每個農人的家門口，雖然擁有一條通往世界的高速公路，然而同時卻也犧牲了以前社會的各種溝通作法。」廣播與電視則繼續延續了這種趨勢，它們提供各種迷惑聽眾與觀眾，並使得人們形成誤認自己已合群的生活這種錯誤假象感受。[4]

　　請回憶登載於聯合國教科文組織章程中的一句話：「由於戰爭皆肇始於人們的意志，因此和平的維護必須要被建立即在人們的意志上！」如此樂觀的看法卻常爲今日之現實的事物所駁斥。在我們這個時代，增加全球性傳播的質與量並不能解決各種衝突已是十分明顯的事實。我們可由 Naroll 氏與 Bullough 氏在仔細檢視了人類過去二千五百年來的歷史後所得到的結論驗證這種看法，同時 Naroll 氏亦發現外交活動與溝通「對戰爭發生頻率的影響上，幾乎是沒有什麼效用」。[5]

　　早期的傳播研究使我們相信：訊息如果愈清楚，且愈不爲「噪音」所扭曲的話，那麼被完全瞭解的機會就愈大。一般皆相信如果人們能彼此瞭解，就更可能找出針對衝突的解決之道。此點在現今之時代似乎不正確。或許我們最多只能說：「各種正面而直接的國際性交往與傳播效益都相當有限。這類效益很容易爲其他在環境中之各種負面因素所抵消。」[6] 在某些情形下，國際性的不合諧可能變爲更加明顯，這是因爲在兩邊更加透徹瞭解對方之後。衝突的根本「並非因溝通不良所產生，而是因針對如國際地位、權勢以及經濟利益等原本即稀少的資源之利益考量，而產生各種衝突情形。」[7]

因此 Coser 氏則認為：「愈少的傳播往往反而是更佳的傳播」。在社會關係中無知常常扮演著一些確切的功能。「無知的減少，而此舉並非福氣，在某些可特定出來的情況下會成為一個詛咒。」[8] Coser 氏堅持說並無實質經驗上的基礎而可相信說經過改良的傳播能導致更大之瞭解。相反地，有不少例子可證實：「若我們確實知道是哪些事情激勵了其他人的話，則我們對彼等將變得更為有敵意了。」[9] 他甚至相信「對他人慈悲關懷會刻意地制定出一種將資訊作保護性的保留之策略⋯⋯。傳播對人類的各種困境而言並『非』是個放諸四海皆準的解決之道。」[10]

敵視的態變及從戰爭得來的老生常談應可漸漸淡化。對德國人、義大利人以及俄國人那些廣泛流傳之負面的老生常談——世界大戰之產品——早已不再流行於美國。[11] 同樣地，對北越人與伊朗人之負面的老生常談似乎也都已淡出。然而 Beer 氏提醒我們說：「雖然上述事務已經隨著時光淡化，但自過去的一些基本印象則並未消逝。彼等仍如心理的基礎般地保存著而成為將來戰爭之可能原因。一旦政治上之緊張對峙情況再現，一個自心底的敵視印象而出的新情況即建立於如此之基礎上了。」[12]

因此聯合國教科文組織章程中十分出名的那則「在人們的意志中」的廣義章程失敗在哪兒呢？原因之一乃基於一個重要而須體認之概念即傳播要求兩個相互關係到的技巧：傳輸與翻譯。新的傳播科技已導致了高速傳輸之各種方法：資訊可於幾秒鐘內被傳輸到世界各地。而透過翻譯分析與資訊整合，將資訊轉成知識就慢得多了。它需求到古代人類在對話、商討、質問及說服上之傳播管道。在全球資訊時代，如果沒有這些古代緩慢的人為作法，資料絕不可能必然地造成知識，更遑論成為智慧了。

雖然在一種重要的方式中，現今世界乃全然不同於我們祖先的世界：我們目前已有能力去與存在於地球上任何其他人類作溝通。我們的傳播界線目前已經真正地廣被及包含到全球。就傳播而言，曾經是無法穿透之各種障礙（如牆壁、高山、海洋等）現在都已經消失了。因此，在今日世界中，也就幾乎沒有任何東西能在不被成百萬上千萬的聽眾、觀眾聽見或看到的情形下出現。每隔兩年，全球人口的一半都被國際奧運會之電視轉播所連結起來。各種電腦系統被描述爲整合成爲一個所謂的生態電腦網路，而人們又在問：「我們將來應如何直接地將我們之神經系統連結到全球的電腦中？」[13]

因此傳播事務的科技似乎既有向心力又有離心力。那種能把全球性社會中廣大人口共同綁在一起的科技，同時也有去分散的效力。它能把空前的注意力帶到那些弱小的、受威脅的團體身上去──自西班牙北部Euzkadi區的巴斯克民族到澳洲的土著。那些曾經差一點就無法在世界的舞台上掌控注意力的團體，則吵吵嚷嚷地爭取那些在世界各地眞心誠意傾聽他們問題的注意。傳播所深入人心的情形，就如同一把兩面利刃一般。

文明社會與傳播的新概念

雖然世界正在作大幅改變，然而我們仍舊使用老式的語言以及依照老式的方法來思考。我們繼續去參照一個對抗中的民族國家的世界。事實上，當新國家正處於蒙生之際，而國家主義者的各種運作也正挑戰現況的同時，我們也可能親眼看到國家主權之崩潰。今日世界處於一種混亂的局勢，其最大因素來自於政治與商業的集合體，或是商業的跨國經營所產生的文化與製造業的掌控權過度集中，也同時超越了國內與國際間之合法界線且又常常在合法的仔細檢視之外運作。

我們對文詞運用必須十分精確。國際傳播在過去的幾十年內如此稱呼，於其本身之語源學中即已假定出民族國家的崇高性。全球傳播，即本書中較偏愛之用詞，就比較寬廣且涵蓋了所有地球環繞的管道。但其他專用詞彙則將概念更爲往前延伸。當論及全世界之人權需求，工會主義者，團結工聯及女權運動等之際，Waterman氏即將「國際主義者傳播」

定義爲「跨越各國領土之團結工聯關係；它能以交換、分享、多元化……以及合成組織或整體性之各種概念、技巧與藝術來充實與授權給各種流行與民主之組織或整體性事務」。[14] Rush 氏將全球自然生態傳播定義爲：「在人類之間相互溝通與資訊關係；把人類當成一種生物，則在人類與他們的生態環境中之一種整合性的、實際性的、網路性的力量運用在人類與人類因對所有地球上生物之資訊與各種溝通系統的包含與福祉的關切事務上。」[15] 甚至在地球上居民如何溝通，與在「溝通傳播」上都有不斷增加的興趣。[16]

以下定義這個主題，我們必須自問，我們到底是誰？到底是什麼人在真正作溝通？我們只是具有科技與市場行爲，民族國家與公司行號嗎？愈來愈多人的答案是「否」。我們乃民間團體而亦常發現自身正與市場及國家軍隊在作戰，而彼等阻擋我們自我統制與發展。我們是眾多個體與個體之團體，各種社團與網路，各種分支機構與關係部分。而非政府性組織及利益團體，複雜之基本架構與各民族之聯合體。

在過去十年中，一種新的全球傳播出現，產生一種不斷成爲在各種國際關係中的力量。我們論及全球性社會團體之出現，而在生活的一部分既非市場亦非政府，但卻常爲彼等所充斥。但由於全球性民間社團多少有點含糊及伸縮性，是以最能在全世界的「NGO 運動」中突顯出，而NGO（即爲非政府性組織）與各類公民倡導團體又常聯合起來對抗那些本身範圍限制本地，甚至全國性解決方式之全球問題，由於先前被相互隔離開來之非政府組織，隨著這些溝通力量與能力的不斷增加，目前正將其運作手段伸向聯合國與其他世界性之公共場合。

民間團體概念乃由 John Locke 氏推出，民間團體指的是那些在公開與私下場合未受國家干涉之社交行爲。對 Locke 氏而言，民間團體乃文化之部分──自家庭、教會而至文化生活與教育──那種雖在政府與市場控制，但又不斷壓抑到邊緣的部分。在大部分的國家中，民間團體甚至缺乏本身之傳播管道。它常是無聲又無力，被孤絕於各國之外，又少能獲得全世界國家接納之力量。Locke 氏之民間團體的概念意味著國家的權力與市場運作之不公正性，在全國性的層面上對人類社會之防護。對 Locke 氏而言，國家存在至多不過是因它保障了公民生活、自由與追求快樂的權益。Locke 氏當時即已看出各種社會運動，對那些從商業與政府利益中保障大眾的生活空間之重要性。

　　荷蘭社會理論學家 Cees J. Hamelink 則爭論對國內到全球性之層面而取出民間團體之概念的需求。也看出新現象已呈現在全世界的舞台——全球民間團體。[17] 自「全球高峰會議」到「關稅貿易總協定」，自「聯合國大會」到「人權委員會」，全球性民間團體，誠如已具體地進入非政府組織之運動中，終究還是漸漸地成為在國際關係中的一種力量。傳播科技已廣闊地轉型以建立聯合運作與網路。今天，新的武力已經出現在全世界的舞台上：雨林保護運動、人權運動、對抗武器交易、替代性新聞機構與全球電腦網路的大型活動。

　　Hamelink 先生觀察到那些真正妨礙到在地區性層面之民間團體、市場與政府的力量，事實上也控制了大部分的全世界之傳播交流。「當表達的各種管道被交給了那些要不是控制了國家就是市場的人後，我們即失去了言論的自由。」[18] 由市場或政府所控制的各種媒體已經無法提供對民土非常重要之可靠而多元化的資訊了。民間團體需要新的媒體生產與分配資訊。它也需要針對那些控制了國內與全球各種經濟事務及文化生產之大部分的商社來作保護。

全世界輿論之興起

　　在傳統的國際關係理論中，一般來說有兩種意見。國內的意見對政府外交策略之決定十分重要。國外的意見——其他國家與民族對某一特定活動之想法——隨著傳播科技之發展而益發顯得重要。[19]

　　目前第三種看法也正出現中。的確，一種我們能確定全球民間團體優勢的方式，即對全世界輿論不斷累積之事實去作仔細的考核，此乃為一互動性地溝通中之全國大眾的全球性匯聚。在馬克布萊德的報告書中可看出：「讓全球民意輿論有所功能的那一股力量目前尚在形成中，因為它應是十分脆弱的、異質的且是很容易被濫用的。」20然而目前政治領袖們感到留意國內與國外之輿論是十分必要的。他們也都不斷地去特別注意由全世界總體所表達出來的意見。

全世界輿論出現乃為一在人類歷史上重要之發展。在電子時代之前，政治領袖們都相信控制國內與國外之輿論。以前國內新聞媒體極少引述在國外新聞中出現之社論或新聞評析。然而今日各種經改良過的傳播科技事物，再加上先進的抽樣調查技巧，已能使各國政府與新聞媒體去精確地瞭解外國民眾的思維。各國政府因此常能針對國內與國外大眾的反應作出各種調整。

全世界之輿論圍繞著兩種類型的問題而成形：影響深遠的國內問題，比如低度開發、飢饉、社會貧富不均及能源問題；再加上全球範圍性的問題，比如合作的發展、限武及人權等。我們目前可直接指出幾則對全球性民間團體之確切信念。全球性輿論：

- 經由國際法而要求和平
- 對避免核武之恐怖情形牢牢扣上各國政府的責任
- 反對虐待折磨與非人道待遇
- 反對基於人種或性別之歧視
- 支持環境的保護
- 支持透過非暴力方式而解決衝突
- 支持去消除飢饉與貧困之行動

以上並不意味著說所有的人或領袖皆支持這些目標，但顯示確實愈來愈瞭解這些事務。

美國對全世界輿論均具有相當的影響力。而各國政府也都很重視聯合國中的特殊任務機構、安全理事會、大會所決議之各種條約、盟約、宣言及決議案。另一個全球輿論亦十分具有效用的是高峰會議。每次高峰會議「導致一些國際性的公眾領域之相似性成形」，而扮演關鍵性的仲裁人並非國家的領袖而是各種全球新聞組織。21在高峰會議中的記者們不斷地被人聽見以「我們」一詞來表示不是代表某國公民而是全人類。一但全球社會已被人呼籲出來，則更進一步地，曾經為人看作對社會很適切之各種價值，即會最少趨向於去取代更多的意識形態及國家主權性的排他的各種價值。[22]

　　因此媒體有雙重角色。它們有道德與政治責任於國內與國外報導大眾慾度與輿論。但同時亦協助人們建立起世界的形象與取得眞實感。事實上，由媒體報導所提供之資訊的累積體，已確切地代表且有效地成爲大眾的知識了。[23]

保護文化環境與促進和平溝通

　　讓我們仔細檢視此「文化環境」。它正如同地球本身的物理環境的原理一般，除了各洲本身的自我板塊移動外，尚有其他各洲碰撞一起所產生的移動，正如同文化環境的原理一般，因爲地球的文化環境小是生動而活躍的，例如，各種主張到處流通，互相衝擊，而導致各種社會震撼與革命事件的爆發。但地球上正常的物理環境遭到各種毒害物質與墮落威脅的同時，人類的文化環境也同樣地爲壟斷性之控制及市場導向的商業主義所威脅著，甚至還會爲如戰爭與仇外心態等之有害的主張所威脅。

　　此文化環境乃由各種象徵物、形象、概念、故事及價值所組成之系統。在此系統中，我們幾乎一輩子都生活於其中。它是一種共同享有的資源，而此資源又多多少少是爲某一國或特定社團的人所持有著。此資源塑造出我們的各式工具、語言及建築物，而這些東西相對地又塑造出我們對世界的看法，我們與他人的關係甚至我們自己的形象。

　　一如我們須維護地球之環境般，我們亦須維護其文化環境。由地球村的各個媒體大亨經由菸酒的廣告而毒害成千上萬人的言行中，我們知道他們將人類生活描述爲一成不變，並且還逼迫我們、抹殺人性及污辱我們的生活，甚至以媒體暴力之崇拜來全盤侵害我們；這種媒體暴力使我們麻痺、膽小並且恐嚇我們，同時當他們呼喚我們之際，我們又心甘心情願地去燒毀、搗碎與傷害其他民族。商業廣告噱頭哄騙且蠱惑我們、蒙蔽我們，使我們對造成地球環境破壞的過度耗費卻渾不自知。當虛假的媒體策略偽裝成參與的民主之際，我們的司法審判系統及藝術、學校與選舉系統都在崩潰中。

總而言之，針對一般的道德，我們必須重新定義現今社會中政治對話的術語。運用新的傳播科技，我們必須重新投資民主，以避開義大利外長 Gianni De Michelis 曾說過的話：「一種基於機械作用的科學與文化上之瞭解，又叫作牛頓式（發現式）民主」，一種能夠被最粗俗的商業所操控的民生。同時必須建立起一種「依據系統理論的民主，在此理論中從上到下都不會受限於固定的資訊流通及權力而能有互動性及彈性的回饋。地方分權化的媒體提供予我們最多的希望——那些出自草根之傳播管道，那些知識的壟斷行為中提供出真正選擇性資訊之傳播管道，那些去授權與結合和平之倡導者及環境之保護者的傳播管道，那些低成本又可靠的管道及那些幫助人們在全球的範圍上去合作的傳播管道」。

我們所需要的是取代傳播戰爭的全球傳播系統。以下即為一些區分出這兩種系統之傳播特色的說明。[24]

在一個為戰爭與戰備事務所限制的社會中，媒體與大眾流行文化扮演著重要角色。它們使戰爭在無法避免的信念不斷地持續下去。並顯示出暴力乃一種維繫社會秩序的方法。關於戰爭的電影與新聞報導都鼓勵以和平方式解決國際與國內之衝突。大眾媒體推廣著和平活動與和平事務、政府領導之理性、陳腔爛調之男性道德的卓越性，以及透過男性主導之社會與文化價值，解決衝突事物等無用論的信念。傳播業自衝突事件中牟取暴利，同時將種族主義與性別歧視的觀念散播在大眾文化與一般訊息之中。但在戰爭系統中，隨著公司與政府的積極介入以及媒體力量逐漸集中在少數公司手裡，軍方勢力、工業組織與傳播媒體形成了一個影響廣遠的複合體，於是這種高科技的製造工業最後便促成軍方控管的計畫。

在一個和平的社會中，普遍存在著一種信念，便是傳播與資訊本身應該是以促成和平與各國相互瞭解為目的。同時媒體應該刻意促使訊息交換以化解衝突，並幫助人類社會去打破種族主義或國家主義等偏見。

而新聞記者與新聞機構扮演著對急迫性衝突早期預警的功能,並提醒那些反對和平解決者。這些新聞從業人員與機構都支持聯合國的原則,包括外太空的非軍事化運作。

一個和平的社會中,媒體將威望帶給致力和平者,並協助創造紛爭調停的模式。它們推行一種對各種文化傳承健全的敬意,也向大眾公告破壞人權的事務。各種團體均能平等的接觸媒體,克服過去弱勢族群無法公平使用媒體的缺失,如此也才能真正的推展所有民族與種族間的溝通。

當我們接近下一個世紀時,前景是恐怖的。誠如 Herbert Schiller 所說:

> 就任何能使二十世紀美國保有全球權威事務的力量中,資訊文化如果不是主要的,則也必是關鍵的訊息來源。[25]

在一次美國眾議院委員會質詢的答覆中,美國國務卿貝克曾說:美國的外交政策必須著重於那些經由媒體或是國際網路上,能推展美國價值觀與權益的方式。大眾媒體與全球資訊網使我國在外交政策上,能扮演各種關鍵性的角色。[26]

民主國家中傳播研究的興盛

正當全球各地不斷掀起民主衝擊之際,許多人都必須瞭解最早亞理斯多得所定之古代傳播藝術:如何推敲一個策略、如何決定一個牽涉到正義的議題以及如何確保社會安定。一旦找到適當方式之後,將會很容易唾棄當初的迫害者。然而我們必須花費許多光景才能了解亞理斯多得的溝通藝術。當一些被壓迫的民族,在承擔自治與重建舊有文化時,他們將會發現研究傳播確實是有其必要的。[27]

政治領袖與公民常將傳播與通訊視為透明的物體,他們「看穿」媒體，卻不將它們當作權威與判斷的訊息來源。對於全球傳播現象研究差不多已有七十年之久，而針對全球各種傳播現象的關鍵性質詢與分析性思考則需求日深。可是研究的範圍仍舊零星片段且不夠周全。在未來，研究全球傳播事務的學生，必須加深並加廣他們的著力點，因為我們現今所面臨到的困難，在範圍與性質上都與過去有極大的差異，因此需要更大整體的解決方法與概念。

　　為了解決這些困難，我們需要遍及全球通力合作才行。對於共同努力而言，傳播是與生俱來的，以今日可運用的科技，若能得到大家彼此合作，則能相當迅速的加速傳播並解決困難。但是，科技時代中資訊也成為一種商品，只有有錢人方能取得資訊，如此一來，對於一些個人、非營利組織以及一些草根團體將會十分不利，因為他們是無法與大企業競爭的。

　　全球傳播研究並非處理些微層面的無足輕重的問題，而是著重於總體層面，等於將傳播當作社會運作來處理。這意味著在研究機構並不單獨進行，而是將與其他研究機構的關係依照廣義的社會、國家及國際的相關性進行。[28] 就像媒體應貢獻一份心力在民主與獨立自主上，傳播研究也必須符合民主社會的需求，也就是人們希望告知、被告知以及參與公眾傳播的需求。

註 釋

1. Stephen Krasner, cited in Susan Wels, "Global Integration: The Apparent and the Real," *Stanford Magazine,* September 1990, p. 48.

2. Colin Cherry, *World Communication: Threat or Promise? A Socio-technical Approach,* rev. ed. (Chichester: Wiley, 1978), p. 8

3. James W. Carey, "High Speed Communication in an Unstable World," *Chronicle of Higher Education,* July 27, 1983, p. 48.

4. *International Herald Tribune,* March 11, 1988, p. 5, cited in *Mass Communication Media in the World* (3, 1988): 22.

5. R. Naroll, V. L. Bullough, and F. Naroll, *Military Deterrence in History: A Pilot Cross-Historical Survey* (Albany, NY: State University of New York Press, 1974), pp. 332–335, cited in Francis A. Beer, *Peace Against War: The Ecology of International Violence* (San Francisco: W. H. Freeman, 1981), p. 133.

6. Beer, *Peace Against War,* p. 134.

7. Lewis A. Coser, "Salvation through Communication," in *The News Media in National and International Conflict,* ed. Andrew Arno and Wimal Dissanayake (Boulder, CO: Westview Press, 1984), p. 20.

8. Ibid., p. 21.

9. Ibid.

10. Ibid., pp. 24 and 25.

11. S. Stanley and H. H. Kitano, "Stereotypes as a Measure of Success," *Journal of Social Issues* 29 (2, 1973): 83–98.

12. Beer, *Peace Against War,* p. 277.

13. Stewart Brand, *The Media Lab: Inventing the Future at M.I.T.* (New York: Viking Press, 1987), p. 264.

14. Peter Waterman, *From 'Global Information' to 'Internationalist Communication': Reconceptualising the Democratisation of International Communication,* Working Paper Series no. 39 (The Hague: Institute of Social Studies, 1988), p. 26.

15. Ramona R. Rush, "Global Eco-Communications: Assessing the Communication and Information Environment." Paper presented at the conference of the International Communication Association, San Francisco, 1989; and Ramona R. Rush, "Global Eco-Communications Revisited: Grounding Concepts." Paper presented at the conference of the International Association for Mass Communication Research, Sao Paulo, Brazil, 1992.

16. Michael J. Cohen, *How Nature Works: Regenerating Kinship with Planet Earth* (Walpole, NH: Stillpoint, 1988).

17. Cees J. Hamelink, "Global Communication: Plea for Civil Action," in *Informatics in Food and Nutrition,* ed. B. V. Hofsten (Stockholm: Royal Academy of Sciences, 1991), pp. 5–8.

18. "Communication: The Most Violated Human Right," Inter Press Service dispatch, May 9, 1991.

19. See Evan Luard, *Conflict and Peace in the Modern International System: A Study of the Principles of International Order* (New York: MacMillan Press, 1988), pp. 266–283; Bernard C. Cohen, *The Influence of Non-Governmental Groups on Foreign Policy Making* (Boston: World Peace Foundation, 1959); Joseph Frankel, *The Making of Foreign Policy* (Oxford: Oxford University Press, 1963), pp. 70–83; and B. C. Cohen, *The Press and Foreign Policy* (Princeton, NJ: Princeton University Press, 1963).

20. International Commission for the Study of Communication Problems [MacBride Commission], *Many Voices, One World* (Paris: UNESCO, 1980), p. 198.

21. Daniel C. Hallin and Paolo Mancini, "The Summit as Media Event: The Reagan–Gorbachev Meetings on U.S., Italian, and Soviet Television." Paper presented at the conference of the International Communication Association, San Francisco, 1989, p. 5.

22. Elihu Katz with Daniel Dayan and Pierre Motyl, "In Defense of Media Events," in *Communications in the Twenty-First Century,* ed. Robert W. Haight, George Gerbner, and Richard Byrne (New York: Wiley, 1981), p. 53.

23. Peter A. Bruck, "Acting on Behalf of the Public? The News Media, Arms Control, and Verification," in *A Proxy for Knowledge: The News Media as Agents in Arms Control and Verification,* ed. Peter A. Bruck (Ottawa: Centre for Communication, Culture, and Society, 1988), p. 11.

24. I have been especially influenced by Colleen Roach, "Information Attributes of a War/Peace System" (manuscript); Hamid Mowlana, *Global Information and World Communication: New Frontiers in International Relations* (New York: Longman, 1986), pp. 218–222; Cherry, *World Communication;* and W. Phillips Davison, *Mass Communication and Conflict Resolution: The Role of the Information Media in the Advancement of International Understanding* (New York: Praeger, 1974).

25. Herbert I. Schiller, *The Ideology of International Communications,* monograph series no. 4, ed. Laurien Alexandre (New York: Institute for Media Analysis, 1992), p. 69.

26. "Baker Stresses Focus on Business and Media," Inter Press Service dispatch, March 6, 1992.

27. Michael Osborn, "The Study of Communication Flourishes in a Democratic Environment," *The Chronicle of Higher Education,* January 17, 1990, p. B2.

28. International Commission for the Study of Communication Problems, *Many Voices, One World,* p. 226.

全球傳播與國際關係　　　　　　　　　　大學用書 5

作　　　者／Howard Frederick
譯　　　者／陳建安
出 版 者／揚智文化事業股份有限公司
發 行 人／葉忠賢
總 編 輯／孟　樊
執行編輯／鄭美珠
登 記 證／局版北市業字第 1117 號
地　　　址／台北市新生南路三段 88 號 5 樓之 6
電　　　話／(02)2366-0309　2366-0313
傳　　　真／(02)2366-0310
E－m a i l／tn605547@ms6.tisnet.net.tw
網　　　址／http://www.ycrc.com.tw
印　　　刷／偉勵彩色印刷股份有限公司
法律顧問／北辰著作權事務所　蕭雄淋律師
初版一刷／1999 年 5 月
I S B N／957-818-015-2
郵政劃撥／14534976
定　　　價／新台幣 400 元
原著書名／Global Communication and International Relations

國家圖書館出版品預行編目資料

全球傳播與國際關係 ／Howard Frederick 著；
陳建安譯. -- 初版. -- 台北市：揚智文化，
1999 [民 88]
    面；　公分
譯自：Global Communication and International
Relations
    ISBN　957-818-015-2（平裝）

    1.國際關係　2. 傳播

578.1   88006385